사회복지윤리와 철학

사회복지 윤리와 철학

김경우 · 이경수 · 이하나 공저

Social Welfare Ethics and Philosophy

dm 동문사

머리말

사회복지윤리와 철학에서의 사회복지학은 순수과학이 아닌 응용사회과학으로서 이는 시대적 배경에 따라 사회적 영향력의 차이가 크다. 그 만큼 사회복지학문은 사회적 실천성이 강조되는 측면이 강한 학문이기 때문이다. 그렇다면 사회복지를 공부하면서 무엇 때문에 철학의 맥락을 이해해야 하는지에 대해서 분명한 시각이 필요하다. 왜냐하면 사회복지학의 배경이 되는 인간의 생명과 생명에 대한 시대적 인식과 태도 변화를 다루는 복지사상을 이해하는 데 목적이 있기 때문이다.

사회복지는 인간존엄을 기본가치로 하는 실천학문으로써 인간의 행복을 추구하는 사회적인 노력으로 정의된다. 여기에 삶에 대한 질문을 던져 좋은 사고를 할 수 있도록 돕는 것이 철학이고, 이 좋은 사고를 옳은 행동으로 실천하도록 이끄는 것이 윤리라면 사회복지 실천현장에서 이러한 윤리와 철학의 의의는 인간존엄을 바탕으로 클라이언트의 문제를 해결하기 위한 가치판단의 기준과 행동지침이 되기 위해 본 교과목을 배우는 필요성이라 하겠다.

또한 윤리는 옳고 그름을 판단하는 것으로 사회적 존재인 인간이 사회 속에서 여러 사람들과 더불어 사는데 필요한 도리와 이치와 규범이다. 인간은 타인과 관계를 맺으며 살아가는 사회적 존재로 개인의 가치와 욕구가 각기 다르기 때문에 충돌하기도 하고 공동체의 욕구에 부합하지 않는 경우도 있어 인간은 서로 다른 가치와 욕구에 부합하고 행위를 평가하기 위한 규범을 필요로 한다. 또한 가치는 사람들이 가지고 있는 신념 그리고 행동을 지배하는 중요한 감정체계이고 사람들의 행동을 결정짓는 기본적인 힘이라 할 수 있다. 이러한 가치에 대하여 옳고 그름의 규범적 기준을 부여하는 것이 바로 윤리이다.

'테일러'는 윤리학을 도덕의 본질과 근거에 대한 철학적 탐구라 정의하며 윤리학이라는 이름으로 도덕을 이해하였다. 윤리는 한 사회 구성원으로 살아가기 위해 생각하고 지켜야 하는 것들이다. 근본적으로 마땅히 해야 하는 도덕과는 다르게 그 사회의 유지를 위해 행하는 것들이다. 도덕과 윤리는 다르다. 도덕은 반드시 지켜야 할 것이다. 반론의 여지가 없다. 하지만 윤리는 다르다. 윤리는 헤게모니(Hegemonie)와 같다. 누군가에 의해 만들어질 수 있는 것이다. 우리가 지금 왜 이렇게 열심히 일하고 있는지, 왜 이렇게 오랫동안 일하고 있는지를 지금까지 알고 있던 윤리를 벗어나 다른 관점으로 보기 시작한다면 다양하고 즐거운 상상들을 할 수 있을 것이다. 일을 하는 근본적인 이유는 일 자체가 아니라 여가를 위해서다. 그렇게 하기 위해서는 노동에 대한 관점이 달라져야 한다. 감추어진 노동의 가치를 찾아내고 그 가치에 정당한 임금을 부여해 줘야 한다.

우리는 늘 유토피아를 꿈꾼다. 우리가 현실에서 이룰 수 있는 유토피아는 복지국가다. 복지국가는 단지 불쌍한 사람들에게 도움을 주는 것이 아니다. 대다수의 시민들이 정당하게 일을 하고 그 만큼의 여가를 보장 받으면서 행복하게 살 수 있는 것이 복지국가다.

철학은 무지와 앎에 대하여 알고자 하는 물음 자체이며 지식을 추구하는 이성 활동이라고 할 수 있다. 과학자들은 사물의 특성을 밝히는데 만족하지만 철학은 탐구적이고 반성적인 태도에 의하여 더욱 근본적인 물음을 제기한다. 그러므로 철학적사고가 선행되지 않은 사회복지의 실천은 한낱 보조적 행동에 불과하다. 더욱이 그 시술과 지식이 특정 개인이나 집단에게만 이익을 추구하는 도구로 이용될 때 그들과 더불어 사는 많은 사람들과 공동체에 해를 끼치는 결과를 초래하게 된다. 그러므로 그들을 돕기 위한 결정은 누구를 위한 것인지 또한 어떤 것을 최우선의 가치로 삼을 것인지 등에 대한 철학적인 고민이 필요하다.

따라서 사회복지사가 어떤 윤리적 사고와 철학으로 인간을 어떻게 생각하는가에 따라 클라이언트를 돕는 서비스와 정책결정이 달라진다. 사회복지사들의 윤리적 사고와 판단의 기초가 되는 윤리와 철학에 대한 일반적 개념은 물론 유사개념인 도덕과 가치의 의미를 다양한 관점에서 말해 주고 있다. 또 실천현장에서 문제들에 대해 합리적으로 결정할 수 있도록 철학과 윤리학의 기초이론을 사회복지실천에 적용하는 방법과, 옳은 사고와 결정으로 이끌어 주고 안내하고자 노력하였다.

사회복지실천을 담당하는 우리에게 인본주의적 철학이라는 기본적인 사고의 틀이 있고, 이에 비추어 변하는 시대와 다른 상황마다 새롭게 해석해야 할 행위

의 방식이 있다. 그러한 관점에서 사회복지학, 철학과 윤리, 도덕 그리고 가치와 권리와 같은 개념에 이중성이 있다는 것은 부담스러울 수도 있다. 이러한 이중성을 떨칠 수 있도록 인간을 중심으로 일어나는 다양한 복합사건을 중심으로 전문적 깊이를 더하고자 하였다.

이 책은 인간의 존엄성을 근간으로 하는 기본적인 철학과 윤리 그리고 응용학문으로서의 철학과 윤리 그리고 응용사례별로 철학과 윤리, 도덕과 가치를 중심으로 다양한 사례관리로 구성되어 있다.

제1장은 사회복지의 철학적 배경으로 철학의 이해와 법철학의 내용의 관점에서 실천철학과 이론철학을 다루고자 하였다.

제2장은 윤리학의 이론편이다. 여기서는 윤리학과 인간의 관점에서 동양과 서양윤리를 중심으로 윤리학을 분류하고 메타윤리학에 대하여도 학습하고자 하였다.

제3장은 사회복지와 철학으로 시대적인 사조가 사회복지에 미친 영향을 다루고자하였으며, 여기에 중상주의, 계몽주의, 현대적인 시대사조의 관점에서 사회복지에 미친 영향을 고찰하였다.

제4장에서는 사회복지의 가치와 이념에 대하여 제8장의 사회복지실천의 가치와 윤리가 연계한 이중적인 구조에서 철학을 이해하고자 기술하였다.

즉 사회복지실천의 가치와 윤리에 대하여 제도적 관점에서 사회복지실천의 이상과 바람직한 기대 그리고 방향과 원칙을 제시하였다. 사회복지사의 직무수행과 사회복지실천의 가치와 윤리에 대한 관점의 제시이다. 가치는 좋고 바람직한 것을 윤리는 옳고 그른 것을 다룬다. 가치는 방향 제시로, 윤리는 행동의 원칙, 준칙 제공에 있으며 가치는 추구해야 할 이상적인 것으로 보고, 윤리는 가치를 실현하는 실천적인 관점에서 접근하고 있다.

제5장에서는 공리주의의 벤담과 밀의 윤리이론을, 제6장에서는 웰다잉법과 연명의료에 대하여 외국사례와 함께 생명의 존엄성을 놓고 이에 대한 긍정과 부정을 날카롭게 대립적인 관점에서 다루고자 하였다.

제7장은 유전공학과 GMO편으로 세포 내의 생체분자에서 유전물질의 구조적 기능적 생명현상을 해석하려는 과정에 대하여 논의하고자 하였다.

제9장은 생명윤리와 인간복제편이다. 생명윤리법(생명윤리 및 안전에 관한 법

률) 제정과 관련된 논의가 사회적 이슈로 등장한 것은 최근의 일이지만, 이미 오래전부터 논란이 있어왔던 문제라고 볼 수 있다. 지난 1983년 생명공학육성법을 제정할 당시부터 이미 논쟁의 씨앗은 배태되어 있었다고 볼 수 있다.

제10장은 낙태와 안락사편이다. 어쩌면 필요한 제도이다. 그러나 대안은 아니다. 인간존엄성을 근간으로 여러분의 열띤 논쟁으로 결론의 창출을 생산해 보길 바란다.

제11장은 사회복지사업의 윤리원칙과 윤리적 범주를 중심으로 실제사례를 제시하고 있다. 제12장은 대리모의 문제와 윤리의 사회실상을 다루고자 하였다.

우리 사회에서 아이를 요구하는 사람들의 절박함과 돈을 위해서라면 생명의 씨앗인 난자도 상품처럼 거래할 수 있다는 사람들의 부도덕성이 난자 불법 매매라는 사회적 문제를 야기하고 있다. 이에 대한 대안제시로 해결책을 논의해 보고자 한다.

이상의 내용구성에 대하여 전문가 및 동료교수들의 논의와 논쟁 과정을 거쳐 출판구상을 설계하였습니다. 그러나 집필 후에 나타나는 부족함과 영역의 오류에 대해서는 독자제위의 충고와 관심을 부탁드립니다. 또한 학자 및 전문가 제위께서 바라는 폭넓은 지식과 기술 그리고 다양한 학문으로서의 접근이 보다 심오한 발전을 가져올 수 있도록 질타와 채찍, 그리고 거듭되는 수정과 퇴고로 고민을 하겠습니다. 마지막으로 편집의 어려움과 촉박한 일정에도 지속적인 관심과 애정으로 출판에 대한 열정과 의지를 보여주신 동문사 사장님과 담당상무님 그리고 편집장 및 편집위원님의 노고에 감사의 마음을 전합니다.

2017. 09

남한산성에서 저자 배상

차 례

CHAPTER 01

사회복지의 철학적 배경

제1절 철학의 이해

1. 철학의 개요

철학이란 일상생활을 하면서 목격하고 경험하는 일과 사건, 행위 등에 의미와 뜻을 부여하고 좀 더 나은 가치를 찾아 가는 것을 말한다. 삶을 고민하고 생각하고 이해하고 인식하며 행동으로 표현되는 모든 것이 철학이다. 사회복지사에게 필요한 것은 윤리나 도덕에 대한 지식보다는 오히려 도덕의 본질에 대한 통찰과 사회복지에 대한 마인드이다. 이것은 전통적인 윤리학적 사유와 복지철학적 사유를 함께 필요로 한다.

이는 자연 및 사회, 인간의 사고, 그 지식 획득 과정에 관한 일반적 법칙을 연구하는 과학이다. 따라서 전체로서의 세계에 대한 견해를 나타내는 세계관이다. 또한 논리학 및 인식론을 그 안에 포함시키고 있다. 철학은 사회적 의식의 한 형태이며 궁극적으로는 사회의 경제적 구조, 생산 관계에 규정받는다. 그 때문에 사회에서 생활하는 사람들의 사회적 지위의 표명으로 나타난다. 이 점에서 사회적 지위의 차이에 따라 철학적 견해에도 차이로 대립하는 철학설이 생기며, 철학에 있어서 당파적 성격도 생기게 된다.

사회복지학은 인간학이다. 인간학으로서의 사회복지학의 철학은 인간에 대한 생존과 정상의 실존을 사유한다. 윤리란 사회적 존재인 인간이 사회 속에서 여러 사람들과 더불어 사는데 필요한 원초적으로 지켜야 하는 도리와 이치이며 규범이다. 사람들과의 관계에서 마땅히 행해야 하는 옳은 행위 혹은 삶에서 선(좋은 것)을 구성하는 것에 대한 개념으로 정의된다.

사회복지 실천에서 윤리문제를 논함에 있어 가치 문제를 중요하게 다루는데, 그 이유는 이러한 전문가 가치로부터 윤리적 원칙들이 나오기 때문이다. 그래서 사회복지실천에서 가치는 중심개념이다. 가치는 인간의 적절한 행동을 선택하는 데 지침(guides) 또는 기준(criteria)으로 작용한다. 가치가 바람직한 행동을 선택하는 지침이 된다. 그러나 항상 바람직한 결과가 되는 것은 아니다.

사회복지전문직의 중심 가치를 보면 다음과 같다.

① 사회복지사의 전문적 관계는 개인존중과 인간존엄에 바탕을 두고 구축되며 클라이언트의 참여, 클라이언트의 가치 존중 및 수용, 비밀 보장, 정직성, 갈등을 다루는 책임성 등의 가치에 의해 전문적 관계가 증진된다.

② 사회복지사는 클라이언트의 선택의 권리, 서비스 계약을 할 권리, 돕는 과정에 참여할 권리를 존중한다.

③ 사회복지사는 사회 제도가 보다 인본주의적이며 인간의 요구에 반응하는 제도가 되도록 기여한다.

④ 사회복지사는 다양한 인구 집단이 가진 고유한 특성을 존중하고 수용하는 데 솔선한다.

⑤ 사회복지사는 질 높은 실천을 위해서 전문직 지식과 기술을 끊임없이 기르고 유지하기 위해서 자신의 윤리적 행동에 책임을 진다.

세계관으로서는 일찍이 신화적 또는 종교적 세계관도 존재했었고 지금도 존재하고 있지만, 철학의 세계관이 이들과 구별되는 것은 이론적으로 기초가 있는 세계관이라는 점이다. 철학은 그때그때의 사회의 경제적 구조에 의해 규정되지만 또한 일정한 상대적 독립성을 가지고 있어, 앞의 시대로부터 사상을 이어받고 그것을 발전시키면서 자신의 학설을 만들어 내어 인간 생활에 영향을 준다.

사회복지사에게 필요한 것은 윤리나 도덕에 대한 지식이 아니라 오히려 도덕의 본질에 대한 통찰과 사회복지에 대한 마인드이다. 이것은 전통적인 윤리학적 사유와 복지철학적 사유를 함께 필요로 한다. 특히 근대 철학의 흐름은 자유 개방적인 경제 질서를 초래하였다. 근대철학은 시대적으로 보면 '근대'라는 배경을 출발점으로 한다. 근대의 개념은 17C~18C 전반에 거쳐 고대와 현대의 중간 지점에 위치한 시대적 개념이다. 근대철학의 태동은 인간 사고의 전개로 절대적 권위주의에 항의하고 사고와 행동의 자유를 갈구하였으며 시민 사회의 형성으로 신학은 종교의 영역만, 복지는 사회와 국가의 영역만을 추구하였다.

중상주의를 단순히 상업주의를 중시하는 경제사상보다는 정치·경제뿐만 아닌 사회 변혁적인 의미에서 보다 충실한 접근이 필요한 이념으로 원래 이념은 해당 시대의 정치·행정 시스템이나 경제시스템으로만 파악이 가능한 것이 아니라 시민 사회적인 흐름에서도 동시에 역동성을 찾아야 하는 과업의 결정체이다. 중앙집권화와 다양화된 상품 수요 특히 해외항로 개척과 신대륙 발견 후 유럽 국가들의 세계시장 확대로 무역을 통한 화폐경제의 발전으로 무역이 생산성을 갖는다는데 초점을 두는 '무역차액론'이 있었다. 그리고 중상주의 계층은 신흥 부르주아지들로 정치적·경제적 자유주의가 불가능한 상태에서는 국가의 개입을 통해 부를 축적했으며, 후기 중상주의는 국가의 개입을 간섭으로 인식, 경제발전의 저해요소로 받아들이는 시대적인 영향력을 가져오는 철학사조가 되었다.

철학이란 간단하게 지혜를 탐구하는 학문이다. 여기서 철학(哲學)의 철(哲)은 밝다는 의미가 아니고 슬기로운 재치나 지혜를 의미하는 중국어 또는 일본식 한자 표현이다. 우리말로는 지혜학으로 이해해도 무방하다. 그리스어로 필로소피아(philosophia)란 말은 피타고라스(피타고라스학파)에 의해 불렸는데, 이것은 philo는 사랑(愛)과 sophia의 지혜(知)가 합쳐서 된 말로 일반적으로 지적 탐구를 표현하고 있다. 당대에는 지식에 대한 사랑이라는 의미의 철학이, 그 후에 발달·분화한 여러 과학이 포괄되었다. 인지의 발달에 따라 여러 과학은 점차 독립적인 성격을 띠게 되었고, 철학도 하나의 독립된 과학으로 되었다. 때문에 어느 과학에나 필요한 사고의 합리적인 사용 방법, 사고와 존재의 관계를 명확히 하는 문제, 이에 따라 철학의 근본문제로 된 의식과 존재, 사고와 물질 중 어느 것이 근원적인가의 문제에 대해 답할 필요가 생겼으며 이것들이 철학의 고유한 문제가 되었다. 여기서부터 유물론과 관념론의 양극적인 대립이 명확히 드러나게 되어 양자 사이의 논쟁은 철학사상의 유력한 추진력이 되어왔다.

양자의 역사적 과정에서 보면 유물론은 모든 과학·기술·실제 생활과 항상

연계되어 있고, 관념론은 종교와의 연계가 농후하다. 그로부터 일반적으로 말하면 유물론은 진보적 사회 세력의 이해와 그 요구를 대표하고, 관념론은 특정한 사회적 조건 하에서는 진보적 역할을 수행했으나 그 주요한 경향은 사회의 발전에 역행하는 사회 세력에 도움을 주었다.

마르크스주의 철학은 사회적으로는 노동자 계급의 입장에 선 철학으로 출현하였다. 종래의 철학은 과학적 지식의 발달이 불충분했었기 때문에 과학에서 부족한 지식을 스스로 떠맡아 보충하면서 세계 전체의 포괄적인 지식을 제공함으로써(자연철학, 역사철학 등), '모든 과학의 과학'이란 지위를 점하였다. 이는 헤겔의 철학 체계에서 정점에 이른다. 그러나 과학의 발달은 이러한 '모든 과학의 과학'을 필요로 하지 않게 되고, 이 새로운 단계에서 마르크스주의 철학에 의하여 특수과학으로서, 여러 과학과 나란히 그 자신의 과제를 명확히 한 철학이 확립되기에 이르렀다.

이것은 철학을 진실로 과학으로 성립시킨 혁명적인 사업이다. 이와 함께 마르크스주의 철학은 그 임무를 '세계를 해석하는 것만이 아니라 변혁하는' 것에서 찾아내었다. 이 실천적인 성격 또한 이 철학이 지니는 근본적인 특징이다. 이로써 새로운 철학은 한편으로는 여러 과학의 탐구에 있어서 방법론적 기초를 제공함과 동시에, 다른 한편으로는 사회적·정치적 활동에 있어서도 사물을 유물론적·변증법적으로 파악하여 활동의 방책을 세우는 근거로 되었다. 또한 사람들에게 도덕적·교육적인 기능도 가지고 있어, 사회생활에서의 인간의 행동과 사고를 확립하기 위한 기초를 제공한다.

이 마르크스주의 철학은 변증법적 및 사적 유물론을 유기적으로 결합함으로써, 세계 변혁을 위한 역할을 유감없이 수행할 수 있게 되었다. 오늘날 위와 같은 철학의 과제와 역할을 부정하고 이것들을 모두 '사이비 문제'로 치부해 버리는 분석철학과 같은 주장이 출현하고 있는데 이것은 오히려 철학의 적극적인 기능을 내버려 둔 것에 지나지 않는다.

철학(philosphy)이라는 용어는 소크라테스(Sokrates, BC 470~BC 399)에서 시작한다. 소크라테스가 문제를 삼았던 것은 자연이 아니라 인간이다. 이 인간은 영혼으로서 인간이며 소피스트(sophist)에서 볼 수 있는 개인적 인간이 아니라 보편적 인간이었다. 영혼은 지혜(sophia)를 기능으로 하는 이법(理法)이며, 이 이법은 소피스트들의 인위적인 것(nomos)에서 부정된 것으로 인간의 본질을 의미한다. 인간이 영혼을 잘 가꾸는 것은 지혜(sophia)를 사랑(philos)하는 것이며, 그것이 곧 철학하는 것(philosophia)이다. 여기에서 철학이라는 용어가 나온 것이다.

그래서 '철학이란 무엇인가?'라고 묻는 문제는 인간이란 무엇인가?, 인생이란 무엇인가? 하는 문제와 더불어 매우 중요하고도 난해한 문제이다. 그 이유는 철학이라는 학문의 폭이 아주 넓고 그 대상이 너무 많기 때문이다. 세계 인구가 70억 명이라면 70억 가지의 사유, 70억 가지의 철학이 존재할 수 있다는 이야기이다. 그러나 신은 영특했다. 신이 세계의 사상적 혼란을 야기 시키지 않으려고 극히 일부 사람들에게만 철학하는 것을 허용한 것은 다행스러운 일이 아닐 수 없다. 그렇다고 해서 철학에 관해 변죽만 울릴 수 없다.

철학은 자기 자신의 삶의 문제를 탐구하는 사유의 학(學)이고, 난해한 학문이나 우주의 근원을 탐구하는 종합적인 학문이다.

우리는 철학의 정의와 관련하여 몇 가지 점에서 사유(思惟)할 수 있다.

첫째, 우리나라의 속담 중에 "등잔 밑이 어둡다.", "업은 아이 3년 찾는다."라는 말이 있다. 이 말들은 인간이 원시(遠視)적이라는 데 그 함축적 의미가 있는 것이다. 참된 진리, 실제적 사실이 자기 주변에 있고 자기 자신에게 있다는 것을 미처 알지 못하고 발견하지 못하는 인간에게 주는 가벼운 경고이다. 인간은 삶을 외면하지 말고 삶 속에서 철학을 찾고, 철학적 사유를 해야 한다. 석가모니(釋迦牟尼)는 생로병사라는 인간의 근본적 고뇌를 해결하기 위하여 철학을 시작했다. 인간 삶의 어두운 면을 고찰하는 것은 물론 그와 동시에 진취적이고 촉진적이고 밝은 면도 있는 이러한 삶의 전체를 고찰함도 일리가 있는 것이다. 염려와 불안과 절망의 저편에 우리는 신뢰와 희망과 감사의 가능성이 있음을 알고, 그러한 것을 형이상학적 요소인 삶의 여러 현상으로서 인정하지 않으면 안 된다.

둘째, 철학은 우주의 근원을 탐구하는 종합적인 학문이다. 이것은 철학이 객관성을 지닌 학문이라는 말과도 일맥상통할 것이다. 철학의 대상이 밤하늘의 별처럼 많고 그 방법 또한 다양해 철학이 다소 어렵고 난해하다는 느낌을 주고 있는 것이 사실이다. 보편적이라는 말은 학문의 보편타당성을, 미각성은 감성과 미학의 영역을, 초월은 신과 종교의 문제를 함축하고 있으며, 형이상학(形學而上, metaphysics)은 2500년 동안 서양 철학계를 지배해온 철학의 중심 학문이기 때문이다. 그러나 어려운 학문일지라도 이 학문에 입문하고자 하는 학도들은 마땅히

거쳐 가야 할 만학의 기초학문이다. 이러한 학문을 모든 학도들이 전공을 이수하는 데 있어서, 지혜롭고 덕스러운 삶을 살아가는 데 있어서 초석이 되도록 일조를 하는 것이 철학자의 임무이다.

사회복지와 관련된 철학, 가치, 윤리 등에 대한 논의가 본격적으로 시작된 지가 얼마 되지 않으며, 이 분야가 다른 사회복지 영역에 비해 상대적으로 연구역사가 짧기 때문에 사회복지학계나 실천 현장에서 공식적으로 통용되는 사회복지윤리학의 개념과 내용은 아직까지 명확하게 존재하지 않는 것으로 보인다. 사회복지철학 체계와 윤리학에 대한 내용들을 근거로 하여 사회복지의 규범적 측면을 다루는 분과학문이다.

각기 강조되고 있는 가치, 윤리적 의사결정 혹은 윤리적 사정평가 등의 용어는 윤리학의 중요한 내용과 측면을 담고 있는 것이 분명하기는 하지만 이는 하나의 전체 체계로서 윤리학이 다루고 있는 것들 가운데 일부 측면에 불과해 사회복지가 담고 있는 다양한 규범적 측면에 포괄적으로도 언급할 수 없다는 단점을 가지고 있다.

사회복지윤리학이라는 용어는 이미 사회복지에 비해 역사적으로 앞서 있는 다양한 전문직이 각자 사용하고 있는 의료윤리학(Medical Ethics), 경영윤리학(Business Ethics), 생명윤리학(Bio Ethics) 등의 개념들과 조응하기 쉽다. 또한 사회복지 도덕철학, 사회복지윤리 의사결정론, 윤리적 사정평가론 등의 명칭 등에 비해 사용되는 용어가 짧고 간결하여 사회복지학계나 실천 현장에서 활용하기에 편리하다는 장점이 있다.

사회복지윤리학은 "사회복지의 기본적 사명과 그에 근거한 제반 실천 활동의 도덕적 측면에 대한 개념, 원칙, 이론 등을 정립하고 이를 정당화하려는 체계적 노력"으로 개념 규정하는 것이 적절하다고 볼 수 있다. 그러나 단순히 사회복지사가 수행하는 사회복지실천을 위한 구체적인 지침, 특히 사회복지사가 실천과정에서 직면하는 윤리적 딜레마를 해결하는 행동 매뉴얼에 한정되어서는 안 된다는 것이다.

2. 철학의 기능

철학의 기능에는 종합적인 사유의 기능과 종합적인 사유에 대한 분석·비판

기능의 두 가지가 있다. 철학은 못 하나 못 박고, 빵 하나 못 굽는 쓸데없는 것이 아니라 항상 간접적으로 우리 생활에서 두 가지 기능을 하고 있는 것이다. 이러한 기능을 완수하기 위해서는 철학의 특징을 이해할 필요가 있다.

철학의 특징으로 생각할 수 있는 것 중에 하나는 철학의 주체에 관한 문제이다. 철학은 객관적 대상을 인정하면서도 주관적인 학문이다. 그르므로 그 학문의 주체는 자기 자신이어야 한다. 나 아닌 모든 것이 철학의 대상은 될 수 있어도 철학의 주체는 될 수 없다는 것이다. 즉 철학에는 일정한 대상이 없어 모든 것이 철학의 대상이 될 수 있다는 것을 말한다. 나 자신이 철학의 대상이면서 철학의 주체인 것이다. 배고픈 나를 대신해 다른 사람이 음식을 먹어도 내가 배부를 수 없듯이 철학은 대신할 수가 없다.

철학의 기능 중 또 하나는 철학의 기반에 관한 문제이다. 우리는 과거의 철학자들, 그리고 과거 철학자들의 철학사상에 관하여 연구하고 탐구할지라도 사유의 기점은 현재이고, 철학의 기반은 현실이다. 현실을 저버린 철학은 무미건조한 사상누각(沙上樓閣)일 뿐이다. 현실에 입각했을 때에 비로소 완결된 답도 기대할 수 있는 것이다. 게오르크 빌헬름 프리드리히 헤겔(Georg Wilhelm Friedrich Hegel)이 "철학은 각 시대에 있어서 사상을 파악하는 것"이라고 말한 것이나 카를 야스퍼스(Karl Jaspers)가 "어중간한 철학은 현실을 저버리지만 완전한 철학은 현실로 인도한다."라고 언급한 것은 철학의 기반이 현실에 있음을 잘 설명해 주고 있는 것이다. 철학은 반드시 현실과 격리되어야 할 이유가 없으며 사실에 있어서 현실의 절실한 요청에 뿌리를 두고 자라는 인간 정신의 산물이 되어야 한다. 그러나 철학의 현실은 완결된 답을 구하는 것이 힘들기 때문에 철학이 어렵다고 말할 수 있다. 철학이 본질적인 문제를 추구하고, 보다 나은 사유를 추구하기 때문에 이미 얻은 해답에는 만족할 수 없고 또한 완전성을 얻을 수 없는 것이다.

철학을 하는 방법(方法)에는 소크라테스의 문답법(問答法), 플라톤(Platon, BC 427~BC 347), 아리스토텔레스(Aristoteles, BC 384~BC 322)의 종합적 방법, 임마누엘 칸트(Immanuel Kant, 1724~1804)의 비판적 선험적 방법(先驗的方法, transcendental method), 르네 데카르트(Rene Descartes, 1596~1650)의 회의적 방법, 헤겔의 변증법 등 선철(先哲)들의 철학하는 방법이 있다. 또한 신비적 직관을 통한 고행적 방법, 관념의 기원과 본질을 탐구하는 심리적 방법, 형이상학적 방법, 분석적 방법, 변

화하는 실제의 세계를 직관을 통해 직접적으로 파악하려는 직관적 방법, 우리의 의식을 있는 그대로 순수하게 기술해서 분석·분류하려는 현상학적 방법 등 무수히 많다.

고대 그리스의 철학자 소크라테스가 사용한 진리탐구의 방법은 다수의 청중을 상대로 하는 변론술(辯論術, rhētorikē)과 구별된다. 그는 스스로 무지한 체하면서 대화 중 상대방에게 질문하고, 그 대답을 받아 다시 질문하는 방법을 되풀이하여, 세속적인 지식에 안주하고 있는 상대방이 진리에 관해서는 얼마나 무지한가를 깨닫고, 나아가 진리(그의 경우는 용기, 절제 등 인간의 여러 덕의 일반적인 개념)를 자각하도록 이끌었다. 무지를 가장했기 때문에 '소크라테스의 아이러니'라고 불리는데, 그 자신은 상대를 가르치는 것이 아니라 자각시키는 것이라는 이유로 '진리의 산파술(産婆術)'이라 칭했다. 소크라테스의 문답 방법은 플라톤의 저작 『대화편』에 묘사되어 있다.

3. 철학의 동기

철학을 하는 동기(動機)에는 여러 가지가 있다. 그중에 하나는 사람의 신변, 자연의 변화, 지진, 일월, 성신 등 신기한 것이나 이상한 데서 생기는 경이(驚異), 외경이나 숭고한 물건에서 생기는 놀람에서부터 철학을 하게 되는 것이다. 예를 들면, 칸트는 일생에 두 번 크게 놀란 사실이 있는데 그중 하나는 밤하늘에 반짝이는 별을 보고 우주의 신비함과 광대함에 놀란 것이며, 다른 하나는 인간의 마음속에 도덕률(양심)이 있다는 사실이라고 한다.

르네 데카르트(Rene Descartes, 1596~1650)의 회의에 있어서 인간은 알려고 노력하는 동안에는 항상 의심을 하게 된다고 언급한 것처럼 지성적 인식활동을 하게 하는 회의에서 철학을 하게 한다. 그리고 모순의식으로 철학을 하게 된다는 것이다. 이것은 헤겔의 변증법에서 잘 설명하고 있다. 또 다른 동기의 하나는 인간 생존의 입장에서 나타나기 쉬운 절망에서 철학을 하게 된다는 것이다. 키르케고르 쇠렌 오뷔에(Søren Aabye Kierkegaard)의 철학에서 절망이 잘 논의되고 있는데, 키르케고르는 절망을 몇 가지로 나누어서 설명하고 있다. 그 외에 여러 가지가 있을 수 있으나 어느 것이든 사유 속에서의 놀람이고, 사유 속에서의 의심이고, 사유 속에서의 절망이며, 사유 속에서의 모순인 것이다.

철학의 분과철학의 분과는 우선 대상을 중심으로 나눌 수 있다. 과학(科學, science)을 대상으로 했을 때 과학철학(科學哲學, philosophy of science), 법을 대상으로 했을 때 법철학(法哲學, philosophy of law), 경영을 대상으로 하면 경영철학(經營哲學, management philosophy)인 것이다.

다른 하나는 시대를 중심으로 분류한 것이다. 문화사적인 시대구분으로 보아 고대의 철학을 고대철학(古代哲學, ancient philosophy), 중세의 철학을 중세철학(中世哲學, medieval philosophy), 현대의 철학을 현대철학(現代哲學, contemporary philosophy)으로 분류하는 것이다.

또 하나는 지역 중심이다. 유럽의 철학을 유럽철학(-哲學, european philosophy), 서양의 철학을 서양철학(西洋哲學, Western philosophy), 동양의 철학을 동양철학(東洋哲學, Eastern philosophy), 중국의 철학을 중국철학(中國哲學, Chinese philosophies), 한국의 철학을 한국철학(韓國哲學, Korean philosophy)이라고 한다.

서양철학에는 서양 최초의 철학자 탈레스(Thales, BC 624~BC 546)부터 시작하여 소크라테스, 플라톤, 아리스토텔레스를 지나 서양 중세철학 그리고 영국의 경험론, 유럽 대륙의 이성론, 독일의 관념론 등을 거쳐, 실존철학(實存哲學, existential philosophy), 분석철학(分析哲學, analytic philosophy), 미국의 실용주의(實用主義, pragmatism) 철학까지 이른다.

동양철학에서 인도철학(Indian philosophy, 印度哲學)은 곧 불교철학(佛敎哲學, buddhology)을 의미하듯 불교를 대상으로 하는, 즉 불교의 교리를 탐구하는 철학이라고 볼 수 있다.

중국철학은 공자(孔子, BC 551~BC 479)에서부터 시작하는 유학(儒學), 그리고 자연철학(自然哲學, philosophy of nature)을 탐구하는 도학(道學) 등으로 연결된다. 한국에서는 삼국시대부터 탐구되기 시작하여 조선시대에 와서 결실을 본다. 특히 한국의 실학철학(實學哲學)은 미국의 실용주의와 비교되어도 부족함이 없는 철학이다.

동양철학이란 서양철학과 대비되는 성질을 가지는 데, 정신을 기반으로 한 철학이다. 그리고 여기서 성리학이란 동양철학의 한 부분을 차지하는 학문으로서 여러 성질을 가지고 있다. 일단 성리학이란 '성명과 이기의 학문'이라는 정의를 가지고 있다. 여기서 성명이란 하늘에서 받은 것, 즉 하늘에서 주어진 것을 의미하고, 이기에서 이는 인간에 내재되어 있는 정신적 생각, 기는 밖으로 드러나

는 행위를 뜻한다. 그리고 성리학은 인간 존재의 본질에 대한 이론이라는 뜻과 정의도 가지고 있다.

대표적인 성리학자들로 중국의 '공자'와 '맹자'가 있다. 공자는 성리학에서 '인과 의'를 중요한 가치로 판단하였고, 맹자는 '인과 예'를 성리학의 중요한 가치로 평가하였다. 여기서 공자의 성리학적 업적으로는 극기봉례, 유교무림, 군군신신부부자자에 대해 잘 정리한 것이 있다. 그리고 맹자의 성리학적 업적으로는 인예설과 그 기초가 되는 성선설에 입각한 왕도정치에 대해 언급한 것이 있다. 그리고 성리학에서 주 논쟁의 대상으로 삼는 것은 사단과 칠정이 있는데 사단은 '인, 의, 예, 지'의 측은지심, 수호지심, 사향지심, 심의지심이 있다. 이 측은지심, 수호지심, 사향지심, 심의지심은 각각 가엾게 여기는 마음, 정의감, 겸손함, 그리고 옳고 그름을 판단하는 마음이다. 그리고 칠정에는 희, 노, 애, 구, 애, 오, 욕으로 이루어져 있다.

성리학적으로 많은 논쟁의 중심이 되고 중요하게 여겨지는 것에는 대표적으로 '이기론', '심성론' 두 가지가 있다.

이기론은 말 그대로 인간의 이와 기에 대해 탐구하는 것이다. 이기론에서 퇴계 이황은 이기호발설과 주이론을 주장하였다. 이기호발설은 이와 기가 동시에 따로따로 발해될 수 있는 것을 뜻하며, 주이론은 이와 기의 발해에서 이, 즉 사고가 기, 행위보다 우위를 점한다는 것을 뜻한다. 그리고 이 이기론에서 율곡 이이는 기발이승일도설과 주기론을 주장하였다.

기발이승일도설은 이의 불능동성과 기의 능동성을 뜻하는 것이고 이 주기론은 주이론에 상반되는 이론으로서 이와 기의 발해에서 기, 즉 행위가 우위를 차지한다는 것을 의미한다. 마지막으로, 이기론에 큰 영향을 미친 사람으로는 송시열이 있는데, 송시열은 치밀한 이론으로 마음을 이와 기의 결합으로 보는 이황의 이론을 비판하고, 마음을 기라고 하는 이이의 심시기를 옹호했다.

그 다음으로 논쟁의 중심이 되는 이론은 심성론이 있다. 이 심성론은 몇 가지 이론을 지니고 있다. 첫 번째, 성은 이 그것이다. 두 번째, 인간의 태생은 우극의 섭리이다. 다시 말해 성 그대로가 우극의 본체와 동화되고 있는 것을 의미한다. 세 번째로, 이 심성론은 본연의 성의 내용은 인, 의, 예, 지 이 네 가지 뿐이라고 주장하였다. 그리고 이 심성론이 바로 성선설과 성악설의 바탕이 되는 이론이 되었다.

심성론의 대표적인 학자로 이황과 이이가 있다. 이황은 이 심성론을 발전시켜 심성설을 만들었는데 이 심성설은 간략하게 이를 말하고 있다. 사단은 이가 발현하는데 기가 따르는 것이요, 칠정은 기가 발현하는데 이가 따르는 것이다. 이 이황의 심성론이 미래에 사단과 칠정을 탐구할 때에 중요한 요인과 바탕 자료로 사용되었다. 그다음으로 이이는 심성론을 발전시켜 사칠론을 적어 내렸는데 이 사칠론은 '이성적 작용도 작용인 이상 모두 기에 의한 것이다'라고 한 것이 중심 내용이다. 즉, 이는 기발이승만 적용된다고 규정하면서 사단을 칠정에 포함한 것이라고 해석할 수 있다.

제2절 법철학

1. 법철학의 개요

법철학(法哲學, legal philosophy or philosophy of law)이란 법의 본질과 연원 등을 해명하기 위한 개념과 이론을 만드는 철학적 연구 분야이다. 일반적으로 철학(哲學, philosophy)이 취하고 있는 기초 이론에 입각하여 법의 개념, 본질, 이념, 효력 등을 비롯하여 법과 사회, 법과 국가의 관계의 근본 문제를 다룬다. 즉, 올바른 법이 무엇인지를 탐구하고 모색하는 법철학(法哲學)은 법과 관련된 철학이다.

이는 자연법과 실정법 등의 법학(法學, science of law)에 관하여 철학적으로 성찰하며, 현행 법률과 외국 법률을 직접 대상으로 하지 않고 법의 근본 원리를 탐구의 대상으로 하는 학문이다. 법철학은 법의 본질과 목적, 법의 개념, 법의 객관적 가치 또는 법의 이념, 법의 존재 상태 또는 법의 효력, 타당성, 법 현상 등을 일반적으로 규명하고, 다시금 법의 제정·해석·적용에 특유의 논리 또는 법적 사유(思惟)의 기본적 범주나 법학 방법론에 이어 이를 응용·실천하는 것을 그 임무로 한다. 이와 같이 법철학은 법 일반, 즉 법 자체를 이론적인 고찰대상으로 하지만, 그 구체적인 내용에 대해서는 법치주의, 시민불복종, 생명공학(生命工學, biotechnology), 환경, 정보사회와 같은 실천적인 문제들을 철학적으로 고

찰하는 등 다양한 측면에서의 학문적 연구가 있다.

법철학은 법의 본질과 법의 효력의 근거를 밝히고, 법의 이념과 법의 이상을 추구하여 법학의 방법론을 제시·확립하기 위한 학문이다. 과거에는 법의 철학(philosophy of law), 법리학(法理學, jurisprudence) 또는 법률철학이라고 불렸다.

협의법학인 법해석학(法解釋學, jurisprudenz)이 실천철학으로서 법의 실천적인 면에서 규명하고자 하는 법학이라면, 법철학은 이론법학으로서 법을 순수한 원리적·가치적 측면에서 규명하는 법규범학으로 구분하기도 한다. 그러나 양자 모두 이론적 측면과 실천적 측면을 지니고 있으므로 법해석학과 법철학은 법학의 2대 지주로서 상호보완관계에 있다.

법철학의 연구대상은 자연법, 현행법, 법 역사, 국제법 등의 소재를 이론으로 정립하는 기초 법학이며, 다시 철학, 윤리학(倫理學, ethics), 정치학(政治學, politics), 경제학(經濟學, economics), 사회학(社會學, sociology) 등의 여러 인접 과학(科學, science)의 성과까지도 고려하여 법철학의 연구는 지적인 탐구뿐만 아니라 실천적인 의미도 갖는다.

2. 법철학의 역사적 발전

역사와 발전단계 법철학은 철학의 다양한 학파들의 영향을 받아 발전되어 왔다. 즉, 에드먼드 후설(Edmund Husserl)이 현상학(現象學, phenomenology)이라는 철학적 운동을 발전시키자 법철학을 현상학적 방법으로 전개해 보려고 했다. '법철학'이라는 용어는 독일어 '레흐츠필로소피(rechtsphilosophie)'를 번역한 것으로, 영어 사용권에서는 법리학(法理學, jurisprudence)과 동의어로 사용된다.

1) 법철학의 역사적 발전

(1) 고대 법철학

고대 그리스는 정의에 관한 철학적이고 우주론적인 이념체계를 만들어냈지만, 일상 문제에 지침으로 적용될 수 있는 것이라기보다는 민회(民會)에서 웅변가가 사용하기에 더 알맞은 것이었다. 초기 그리스 우주론(cosmology)은 신법(神法, logos)이 인간관계에 표현된 것을 법(nomos)으로 보았다.

소피스트(sophist)는 이러한 법의 절대적 가치를 거부하고, 법은 개별적·상대적·역사적으로 변화하는 차원에서 인간의 이성에 의해 창조된다고 생각했다. 플라톤(Platon)은 자신의 이원론(dualism)에 입각하여 정의의 본질이 폴리스의 법보다 항구적이고 절대적인 것이라고 보았으나, 후기에 와서 보다 현실적인 차선책으로서 철인의 지혜와 동등한 중요성을 법에도 부여했다. 아리스토텔레스(Aristoteles)는 초월적 실재와 현실을 보다 밀접하게 관련지음으로써 초월적 지식이 아닌 실정법의 효력까지지도 옹호할 수 있었다. 스토아학파는 그리스의 자연법론(自然法論, theory of natural law)을 가다듬어 로마에 영향을 주었다.

그리스와 달리 철학자가 아니라 전문법률가와 법무관 등에 의해 체계적인 법이 발전한 로마는 스토아 사상을 받아들이고 로마법의 학문으로서의 체계를 확립해, 협소한 시민법(jus civile)에서 자연법에 기초한 만민법(jus gentium)으로의 발전을 도모하기도 했다. 로마의 웅변가 마르쿠스 툴리우스 키케로(Marcus Tullius Cicero)에 의해 자연법사상이 전파되어 자연법에 위배되는 실정법은 정당성을 상실되었다.

도덕적으로 선하고 명예로운 것은 어디에서 발원할까? 키케로는 4가지를 든다. 진리에 대한 통찰과 이해, 신의, 고귀하며 굽히지 않는 정신의 위대함과 강직함, 절도와 인내가 내재해 있는 질서와 온건함이 바로 그것이다. 어느 것 하나 갖추기가 쉽지 않아 보인다. 하지만 희망은 있다. 보통 사람들에겐 '신의(信義)' 하나만이라도 제대로 지키면 도덕적 선에 다가갈 수 있지 않을까? 사실 '신의'가 가장 중요한 원천이기도 하다. 키케로도 정의의 기초가 바로 신의라고 말하지 않는가?

호의를 베풀고 선행을 행하는 것, 친절을 베푸는 것도 도덕적 선의 영역에 들어간다. 하지만 우리가 친절과 호의를 베풀려고 하면 그것이 초래할 도덕적 성격이나, 친절이나 호의를 받을 사람의 우리들에 대한 마음가짐, 그리고 공동체 및 사회생활에 대해 취하는 그의 태도 등을 숙고한 후에 행해야 한다. 이런 분별을 전제로 할 때 사이비 덕에 빠지지 않게 된다. 이는 현대인도 일상생활 속에서도 자주 경험하게 되는 사례다.

'선의'와 '선행'은 베푸는 사람의 의도만으로 무조건 도덕적 선이 되는 것이 아니다. 베풂을 받는 사람의 태도와 상황, 그가 취하는 공동체에서의 행동에 따라 도덕적 선이 완성되거나, 아니면 양자가 모두 위선에 빠지고 마는 것 같다.

키케로의 '도덕적 선(honestum)', 호네스툼의 개념은 일상적 용어인 '착함', '선함'으로 표현되는 뜻보다 훨씬 더 넓고 의미가 특별하게 정의되는 개념이다. '착함'과 '도덕적 선'은 명확하게 구별된다. 왜냐하면 인간의 자연적 본성에 부합되는 의무로 연결될 수 있어야 하기 때문이다.

요즘 우리 사회에서 '착한 가격', '착한 투표', '착한 복지', '착한 성장' 등 아무 것에나 '착함'의 이미지를 갖다 붙인다. 이는 가치중립적인 개념에 '착함'의 이미지를 덧씌우는 얄팍한 언어유희에 불과하다. '복지', '성장' 등의 개념들은 도덕적 판단 기준이 개입할 여지가 전혀 없는 것들이기 때문이다. 당연히 선악의 수식어를 붙일 수 없는 것이다.

특히 이러한 부조화된 개념을 선호하는 사람들의 인식에는 추구하는 가치가 자신과 다른 타자를 배제하거나 조롱하는 저급한 인식이 바탕에 깔려 있다. 또한 '착함'이 곧 '도덕적 선'이라는 잘못된 등식을 은연중에 강요하고 있다는 점에서, 진정한 '도덕적 선'의 윤리 관념마저 모호하게 만드는 해악이 크다.

도덕적 선은 기본적인 덕인 지식, 지혜, 정의, 용기, 인내, 공동체 의식의 조화 속에서 보다 잘 발현된다. 키케로는 올바른 인식과 내면적 감정이나 외면적 표상이 적합하게 된 상태를 '데코룸(decorum)'으로 정의한다. 데코룸한 것은 도덕적으로 선하며 도덕적으로 선한 것은 데코룸하다고 말한다. 데코룸한 삶을 살기 위해서는 욕망을 이성으로 적정하게 통제하는 것이 가장 중요하다. 의무를 수행함에 있어 이보다 더 적합한 조건은 없기 때문이다. 데코룸은 고대 그리스에서 중시한 '아레테(Arete)' 못지않게 중요한 관념이었다.

(2) 중세의 법철학

중세에 들어와서 성 아우렐리우스 아우구스티누스(Sanctus Aurelius Augustinus, 354~430)는 신의 의지보다 신의 이성을 강조해 신의 이성이야말로 영구불변한 신법의 최고의 원천이라 했고, 신법·자연법·세속법(실정법)이라는 위계질서를 확립했다. 아우구스티누스는 법에도 위계질서가 있다고 주장하면서 가장 상위법인 영구법은 신의 이성이나 의지와 일치된 법으로 그 법은 신처럼 영원하고 불변하다면서 자연법이야 말로 인간 의식 속에 투영된 영원한 신법의 복제이자 자연의 빛이라고 보았다. 또한 가장 하위법인 인정법은 인간이 타락한 후 살아가기 위해 만든 일시적 법으로 입법자 의도에 의해 특정 시대에 요구되는 것과 금지되는 것을 정하기 위해 필요에 따라 만든 법으로 보았다.

스콜라학파의 토마스 아퀴나스(Thomas Aquinas)는 전형적 자연법론자로서 법을 영구법·신법·자연법·인정법으로 구분하였다. '이성'의 우위를 계승해 실정법을 공동선(共同善)을 위한 인간 이성의 창조물로 보았으며, 자연법을 위반한 실정법의 효력을 부인했다.

존 둔스 스코투스(Johannes Duns Scotus)는 모든 존재의 독창성은 궁극적으로 신 의지의 독창성에 기인하는 것임을 강조했다. 그는 신법을 포함한 모든 규준(規準)의 근거는 '사랑인 하느님(Love God)'이며, 이성이 아닌 의지만이 이것에 접근할 수 있으므로 인간 이성이 이를 수 있는 자연법이란 존재하지 않는다고 보았다.

중세 초기의 법철학은 사실상 그리스도교가 지배하는 신정국가 시대였기 때문에 성서와 기독교의 교의에 따라 신의 지배에 복종해야 한다는 사상이었으나 르네상스 시대를 맞아 인본주의 사상이 대두되고 이에 따라 플라톤·아리스토텔레스·스토아학파 철학사상과 기독교 교리가 상호 충돌하고 보완하면서 중세 법철학은 함께 발달해 왔다.

(3) 근대의 법철학

르네상스의 선구자인 니콜로 마키아벨리(Niccolo Machiavelli)는 초월적 의지나 초월적 이성에서 탈피해 경험적인, 있는 그대로의 삶을 중시함으로써 인간 입법자의 우월성을 확립했다(경험론). 이것은 프랑스와 영국에서 장 보댕(Jean Bodin)과 자연법학자 토머스 홉스(Thomas Hobbes)에 의해 계승되었다.

네덜란드의 후고 그로티우스(Hugo Grotius) 등은 신적 의지의 우월성, 그리고 인간이 거기에 참여한다는 것을 주장하여 자연법으로 가는 길을 다시 열었다. 그들은 자연법의 규범적 또는 도덕적 힘은 인간의 그 자체가 우주 본질의 일부인 내적 본성과 성향이 이상적이고 천부적으로 선하다는 사실에서 나온다고 여겼다. 그가 발견한 법은 스토아적 자연법이 로마법과 그리스도교 신학(神學, theology) 속으로 귀화한 것이었다. 그러나 홉스는 그리스의 소피스트와 마찬가지로 인간의 본성이 그처럼 이상적이거나 선하지 않다고 여겼다. 사람들이 주권

국의 법에 복종해야 하는 이유는 그것이야말로 자신을 타인으로부터 보호할 수 있게 하는 유일한 제도이기 때문이었다. 이처럼 근대의 자연법은 두 갈래의 흐름으로 나뉘었다.

17세기에 들어오면서 자연법을 실정법의 유효성을 판단하는 기준으로 삼는 생각은 사상가들의 테두리를 넘어 법원에까지 적용되기에 이르렀다. 영국의 에드워드 쿡(Edward Coke) 경은 1610년의 보넘 판결(Bonham's case)에서 "의회제정법이 일반권리 또는 이성에 반하거나, 모순되거나 실행이 불가능한 경우에는 코먼 로(common law)가 그것을 통제하며 그러한 법을 무효라고 결정할 것이다."라고 했다. 또한 생명·재산 및 행복 추구라는 자명한 권리를 단언하고 있는 18세기 미국의 독립선언은 자연법이 미국 헌법 발전에 지속적인 영향을 주는 시발점이 되었다. 사법부(법원)가 입법에 대해 성문헌법과의 저촉 여부를 '심사'하고 이를 무효로 선언할 권리(사법심사권)를 가지게 됨으로써 헌법은 자연법과 유사한 것이 되었다.

그러나 샤를 드 몽테스키외(Charles De Montesquieu)를 비롯한 초기 사회과학자들에 와서 자연법은 퇴조할 수밖에 없었다. 몽테스키외에 따르면, 어떤 인민의 법과 정의는 그들에게 작용하는 특별한 요인과 환경에 따라 결정되며, 당시의 자연법론이 주장하는 것처럼 시공을 초월한 불변의 것이 아니었다.

(4) 현대 법철학

① 19세기 법철학

19세기 후반 법철학의 중심 사상이 된 실증주의 법철학의 창시자라고 할 수 있는 프랑스의 철학자이자 사회학자인 오귀스트 콩트(Isidore Marie Auguste François Xavier Comte, 1798~1857)에 따르면, 이상적 본질과 같은 추상적인 것에 대한 형이상학적 관념은 인간의 지적 발달 이전의 단계에 속했다.

찰스 다윈(Charles Darwin)의 진화론(evolution theory)과 허버트 스펜서(Herbert Spencer)의 실증주의에서 그들 체계의 핵심을 이루는 것은 변화와 적응이지 항상성(恒常性)이나 불가침성이 아니었다. 인류학자인 브로니슬라프 카스퍼 말리노프스키(Branislaw Kasper Malinowski)가 문명의 발전을 이해하는 데 중요하다고 본 법이라는 말의 4가지 주요 의미 속에는 자연법과 같은 관념은 절대 포함되지 않았다.

독일의 관념론 철학자 임마누엘 칸트(Immanuel Kant)는 자연법과 결별한 또 다른 사상의 줄기를 형성했다. 그의 윤리적·법적 사고의 기초는 모든 도덕관념이 선험적(先驗的) 관념에 기초를 두고 있다는 것이었다. 이러한 전제로부터 칸트는 이상적 법의 본질을 도출해냈고, 이것은 정의의 이론 또는 표준을 함축하고 있었다. 그러나 칸트의 선험관념은 자연법 사상만큼이나 초월적이다. 따라서 칸트의 관념론(idealism)을 계승한 요한 피히테(Johann Fichte) 등의 후기 사상가들이 신칸트주의 사상을 자연법의 틀에 맞추는 것은 어려운 일이 아니었다. 이러한 관념론들은 형식적으로나 철학적으로 '합리주의'와 자연법적 사고에 반대하고 있지만, 산업혁명기에 이들 관념론은 자연법이 중세의 교회와 정치·사회·경제 조직의 속박, 그리고 18세기의 전제주의에 맞서 꾸준히 세워놓은 개인주의 및 자유주의 경향을 강화시킨 것으로 보인다.

19세기 초에 들어서자 칸트적 관념론과 자연법론에 대한 반작용이 나타났다. 산업혁명 초기에 달성된 실천적 성취에 반영된 당대의 과학적 분위기로 볼 때 선험체계로부터의 연역적 사고는 복잡한 사회문제를 해결하기에 비실용적 방법이었다. 그 문제는 현존하는 법과 제도를 철저히 분석함으로써 접근이 가능하기 때문이다. 이 새로운 조류는 실증주의라고 불렸다. 영국의 분석적 실증주의는 제러미 벤담(Jeremy Bentham)에서 시작되어 존 오스틴(John Austin)으로 이어졌다. 오스틴은 실정법을 주권자의 명령으로 정의했다. 실정법은 도덕적 원칙이나 다른 근거로부터 기원할 수 있지만, 그것을 주권자가 명령할 때에 비로소 법이 될 수 있다고 보았다.

19세기의 역사법학(歷史法學)은 사변적 우주론, 선험, 자명한 원리 등을 배척하면서 경험적 관찰을 통해 법의 실체를 연구하는 새로운 방법을 열었다. 이것은 논리분석적 실증주의보다 더욱 구체적으로 사회 모습을 기술했다.

역사법학파의 주도적 인물인 독일의 프리드리히 카를 폰 자비니(Friedrich Karl von Savigny, 1779~1861)는 법은 민족정신(Volksgeist)에 의거하며, 탁월한 법은 관습법이라고 했다. 그는 법적 변화에서 민족정신의 항구성을 고려할 필요를 강조해 다윈 이전에 '법의 진화'라는 관념을 제공했다. 영국의 법사학자인 헨리 제임스 섬너 메인 경(Sir Henry James Sumner Maine, 1822~1888)은 비교법사학 연구를 통해 모든 법체계를 통괄하는 발전의 가설적 '법칙'을 찾아내고자 했다.

한편 마르크스주의적인 경제적 역사 해석은 대부분의 사회과학(社會科學, social science)에서와 마찬가지로 법사회학(法社會學, sociology of law)에서도 주도적 위치를 잡아가고 있었다. 이 입장은 법적·윤리적·경제적·심리적 연구 상호간의 밀접한 관련을 강조하면서도 특히 경제적 동인을 중요시했다. 마르크스주의 이론에 따르면 정치체계와 사법체계, 즉 국가와 법은 사회의 상부구조를 이루며, 그 본질은 경제적 토대, 즉 생산과 교환의 양식에 따라 결정되었다. 독일의 사회학자인 막스 베버(Max Weber)는 사회경제적 변화와 윤리-법적 변화의 관련성을 연구함으로써 경제결정론(經濟決定論, economic determinism)의 구속에서 벗어났다. 그의 연구들에서는 특정한 사회(문명)의 독특한 요소 또는 그러한 요소들의 조합의 영향이 고려되고, 승인된 가치체계의 존재는 서구 자본주의체제의 등장에 결정적 영향을 끼쳤다.

19세기 초의 역사법학은 법을 사회적 맥락에서 설명하고 발전하는 사회과학의 영향을 받았고 그 결과 법사회학파가 출현했다. 독일의 루돌프 폰 예링(Rudolf von Jhering, 1818~1892)은 이러한 사회학적 경향의 선구자였다. 그는 법이란 자신의 목적을 달성하기 위한 인간들의 투쟁, 그리고 이 투쟁을 선도하는 힘들의 산물이라고 보았다. 또 다른 역사법학자인 오토 프레드리히 폰 기르케(Otto Friedrich von Gierke)는 법학에서 심리학적인 관심을 자극했고, 구속적인 사회규범의 연원으로 집단의 내적 생활과 활동이 갖는 역할을 강조했다. 올리버 웬들 홈스(Oliver Wendell Hlomes Jr., 1841~1935)와 오이겐 에를리히(Eugen Ehrlich, 1862~1922)는 이들의 영향을 받았다.

② 20세기 법철학

20세기 초에는 다양한 심리학적 가설이 법학에 영향을 주었는데, 특히 레스터 프랭크 워드(Lester Frank Ward), 지그문트 프로이트(Sigmund Freud), 빌프레도 파레토(Vilfredo Pareto), 막스 베버 등의 이론이 중요했다.

20세기에 와서 자연법은 확실히 부활을 경험했다. 나치의 경험과 같은 대규모 범죄 행위는 자연법에 대한 새로운 열망을 자극했다. 이렇게 자연법이 재등장하게 된 데는 하나의 지적 움직임이 아닌 여러 방향에서 기여가 있었다. 독일의 루돌프 슈타믈러(Rudolf Stammler)와 프랑스의 프랑수아 제니(François Gény)는 그 선구자들이었다. 에밀 뒤르켐(Émile Durkheim, 1858~1917)의 실증주의 사회학의 영향을 받은 레옹 뒤기(Léon Duguit)는 자연법을 공격하고 있지만, 결과적으로 자연법에 대한 은밀한 경의를 표하고 있었다.

이와는 달리 독일의 구스타프 라드브루흐(Gustav Radbruch)는 민주적 법상대주의와 법실증주의에 크게 기여했지만 나치의 잔학성을 경험하면서 만년에는 자연법으로 향하게 되었다. 그는 "정의를 추구하지 않고, 정의의 핵심인 평등을 실정법 제정에서 부정하는 경우, 그 법은 '정의롭지 못한 법'일 뿐 아니라 법의 본질 자체를 결여한 것이다."라고 명백히 선언했다.

프랑스의 모리스 장 클로드 오리우(Maurice Jean Claude Eugéne Hauriou)나 조르주 르나르(George Renard)처럼 법제도주의를 자연법과 연결시키는 입장은 또 다르다. 그들은 뒤기처럼 이러한 연결을 천명하지 않으면서도 토마스주의 입장에 대한 공감을 숨기지 못했다. 한편 베르너 마이호퍼(Werner Maihofer)와 같이 자연법과 실존주의를 연결시키려는 시도는 성공적이지 못했다.

한스 켈젠(Hans Kelsen)의 '법의 순수이론'은 자연법과 사회학에 대한 20세기 초기의 회의주의를 반영했다. 켈젠은 이 양자를 자신이 주장하는 방법의 순수성(즉, 어떠한 가치의 오류로부터도 자유로운 방법)과 대립시켰다. 그는 규범의 단계구조를 설정했는데, 상위규범으로의 추급(追及)은 '근본규범'에 이르기까지 계속된다. 이 근본규범은 공동체의 충분한 최소한의 성원들이 동의했다는 사실을 조건으로 하여 그 효력을 얻는다고 한다.

3. 새로운 철학

아도르노는 자신의 철학을 변증법이라고 규정하면서 사실은 새로운 철학을 제시한다. 기존철학과 그의 철학의 차이점은 크게 세 가지 측면에서 고찰해 볼 수 있다. 첫째는 그의 철학도 변증법이라고 부르고 있지만, 헤겔의 변증법과는 구별되는 부정변증법이다. 둘째, 기존철학이 보편자 또는 개념적인 것을 관심 대상으로 삼았던 것과 달리 그의 철학은 개별자 또는 비개념적인 것을 탐구 대상으로 한다. 마지막으로 그의 철학은 체계성을 부정함으로써 개념의 절대적 기능과 체계의 중요성을 강조했던 기존 관념론 철학과 구별된다.

아도르노는 특정 입장이 아니라 보편이론이고자 하는 자신의 철학을 변증법이라고 부르면서 "현실의 단순한 계기"로서의 헤겔 변증법과 구별한다. 그는 헤

겔의 변증법이 “철학적 개념들과 이질적인 것들을 철학적 개념들로써 충분히 다룰 수 있음을 보여주려는 시도였으나 성공하지는 못했다.”고 본다. 즉, 헤겔의 변증법도 개념을 통하여 비개념적인 것들을 파악하려는 시도였지만 성공하지는 못했다는 것이다. 그는 네 가지 측면에서 헤겔의 변증법을 자신의 변증법과 구별한다.

첫째, 헤겔은 부정의 부정을 긍정과 동일시하였으나, 그에 의하면 부정의 부정은 긍정이 아니다.

둘째, 헤겔은 모순의 개념을 논리적 개념으로 이해하지만, 아도르노는 모순을 논리적인 의미가 아니라 사물의 비동일성으로 이해한다.

셋째, 헤겔 변증법에서는 주관우위의 변증법이나 아도르노는 객관의 실재성을 인정한다. 즉 객관 우위의 변증법이다.

넷째, 헤겔 변증법은 부분적인 것은 그 일면성 때문에 거짓이며 진리는 부분을 넘어선 전체라고 주장한다. 전체의 진리를 먼저 전제하지 않는다면 변증법적 진행 과정은 방향을 잃을 것이라고 본다. 즉 전체 내지는 보편자 우위의 변증법이다. 그러나 아도르노의 변증법은 개체 우위의 변증법이다. 이러한 자신의 변증법을 아도르노는 “부정변증법”이라고 부르는 것이다.

‘계몽의 변증법’은 현대 사회와 현대가 파괴해가는 이성의 부조리에 대해 거침없는 비판과 부정적 시각을 드러낸다. 자연에 대한 인간의 순응에서 자연을 지배하고 주체의 우위를 점유하려는 인간의 의지는 과학의 발달과 생산력의 증진만을 가져왔을 뿐 인간의 주체성을 말살하고 전쟁, 자연재해 등의 엄청난 피해를 가져오며 결국엔 도구적 이성으로 전락했다고 주장한다. 그가 말하는 도구적 이성이란 주관적 이성을 강조하는 현대 사회가 객관적 이성을 잃어가면서 도구화되는 것을 말한다. 즉 목적과 수단의 정당성을 판단하는 객관적 이성 대신 효율성만을 중요시하는 주관적 이성이 강조되면서 결국엔 그 자신조차 효율성만을 위한 도구적 이성으로 전락한 것이다.

아도르노는 이러한 현대 사회의 부조리와 도구적 이성의 확산을 인간 중심의 야성을 강조하는 계몽의 역사에서 찾는다. 계몽의 본연의 의미는 이성만을 지칭하는 것이 아님에도 불구하고 경제적 추구로 인해 인간의 존엄성은 그 길을 잃고 획일화된 보편성만이 산재해 있다는 것이다. 즉 전체의 목적을 위해 인간 개

개인의 고통은 치부하게 되는데 이는 합리성과 이성만을 강조하는 계몽의 필연적 결과라는 것이다

제3절 철학의 내용

1. 실천철학과 이론철학

1) 실천철학

내용 중심의 철학에서는 실천철학(實踐哲學, philosophia practica)과 이론철학(理論哲學, theoretical philosophy)을 들 수 있다. 실천철학은 인생을 위하여 소중한 가치의 실현을 궁극의 목적으로 삼는 것인데 여기에는 윤리학(倫理學, ethics)과 미학(美學, aesthethics)을 들 수 있다. 윤리학은 행위에 관한 실천적 문제들에 종사하는 당위의 학(學)이며, 미학은 미적 사실을 전반에 걸쳐 대상으로 삼는 학문이다. 그것은 미적 사실에 있어서 가장 근본적인 것이 무엇이냐에 관한 견해이다.

윤리학은 인간의 행위에 관한 여러 가지 문제와 규범을 연구하는 학문이며 실천적 문제에 종사하는 당위의 학(學)이다. 인간은 양심에 바탕을 둔 자기의 도덕성 실천이 첫 번째 중심으로 있다면, 그러한 도덕성을 이웃과 사회에 실천하는 학문이 되었을 때 그것은 사회철학(社會哲學, social philosophy)이고, 실천과정에서 문제점을 해결하는 분야가 바로 법철학이다. 그리고 이러한 법을 전 국가에, 모든 국민에게 공평하게 실천하는 주체는 국가이며, 이러한 철학을 국가철학(國家哲學) 또는 국가론(國家論)이라고 말하는데 이것은 윤리학의 한 분야이다. 그리고 윤리학의 근본이론 중 하나로는 가치론(價値論)을 들 수 있다.

미학은 미적 사실 전반에 걸쳐 대상으로 삼는 실천철학으로, 아름다움을 느끼고 표현하고 공감하는 실천철학이다. 아름다움이라는 말은 우리의 일상생활에서 또는 학문적으로도 아주 넓게 쓰이고 있으나 그 말이 미학적 용어라는 사실을 간과하고 있는 것이다. 미(beauty)라는 말은 꽃이나 산, 호수 등의 사물부터 인간의 선행, 긍정적 사고, 아름다운 이야기(미담), 착한 마음 그리고 실험, 증명, 기

술까지 여러 방면으로 해당된다.

더 구체적인 의미에서의 '미'는 한국적인 표현을 예로 들자면 아름답다, 곱다, 예쁘다, 귀엽다, 아리땁다, 고맙다, 감사하다, 사랑스럽다, 매력적이다, 칭찬할 만하다, 고귀하다, 훌륭하다, 좋다, 멋지다 등이 있고, 한자어로는 眞(진)·善(선)·美(미)·聖(성)·愛(애)·好(호)·貴(귀) 등으로 표현되고 있다. 또한 미는 자연미와 예술미로 나눌 수 있다.

미의 실천철학으로서는 예술(art)이 있다. 'art'의 원어인 라틴어의 'ars'가 조립하다, 연구하다의 뜻에서 나왔고, 독일어의 'kunst'는 본래 '알고 있다' 또는 '할 수 있다'라는 의미의 'können(can)'에서 나왔듯이 모두 어려운 과제를 잘 해결할 수 있도록 특별히 숙련된 기술을 지칭하는 용어이다. 서양과 동양 그리고 한국 등 세계에는 민속학(民俗學, folklore), 건축, 조각 회화, 음악, 무용, 문학(文學, literature) 등이 있으며 중국과 한국에는 서예(書藝)라고 하는 독특한 예술이 있다.

2) 이론철학

철학의 주요 연구분야로 형이상학(Metaphysics), 논리학(Logic), 인식론(Epistemology), 미학(Aesthtics), 윤리학(Ethics) 등이 있다. 형이상학은 실재의 본질을, 논리학은 사유의 과정과 법칙을 인식론은 지식의 습득방법을 미학은 아름다움의 의미와 경험을 그리고 윤리학은 도덕적인 가치판단의 구조를 밝히려 한다. 즉 윤리학은 도덕적인 판단의 선택 그리고 기준에 관하여 탐구하고 분석하는 철학의 한 분야이다. 이론철학은 지식의 획득을 목적으로 삼는 철학인데 여기에 형이상학, 인식론, 논리학(論理學, logic)이 있다.

형이상학(methaphysics)은 존재자들로 하여금 존재하게 하는 근본원리에 관한 학문으로 존재론, 우주론(宇宙論, cosmology), 신학(神學, theology)이 여기에 속한다. 인식론(episthemology)은 사유의 내용을 다루는 학문이며 논리학(logics)은 사유의 규범과 형식을 다루는 학문이다.

형이상학이라는 용어는 아리스토텔레스의 저서 『제1철학』이 메타피지카(Metaphysica)로 합쳐진 후에 형이상학이라고 불리게 되었다. 형이상학은 2000년이 넘도록 서양철학의 근간으로서 주축을 이루었다. 플라톤, 아리스토텔레스를 주축으로 한 형이상학은 중세를 거쳐 영국의 경험론(經驗論, empiricism), 프랑스를 주축으로 한 대륙의 이성론(理性論, rationalism), 그리고 근세철학(近世哲學, modern philosophy)의 아버지라 불리는 칸트, 헤겔, 아르투르 쇼펜하우어(Arthur Schopenhauer) 등 독일관념론(獨逸觀念論, deutscher idealismus) 철학이 이르기까지 유럽철학의 중심이 되어왔다. 형이상학을 연구함에 있어서 주축을 이루는 두 이론이 있으니 그것은 인식론(認識論, episthemology, theory of knowledge)과 존재론(存在論, ontology)이다.

인식론(epistemology, theory of knowledge)은 그리스어의 'episteme(학문, 인식)'라는 말과 라틴어 'logic(논리학)'의 합성어이다. 인식론은 앎에 관한 앎의 학문이요 앎에 관한 앎의 체계이다. 인식은 가장 넓은 의미의 지식을 일컫는 말이다. 비명제적(非命題的)인 지각·기억·내성에 의한 이해는 의욕 정서와 함께 의식의 기본적 측면 또는 기능을 이룬다. 스콜라철학(哲學, scholasticism)에서는 인식을 추상적 인식, 포괄적 인식, 객관적 인식, 사실적 인식으로 구분하였다. 인식이 성립하기 위해서는 인식하는 주관과 인식되는 객관적 대상이 있어야 하며, 양자 간의 인식관계에 의해서 인식은 성립한다.

존재론(ontology)은 무엇이 '있다'는 것을 나타내는 말로서 유(有)라고도 하여 비존재(非存在) 비유(非有) 또는 무(無)와 대립시키기도 한다. 일반적으로 존재는 '있다', '존재한다'라고 하는 모든 것의 가장 포괄적인 개념이고 다른 모든 규정에 앞서는 가장 근본적인 규정이다. 존재라는 말은 존재자의 뜻으로도 쓰인다. 상식적 경험적으로는 일정한 시간과 공간을 접하고 있는 실 재물을 가리켜 '있다', '존재한다'라고 부르는데 이를 일반적으로 존재라고 부른다. 이때에 '있다', '존재한다'라는 규정은 우리 경험의 범위에 속하는 '존재'를 의미한다. 존재에 관한 철학적 이론이 존재론이며 또한 실체론이라고도 한다. 존재론에 대한 원어인 라틴어 온토로기아(ontologia)는 그리스어 '온토(onto)', '에이나이(einai)'의 분사로 '존재하는 것'이라는 뜻과 법칙(logos, 논리학문)이라는 말을 결합하여 만든 철학 용어이다.

가치론(theory of value)은 이상적이며 절대적인 가치의 해명을 중심 문제로 다루는 것이지만, 일반적으로 심리학(心理學, psychology), 경제학(經濟學, economics), 윤리학에서 다루는 중심 문제이기도 한 것이다. 가치론이 하나의 체계를 형성하기 시작한 것은 신(新)칸트학파(Neo-Kantianer)이고 그 중에서도 서남 도이취학파이다. 물론 이론적으로 볼 때 칸트가 사실문제와 가치문제를 구별하고 이론 부

분과 가치 부문을 구별한 이래 가치철학(價値哲學, philosophy of value) 내지 가치론은 성립되었다고 볼 수 있다. 철학에서는 가치 있다고 인정되는 존재나 사건을 실현하고 수행하기 위하여 '당위(oughtness)'를 요구한다. 당위는 의무(duty)와 뗄 수 없는 관계를 가지고 있다.

논리학은 영어의 'Logic', 독일어의 'Logik', 그리고 프랑스어의 'Logigue'에 해당하는 말들이다. 즉 논리학은 로고스(Logos)의 학문이라고도 말할 수 있다.

로고스(Logos)는 원래 레게인(Legein, '센다, 모은다, 배열한다, 말한다'의 뜻을 지닌 말)이라는 동사에서 전환된 명사로서, 말, 생각, 사유, 사고, 논리라는 뜻 외에도 개념, 판단, 정의(定義), 이유, 이성, 진리, 사상, 법칙, 이론, 학문 등의 뜻을 지니고 있다. 일찍이 그리스 철학자 헤라클레이토스(Heracleitos, BC 540?~BC 475?)는 만물이 유전하는 법칙을 로고스(Logos)라 말하였고, 「신약성경(新約聖經)」의 <요한복음> 1장 1절에서도 로고스(Logos)라는 말이 아주 의미 깊게 표현되어 있다. 즉 "태초에 말씀(Logos)이 있었다. 말씀은 곧 하나님과 함께 있었으니, 이 말씀은 곧 하나님이니라."라는 말이 그것이다.

논리학의 주된 내용으로는 개념론(概念論, conceptualism), 판단론(判斷論, urteilslehre), 추리론(推理論), 삼단논법(三段論法, syllogism), 귀납법(歸納法, inductive method), 오류론(誤謬論), 기호논리학(記號論理學, symbolic logic) 등이 있다.

2. 과학철학과 종교철학

과학철학이라는 용어는 현대에 와서 생긴 용어이다. 서양 최초의 철학자 탈레스(Thales)는 우주의 근원은 물이라고 하였다. 이와 같이 과학철학은 자연을 대상으로 하는 우주의 근본원리를 탐구하는 철학자들의 철학에서 시작되고 발전한 것이다. 그래서 우리는 철학과 과학은 탈레스에서 동시에 시작되었다고 한다. 탈레스를 비롯해 우주의 근원을 아낙시만드로스(Anaximandros, BC 610~BC 540)는 무한자, 아낙시메네스(Anaximenes, BC 585?~BC 525?)는 공기, 헤라클레이토스(Heracleitos, BC 540?~BC 475?)는 '영원히 타는 불'을, 엠페도클레스(Empedokles, BC 490~BC 430)는 흙, 물, 불, 공기를, 우리에게 수학자로서 잘 알려진 피타고라스(Pythagoras, BC 580~BC 500)는 수(數, arithinos), 레우키포스(Leucippos, BC 480?~?)와 데모크리토스(Democritus, BC 460~BC 370)는 우주의 근원을 '원자(atoma)'로 보았다. 이러한 사상들은 '지구는 둥글다.'라고 주장을 한 갈릴리오 갈릴레이(Galileo Galilei, 1564~1642), '만유인력의 법칙(Law of universal gravitation)'을 주장한 아이작 뉴턴(Isaac Newton, 1642~1727) 등에 이어져 오늘날 우주과학(宇宙科學, space science)의 시대를 만들었다.

종교철학(宗教哲學, philosophy of religion)은 어떤 특정한 종교의 고리와 신앙의 내용에 관한 철학이다. 우리는 세계 3대 종교에 관하여, 기독교(基督教), 불교(佛教), 유교(儒教)를 이야기할 수 있으나 유교는 종교라기보다는 유학이라는 학문으로 해석하는 것이 옳을 것 같다. 여기에 더하여 힌두교(Hinduism)와 이슬람교(Islam)가 있고 한국에는 대종교(大倧教)가 있다. 종교철학은 종교라는 문화현상을 철학적으로 파악하여 종교의 본질은 무엇인가?, 종교적 진리란 어떤 것인가(인식론)?, 종교의 가치를 어디에서 찾아볼 것인가(가치론)? 하는 문제들을 규범학(規範學, normative science)으로 다루는 학문이다. 종교철학은 개별적인 사유를 하는 종교철학이다.

종교철학은 철학의 대상이 종교이고, 창조신화와 관계가 깊으며, 창조신화에 그 근본을 두고 있다. 기독교는 창조주 하나님에 근본을 두고 있으며, 대한민국의 대종교는 창조신의 아들인 단군(檀君)에 그 근거를 두고 있다. 그러나 창조주는 아니라 하여도 불교는 석가모니에 의해서 불심을 갖게 되었고 이슬람교는 무함마드(Muhammad, 아부 알 카심 무하마드 이븐 아브드 알라 이븐 아브드 알 무탈리브 이븐 하심, Abū al-Qāsim Muḥammad ibn ʿAbd Allāh ibn ʿAbd al-Muṭṭalib ibn Hāshim)가 교주가 되어 오늘날 중동지방의 중심 종교가 되었다. 인도교(Hinduism, 힌두교)는 하나의 종교 체제를 의미하기도 하지만, 인도 고대의 정통 사상인 브라마니즘(Brahmanism)이 복잡한 민간신앙을 섭취해서 발전한 결과를 두고 말하는 인도 전통문화의 측면도 있다.

서양철학에는 서양 최초의 철학자 탈레스(Thales, BC 624~BC 546)부터 시작하여 소크라테스, 플라톤, 아리스토텔레스를 지나 서양 중세철학 그리고 영국의 경험론, 유럽 대륙의 이성론, 독일의 관념론 등을 거쳐, 실존철학(實存哲學, existential philosophy), 분석철학(分析哲學, analytic philosophy), 미국의 실용주의(實用主義, pragmatism) 철학까지 이른다. 동양철학에서 인도철학(Indian philosophy, 印度哲學)은 곧 불교철학(佛教哲學, buddhology)을 의미하듯 불교를 대상으로 하는, 즉 불교의 교리를 탐구하는 철학이라고 볼 수 있다.

중국철학은 공자(孔子, BC 551~BC 479)에서부터 시작하는 유학(儒學), 그리고 자연철학(自然哲學, philosophy of nature)을 탐구하는 도학(道學) 등으로 연결된다. 한국에서는 삼국시대부터 탐구되기 시작하여 조선시대에 와서 결실을 본다. 특히 한국의 실학철학(實學哲學)은 미국의 실용주의와 비교되어도 부족함이 없는 철학이다.

3. 칸트의 도덕철학

칸트의 도덕철학은 '어떤 행위를 도덕적이라고 규정할 수 있는 근거는 무엇인가'에서 출발한다. 즉, 무엇을 도덕적 행위라고 할 수 있는가 하는 것이다.

칸트는 어떤 행위를 하는데 2가지 동기(의지 즉 하고 싶은지, 하고 싶지 않은지의 욕망의 문제)가 있다고 설명한다. 첫째는 마땅히 해야 하고, 싫어도 해야 하는 의무(duty)이고, 둘째는 하고 싶어서 하는 경향성(inclination)이다. 의무에 따라 행동하는 것이 도덕적이고, 경향성에 따라 행동하는 것은 자기사랑이므로 비도덕적이라 보았다.

의지를 강제하는 의무(duty)는 "법칙에 대한 존경심에서 나온 행위의 필연성"에 의해 행해지는 것인데, 여기서 법칙은 선에 대한 호소 또는 명령을 나타내는 정언명령(categorical imperative, 조건이 없는 명령)을 나타낸다.

정언명령은 '모든 준칙의 보편적인 입법 형식의 원칙'과 '목적 자체로서의 인간에 관한 원칙' 두 가지 정식으로 설명된다.

첫째, 너의 의지의 준칙(어떤 행위를 할 때 암묵적으로 수용하는 주관적 규칙)이 항상 동시에 보편적 입법(언제 어디서나 누구에게나 객관적인 규칙)으로 타당할 수 있도록 그렇게 행위 하라.

둘째, 너는 네 자신의 인격(등가물이 없는, 도덕법칙의 주체)과 다른 모든 사람의 인격에 있어서 그 인간성을 언제나 동시에 목적으로 대하고 결코 단순히 수단으로서만 사용하지 않도록 그렇게 행위 하라.

칸트는 이러한 도덕법칙을 통해 행복과 의무가 균형을 이룬 최고선이 가능하다고 보았고, 주관적 규칙인 준칙이 객관적인 규칙인 입법이 되기 위해 어릴 적부터 도덕교육이 필요하다고 보았다.

도덕철학(moral philosophy)은 윤리학(ethics)과 동일한 의미로 사용되지만 윤리학, 사회철학, 정치철학, 법철학을 포괄하는 넓은 의미에서 사용되는 경우도 있으며 이 경우에는 실천철학과 동일한 의미이다. 실천을 이끄는 규범이나 가치(정의나 선 등)의 해명을 과제로 한다. 주요 주제로서는 다음과 같다.

① 가치와 사실의 관계
② 도덕의 기준
③ 윤리와 정치
④ 자유의지와 결정론

①에 대해서는 자연주의와 합리주의의 고전적 대립에서 시작되어 '언어론적 회전'을 거친 현대에서는 도덕 판단의 논리분석이 심화되어 있다(이른바 '메타윤리학'). ②에 대해서는 공리주의, 직관주의, 칸트 윤리학이라는 3가지 전형적인 입장이 있다. ③은 윤리와 정치를 잇는 '정의' 및 '자유'의 개념 분석이 축이 된다. ④에 대해서는 과학적 결정론의 취급, 책임능력의 근거가 문제가 된다.

칸트의 도덕 철학의 관건은 바로 선의지이다. 선의지란 옳은 행위를 오로지 옳다는 이유 때문에 이 세상에 있어서나 이 세상 밖에 있어서나 무조건적으로 선한 것은 오로지 선의지 밖에 없다고 말하고 있다. 칸트는 선의지 개발을 위해 선의지를 의무라는 개념으로 전개한다. 의무는 법칙에 대한 존경으로 우리 자신이 우리 자신에게 자율적으로 부과하는 법칙이요 그것은 곧 실천이성의 명령이다. 도덕이란 이 실천이성의 법칙에 따르는 것이다. 칸트 도덕 철학의 핵심은 이처럼 자율적으로 주관적 의지에 의해 자기 자신이 자신에게 부과한 법칙을 객관적이고 보편적 법칙의 합일되게 행동하는 것이다. 따라서 칸트의 도덕 철학은 주관에서 객관으로 나아가려는 시도를 더욱 발전시킨 것이 최고선의 개념이다. 칸트가 말하는 최고선의 개념은 인간의 모든 행위가 반드시 따라야만 하는 선의지나 덕을 지니고 있는 상태를 의미한다. 다시 말해 최고선이란 도덕률을 그 규정 근거로 하는 자유로운 의지에 있어서 성립하는 도덕성과, 그러한 유덕 생활에 적합한 행복성과의 합치이다. 최고선은 덕을 지니고 있는 사람이 이 덕의 비율에 따라 행복을 누리는 상황을 의미한다. 따라서 덕과 행복 사이의 관계는 종합적인 연결 관계이다. 그러므로 행복에 대한 욕구가 덕이 있는 행위를 하게끔 하는 동기이거나 아니면 덕이 있는 행위를 하려는 준칙이 필연적으로 행

복을 산출해야만 한다. 하지만 이 둘 중 어느 것도 사실상 참이 아닌 것처럼 보인다. 왜냐하면 행복에 대한 욕구 때문에 도덕의 요구에 따르는 것은 결과적으로 자율의 원리에 위배되는 것이며, 도덕성 전체를 완전히 파괴할 것이다. 또 인간의 행복은 최소한 부분적으로라도 자신의 의지의 통제를 벗어나 있으며 그래서 자연의 물리적 법칙에 의해 결정되는 요인들에 의존하고 있으므로 덕의 추구가 실제로 항상 인간에게, 그가 아무리 행복을 누릴 만한 자격이 있다 할지라도 행복을 가져다주리라고 기대할 수는 없기 때문이다.

최고선의 개념으로부터 비롯된 도덕성의 개념 및 지위와 관련된 문제가 영혼의 불멸성을 요청함으로써 해결될 수 있는 것과 마찬가지고 덕에 비례하여 행복을 누릴 수 있어야 한다는 생각으로부터 등장한 문제는 오직 신의 현존을 요청함으로써만 해결될 수 있다고 칸트는 생각한다. 인간은 자연의 원인이 아니므로 우리의 의지를 가지고는 덕이 있는 사람이 그에 따른 행복을 누리고 악한 사람이 그에 따른 불행을 당하는 일이 자연적으로 이루어진다는 점을 보장할 수 없다. 그러나 덕과 그에 따른 행복 사이의 연결이 존재한다는 점은 도덕 법칙에 의해서 필연적(必然的)으로 요청되며 우리는 최고선의 개념을 탐구함으로서 이러한 요구를 충족시킬 수 있게 된다.

사회복지의 본격적 등장과 발전은 자본주의의 생성 및 발전과 궤를 같이 해왔다. 실제로 오늘날 많은 국가가 시행하고 있는 복지제도들은 자본주의 발전과정에서 대량으로 발생하여 사회적 위협 요인으로 등장한 문제들과 그 속에 사는 사람들의 욕구에 대한 대응이라고 할 수 있다. 물론 자본주의 이전의 사회에서도 민간차원의 자선이나 공적인 구휼제도를 가지고 있었음은 여러 사료에서 발견된다. 하지만 사회 구성원에 대한 복지가 국민의 기본권과 국가의 의무차원에서 제공되는 현대적 관점의 사회복지제도는 자본주의 변화와 사회복지 변화를 함께 고려하는 속에서 이해되어야 할 것이다. 이렇게 이해하는 것이 곧 사회복지제도의 역사성을 밝히는 작업이 될 것이다.

사회복지현장에 종사하는 사람들의 갈등은 상당한 수준에 있다. 예를 들면, "발달장애인이 다리 밑에서 혼자 노숙을 하는데, 이 사람이 시설에 들어가기를 거부하는 상황에 영하 15도를 넘나드는 추위에 동사가 걱정되는 상황에서 사회복지 종사자는 어떻게 할 것인가?"에 대한 문제는 어떻게 할 것인가가 가장 큰 어려움이 있다.

이를 위해 윤리학에 대한 관심을 가질 필요가 있다. 문제는 윤리학을 배우는 이유는 징계를 윤리적으로 피하기 위해 배우는 것이다. 왜냐하면 사회복지사의 양심에 무엇이 옳은지 그른지를 앎에서 발생하는 양심의 억압에서 자유를 누리기 위함이라 생각한다. 윤리학은 조금 더 나은 선택하기 위해 배우는 게 아니라 조금 더 학문적으로 부적절한 책임감을 갖지 않도록 하는데 있지 않는가 한다. 여기에 도덕과 사회복지의 기초철학이 개입되어야 한다.

그러나 사회복지와 관련된 철학, 가치, 윤리 등에 대한 논의가 본격적으로 시작된 지가 얼마 되지 않으며, 이 분야가 다른 사회복지 영역에 비해 상대적으로 연구의 역사가 짧기 때문에 사회복지학계나 실천 현장에서 공식적으로 통용되는 사회복지윤리학의 개념과 철학 내용은 아직 명확하게 존재하지 않는 것으로 보인다.

사회복지철학 체계와 윤리학에 대한 내용들을 근거로 하여 사회복지의 규범적 측면을 다루는 분과 학문을 '사회복지윤리 및 철학' 이라고 명명할 수 있는 것으로 보인다.

사회복지학은 인간학이다. 인간학으로서의 사회복지학의 철학은 인간에 대한 생존과 정상의 실존을 사유한다. 또 사회과학적 입장에서의 사회복지학은 인간의 실존(생명+생활)을 추구하는 순수과학이다. 이러한 학문적 성질을 가지고 있는 사회복지학의 철학은 어떻게 확립해야 하느냐가 연구자들의 과제이다. 그래서 사회복지철학을 연구하려고 접근한다.

철학이 근원에 대한 '물음'에서 시작된다면 사회과학으로서 사회복지학을 연구할 때도 우리는 철학적 물음에서 시작해야 한다. 왜냐하면 사회복지학은 사회과학의 한 분야이며 철학은 모든 학문의 기초이기 때문이다. 그러나 어떠한 이유에서 철학이 모든 학문의 기초가 되는가? 또는 철학적 물음은 사회과학 연구방법과 어떠한 관계가 있는가? 혹은 사회복지학과 사회과학철학은 어떻게 관련하며 형성되는가? 등의 의문이 생기며 이 의문에 대한 연구 주체자의 주체적 인식이 요구된다.

그러면 연구 주체자의 철학적 의문에 대한 '물음'을 사회복지학에 응용해 본다. 즉 우리가 평소 논문을 읽고 발표를 들을 때 이 논문과 저 발표는 '문제의식'이 없다느니 혹은 있다느니 하는데 여기에서 의문이 생긴다. 우선 문제란 무엇이며 의식이란 무엇인가, 인간에 있어 문제란 무엇을 의미하며 문제의식이란 무엇인가, 또 문제의식은 어떻게 형성하는가, 그리고 문제의식이 있고 없고를

판단하는 기준은 무엇인가, 또한 기준설정은 어떻게 하는지, 더욱이 문제의식과 문제제기는 어떠한 관계이며 그 전개 과정은 어떻게 진행하는지 또는 그것을 설명하는 도구는 무엇인가 등이 항상 연구의 당면 문제로 대두된다.

더구나 연구자가 어떠한 사실에 의문을 품고 그 현상을 해석·규명하려 할 때 어떻게 그 사회현상 내지 사회복지현상을 연구자의 연구대상으로 포착하고 수용하며 성립하느냐가 연구자들을 항상 고민하게 만든다.

연구자의 고민은 철학이나 과학에 대한 '물음'을 어디까지 언제까지 계속해야 하는지, 그 끝은 어디이며 무엇인지 생각해야 한다. 또한 연구자가 자연과 사회현상을 발견하고 그 법칙을 설명하려 할 때 존재론, 인식론, 가치론 중 어느 부문으로부터 접근하여 추구하는 것이 가장 적합하고 합리적인가, 또 인간은 사회적 사실을 어디까지 어느 정도 심리적으로 이해하고 표현할 수 있을까, 이것이 모든 학문의 기본이 되는 철학이라고 할 수 있다.

흔히 칸트철학에서 사회복지 이론은 찾아보기 어렵다고 한다. 그러나 논자는 칸트의 철학을 적극적으로 재해석하면 칸트를 사회복지 이론가로 인정할 수 있다고 본다. 18세기에 분배적 정의 개념의 출현에 장애가 되는 것은 재산권의 절대성 보다는 빈민에 대한 위계질서적 시각이었다. 칸트는 빈민이 다른 모든 사람과 동일한 사회적·경제적 지위를 얻을 자격이 있다고 보았다. 또한 국가가 빈민의 상황에 대해 책임을 갖고 그 상황을 변화시켜야 된다고 본다. 아울러 재산권이론을 통해 재화 분배의 정당성도 획득한다. 누구든 유한한 지구의 토지를 소유할 권리를 평등하게 갖기 때문에 토지의 원초적 취득자는 불가피하게 타인의 권리를 침해하게 된다.

가난한 사람들은 타인들이 소유한 자연 자원을 이용할 잠재적 권리를 상실한 데 대한 보상받을 권리가 있다. 그 보상으로 토지 소유자는 적절한 세금을 납부해야 하고 그 세금은 권리를 상실한 자들의 복지기금으로 시용된다. 빈자가 받는 복지 혜택은 결코 부자의 호의가 아니라 빈자의 권리가 된다. 칸트는 이러한 일은 교회나 개인적 차원에서 이루어져서는 안 되고, 국가에 의해 이루어지는 것이 바람직하다고 본다. 모든 사람은 스스로를 다른 사람을 부양하는 공동체의 일부로 보아야 한다. 이러한 생각들은 칸트가 자신의 시대를 넘어 복지에 관한 견해를 갖고 있었음을 보여준다. 연구자는 칸트의 사회복지를 정당화하는 윤리적 토대와 사회복지가 실현되기 위한 실천적 토대를 제시함으로써 이를 증명할 것이다.

CHAPTER 02

윤리학의 이론

제1절 윤리학의 의의

1. 윤리학과 인간

윤리학은 철학의 한 분과로서 인간과 인간의 삶의 탐구대상으로 한다. 우리는 인간을 다양하게 탐구하고 접근할 수 있다. 인간은 우주안의 그 어떤 존재보다도 복합적인 측면을 지니고 있다. 일반적으로 윤리학은 '사람의 행위에 대한 근거와 기준, 행위의 동기와 목적, 그리고 행위의 규범과 가치 등에 관한 학문'이라고 정의한다.

철학을 크게 이론철학과 실천철학으로 나눈다면 윤리학은 후자에 속하고, 이것을 도덕철학(moral philosophie)이라고 하는데, 이것은 도덕에 대한 이론을 의미하는 것이다. 윤리학은 내가 추구해야 할 최고선이 무엇인지, 그리고 내가 무엇을 해야 하는지, 그리고 어떻게 살아야 하는지에 대한 수많은 지성인의 숙고의 결과이며, 이것은 현재를 사는 우리에게 매우 중요한 삶의 지침이 되는 것들이다.

윤리적인 인간은 '공동의 이익을 추구'하고, '도덕적 가치 신념'을 기반으로 형성되는 것이다. 윤리의 형성은 '공동생활'과 '협력'을 필요로 하는 인간생활에서 형성되는 '공동 행동의 룰'을 기반으로 윤리적 규범이 형성된다.

윤리라는 것은 '인간과 인간 사이에서 지켜져야 할 도리를 바르게 하는 것'으로서 이 세상에 두 사람 이상이 있으면 존재하고, 반대로 혼자 있을 때는 의미 없는 말이 되기도 한다.

윤리(倫理)의 '倫'은 두 가지 뜻을 가지고 있다. 동료, 친구, 무리, 또래 등의 인간 집단 등을 뜻하기도 하고, 길, 도리, 질서, 차례, 법(法) 등을 뜻하기도 한다. 결국 '倫'이란 인간관계에 있어 필요한 길, 도리, 질서를 의미한다고 볼 수 있다.

'理'란 다스린다(治), 바르다(正), 원리(原理), 이치(理致), 또 나아가서는 가리다(판단判斷), 밝히다(해명 解明), 명백(明白)하다 등의 여러 가지 뜻을 가지고 있다. 따라서 윤리(倫理)란 '인간과 인간 사이에서 지켜져야 할 도리를 바르게 하는 것' 또는 '인간사회에 필요한 올바른 질서'라고 해석할 수 있을 것이다.

동양적 사고에서 윤리는 전적으로 인륜(人倫)과 같은 의미이며, 엄격한 규율이나 규범의 의미가 배어있는 느낌을 준다. 예를 들어, 석공이 돌을 잘 다듬기 위해서는 제일 먼저 보아야 할 것이 돌의 결(石理)이다. 목공은 나무의 결(木理)을 잘 보고 나무의 결을 따라야 훌륭한 작품을 만들 수 있다.

윤리란 바로 인간사회의 결(理)과 같다. 인간 집단의 결, 윤리를 존중하며 살아야 사회가 질서와 평화를 얻게 되고, 모든 사람이 안심하고 개인적 행복을 얻게 된다. 동양사회에서는 예로부터 인간관계를 천륜(天倫)과 인륜(人倫) 두 가지로 나누어 왔는데 천륜은 인간으로서는 생명과 같이 필연적인 부자관계와 같은 관계를 말하고 인륜은 후천적으로 인간사회에서 맺는 관계를 말한다.

여기서 도덕은 인간이 지켜야 할 도리 또는 바람직한 행동기준으로 동양에서 도덕이란 말은 유교적인 어감이 강하고, 실상 유교의 이상을 나타내는 것이기도 하여 근대에 이르러서는 흔히 윤리라는 용어로 쓴다. 그리스어의 'ethos', 라틴어의 'mores', 독일어의 'Sitte' 등이 모두 '습속'이라는 뜻인 것처럼, 원래 도덕이란 자연환경의 특성에 순응하고 각기 그 집단과 더불어 생활하여 온 인간이 한 구성원으로서 살아간 방식과 습속에서 생긴 것이다. 즉 생활양식이나 생활관습의 경험을 정리해서 공존(共存)을 위해 인간집단의 질서나 규범을 정하고 그것을 엄격하게 지켜나간 데서 도덕은 생긴 것이다. 이러한 점에서 도덕과 법은 같은 근원에서 나온 것이라 할 수 있다. 다만 사회가 복잡해짐에 따라 법은 사회적 외적(外的) 규제로, 도덕은 개인적 내적(內的) 규제로 자연히 분화되었을 뿐이다. 계급사회의 성립과 함께 법과 도덕은 정치 지배의 유력한 수단이 되기도 하였으며 그와 함께 법이 국가권력을 지배하고, 도덕이 보편적 원리를 지배하는 영역이 되었다.

도덕과 윤리는 일단 비슷한 개념이기도 하나 일단 도덕은 그 사회체계에서 일반적으로 인식되는 질서 같은 것이다. 가령, 우리나라 같은 경우는 아랫사람이 윗사람에게 인사를 하고 예절을 지키며 대하는 것은 도덕이다. 다시 말해서 사회구성원 간에 지켜야 할 도리를 말한다.

반면에 윤리는 비슷한 개념이긴 하지만 인륜적으로 모든 사람이 양심이란 것이 작용하여 가르치지 않아도 지키는 것이다. 가령, 어느 나라를 막론하고 함부로 남을 죽인다거나, 강도질을 한다든지 사람으로서 당연히 지켜야 할 것들로 양심의 작용에 의해 인간들이 스스로 지키는 인륜적 이론이다. 모든 법은 보통 이런 윤리에 기초하여 만들어진다고 할 수 있다.

하지만 이런 구분도 큰 의미는 없다고 본다. 실제로 일상생활에서 뿐만 아니라, '법은 최소한의 도덕'이라고 이야기하는 법에 관련된 전문서적에서도 이 둘을 구분하는 것은 어렵다.

사회복지실천의 이면에는 분배적 정의에 입각하여 제한된 자원을 어떻게 누구에게 우선적으로 배분할 것인가의 문제와 관련하여 전문성과 전문가의 재량권 그리고 윤리적 책임이 내재되어 있다. 이런 차원에서 사회적으로는 공공의 자원에 대한 전문적 책무를 어떻게 확인할 것인지에 대한 검증시스템도 강화되어 있다. 그러한 검증시스템은 클라이언트의 서비스 만족도와 전문가 슈퍼비전, 시설평가, 감사 등은 그 예라고 할 수 있다. 그러나 사회복지직이 다른 어떤 전문직보다 윤리적이고 가치지향적인 만큼 실천현장에서 윤리적 딜레마와 이슈의 문제가 자주 등장하고 있으며 간혹 딜레마를 넘어 소진을 경험하는 경우도 발생하고 있다. 이런 혼란과 긴장은 클라이언트에게 직간접적으로 영향을 미칠 수 있기 때문에 전문가의 실천에는 반드시 윤리적 책임 행동이 수반하게 되며 이런 전문가의 가치와 윤리적 민감성은 전문적 능력, 조직문화와 윤리에 관련된 요인을 수반하게 된다.

윤리학 혹은 도덕 철학은 이른바 인륜적 사실들을 철학적으로 근거 지우고 해명하려는 철학의 한 분과이다. 현대 사회에서 행위의 도덕적 정당성을 확보하기 위해 활용될 수 있는 이론들로서 의무론, 가치론, 공리주의, 계약론, 담론윤

리, 책임윤리, 덕윤리적 정당화에 대한 분석을 하고, 이것이 갖는 도덕교육적 의의를 밝혀보고자 하였다. 행위의 도덕적 정당화를 위해 의무론적 접근은 자율성과 보편성에 근거한 정언명법으로, 가치론적 접근은 행위 속에서 나타나는 가치의 인식과 실현으로, 공리주의적 접근은 행위의 결과에서 나오는 개인적, 사회적 유용성에 따른 행복으로, 계약론적 접근은 사회정의의 실현을 위해 전제되는 계약의 존재로, 담론윤리적 접근은 이성적인 담론을 통한 합의에 근거한 규범의 도출과 준수로, 책임 윤리적 접근은 무조건적이고 절대적인 책임의 인정으로, 도덕 윤리적 접근은 유덕한 행위자의 제시로 행위의 정당화를 위한 주요한 근거들을 주장하고 있다.

2. 윤리적 이기주의

윤리학 중 만약 그 이론이 참이라면 도덕을 완전히 자기 이익(self-interest)의 문제로 만들어 버릴 수 있는 이론이 존재한다. 이러한 이론에 따르면 도덕적인 것 또는 도덕적으로 바른 삶을 사는 것은 자신의 장기적인 이익을 희생시키지 말라는 결론이 나온다. 이 체계는 흔히 윤리적(도덕적) 이기주의라고 불리는 이론이다.

이기주의(egoism)는 사람들이 선한 행위를 하는 것은 결국 그들의 친절이 자신에게 이익이 되기 때문이라는 입장이다. 자신만의 이익을 중심으로 두고, 다른 사람이나 사회의 이익을 고려하지 않는 입장이고 이타주의(Altruism)는 다른 사람들의 이익을 위해서 행동한다는 것이다. 여기서 이기주의의 종류는 다음과 같다.

첫째, 심리적 이기주의이다. 인간은 자기 이익을 위해 행동하도록 동기부여되어 있다는 심리학적 주장으로, 인간이 왜 이기적으로 행동하는가를 설명하고자 한다.

둘째, 윤리적(도덕적) 이기주의이다. 인간은 마땅히 자기 이익을 위해 마땅히 행동해야 한다는 윤리학적 주장이다. 자신의 이익이 옳은 행위라는 위한 유일하게 표준을 제시한다.

심리적 이기주의는 모든 인간의 본성에 대한 보편적인 주장으로, 인간은 항상 자신의 이익(선)을 증진하기 위하여 행동한다고 주장한다. 비이기적인 것처럼 보이는 행위도 실제로는 이기적이다. 인간은 항상 그가 하고 싶은 것을 하거나 혹은 가장 싫어하지 않는 것을 한다. 자신의 복지에 대한 관심은, 동기 상의 강도로 볼 때, 다른 사람의 복지에 대한 관심보다 더 강하다.

윤리적 이기주의의 기본 주장과 윤리적 이기주의의 근거는 심리적 이기주의로, 윤리적 이기주의만이 인간의 동기와 일치 하는 유일한 윤리적 규범이라고 본다. 이러한 원리가 만일 모든 사람에 의해 일관성 있게 실천되면 다른 어떤 규범보다 더 좋은 결과를 낼 것이라고 주장한다. 자신의 이익이야말로 유일하게 타당한 표준이며, 모든 개인은 각자의 이익을 가장 많이 증진시키는 것을 선택해야 한다. 우리는 이타적으로 보여지는 행위들을 직접 확인 할 수 있다. 예를 들어, 자식에 대한 부모의 사랑, 타인을 위해 자신을 희생하는 사람들을 경험하게 된다. 이러한 일들에 대해 이기주의자들은 어떤 대답을 할 수 있을까? 그들은 어떤 사람이든 순수하게 이타적 혹은 비이기적으로 행위하는 것은 불가능하다고 주장한다. 그들에 따르면 사람들은 이타적으로 행위하지 않을 것이고 할 수도 없다. 본질은 오직 자기 이익을 추구하고자 하는 동기뿐이다. 그 주장과 근거는 다음과 같다.

첫째, 행위자는 신을 믿고 또 신의 응징에 대한 두려움이나 하늘의 보상을 받기 위해 행동한다.

둘째, 타인의 비난을 피하고자 또는 사람들 사이에서 호평을 얻고 유지하기 위해 행동한다.

셋째, 다른 사람이 알지 못하는 가운데 행위가 발생한다면 행위자는 자아도취로 생각될 수 있는 자만심을 가지고 행위 한 것이다. 결국 그 행위자는 선행을 함으로써 자축의 즐거움을 가지길 원한다.

넷째, 과거의 경험에 비추어 행위자는 만일 어떤 행위를 하지 않으면 스스로 부끄러움을 느끼게 될 것이고, 또 양심적인 가책에 시달리게 된다는 것을 안다. 그의 동기는 이러한 불쾌한 감정을 피하려는 것이다.

3. 윤리적 이타주의

여기서 윤리적 이타주의는 자기 자신이 아닌 다른 사람의 이익을 위해 행동

해야 한다는 윤리로서 윤리적 이타주의의 난점은 다음과 같다.

첫째, 인식론적 난점이다. 자신에게 이익이 되는 것이 무엇인지 알 수 있지만 타인에게 이익이 되는 것이 무엇인지 알 수 없다.

둘째, 방법론적 난점이다. 타이에게 이익이 되는 것이 무엇인지 알 수 있다고 해도, 그것을 실천할 수 있는 힘 혹은 능력이 없을 수 있다.

셋째, 심리적 난점이다. '동기부여의 측면에서 타인을 위해 행동할 수 있는가?'이다.

윤리학은 도덕적 경험을 전제하며, 이러한 경험은 삶 속에서 이루어진다. 모든 문화권에서 삶의 양식이 다양하다고 해서 도덕적 확신에 공통성이 없는 것은 아니다. 우리는 이러한 공통성에서 도덕적인 무조건성을 찾아낼 수 있을 것이다. 동서고금을 막론하고 용기, 너그러움, 정서, 감사, 동정 등은 모두 이의 없이 적극적으로 인정하는 것이고, 배신, 간계, 비겁, 성적 방종, 잔인, 인색, 살인, 거짓말 등은 언제 어디서나 멸시의 대상이거나 악한 것으로 간주된다.

모든 윤리적 이론의 차이를 넘어서 생활화된 윤리는 근본적으로 선을 행하고, 악을 피하라는 명제를 따른다.

철학과 윤리에서 동서양의 차이에 대하여 살펴보면 다음과 같다.

서양인의 윤리사상·도덕관념은 우리와 다르다. 가장 뚜렷한 점은 두 가지이다. 하나는, 서양인은 사회에 대한 도덕, 즉 사회윤리를 가장 중시하는데, 중국인은 그것을 거의 말하지 않고 말하는 것은 다 이 사람의 저 사람에 대한 도덕, 즉 개인윤리라는 점이다. 예를 들면, 서양인이 말하는 것은 가정에 대해 어떻게 해야 하는가, 사회에 대해서는 어떻게 해야 하는가, 국가에 대해서는 어떻게 해야 하는가, 세계에 대해서는 어떻게 해야 하는가 등등 이 사람의 저 사람에 대한 개인적인 관계가 아니라 사회에 대한 관계에 중점을 둔다.

중국인은 오륜(五倫)을 말하는데, 군신·부자·부부·형제·붕우는 어떻게 해야 하는지 논한다. 그것들은 오로지 사람 간의 관계를 말할 뿐 개인의 사회에 대한 관계는 말하지 않는다. 가령 신하는 군주에 대한 관계만 있을 뿐이고, 국가에 대해서는 실제로 직접적인 관계가 없다. 이는 눈에 띄지는 않지만 매우 중요한데, 중국인이 그런 도덕이 없으므로 국가를 조직할 수 없는 것이다.

다른 하나는, 중국인은 한 개인에 복종하고 그를 받드는 것을 도덕이라 여긴다는 점이다. 신하가 군주에 대해, 아들이 아버지에 대해, 아내가 남편에 대해 그러하며, 이른바 충효를 가르치는 것이 그것이다. 서양인은 그런 것을 말하지 않으며, 반대로 군주가 필요하지 않다고 한다. 대개 다수에 대한 복종이 있을 뿐 어떤 개인에 대한 복종은 없으며, 개인을 섬긴다는 것은 더욱 있을 수 없다. 이는 양측이 서로 크게 다른 점이며, 또한 생활의 노선이 다른 원인이다.

양수명은 사상의 한 영역으로서 철학이란 수미일관한 체계를 이룬 지식체계라고 정의하고, 과학이 발달한 서양에서는 철학도 '과학적 철학'이 되었다고 보았다. 또한 서양에서는 윤리사상과 도덕관념도 과학의 영향으로 합리적인 성격을 지니게 되었다고 한다.

여기서 양수명은 서양에서는 사회윤리가 발달하고 중국에서는 개인윤리가 발달하였다는 차이점을 지적하고, 나아가 윤리도덕의 문제에서 서양에서는 왜 그렇게 해야 하는지 합리적인 설명이 제공되는 반면에, 중국에서는 왜 그렇게 해야 하는지 설명하지 않으면서 일방적인 복종만을 강조한다고 주장한다. 이와 같은 관점은 사실에 온전히 부합하는 것은 아니고 또한 지나치게 도식적이지만, 이는 동서 문화에 대하여 하나의 근본 정신에 의거하여 일관되게 해명하려는 양수명의 문제의식이 반영된 결과라 하겠다.

1) 동양윤리

동양에서 '윤리(倫理)'의 '윤(倫)'이라는 글자는 사람 '人'과 집단 '侖'이 합해져서 사람과 사람 사이에 오고 가는 따뜻한 정, 아래 위를 아는 순수한 질서 그리고 사람들이 서로 간에 지켜야 할 바른 행위, 사람들 사이에 얽히어진 법칙을 마땅히 따름으로써 사람의 본질과 기능을 중심으로 하는 생활양식을 습관화하자는 의미로 사용되었다. 인륜은 천륜에 예속된 것으로 그 원리는 하늘이 준 것. 즉 천륜을 지키는 것이 바로 동양의 윤리 사상의 핵심내용이었다.

동양윤리는 중국, 인도, 아랍으로 구분된다. 중국은 현실주의조이며, 사회에 활용할 수 있는 윤리로 대표적으로는 유가·도가·법가·묵가가 있다. 여기서 유가는 인문주의로 공자·맹자·순·자가 있으며, 도가는 자연주의로 장자·노자가 있다. 장자는 호접지몽으로도 유명한 데 호접지몽이란 '장자가 나비가 된 꿈을 꾼 것인지, 나비가 장자의 꿈을 꾼 것인지'라는 뜻으로 물아일체 혹은 인생의

무상함을 뜻하고 있다.

인도는 중국과 다르게 현실적이지 않으며 내세적이고 종교적이다. 인도 신들은 그 수가 많기로 유명한데 이걸 보면 상당히 종교적이라는 것을 알 수 있으며, 대표적으로는 불가가 있다. 불교는 열반 즉 불교에서 칭하는 최고의 이상향을 추구한다. 보통 열반은 사후에 겪을 수 있다고들 하는데 아랍은 인도처럼 종교적이며, 실천적인데 그 예로는 이슬람이 있다.

유가, 도가의 윤리는 현실적인 것을 바라보며, 그들은 주로 인간과 사회에 대해 얘기한다. 그래서 유가, 도가의 윤리가 나타난 이후로 백화제방 즉 온갖 꽃이 만발하는 시대가 열렸다. 유가는 '道'에 '인간이 걸어야 할 마땅한 길'이라는 당위적인 의미를 부여하고 있다. 이는 유가의 구절에서 잘 나타난다. "하늘의 명령을 일컬어 본성이라 하고, 본성을 따르는 것을 도라고 한다(天命之謂性, 率性之謂道)." 유가는 본래 하늘을 도덕의 원천으로 보았고 위의 구절과 같이 하늘을 따르는 것을 도라고 하였다. 따라서 유가의 도는 '하늘이 지시하는 대로 인간이 마땅히 지키고 따라야 할 당위적 규범 또는 그 규범을 지키고 따르는 것'이라는 의미를 가진다.

도가는 '道'에 '우주 만물이 가야 할 길'이라는 형이상학적인 의미를 부여했다. 노자의 견해에 따르면 '道'는 형이상학적인 우주의 원리와 질서를 가리키는 동시에 형이하학적인 천지만물의 형성과 변화를 가져오는 법칙을 의미한다. 즉 우리의 우주는(universe가 아닌 world의 의미) 무슨 이유인지는 모르겠지만 잘 돌아가고 있다. 행성계를 예를 들자면 각자의 규칙에 의해 자전과 공전하여 그들만의 질서를 유지하고 있으며 인간 세계도 나름의 질서를 유지하고 있다. 이러한 눈에 보이지 않고 뜬구름 잡는 듯한 느낌이 형이상학적인 우주의 원리와 질서이다. 그리고 씨앗이 자라 새싹이 되고, 새싹이 자라 나무가 되는 것과 같이 조금 더 관찰 가능한 것 따위를 일컬어 형이하학적인 천지만물의 형성과 변화라 부르는 것이다. 이러한 우리의 우주의 총체적인 원리를 도가에서는 '道'라고 부르는 것이다.

여기서 도가에 대해서 좀 더 알아보자. 앞서 말했듯이 유가는 당위적 의미를 가지고 있어서 한 사람이 '도에 부합한다'라고 했을 때 쉽게 그 의미가 유추될 수 있을 것이다. 하지만 도가의 도는 당위적 의미를 가지고 있지 않고 우주의 원리와 질서의 뜻을 가지고 있기에 한 개인이 '도에 부합한다'라고 하면 잘 이해가 안 될 수 있을 것이다. 이는 도가의 사상을 앞서 살펴볼 필요가 있다.

즉 유가에서 '도를 아십니까?' 하면은 '인간이 마땅히 해야 되는 것(당위)를 알고 있습니까?'라 이해하면 되고, 도가에서 '도를 아십니까?' 하면은 '천지자연의 원리와 질서를 아십니까?' 라고 이해하면 된다. 그리고 고대의 윤리에서는 소피스트가 윤리학을 출발시킨 배경과 과정, 이외에도 소크라테스, 플라톤, 아리스토텔레스 등을 들 수 있다.

2) 서양윤리

(1) 소크라테스

소크라테스는 윤리를 삶의 기술로 묘사한다. 행복한 삶을 위해 필수적인 기술이 윤리로서 윤리학은 이 기술로서의 윤리에 대한 이론적 탐구라고 할 수 있다. 이 기술은 이론적 지식과 실천적 지식, 곧 실천할 수 있는 능력 모두를 포함한다. 신발을 만드는 제화공의 기술을 생각해 보면 덕은 이러한 기술과 유사하다. 이 덕을 소유할 때, 사람은 행복할 수 있다. 덕이 행복의 수단이나 아니냐의 논의가 있지만, 수단이 아니라는 해석을 택할 때, 소크라테스의 주장을 좀 더 통합적으로 이해할 수 있다. 이렇게 보면, 행복한 삶을 위해서는 지식이 아주 중요하다. 그래서 흔히 소크라테스를 주지주의자라고 부르기도 한다. 그러나 다시 한 번, 그 때의 지식은 이론적 지식에 그치는 것이 아님을 알아야 한다.

소크라테스는 델피 신전에 새겨진 "너 자신을 알라."라는 가르침을 받아들여, "인간은 어떻게 살아야 하는가?"라는 물음에 대한 답을 얻으려면 먼저 우리 자신에 대해 잘 알아야 한다고 주장하였다. 그는 현재 우리가 받아들이는 삶의 방식에 대해 철저하게 반성하고 의문을 가져야 한다고 역설하였다. 또한 "검토되지 않은 삶은 살아갈 가치가 없다."라고 말하면서, 이성적이고 논리적인 대화를 통해 모든 인간에게 타당하고 바람직한 삶의 방식을 찾고자 노력하였다.

소크라테스는 소피스트의 상대주의적 윤리를 비판하면서 보편적·절대적인 윤리를 찾으려고 하였다. 여기서 절대주의 윤리란 도덕적 가치나 기준은 개인이나 사회의 합의나 시인과는 무관하게 변하지 않는 절대적인 것이라고 보는 생각이다. 그는 부나 명예 등 세속적인 가치를 중시했던 소피스트의 주장에 반대

하면서 선하게 사는 것과 정신적인 가치를 더욱 중요하게 생각하였다. 소크라테스의 주장을 따르면, 도덕은 누구에게나 언제 어디에서나 같은 것이다. 그는 현실적이고 세속적인 삶의 방식이 아닌 인간이라면 누구나 따라야 하는 이상적인 삶의 방식이 존재한다고 믿었다.

소크라테스가 살던 시대에 도덕적인 사람은 덕 있는 사람으로 표현되었다. 그는 덕 있는 사람이 되려면 먼저 덕이 무엇인지 정확히 알아야만 한다고 주장하였다. 예를 들어, 용기가 무엇인지 모르는 사람은 용기 있는 사람이 되기 어렵다. 왜냐하면, 용기에 관해 무지한 사람이 행하는 용기 있는 행위는 사실 무모하거나 비겁한 행위일 수 있기 때문이다. 따라서 소크라테스는 용기, 절제, 정의 등의 덕이 무엇인지에 대한 정확한 정의(定義)를 찾으려고 애썼다. 여기서 덕이란 그리스 어로 '아레테(arete)'라고 하는데, 어떤 것의 우수한 상태, 탁월한 상태, 훌륭한 상태를 의미한다. 시물이나 동물, 사람에 대해 모두 사용하였다. 소크라테스와 플로톤, 아리스토텔레스는 인간의 훌륭함, 즉 덕이 무엇인지를 탐구하였다.

또한, 소크라테스는 덕이 무엇인지에 관한 지혜를 갖춘 사람은 결코 비도덕적인 행위를 할 수 없다고 주장하였다. 왜냐하면, 비도덕적인 행위를 하는 사람은 자신에게 해로운 행위를 하는 셈이고, 인간은 누구도 자발적으로 자신에게 해로운 행위를 하지는 않기 때문이다. 결국, 용기, 절제, 정의 등 각각의 덕에 관한 지식을 가진 사람은 실제로 덕 있는 사람이 되고 그 결과 행복을 얻을 수 있다. 소크라테스의 이러한 주장을 가리켜 '주지주'의 혹은 '지덕복 합일설'이라고 부른다. 여기서 주지주의란 덕이 무엇인지 아는 사람은 덕을 실천하게 되어 있다는 주장으로 소크라테스는 무엇이 정의인지 아는 사람은 정의로운 행위를 하게 되어 있고, 만약 어떤 사람이 부정의한 행위를 한다면 그것은 그 사람이 정의가 무엇인지 제대로 알지 못해서 그런 것이라고 주장했다.

소크라테스는 남루한 옷차림으로 광장을 거닐며 남을 가르치는 일을 하였다. 당시 그에게는 다양한 계층의 제자들이 모여들었다. 특히 그는 강의를 통해 세속적인 명예와 부를 누렸던 소피스트(Sophist)와는 달리 가르침의 대가로 받지 않았다.

그의 사상의 특징은 스스로 무지를 자각하라는 것이다. '너 자신을 알라'고 한 것도 자신이 누구인가를 정확하게 알라는 것으로 사람은 자신을 알면 알수록 자신의 무지를 느끼게 된다. 실제 생활에서도 그는 절제를 추구하고 선(善)을 중시하여, 토론 과정에서도 이와 관련된 질문을 많이 던진다. 그는 옳은 것을 알았을 때 비로소 바르게 행하게 된다고 생각하여 덕과 앎을 동일시하였다. 소크라테스는 무엇이 옳은 것인지를 아는 사람은 그 지식으로 인해 옳은 것을 행하며 무지한 사람은 그른 일을 행할 것이라고 주장했다. 따라서 악행은 무지에서 연유하는 것이므로 비자발적인 행위라는 것이다.

덕과 지식이 동일한 것으로 규정되지만 사실상 덕은 지식의 결과이며 지식에 의존하는 것이다. 소크라테스는 선과 악에 의미를 통하여 선은 도덕적으로 착한 일을 행한다는 의미와 물질적으로 잘 산다는 의미를 지니며 악은 도덕적으로 악한 일을 행하며 물질적으로 못 산가는 의미를 지녔다. "제비 한 마리가 온다고 봄이 아니듯, 하루 즐겁다고 행복해지는 건 아니다", "고귀한 덕을 따르는 이성적인 활동이 완전한 행복인 것이다"

(2) 플라톤

플라톤은 기원전 427년에 태어나서 347년에 죽은 것으로 여겨진다. 그는 아테네의 부유한 상류층 집안의 막내아들이었다. 아버지 아리스톤은 일찍 죽었기 때문인지 별로 알려진 바가 없다. 어머니 페릭티오네는 아테네 명문 귀족 출신이며, 그녀의 집안사람들 중 남자 형제 카르미데스와 사촌형제 크리티아스는 30인 과두 정권의 일원으로 잘 알려진 인물이다.

플라톤은 덕이란 것은 윤리적 요구대로 따르는 사람의 행동거지를 말한다. 덕성이란 마음이 곱고 모든 행동이 사람들의 모범이 되는 행동을 말한다. 우리는 어릴 적부터 덕이 있는 삶을 살아야 한다는 말을 듣고 자란다. 덕이란 그리스어로 Arete, 라틴어로 Virtus, 영어로 Virtue라고 한다. 정치인, 목수, 운동선수, 혹은 군인이나 마필도 훌륭한 자를 아레테라고 불렀다. 정치인에게는 정치인이 따라야 하는 길이 있다. 마필에도 준수한 것이 있다. 어느 분야에서라도 왕도를 다하는 사람이나 사물, 즉 이상형이면 덕을 갖추고 있다고 보았던 것이다.

플라톤은 덕이 있는 사람과 덕이 없는 사람의 차이가 선천적인 것은 아니라고 했다. 즉 덕은 유전자와 관계가 없다는 것이다. 사람은 누구라도 덕이라는 인자를 가지고 태어난다. 그러나 옥은 닦지 않으면 빛나지 않는다. 덕이 모자란

다는 것은 덕을 닦는 기회나 시간이 적었기 때문일 뿐이다. 윤리학은 진공상태에서 존재하는 것은 아니다. 플라톤이나 아리스토텔레스의 윤리학은 그들이 생존한 고대 그리스의 시대와 사회적 상황을 깊게 반영하고 있다.

플라톤이 생존한 아테네는 스파르타와의 전쟁에서 패전하고 반(半)점령상태에 있었다. 프라이드가 강한 아테네인의 지혜나 기개가 자제력을 잃고 기회를 넘보는 아첨이나 추종심리에 이기심이 통하는 사회가 출현했다. 아테네는 불패를 자랑하는 해군을 가지고 있었고 그 군사력 때문에 아테네의 평화도 번영도 있었다. 그런데 그 평화와 번영에 젖어들어 나라를 지키는 기개도 군사력도 기를 노력을 게을리 했기 때문에 군사대국 마케도니아군에게 항복해야 했다.

플라톤의 스승이 소크라테스이다. 소크라테스는 아테네의 사람들에게 '덕이란 무엇인가?'를 묻고 다닌 덕을 갖춘 사람이었다. 이 소크라테스가 위정자를 비판하고 젊은이들에게 국가에 대한 반란을 교사했다고 해서 국가반란죄의 누명을 쓰고 시민참여의 민주재판에서 사형에 처해졌다. 플라톤은 평화주의와 민주주의가 조국과 스승을 죽였다고 보았다.

플라톤은 기본적으로 네 가지의 덕을 제시하고 있다. 그 하나가 지혜이다. 지혜(Wisdom)와 지식(Knowledge)은 현명하다(Wise)와 안다(Know)가 다르듯이 의미에 차이가 있다. 플라톤은 지혜를 좋아하는 사람을 애지자(철학자)라고 하여 지혜도 지식도 같은 뜻으로 쓰고 있지만 그는 소크라테스의 삶을 통하여 지자와 현자를 결합하려고 했다. 지를 덕으로 하는 사람은 진리에 충실한 사람이다. 안다는 것은 선악을 판별하는 중요한 요소이다. 그러나 선악을 잘 판별하고서도 잘 행동한다고 말할 수 없는 것도 사실이다.

플라톤이 내세운 둘째의 덕이 용기이다. 학자는 지를 존중한다. 사업가는 '利'를 존중한다. 그러나 학자나 사업가에게도 용기는 필요하다. 정치인이나 군인에게 가장 필요한 것은 명예를 존중하는 용기이다. 플라톤은 명예욕을 승리욕과 결부시켜서 이것을 가장 잘 지키는 것이 군인이라고 했다. 군인은 때가 되면 자기의 목숨을 내던지고 나라를 위해 국민을 위해 싸운다. 그들은 의를 위해, 즉 도의(道義)를 위해 있는 존재이다. 정치인이나 군인은 자기이익이 아니라 도덕적 존중 즉 자존을 위해 자국과 자국민의 번영, 행복, 평화를 짓밟는 적과 싸우고 승리해야 한다.

셋째의 덕은 이(利)이다. 어떠한 사회도 생산 없이는 존재하지 못한다. 생산을 통해서 이득을 얻는 사람들의 금전욕에 뛰어난 사람들의 활동이 사회를 먹여 살린다. 이들의 덕은 절약이다. 사회의 기초는 경제활동에 있다. 덕이 있는 경제는 절약하는 것이다. 적은 비용으로 큰 부를 생산하는 것이 경제의 기본과제이다. 절약함으로서 돈을 버는 것이다. 경제는 효율의 영역이다. 근면과 절약, 검약이 중요하다. 경제인의 중요한 목표는 이(利)를 얻는 것이다. 그러나 경제의 이(利)는 자기 이익만이 아니라 남의 이익도 도모해야 순조롭게 일이 진행한다. Give & Take의 문제가 해결되어야 한다. 이득을 애호하는 사람의 모범은 돈을 위해서는 무슨 일도 서슴지 않는 자기이익의 탐닉이 아니라 남의 이익도 도모하고 사회전체를 풍요롭게 하는 사람이다.

플라톤이 제기한 넷째의 덕은 정의이다. 정의의 사람이란 사를 초월하여 대의에 죽는 용기 있는 사람이다. 플라톤이 말하는 이 유형은 정치가나 군인에게 필요한 명예애호가를 지칭한다. 그러나 여기서 그는 종합적인 덕을 요구하고 있다. 즉, 먼저 말한 지혜, 용기, 절약의 세 가지 덕을 공정히 분배할 수 있는 사람을 가리킨다고 했다. 지혜, 용기, 절약은 별개로 존재하지 않는다. 예컨대 군인이 용기만 있고 지혜가 모자라면 그는 만용의 사람이지 덕이 있는 군인은 될 수 없다.

상인도 근면하고 타리를 고려하고 절약에 충실해도 자기 주머니에 돈만 모으는 사람이라면 덕이 있는 경제인이라고 할 수 없다. 또한 지혜만 있고 절약심도 없는 사람은 고난 속에서 자립심을 갖고 살아갈 수가 없다. 플라톤이 말하는 정의는 중용을 말한다. 중용이란 중간이 아니다. 균형도 아니다. 각자를 알맞은 자리에 놓을 줄 아는 것이고, 지혜가 지배적인 덕이고, 용기, 절약이 부분적 덕을 이루고, 후자는 두 가지가 지혜에 종속하는 배분관계가 성립하는 것이 중용이다. 용기와 절약 없이 덕이 있는 사람이 될 수 없다. 이 두 가지가 지혜에 의해 통제되고 중용이 실현될 때 덕은 완전한 것이 된다. 곧 중용이 최고선인 것이다.

플라톤의 덕은 동양의 현자들이 제시한 삶의 방식을 말하는 것이고, 윤리와 정치를 결부시킨다. 사실인즉 정치인에게 성인군자를 구하는 것은 무리인 것처럼 보인다. 정치와 윤리는 서로 향하는 방향이 다른 것은 사실이다. 그러나 정치는 윤리의 일부라는 것이 애덤 스미스나 헤겔도 같은 의견이다. 플라톤과 아리스토텔레스도 윤리를 정치의 일부로 보고 있다. 철학자가 말하는 덕론은 윤리학을 의미하는 것이다.

Ethics라는 말은 아리스토텔레스의 설명에서 유래한다. 그는 특히 윤리학을

정치학의 일부로 생각하고 있다. 즉 덕이 무엇인가를 알면 그것을 개인의 덕목으로 하여 실현할 뿐만 아니라 사회전체로 넓혀서 실현하는 것이 정치의 역할이라는 것이다. 윤리를 사회 전체로 넓히는 일, 곧 이것은 윤리학이 정치학으로 이행한다는 것을 의미이다. 플라톤은 덕을 네 종류로 분류했다. 그 덕을 실현하는 정치형태를 밝히는 것이 플라톤의 정치학의 과제이었다.

그래서 플라톤의 덕론은 정치학으로 이행한다. 플라톤의 최고의 덕은 올바르게 배분하여 중용의 상태에 도달한 상태이다. 즉 지혜가 용기와 절약을 제어한 상태이다. '英知'가 정치와 경제를 컨트롤한 사회를 말한다. 영지에 의한 정치는 철인정치를 가리킨다. 그는 아테네의 생활경험에서 민주제를 싫어했다. 보통 철인정치는 철학자에 의한 정치를 말한다. 그러나 그의 소망과는 달리 그는 정치의 경험에서는 실패했다. 다만 유능한 제자를 통하여 많은 정치가를 길러내는데 만족해야만 했다.

플라톤은 펠로폰네소스 전쟁 시기에 청소년기를 보낸다. 전쟁 직전 아테네는 페리클레스의 통치 아래 황금기를 구가하던 터였다. 플라톤이 소크라테스를 따르기 시작했던 것은 대략 이십대부터이었던 것 같다. 소크라테스와의 교분이 플라톤의 삶과 그의 지적 발전에 끼친 영향은 실로 크다. 그의 여러 저작들 속에서 소크라테스가 대화의 주인공으로 등장하고 있다는 점이 이를 단적으로 말해준다. 소크라테스는 기원전 399년 사형 선고를 받고 처형되는데, 이 죽음이 플라톤에게 매우 큰 충격을 안겨 준다. 당시 28세로 정치에 관심이 많았던 플라톤에게 이 사건은 철학에 전념하는 결정적 계기가 된다.

당시의 정치 상황은 이미 청년 플라톤으로 하여금 현실 정치로부터 멀어지게 하고 있었다. 펠로폰네소스 전쟁이 끝난 직후(기원전 404년) 30인 과두 정권이 보여준 잔인하고 전제적인 공포 정치에 플라톤은 크게 실망한다. 그래도 과두 정권의 90일 천하를 뒤집고 들어선 민주파 정권에 한 가닥 희망을 걸고 지켜본다. 그러나 더 이상 민주주의가 작동하지 않는 현실, 결국 존경하는 스승 소크라테스를 죽음으로 몰아가는 현실에 염증을 느낀 나머지 청년 플라톤은 정계 진출의 기대를 접는다. 42세 무렵 아테네 근처에 아카데미아 학원을 세우고 학문 활동과 강의에 주력한다.

플라톤의 시가(詩歌)교육에서 아이들이 제일 먼저 받는 정규 교육은 시가 교육이라고 한다. 시가 교육은 혼을 위한 교육으로서 지혜를 사랑하는(philosophon)

성향을 일깨우는 교육이다. 혼 안에 배움을 사랑하는 면이 있다 해도 시가 교육을 통해서 이 방면의 감각들이 일깨워지고 순화되지 않으면 허약해지고 무디어져서 눈멀게 된다. 그렇게 되면 논의를 싫어하고, 말로 설득을 하려 들기 보다는 짐승처럼 폭력으로 모든 것을 이루려 할 것이다. 시가, 특히 리듬과 선법은 혼의 내면으로 가장 깊숙이 젖어들며, 혼을 가장 강력하게 사로잡는다.

시가 교육을 받으면 훌륭한 것과 그렇지 못한 것에 대해 민감하게 알아보고, 추한 것들은 싫어하고 아름다운 것들은 반겨서 혼돈 속에 받아들이게 된다. 그래서 그 근거를 알기 전에 추한 것들을 비난하고 미워하다가 그 근거를 접하게 되면 근친성 때문에 그것을 알아보고 반기게 된다. 그렇기 때문에 훌륭함(aretē)에 관한 내용으로서 가장 잘 지은 것들을 아이들이 듣게 이해하고 그렇지 않은 것들은 배제해야 한다. 시인들을 비롯한 모든 장인들은 좋은 성품의 상(eikōn)을 작품 속에 새겨 놓도록 해야 하며 그렇게 하지 않는 사람은 작품 활동을 금지시켜야 한다. 그래서 젊은이들이 어릴 적부터 아름다운 작품들을 대하면서 자신들도 모르는 사이에 아름다운 것과 친해지고 닮도록 해야 한다.

선한 생활이란 이성에 의하여 지도되는 질서 있는 생활을 말한다. 플라톤에 의하면 철학적인 지혜를 타고 난 소수의 철인만이 선에 도달할 수 있다. 또한 조화로운 생활, 즉 여러 가지 덕이 각각의 능력에 따라 질서 있게 작용하는 생활을 말한다. 진정한 지식이 없는 사람, 즉 철학적인 지혜가 없는 사람이나 태어날 때부터 덕을 구비하지 못한 사람은 덕에 관한 올바른 교육을 받음으로써, 호근 실천을 통하여 덕에 관한 훈련을 쌓음으로써 조화로운 생활을 할 수 있다.

플라톤은 온갖 종류의 이데아 중에 최고의 이데아는 선의 이데아라고 보았다. 선의 이데아는 이데아계의 태양과 같은 것으로 모든 이데아들과 선의 이데아는 결코 같은 것이 아니라고 한다. 선의 이데아는 다른 모든 이데아를 초월한 것으로 모든 이데아를 포괄하는 가장 큰 원리라고 할 수 있다. 플라톤은 참이나 진리 같은 것보다 선을 가장 완성된 원리로 보았다. 그는 윤리적 문제를 그의 철학의 중심에 두었다는 것을 기억해야 한다. 아름다움을 생각하는 데에서도 그것은 마찬가지이다. 선하지 않은 아름다움은 의미가 없는 것이다. 플라톤은 진(眞), 선(善), 미(美)의 중심을 선(善)으로 보았다고 말해도 좋을 것이다.

플라톤의 철학은 눈으로 볼 수 있는 생성계(生成界) 내지 현상계(現象界)와, 마음의 눈으로 볼 수 있는 이데아계 내지 존재계(存在界)를 엄격히 구분하는 철학

이다. 생성계의 변화무쌍함을 헤라클레이토스의 만물유전설(萬物流轉說)로 설명하고, 이데아계의 불변적인 실재성을 파르메니데스 존재론(存在論)과 연관시킨다. 생성계의 변화로 인해 생성계에 대한 참된 인식이 불가함을 역설하고, 인식은 오직 이데아계로 지향할 때만 참된 인식이 가능함을 여러 곳에서 말하고 있다. 물론 이러한 인식 추구는 바로 스승 소크라테스의 선(善) 추구의 연장이다. 즉 선한 윤리적 행동을 위해서는 무엇보다 참 지식이 필요하다는 소크라테스의 지행합일(知行合一) 요구가 그대로 플라톤 철학의 기초가 되어있다.

서양의 직업관으로는 플라톤은, 4주덕 이론을 내세웠는데 4주덕 이론은 사람의 계급은 선천적으로 타고 났으며, 각 계급마다 어떠한 덕목을 겸비하기 위해 노력해야 한다고 했다.

제 1의 계급인 통치 계급은 지혜를, 제 2의 계급인 군인계급은 용기를, 제 3의 계급인 서민들은 절제를 겸비하기 위해 노력해야 한다는 것이 그의 주장이었으며, 이 계급과 덕목의 조화를 통해 정의로운 나라를 만들 수 있다고 주장한다.

(3) 아리스토텔레스(BC 384~BC 322) '니코마코스 윤리학'

> "가장 완전한 덕에 맞추어 정신이 활동하는 것이 인간의 선이다. 그것은 온 생애를 통한 것이어야 한다. 제비 한마리가 날아온다고 봄이 오는 것은 아니다. 하루아침에 여름이 되는 것도 아니다. 하루나 짧은 시간 즐겁다고 해서 인간이 완전히 행복해지는 것은 아니다."

아리스토텔레스(BC 384~BC 322)의 <니코마코스 윤리학>은 서양 윤리학의 사상적 골격이다. 윤리적 개념들이 원형의 형태로 잘 나타나 있다. 흔히 서양 사상사는 플라톤과 아리스토텔레스에 대한 주석에 불과하다고들 하는데 이 책에도 서양 윤리학의 원전 정도로 보면 될 것이다. 기원전 4세기를 살던 아리스토텔레스가 강의용으로 작성한 초고를 아들 니코마코스가 편찬한 것이다. '사람답게 사는 길은 무엇인가'에 대해 아들에게 들려주는 이야기라고 봐도 된다.

아리스토텔레스는 행복이란 도덕적 행동을 습관화하고 도덕적 성품을 최대한 발휘할 수 있도록 최선을 다하는 것이라고 말한다. 이 최선의 삶이 에우다이모니아(eudaimonia), 즉 행복이다.

"최고의 선은 궁극적인 목적 즉 그 자체가 목적으로 추구되는 것이다. 행복은 모든 것 가운데 가장 바람직한 것이요, 다른 여러 가지 선들의 한가운데에 있는 것이다. 따라서 행복은 궁극적이고 자족적이며, 다른 모든 행동의 목적이라 할 수 있다."

아리스토텔레스가 강조한 것은 실천이다. 행복이란 것이 바로 덕이 있는 활동이기 때문에 부지런히 덕을 발휘할 수 있는 실천을 해야 한다는 것이다.

"행복은 자신의 삶 전체에 걸쳐 환전한 덕을 실천함으로써 비로소 얻게 되는 것이다. (중략) 인간의 기능 가운데 덕이 있는 활동만큼 영원한 것은 없다. 행복한 사람들은 생활 속에서 가장 적극적으로 또 꾸준히 덕이 있는 활동을 한다."

덕을 설명할 때 아리스토텔레스는 현대 용어로는 본질 혹은 역량과 비슷한 개념을 떠올리게 한다.

"덕이란 그것을 가지고 있는 것을 좋은 상태에 이르게 하고 또 그것의 기능을 잘 전개시켜주는 것이라 할 수 있다. 예를 들면, 눈의 덕은 눈의 기능을 좋게 하는 것이다. 눈의 덕으로 우리는 잘 보게 된다. (중략) 인간의 덕도 인간을 선하게 하면 그 자신의 일을 잘하게 하는 성품이라고 할 수 있을 것이다."

이 책에서 아리스토텔레스는 덕의 종류로 용기, 절제, 관대, 긍지, 온화, 정의 등을 들고 있다. 그는 또 "그것이란 머릿속에서만 존재하는 것이 아니라 실천 속에서 이뤄지는 것"이며 "덕은 실천하는 사람 자신에게 즐거움을 주는 것"이라고 말한다.

아리스토텔레스는 그 덕을 실천하는 방법론이다 중심점으로서 중용을 강조한다. 그의 논지를 따라가 보면 그의 현실적인 관점을 잘 볼 수 있다. 그가 말하는 중용은 절대 산술평균이 아니다.

사람에게는 세 가지 종류의 태도가 있다. 그 중의 둘은 악덕으로서 각각 과도와 부족에서 성립하여 다른 하나는 덕인 바, 곧 중용이다. 이 세 가지는 제각기 대립하고 있다. 만사에 있어서 중간적인 상태는 칭찬받을 일이지만 우리는 어떤 때도 과도의 쪽으로, 또 어떤 때는 부족의 쪽으로 나아갈 필요가 있다. 이렇게

해야 가장 쉽게 중용과 옳은 것에 나아갈 수 있기 때문이다.

실천하는 과정에서 중용을 잡기는 참 쉽지 않다. 서양이든 동양이든 윤리학이 대체로 수양론과 연관이 깊은 건 이 때문이다. 아리스토텔레스는 선과 덕, 중용을 결정하는 것이 결국 이성이라고 봤다. 서양철학의 전통을 확인할 수 있는 부분이다.

> "우리의 본성을 지배하고 이끌며 우리로 하여금 아름답고 신적인 것들을 추구하게 하는 부분은 감성이 아닌 이성이다. 그러므로 고귀한 덕을 따르는 이성적인 활동이 완전한 행복인 것이다."

제2절 윤리학의 분류

서양의 윤리학은 크게 아리스토텔레스의 목적론적 윤리학과 칸트의 의무론적 윤리학의 두 흐름으로 나눌 수 있다.

1. 아리스토텔레스의 목적론적 윤리학

아리스토텔레스에 의하면 최고의 선은 행복(living well)인데 개인 각자의 선들의 최종 선은 공동체적인 선이라고 한다. 왜냐하면 인간은 사회적 동물이므로 공동체를 이루고 그 안에서 공동의 선을 추구할 수밖에 없으며 그런 공동의 선이 모든 개인을 행복하게 할 수 있는 최고의 선이 되기 때문이다.

인간의 삶에 있어서 최고의 선을 찾아가는 과정이 중요한데, 최고의 선은 각 존재가 갖는 고유 기능을 발견하고 그 기능을 온전히 발휘할 때 가능하다. 즉, 인간으로서 갖는 기능을 발견하고 그 기능을 온전히 발휘할 때 인간은 최고의 선을 얻을 수 있다는 것이다.

이 기능에 대한 아리스토텔레스의 접근은 후에 토마스 아퀴나스에게 영향을 주었다. 아퀴나스는 하나님의 피조물로서의 인간의 기능에 집중하여 인간에 대한 하나님의 창조 목적과 의도에 온전히 부합하는 삶이 인간으로서의 바람직한 삶이라고 생각하였다.

아리스토텔레스에 의하면 이 인간의 기능은 육체적인 것에서는 찾을 수 없고 정신적인 것에서 찾아야 한다. 육체적인 것은 인간뿐만 아니라 모든 생물이 추구하는 것이므로 인간만의 고유 기능이 될 수 없기 때문이다. 정신적인 인간의 기능은 '도덕적 덕'과 '지성적 덕'으로 정리할 수 있는데 이것을 잘 발휘하는, 즉 행위를 하는 것이 최고의 선이라고 할 수 있다.

여기에서 '덕을 어느 정도 발휘하는 것이 최선인가?'하는 문제가 제기되는데 아리스토텔레스는 '중용'이 최선의 기준이라고 제시한다. 예를 들면 '용기'가 중용의 상태인 최선이라면 '비겁함'은 부족한 상태이고, '만용, 객기'는 넘치는 상태이다.

특히, 의무에 의한 윤리적 실천이 아닌 '행복'이라는 목적을 위한 윤리적 실천은 개인주의와 자유주의가 깊게 뿌리내리고 있는 지금의 현실에서 우리가 어떻게 운동을 전개해 나가야 할지 많은 성찰을 할 것을 요구하고 있다.

2. 칸트의 의무론적 윤리학

의무론적 윤리학(deontological ethics)은 인간의 도덕적 행위는 그 결과에 상관없이 그것이 의무이기 때문에 행해져야 한다고 주장하는 학설이다. "하늘이 무너져도 정의를 지켜라"는 말이 바로 의무론적 윤리학의 근거를 말해 주는 소박한 표현이 된다. 칸트(I. Kant)의 윤리학이 그 대표적인 것이다. 칸트에 의하면, 도덕적 행위는 여러 가지의 동기에서 행하여지지만, 오직 도덕적 법칙에 대하여 무조건적 경외감을 가지고 행하는 것이 옳은 행위이다. 즉, 도덕적 법칙은 보편적이며 절대적인 것이라고 주장한다.

20세기의 윤리학자들 가운데 로스(W.D. Ross)도 이 학설의 주장자로서, 그는 칸트와 유사하게 도덕적 판단은 지적(知的) 직관에 의한다고 하였으나 도덕적 법칙의 보편적 타당성을 주장하지는 않았다. 최근에는 규칙 공리주의(rule utilitarianism)의 특징을 가진 윤리 학설이 의무론적 윤리학의 성격을 띠고 있다. 이 학설은 도덕적 법칙은 행위의 결과에 의해서 정당화되어야 한다고 주장한다.

칸트는 그의 저서 실천이성 비판에서 의무론적 윤리관을 제시한다. 칸트는 "모로 가도 서울만 가면 된다.", "끝이 좋으면 모든 게 좋은 것이다.(독일속담)"와

같이 결과에 의해 윤리적 판단을 내릴 수는 없다고 생각한다. 그는 범 시대적으로 어느 곳의 누구에게나 보편적으로 옳다고 인정되는 윤리의 보편적 기준을 제시하려 노력했는데, 결과에 의해서 윤리가 파악될 수 있다고 말하면 보편타당한 윤리 기준을 세울 수 없기 때문이다. 그런 노력의 결과, 칸트가 제시한 보편적 윤리 기준의 모습은 이렇다.

> "너의 의지의 준칙인 동시에 일반적인 법칙에 타당하게 행동하라."
>
> "Act so that the maxim of thy will can always at the same time hold good as a principle of universal legislation."

여기서 "준칙(maxim)"이란 개별적인 인간의 행동에 적용되는 원리이며, "법칙(principle)"이란 모든 사람에게 보편적인 가치를 가치고 적용되는 원리를 뜻하므로 이 말은 즉, 남이 보기에 자기가 보기에 거리낄 것이 없도록 행동하라는 뜻으로 해석될 수 있다.

이렇게 말할 수 있었던 이유는 칸트가 선(善)의 본질(선의 이데아)의 존재를 믿는 플라톤주의자였기 때문이다. 인간이 누구나 본유적(innate; 나면서부터 가지고 있다는 뜻)으로 가지고 있는 선의지를 좇아 계속 노력해나가면 최종적으로 "최고선"에 도달할 수 있지 않을까 하는 바람도 가지고 있었던 것 같다.

이런 칸트의 의견에 정면으로 배치되는 사상이 제레미 벤담(Bentham, Jeremy, 1748.2.15~1832.6.6), 존 스튜어트 밀(Mill, John Stuart, 1806.5.20~1873.5.7) 등으로 대표되는 공리주의적 윤리관이다.

밀은 "공리성 혹은 최대행복의 원리는 어떤 행위가 행복을 증가시키는 경향에 비례하여 옳은 것, 감소시키는 경향에 비례하여 나쁜 것으로 보는 것이다."라고 말했는데 이런 의견을 규칙공리주의라고 부른다.

칸트는 윤리학에 대한 자신의 대표적 저서를 지었는데, 『도덕 형이상학 정초』이다. 윤리학은 선을 추구하는 체계적 학문이다. 그런데 칸트는 윤리학이 선험적이어야 한다고 한다. 선험적이란 인식 이전을 말하며 현재 선천적이란 말과 적합성이 논쟁이 되고 있는 부분이다. 윤리학은 또한 대상에 대해 순수한 이론적 탐구를 목표로 하는 '형이상학'이어야만 한다고 한다. '도덕 형이상학'이란 가능한 순수 의지의 이념과 원리들이 되겠다. 여기서 가능한 순수 의지란 인간의 순수 의지가 해낼 수 있는 범주 안을 뜻한다. 결국 『도덕 형이상학 정초』는 이러한 '도덕 형이상학'의 토대를 놓는 작업을 의미한다. 이를 통해 모든 도덕성의 최상의 원리를 찾아내어 확충하려고 한다.

3. 공리주의적 윤리관

공리주의로 대표되는 목적론적 윤리학은 '행동은 그것이 옳은 결과를 갖는 한 옳다.' 혹은 '행동은 만약 일반적으로 준수되면 좋은 결과를 갖는 일련의 규칙에 따르는 것이 옳다.'라고 한다. 이에 상대적인 위치에 있는 것이 의무론적 윤리학설이다. 의무론적 윤리학은 '행동은 의무의 최고원리의 요구사항을 만족하는 행위의 규칙에 일치하면 옳다. 그런데 그 의무의 원리 자체는 좋은 결과를 산출하는 문제와 상관이 없다.'는 것이다. 이것이 윤리학의 형식주의이다.

1) 공리주의의 등장

공리주의의 시초 벤담은 올바른 행위의 객관적 기준을 세우려고 노력하였다. 공리성의 원리는 어떤 행동이 관련 당사자들의 행복을 증가시키느냐 감소시키는 것처럼 보이느냐에 따라, 다시 말해 행복을 촉진하는가 저해하는가에 따라 모든 행위를 시인하거나 부인하는 원리를 말한다. 나는 어떠한 종류를 막론하고 모든 행동이라고 말했다. 따라서 개인의 모든 행동뿐 아니라 정부의 시책에 대해서도 이 원리는 적용된다.

벤담이 주장한 이 원리는 주로 최대행복의 원리라 불린다. 사실 공리주의의 원리는 흄의 철학에 뿌리를 두고 있다. 흄은 <인간 본성에 관한 논고>에서 인간은 정념의 노예라고 주장한다. 인간은 합리적 이성에 따르는 존재가 아니라 정념이나 욕구에 지배를 받는 존재라는 것이다. 흄에 따르면 선과 악이라는 것은 단지 우리의 감정의 쾌나 불쾌이고, 어떤 대상으로 하여금 즐거움을 얻는다면 도덕적으로 승인할 수 있고 불쾌를 얻는다면 부인하게 되는 것이다. 즐거움을 얻는 다는 것은 유용하다는 것이고 유용하다는 것은 나의 욕구를 충족시켜 준다는 의미이다. 이를 근거로 벤담은 옳고 그름의 문제는 단지 효용성의 의거에 판단되어야 한다고 주장한다.

2) 벤담과 밀

(1) 벤담의 양적 공리주의

벤담에 따르면 인간은 누구나 쾌락을 추구하고 고통을 회피하려고 한다. 자연은 고통과 쾌락이라는 두 군주의 지배하에 인간을 두었다. 우리가 무엇을 하게 될 것인지를 결정하는 것은 물론, 우리가 무엇을 해야 할까를 지시하는 것도 오로지 이 두 군주에 달려 있다.

벤담의 이러한 주장은 심리적 쾌락주의를 기반으로 한다. 즉 인간은 누구나 쾌락과 고통을 벗어날 수 없다. 우리 행동의 초점은 그 행동과 관련된 모든 사람들의 행복을 증진시키는 것에 맞춰져 있다. 행복은 우리 행동의 궁극적 목적이면서 유용성에 의존한다. 즉 쾌락의 산출량에 의존한다는 것이다. 그리고 쾌락은 본래적으로 선하며 그것은 오직 양적으로만 측정가능하다. 이러한 주장은 후에 토마스 카알라일에 의해서 '돼지의 철학'이라는 비판을 면치 못한다. 벤담은 쾌락의 측정을 위해 7가지 기준을 정립하고, 그 기준들을 통해 5가지 원리를 뽑아냈고, 그 원리들을 통해 쾌락 계산법을 고안해낸다.

7가지의 기준은 다음과 같다. 첫째, 강도(intensity), 지속성(duration), 확실성(certainty)은 얼마나 쾌락을 기대할 수 있는가, 근접성(propinquity)은 예상되는 쾌락을 언제 획득할 수 있는가(네 가지 포함), 다섯째, 다산성(fecundity)은 지금 누리고 있는 쾌락이 또 다른 쾌락을 가져올 수 있는가, 여섯째, 순수성(purity)은 현재 누리고 있는 쾌락 속에 고통의 여지가 없는가, 일곱 번째, 범위(extent)는 내가 느끼는 쾌락을 나 이외에 얼마나 많은 사람이 누릴 수 있는가를 말한다.

쾌락의 계산에 의하면 더 강력한 쾌락이 더 선호되고, 더 오래 지속되는 쾌락이 더 선호되며, 발생할 것이 확실한 쾌락이 더 선호된다. 그리고 더 많은 쾌락을 가져올 것 같은 쾌락이 더 선호되며, 고통이 섞이지 않은 순수한 것이 더 선호된다.

(2) 밀의 질적 공리주의

밀은 벤담의 양적 공리주의를 부정하고 질적 공리주의를 주장한다. 쾌락은 양적 차이뿐만 아니라 질적인 차이가 존재하고 더욱이 양보다 질이 더 중요하다.

비록 밀이 쾌락에 대한 벤담과의 다른 주장을 한다고 해도, 공리주의의 기본 원리를 부정하는 것은 아니다. 밀은 쾌락과 고통이 인간 행동의 유일한 동기라는 것을 고수한다. 단지 차이가 있다면 쾌락의 질적 차이다. 밀에게는 감각적 쾌락보다는 정신적 쾌락이 더 중요하다. 일반적으로 저급한 쾌락을 고집하는 사람은 아직 그들이 정신적 쾌락을 경험에 보지 못한 것이다.

"두 가지 쾌락에 대해 그 둘을 똑같이 잘 알고, 똑같이 즐기고 음미할 수 있는 사람들은 보다 높은 능력이 요구되는 삶의 방식을 훨씬 더 선호한다는 것을 부인할 수 없다. 짐승이 누리는 쾌락을 마음껏 즐기게 해준다고 해서 저급한 동물이 되겠다는 사람은 없을 것이다."

"만족해하는 돼지보다 불만족스러워하는 인간이 되는 것이 더 바람직하고, 만족한 바보보다는 불만족스러움을 느끼는 소크라테스와 같은 사람이 되는 것이 더 바람직하다."

(3) 공리주의의 문제점

첫째, 다양한 가치들 간의 상충을 해결할 수 없다.

둘째, 개인의 자유를 충분히 고려하지 않는다.

셋째, 공리주의는 사회이익의 총량을 최대화하는데 유난히 주안점을 두다 보니 "목적이 수단을 정당화한다."는 논리를 옹호한다.

넷째, 인권이 설 자리가 없다. 벤담은 효용계산에 우선하거나 효용계산과는 별개로 존재하는 인권이라는 개념 자체를 강력히 반대한다.

공리주의자인 벤담은 행위공리주의라는 것을 내세운다. 그는 매 행위의 쾌락, 고통 증가율을 측정해서 윤리적 평가를 내릴 것을 주장한다. 이 계산을 위해 그는 쾌락의 가치, 고통의 가치를 계량, 수치화하고 평균을 내서 합산한 뒤, 이해관계에 있는 다른 사람들의 행복 지수와 더해서 전체적인 행복도를 측정하기 위한 길고 복잡한 식까지 제시했다.

공리주의자들은 도덕을 "최대다수의 최대행복을 보장하는 것"이라고 정의한다. 즉, 공익을 위한 일이 윤리적으로도 옳은 일이 된다는 뜻이다. 공리주의가 말하는 "윤리적이다." 라는 것은 그 근원이 개개인의 "보편적 윤리의식"에 있지

않고, 사회 유지의 필요에 의해 나타난 발명품이라는 뜻이다.

칸트의 의무론적 윤리론과 공리주의적 윤리론의 차이를 잘 드러내는 예는 다음과 같다.

누구나 살인은 나쁘다고 생각한다. 그런데 칸트에 의하면 그 이유는 살인이 나쁘다는 것은 누구나 본유적으로 알고 있기 때문이다. 즉 누구나 가지고 있는 보편적 윤리 기준에 어긋나는 행동이기 때문에 나쁘다고 생각한다. 반면 공리주의자들은 "최대 다수의 최대 행복"을 윤리적인 것이라고 보기 때문에, 살인이 나쁜 이유는 살인으로 인해서 사회 전체의 행복의 양이 줄어들 것이기 때문이라는 것이다. 그래서 의무론적 윤리관에 의하면 살인은 언제, 어디서나, 누구에 의한 것이든 나쁜 짓이지만, 반대 의견인 공리주의자들에 의하면 만약 사회 전체에 큰 행복을 가져다주는 살인이 존재한다면 그것은 도덕적으로 장려해야 할 대상이 된다는 것이다.

의무론적 윤리관을 비판하자면 그저 "양심에 따라 잘 해야 한다." 정도로 해석될 만한 그의 말이 여러 윤리 의식이 복합적으로 충돌하는 실생활의 여러 윤리적 모순 상황들을 적절하고 융통성 있게 해석할 수 없다는 점을 들 수 있다.

공리주의적 윤리관을 비판하자면 일단 "최대 다수의 최대 행복"이란 말이 잘 정의된 단어가 아니다. 즉, 사회적으로 한 사람이 모두 독식하든 어쨌든 행복의 총량이 늘어나면 좋다는 뜻인지, 행복의 총량이 적어지더라도 아주 많은 사람들이 행복을 나눠 누리면 좋다는 말인지 잘 알기가 어렵다는 점이다.

또한 "사회의 기본적인 룰 즉 약속 지키기, 살인 안 하기 등 상식적인 것들을 지키는 한도 내에서 최대 행복의 공리를 추구하자"는 규칙공리주의적인 입장에서, 공리주의적인 관점을 철저히 따르자면, 사회적인 룰이라는 것도 언제든지 공리성에 의해 뒤집힐 수 있는데, 언제 뒤집혀야 하고, 언제 지켜져야 하는지 알 수 없다. 그런 판단을 누가 할 수 있을지도 물론 알 수 없다는 점도 비판의 대상이 될 수 있다.

4. 절대적 윤리설과 상대적 윤리설

윤리 이론은 상대성에 따라 크게 두 가지로 구분된다. 하나는 절대적 윤리설이고 다른 하나는 상대적 윤리설이다.

1) 절대적 윤리설

절대적 윤리설은 윤리적으로 옳은 것은 절대적으로 하나밖에 없다는 것이다. 예로서 맹자의 인의예지에 의한 성선설, 플라톤의 이데아, 칸트의 의무론적 윤리설 등이 여기에 해당한다. 절대적 윤리설은 완전한 도덕을 위한 거울이 될 수 있는 절대적 윤리의 원리와 법칙을 초경험적·초현실적 세계관에 근거하여 밝히려 한다. 이러한 절대론적 윤리설은 크게 목적론과 법칙론으로 대별해 볼 수 있다. 목적론에 의하면 삶의 궁극적 목적은 인간이 마음대로 정할 수 있는 것이 아니라 이미 선천적으로 주어진 절대적인 것이라는 것이다. 그 목적이 무엇이냐에 관해서는 견해의 차이가 있으나 절대적·궁극적 목적에 비추어 대답되어야 한다는 점에서 의견을 같이한다. 예로서 아리스토텔레스는 “모든 종류의 의도적인 활동은 어떤 선을 달성할 목표를 갖고 있다.”고 한다.

이런 목적을 거슬러 올라가면 인생의 궁극적인 목적에 도달하게 되는데, 이를 행복이라 하였다. 법칙론에 의하면 인간에게는 누구나 지켜야 할 행위 법칙이 주어져 있다는 것이다. 이 법칙은 인간의 편의나 쾌락에 의해 주어지는 것이 아니라, 인간의 의지를 초월하여 미리 주어진 것으로 절대 불변의 것이라는 것이다. 법칙론자 중 대표적인 사람은 임마누엘, 칸트이다. 그는 실천이성의 법칙이 언제나 타당한 것이기에 무조건 적용되는 지상명령이라 하였다. 현상학적 윤리설도 절대적 윤리설에 포함될 수도 있다. 현상학적 윤리학은 셸러(Scheler, M.), 하르트만(Hartmann, N.), 헤센(Hessen, J.) 등이 후설(Husserl, E.)의 현상학적 방법론을 받아들여 실질적 가치론을 전개한 것이다. 셸러에 의하면, 인간은 본질직관(本質直觀)에 의하여 도덕적 가치의 실질적 내용을 이해할 수 있다는 것이다. 예컨대 사랑은 순수한 정서의 지향적 활동인데, 사랑은 윤리적 통찰을 이끌어내는 중요한 수단일 뿐만 아니라 인격 가치의 핵심이 되고, 자아와 다른 사람에 대한 사랑은 가치 중의 가치이며, 모든 가치의 원천인 하느님에 대한 사랑의 모형이라는 것이다. 따라서 모든 가치는 신, 즉 최고선으로 수렴된다. 셸러의 인격주의 윤리학은 맹자(孟子)의 사단(四端)과 내용적인 면에서 일치되는 점이 많다.

2) 상대적 윤리설

상대적 윤리설은 윤리적으로 옳은 것은 상황에 따라 다르다는 것이다. 예를 들면, 순자의 성악설, 소피스트, 쾌락주의의 윤리설, 공리주의 등이 여기에 해당한다. 현대에 이르러 상대론적 윤리설이 크게 대두되고 있다. 그것은 세계대전과 과학기술의 발달로 인한 사회 양상과 생활 조건의 급격한 변화 때문이다. 또한, 자연과학의 방법을 적용한 경험적 인간학은 인간을 진화의 산물로 보는 동시에 이성과 양심까지도 경험에 의하여 변화·발전하는 것으로 보고 있다. 특히 문화적 배경을 달리하는 민족과 부족에 대한 연구는 전통과 인종이 다르면 양심도 크게 다르다는 것을 발견하여 절대론적 윤리의 신빙성을 크게 약화시키고 있다.

현대의 상대적 윤리설로는 공리주의, 응용윤리학, 분석윤리학, 실존주의 윤리학 등이 있다. 공리주의는 공공의 이익을 극대화하는 하는 것을 윤리의 기준으로 삼는다. 응용윤리학은 환경윤리학 또는 생태학적 윤리학, 의료윤리학 또는 생의학적 윤리학, 생명윤리학, 사회윤리학, 경제 및 기업윤리학, 법윤리학, 과학 및 기술윤리학, 정보통신윤리학, 평화윤리학, 직업윤리학, 정치윤리학, 여성윤리학 등과 같이 실제 생활에 적용하여 응용할 수 있는 것을 목적으로 한다. 분석윤리학(메타윤리학)은 언어의 논리적 분석을 철학의 방법으로 채용하고 있는 분석철학의 영향을 받은 것으로 상대주의에 빠져 있으며, 심지어 윤리학적 회의주의를 가져오기도 한다. 실존주의적 윤리학은 윤리의 기초를 형이상학에 두는 것을 거부하고 보편타당성을 부인하는 점에 있어서는 분석 철학자들과 동조하나, 분석 철학자들의 형식적인 언어 분석에는 대단한 반감을 가지고 있다. 이들은 대체로 개인의 실존적 결단을 중시한다는 점에서 공통점을 가지고 있고, 새로운 차원, 즉 만남·참여·고민·죽음·불안·공허·자유가 가지고 있는 깊은 뜻을 잘 해명하여 주고 있다.

일반적으로 윤리학설을 비교할 때 어떤 기준이 되는 것이 있어야 한다. 예로서 상대주의 윤리학설과 절대주의 윤리학설은 서로 대립되는 것으로 설명할 수 있다. 그 이유는 비교의 기준이 되는 것이 윤리적 행동의 기준이 되는 선이 절대적인가 아니면 상대적인가에 따라 두 학설이 구분되기 때문이다. 절대적 윤리학설은 선(善)을 절대적인 오직 하나만 존재하는 것으로 보고 있다. 그러나 상대적 윤리학설은 선은 보는 사람에 따라 다른 것으로 절대적으로 하나만 존재하는 것이 아니라 여러 가지가 존재할 수 있다고 보고 있다.

목적론적 윤리학설과 의무론적 윤리학설도 마찬가지이다. 이 두 윤리설의 기준이 되는 것은 윤리적 준칙의 기본이 되는 것이 행위 결과에 있느냐 아니면 행위의 원인에 있느냐는 것이다. 목적론적 윤리학설은 윤리적 준칙이 행위의 결과에 있다는 것이다. 아리스토텔레스는 행복이 윤리의 준칙이라고 하였고, 공리주의는 절대다수의 행복이 윤리적 기준이 된다. 의무론적 윤리학설은 윤리적 준칙이 행위의 원인에 있다는 것이다. 칸트의 경우는 인간이 윤리적 행위를 하여야 하는 것은 인간으로서의 의무이기 때문이라고 주장한다. 따라서 두 학설은 서로 대립되는 것은 아니고 단지 개념상 비교되는 것이다.

또 상대주의 윤리와 목적론적 윤리의 차이점이 무엇인가에 대하여 사실 이 두 가지 윤리학설은 잘 비교하지 않는다. 왜냐하면 상호 비교의 기준이 되는 것이 일치하지 않기 때문이다. 차이점을 말한다면, 상대주의 윤리학설은 윤리적 행위의 기준이 되는 선이 절대적으로 하나가 아니라 보는 사람의 입장에 따라 여러 가지라고 보는 윤리학설이며, 목적론적 윤리학설은 상대주의 윤리학설 보다는 절대적 윤리학설에 속하는 것으로 윤리행위의 준칙은 행위의 결과인 목적에 따른다는 입장이다.

제3절 윤리학과 메타윤리학

1. 윤리학의 구분

1) 윤리학의 의의

윤리는 도덕 원칙의 한 체계이다. 윤리는 사람들의 결정 방식 그리고 그들의 삶의 방향에 영향을 미친다. 윤리는 개인과 사회를 위한 선을 제시한다. 그래서 '윤리(ethics)'라는 용어는 희랍어 'ethos(사회의 관습)'라는 말에서 유래되었다.

윤리는 우리의 삶에 있어서 여러 딜레마를 불러일으킨다. 윤리에 대한 우리의

생각들 혹은 개념들은 종교, 철학 그리고 문화로부터 도출되어왔다. 어떻게 하는 것이 더 선인가? 아니 무엇이 선인가? 낙태, 인간 권리 그리고 직업상 적절한 행위와 같은 주제들에 대한 논쟁을 불러일으킨다.

일반적으로 윤리학은 사람의 행위에 대한 근거와 기준, 행위의 동기와 목적, 그리고 행위의 규범과 가치 등에 관한 학문 이라고 정의한다. 하지만 긴 역사와 넓은 범위를 갖고 있기 때문에 몇 글자로 규정짓기 힘든 학문이다. 다만 철학을 크게 이론철학과 실천철학으로 나눈다면 윤리학은 뒤의 것에 속하고, 이것을 도덕철학(moral philosophie)이라고 하는데, 이것은 도덕에 대한 이론을 의미하는 것이다.

윤리학 혹은 도덕 철학은 이른바 인륜적 사실들을 철학적으로 근거 지우고 해명하려는 철학의 한 분과이다. 윤리학은 도덕적 경험을 전제하며, 이러한 경험은 삶 속에서 이루어진다. 모든 문화권에서 삶의 양식이 다양하다고 해서 도덕적 확신에 공통성이 없는 것은 아니다. 이러한 공통성에서 도덕적인 무조건성을 찾아낼 수 있을 것이다. 동서고금을 막론하고 용기, 너그러움, 정서, 감사, 동정 등은 모두 이의 없이 적극적으로 인정하는 것이고, 배신, 간계, 비겁, 성적방종, 잔인, 인색, 살인, 거짓말 등은 언제 어디서나 멸시의 대상이거나 악한 것으로 간주된다. 모든 윤리적 이론의 차이를 넘어서 생활화된 윤리는 근본적으로 선을 행하고, 악을 피하라는 명제를 따른다.

동양에서 윤리(倫理)의 윤(倫)이라는 글자는 사람 '人'과 집단 '侖'이 합하여져서 사람과 사람 사이에 오고 가는 따뜻한 정, 아래 위를 아는 순수한 질서 그리고 사람들이 서로 간에 지켜야 할 바른 행위, 사람들 사이에 얽히어진 법칙을 마땅히 따름으로써 사람의 본질과 기능을 중심으로 하는 생활양식을 습관화하자는 의미로 사용되었다. 인륜은 천륜에 예속된 것으로 그 원리는 하늘이 준 것, 즉 천륜을 지키는 것이 바로 동양의 윤리 사상의 핵심내용이었다.

서양 윤리 사상은 르네상스 및 종교 개혁, 자연 과학의 발달과 더불어 확립된 근대적 사고의 유형으로 영국의 경험론과 대륙의 합리론, 계몽사상에 나타난 시민 사회의 윤리, 독립의 관념론과 영국의 공리주의, 그리고 현대의 윤리 사상과 같은 단계를 거쳐서 전개되어 왔다.

르네상스와 종교 개혁은 중세의 신(神) 중심의 윤리 사상으로부터 벗어나 현실적인 삶을 중시하는 인간 중심의 윤리로 전환하는 계기를 마련해 주었다. 근대 이후에 인간 중심의 서양 윤리 사상은 16~17세기 자연 과학의 발달과 더불어 더욱 활발하게 전개되기 시작하였다. 이때에 제시된 자연 과학적 방법론과 지식은, 종래의 형이상학적이거나 신학적인 자연관과 우주관, 그리고 세계관으로부터 벗어나서 과학적이고 합리적인 인식과 사유의 법칙을 형성할 수 있게 하였다.

근세의 자연 과학에서 주로 사용된 방법론은 크게 두 가지로 구분된다. 하나는, 사유(思惟)와 지식의 근원을 경험으로 보고, 경험적 관찰이나 실험에서 얻은 지식을 중시하는 이른바 귀납적(歸納的) 방법이다. 다른 하나는, 사유와 지식의 근원을 이성으로 보고, 과학적 논리나 추리에 의해서 얻은 지식을 중시하는 이른바 연역적(演繹的) 방법이다. 귀납적 방법과 연역적 방법은 전 학문 영역에 적용되어 근대적 사고의 확립에 기여하였다.

이와 관련해서 근대 중시(16~17세기)에 영국의 경험론(經驗論)과 대륙의 합리론(合理論)이 형성되었는데, 전자는 인간의 경험을 중시하였고 후자는 이성(理性)을 중시하였다. 근대 이후의 서양 윤리 사상은 대체로 경험을 중시하는 입장과 이성을 중시하는 입장으로 대별되어 나타나는데, 전자는 영국의 경험론으로부터 공리주의(功利主義)를 거쳐서 현대의 실용주의(實用主義) 윤리 사상으로 전개되었고, 후자는 대륙의 합리론으로부터 독일의 관념론(觀念論)으로 전개되었다.

영국경험론자인 로크는 경험 이전의 인간 정신은 백지와 같다고 생각한다. 이를 '타불라 라사'라고 하는데, 텅 빈 종이에 지식을 찍는 것과 같은 과정이라고 보았다. 이론의 탄생과정을 로크는 경험이 모여서 지식이 되고, 이 지식이 모여서 하나의 이론이 된다고 설명하였다. 이 경험은 감각과 반성으로 다시 구분하였다. 로크는 이 감각, 경험을 통해서만 관념을 생산해낼 수 있고, 이론과 지식 체계를 확립할 수 있다고 생각했다.

로크에 있어서 자연 상태는 홉스와는 달리 살 만한 상태였다. 이 자연 상태에서 분쟁이 일어나면, 홉스는 절대적 권력에 위임하고 그것을 따르자고 주장한 반면, 로크는 그 권력에 신탁(맡김)할 것을 주장하였다. 하지만 개인은 이 신탁관계를 폐지할 수 있다고 봄으로써, 저항권과 혁명권을 인정하였다.

데이비드 흄은 로크의 관념을 인상과 관념으로 다시 구분하였다. 그는 이 인상과 관념이 시간적 선후가 아니라 법칙적 인과로 둔갑하는 것을 지적하였다. A사건 뒤에 B사건이 일어나면, 사람들은 그것을 기대하고 그 기대가 습관이 되

고, 그 습관이 하나의 관습과 법칙으로 받아들여진다고 보았다. 이 법칙적 인과는 개개인 안에 있는 것이고, 경험할 수 있는 것은 아닌데, 흄은 이 개개인의 경험에서 보편성이나 객관성이 나올 수 없다고 보았다. 즉 법칙의 정체는 우리 안에 있는 것이고, 마음속에 있는 것인데 법칙에는 의의가 없다며 모든 문서(text)에 불을 질러야 한다는 그러한 극단주의로 빠지게 된다.

2) 윤리학의 특징

규범 윤리학은 우리 인간이 어떻게 행동해야 하는지와 관련하여 보편적인 법칙이나 원리를 탐구하는 학문이다. 이러한 규범 윤리학에 이론 윤리학과 응용(실천 규범) 윤리학이 포함되어 있으며, 때문에 이론 윤리학과 응용 윤리학은 각각 밀접한 관계를 맺고 있다. 규범윤리와 자유의지에서는 공리주의, 딜레마, 칸트의 윤리설 등 대표적인 규범윤리 이론에 대해 이해할 필요가 있다.

이론 윤리학이 도덕적 원리나 기준을 정립하고 그에 따른 행동을 인도하는 윤리학이라면 응용 윤리학은 그러한 이론 윤리학의 내용을 적용하여 환경 윤리, 생명 윤리, 정보 윤리 등의 인간의 일상생활에서 발생하는 구체적인 도덕적 문제에 대한 해결 방안을 탐구하고자 하는 윤리학이다.

이론 윤리학은 공리주의, 칸트의 윤리설, 아리스토텔레스의 윤리설과 같이 윤리적 행위자에게 적용되는 규범들을 이론적으로 풀어나가려고 한다. 응용윤리학(실천 윤리학)은 생명의료윤리, 환경윤리, 직업윤리, 정보통신 윤리 등 순수 규범 윤리학의 이론을 실생활의 문제들에 적용하여 사회 문제를 해결하는 것에 관심을 가지고 있다.

표 2-1 이론 윤리학

구분	철학자	내용	보편적 준칙
의무론 (deontology)	칸트	어떤 행위의 도덕적 가치는 행위자의 의도와 의도를 실행하려는 사실에 근거한다.	"자신의 행위 준칙이 곧 보편적 법칙이 되도록 행하라"
결과론 (consequentialism)	벤담, 밀 (공리주의)	행위의 결과에 의해서 평가	"최대다수의 최대행복"

메타윤리학은 규범 윤리학과 구별되는 다른 종류의 윤리학으로 도덕적 언어의 의미를 분석하거나 논리적 타당성, 학문적 성립 가능성 등을 검토하는 학문이다. 예를 들어 '선하다'와 '악하다' 혹은 '옳다'와 '그르다' 등의 의미가 무엇인지를 탐구해보는 것이 메타윤리학의 관심 분야가 될 수 있다. 그리고 규범 윤리학, 메타윤리학 모두와 구별되는 기술 윤리학은 어떠한 사회적 관습이나 도덕적 풍습 등을 단순히 경험적으로 조사하여 기술하는 윤리학을 가리킨다. 각각의 사회에서 발견되는 규범들을 객관적으로 설명한다는 것이 기술 윤리학의 특징이라고 볼 수 있다.

[사고력] 다음 보기 중에서 (A)에 갈 진술로 가장 적절한 것은?(2016년 수능고사문제인용)

<보기>

윤리학은 사회과학과는 달리 어떻게 사는 것이 선한 것인가? 혹은 생태계위기를 극복하기 위한 옳은 방안은 무엇인가? 와 같은 규범적 질문에 대한 해답을 제시해야 한다. 그런데 근대이후 다양한 문화에 대한 사회과학적 관심이 증가함에 따라 도덕규범과 관련된 문화적 사실들을 명확히 기술하고 그러한 사실들 간의 인과관계를 객관적으로 설명하고자 하는 윤리학이 등장하였다. 나는 이러한 윤리학이 (A) 라고 생각한다.

① 도덕현상에 대한 가치중립적 설명의 중요성을 간과하고 있다
② 도덕언어의 개념분석과 도닥 논증의 타당성 입증을 중시하고 있다.
③ 도덕원리의 정립보다 타문화에 대한 이해가 중요함을 간과하고 있다.
④ 도덕관행에 대한 기술보다 삶의 문제해결이 중요함을 간과하고 있다.
⑤ 도덕법칙이 시공을 초월한 보편타당성을 지녀야 함을 강조하고 있다.

해설 위의 제시문에서 밑줄 친 부분, '규범적 질문에 대한 해답을 제시해야 한다.'와 관련된 윤리학은 규범 윤리학이 된다. 그런데 규범 윤리학과 관련해서 규범적 질문이 두 가지 종류로 나뉘는 데 '어떻게 사는 것이 선한 것인가?'는 이론 규범 윤리학의 물음에, '생태계 위기를 극복하기 위한 옳은 방안은 무엇인가?'는 실천 규범 윤리학의 물음에 해당한다. 그 뒤에 제시문을 계속 읽어보면, '도덕규범과 관련된 문화적 사실들을 명확히 기술하고 그러한 사실들 간의 인과 관계를 객관적으로 설명하고자 하는 윤리학'이 등장하였다. 여기서 이 문장에서 설명하고 있는 윤리학이 어떤 윤리학인지 바로 기술윤리학이다. 따라서 이 문제는 규범 윤리학의 입장에서 기술 윤리학에게 제기할 수 있는 의견, 비판점 등을 고르는 문제인데 정답은 4번이다.
기술 윤리학이 각 사회에서 발견되는 규범, 도덕적 관습에 대해 객관적으로 기술하는 윤리학이므로 인간의 삶에 있어 어떻게 행동해야 하는지와 관련하여 법칙을 탐구하고 그에 따라 도덕 문제의 해결에 관심을 갖는 규범 윤리학이 보기 4번과 같이 말할 수 있겠다.

3) 윤리학과 메타윤리학

윤리학은 크게 규범윤리(normative ethics), 응용윤리(applied ethics), 메타윤리로 나뉜다. 규범윤리는 도덕의 규범적 내용, 곧 어떤 행위가 옳거나 그른지를 확인하고 제시한다는 의미에서 공리주의, 의무론, 덕 윤리와 같은 이론을 내포하며, 결과주의와 비결과주의간의 논쟁으로 대표된다. 응용윤리는 윤리적 원리들을 응용하여 삶 속의 윤리적 문제들을 해결하는 데 목적이 있으며, 환경윤리, 정보윤리 등이 대표적인 응용윤리의 분과에 속한다. 메타윤리는 윤리학의 전반적인 논의에서 이미 사용되고 있는 좋음, 가치, 옳음 그 자체, 윤리적 행위에 대한 이유 전반의 형이상학적, 인식론적, 의미론적 등의 문제를 탐구한다.

저명한 칸트 연구가인 카울바흐는 <Ethik und Metaethik:Darstellung und Kritik metaethikischer Argumente> 이라는 책을 통해 분석철학의 메타윤리학적 입장을 비판하고 있다. 메타윤리학이란 말은 에이어가 처음 만들어 사용한 것으로서 일반적으로 윤리적 규범이나 윤리적 원리를 제시하는 것이 아니라 윤리적 진술을 언어의 문제로 귀착시켜 그 언어의 유의미성과 기능에 대한 분석만을 강조하는 철학적 입장을 의미한다. 윤리적 진술은 실천적 언어를 통해 사회의 도덕적 반응으로서의 태도를 나타낼 뿐이며, 메타윤리학은 이러한 언어를 분석하여 그것이 함축하는 다의성을 비판한다.

카울바흐는 메타윤리학을 그것이 원천적으로 부정하고 있는 선험적인 보편적 지반의 문제에서 비판한다. 메타윤리학은 보편적 기준을 형이상학적인 것으로 간주하여 그것의 실제적 의미를 인정하지 않고 윤리적 판단 자체를 거부한다. 그러나 카울바흐는 이러한 메타 윤리적 입장이 이미 가치를 결정하는 규범적 영역 안에 들어와 있는 것이며 윤리적 진술이 실천이성이라는 도덕의 선험적인 보편적 지반이 전제되어야만 한다는 점을 보여준다.

메타윤리학은 모든 윤리적 판단을 배제한 채 갈등과 대립을 해소시키기 위한 대화에서 사용되는 언어를 상호이해에 적합한 도구로 만드는 일을 자임한다. 반면에 카울바흐는 대화를 통해 의무론적 윤리학의 가능성을 설명한다. 카울바흐에 따르면 사실의 진술은 논리적 합리성을 갖는 반면에 사유하고 말하고 행위를 하는 것으로서의 윤리적 진술은 상대편과의 대화 안에서 변증법적인 합리성을 갖는다. 대화에서의 상호 부정은 상대편과 나의 세계를 조망하게 하고 변화시키는 변증법적인 힘이다. 이 대화가 실천이성이라는 보편적 기반에 근거할 때 대화의 참여자들은 목적 자체의 도덕적 가치를 획득하고 그것을 향한 변증법적인 사유의 운동을 하게 된다.

카울바흐는 선험적인 보편적 기반의 전제와 실천적 사유의 변증법적 운동이라는 방법론으로부터 브래들리, 에이어, 스티븐슨, 헤어와 같은 메타윤리학자들의 주장을 상세하게 비판하고 있다. 결국 카울바흐의 의도는 메타윤리학에 의해서 거부된 규범 원리의 제공과 그에 대한 논의라는 윤리학의 원래적인 과제를 칸트의 의무론적 윤리학의 관점에서 복원하는 것이다.

윤리학과 메타윤리를 처음 구분한 것으로 알려진 영국의 분석철학자 조지 에드워드 무어는 <윤리학원리: Principia Ethica>에서 '선이란 무엇인가?'에 대한 물음을 두 가지 방법으로 정의할 수 있다고 주장하였다. 첫 번째 방법은 '도대체 어떤 종류의 것이 선한 것인가?'의 물음으로, 선의 내용과 규범성을 묻는 의미라면, 두 번째 방법은 '선의 의미는 무엇이고 어떻게 정의될 수 있는가?'의 메타적 물음으로 선의 존재, 의미, 정당화 등에 대해 연구하려는 시도에 해당한다. 또한 "메타윤리"라는 용어를 처음 사용한 영국의 논리실증주의자 앨프리드 에이어는 윤리적 용어의 정의를 표현하는 명제나 정의가 적절한지 혹은 가능한지에 대한 논의를 메타윤리학에서 다루어야 한다고 주장한 바 있다. 메타윤리학과 규범윤리학은 상호의존적이기에 이 둘을 엄밀히 구분하는 것은 어려운 일이지만, 윤리적 판단과 가치에 대한 논리적, 인식론적, 형이상학적, 의미론적 진술들과 실천적인 의미에서 어떻게 행위를 해야 만 할 것인가에 대한 규범적 판단은 구분될 수 있다.

메타윤리학에서 주로 다루는 연구 주제들은 윤리적 판단의 정당화 근거, 도덕의 인식가능성, 가치들의 존재론적 위상, 윤리적 진술의 의미론 등 다양하다. 하지만 논쟁의 중심에 있는 것은 인지주의와 비인지주의 입장 간의 차이에 대한 논쟁이다. 인지주의란 윤리적 판단, 도덕적 진술에 대하여 참 혹은 거짓을 판정할 수 있다고 보는 입장이다. 도덕적 명제가 참이나 거짓일 수 있다고 주장하면 도덕실재론(moral realism)의 입장을, 도덕적 명제가 참이나 거짓일 수 없다고 주장할 경우, 도덕반실재론(moral anti-realism)의 입장을 취한다. 도덕실재론 역시 두 입장으로 나뉘는데, 객관적인 도덕적 속성이 자연적 사실로 환원가능하거나 수반될 수 있다고 본다면 윤리적 자연주의(ethical naturalism) 입장을 취하고, 도

덕적 속성이 비자연적인 방식 그 자체로 존재한다고 본다면 윤리적 비자연주의(ethical non-naturalism)의 입장을 취하게 된다.

2. 윤리학의 용도

윤리적 판단이 인간이 갖는 공감이나 연민 또는 불쾌함 같은 감정을 수반하거나 그 결과로 얻어지는 사회와 공동체의 합의라고 한다면, 인공지능의 윤리 학습은 감정 상태에 대한 시뮬레이션을 필요로 할 수 있다. 물론 인공지능이 윤리와 도덕을 지켰을 때 얻는 보상을 통해 윤리적 행동을 하도록 유도할 수 있겠지만, 세상을 관찰하면서 학습을 하게 한다면 인공지능의 인공적 감정 상태는 긍정적인 면과 부정적 면을 모두 표현할 수 있어야 할 것이다. 아니면 우리가 사회에서 보이는 감정 표현을 이해하도록 해야 할 것이다. 어떤 행동이 더 많은 사람에게 거부감을 주는 것인지를 파악하는 것이 필요하다. 그러나 이는 '인공지능의 윤리는 왜 어려운가?'에서 설명했듯이 매우 어려운 문제다.

초기 문제는 '인간 특성'에서 발생할 것이다. 그러나 나는 아직 인공지능 윤리는 구현의 문제나 필요성이 시급한 상황은 아니라고 본다. 인공지능 윤리가 기술적으로 깊이 있는 연구 단계가 도달하지 못했지만, 오히려 인간이 갖는 특성 때문에 현재 제한적 지능을 가진 시스템으로도 여러 가지 이슈들이 발생할 것이다. 다만 아직은 그 결과가 사회에 큰 피해를 주거나 파국을 가져오는 것은 아니고 일부 사람들에게 차별을 가하거나, 반(反)사회적 행동을 유발하고, 오해와 확대 해석으로 인한 오용의 문제가 발생할 것으로 본다. 초기의 많은 문제는 인공지능을 사용하는 또는 같이 공존해야 하는 인간이 갖는 특성 때문에 발생할 것이다.

2016년 봄 알파고가 우리 사회에 큰 충격을 주었다. 사람들은 생각보다 너무나 쉽게 알파고를 의인화하는 것이다. 알파고가 장고가 들어갔고, 실수에 흔들리고, 당황하고, 수습하기 위해 애쓰고 있다는 말을 여러 해설가가 하거나 방송인들이 하는 것을 들었다. 하나의 '바둑' 소프트웨어에 대해 우리는 이미 바둑의 고수가 보이는 모습을 투영하고 있었다. 알파고 대국의 의미는 1939년 독일의 홀렌슈타인-슈타델의 동굴에서 발견된 사자 인간 조각은 4만 년 전의 고대 조각 작품으로 구석기 시대에 이미 우리는 자연물에 인간의 특성을 투영하기 시작했다는 것을 알 수 있었다.

(1) 윤리학은 도덕적인 지도를 제공한다.

논쟁적 이슈들에 있어서, 윤리는 그 선택을 도와준다.

(2) 윤리학은 의견충돌 지점을 정확히 보여준다.

윤리학이라는 '틀'을 사용함으로써, 도덕적 이슈에 관해 논쟁을 하는 사람들은 종종 그들이 일치를 보지 못하는 부분이 그 이슈의 특별한 한 부분이라는 것을 발견하고 그 이외의 모든 부분은 폭넓게 동의한다는 것을 알 수 있다. 따라서 윤리학은 그 논쟁의 해결 방향을 제시한다.

(3) 윤리학은 올바른 대답을 제공하지는 않는다. 다만, 해결책 찾기에는 도움이 될 뿐이다.

윤리학은 항상 도덕적 문제에 대해 올바른 대답을 보여주지 않는다. 실제로 점점 더 많은 사람들은 많은 윤리적 이슈들에 대해서 단일한 올바른 대답이 존재하지 않는다고 생각한다. 몇몇의 철학자들은 모든 윤리학이 할 수 있는 것은 혼란을 제거하고 그 이슈들을 명확히 하는 것이라고 말한다.

(4) 윤리학은 여러 가지의 대답을 제공할 수 있다.

하나의 올바른 대답은 없다. 단지 몇 가지 올바른 대답이 있을지도 모른다. 혹은, 나쁜 것들 중에서도 가장 나은 대답이 있을지도 모른다. 그리고 우리는 그것들 사이에서 선택을 해야만 한다.

철학자들은 신과 종교, 인간 양심과 직관, 행동과 그것의 결과에 대한 합리적인 도덕적 이익의 분석, 각각의 특별한 상황에 있는 사람들을 위한 최상의 욕구 등에서 윤리학이 도출되었다고 본다.

(5) 보편적인 도덕적 규칙

① 도덕적 절대주의

몇몇의 사람들은 모든 사람들에게 적용되는 보편적 규칙들이 있다고 생각한다.

② 도덕적 상대주의

도덕적 상대주의자는 만약 우리가 역사 속에서 다른 문화 혹은 다른 시대를 살펴본다면 우리는 그것들이 다른 규칙을 가지고 있다는 것을 발견할 수 있다고 주장한다. 따라서 도덕적 상대주의자에게 '선'은 특별한 그룹의 사람들이 승인하는 것들을 언급하는 것이다.

특히 공리주의는 18세기 영국에서 발전한 도덕철학으로서 당시 영국사회 개혁의 이론적 기초가 되었고, 고전경제학의 자유주의적 경제학을 뒷받침하기도 하였다. 그리고 공리주의는 19세기 말에 나타난 신고전파 경제학과 피구 이후의 후생경제학에 결정적인 영향을 주었다. 이런 관점에서 공리주의는 정통경제학의 형성에 가장 큰 영향을 미친 철학이라고 할 수 있다. 또한 공리주의는 경제학적인 면에서 뿐만 아니라 사회적인 면에도 많은 영향을 미쳤다. 특히 1세기 영국의 선거제도와 의회 제도를 비롯한 정치·법률 등의 여러 제도의 민주적 개혁에 크게 이바지한 뒤, 산업자본주의의 전환과 함께 T.H.그린 등의 이상주의로 바뀌어 갔다. 이처럼 공리주의는 수정·보완을 통하여 발전하면서 현대 사회에서도 사회철학으로서 사회 여러 분야에 큰 영향을 미치고 있다. 따라서 이러한 공리주의가 사회복지의 형성에 영향을 미쳤으며 현대의 사회복지에도 어느 정도의 영향을 미치는 것을 간과할 수 없다. 따라서 현대 사회복지에 미친 영향은 도덕철학의 기초가 되었다. 공리주의의 사상적 배경으로 근본적인 관계가 있는 것은 영국의 경험론이다. 공리주의는 이기적인 개인이 어떻게 사회적인 이익과 선에 부합되도록 행위 할 수 있는가라는 윤리학적 과제를 해결하고자 쾌락과 고통이라는 심리학적 명제를 기본적 분석도구로 삼았다.

CHAPTER 03

사회복지와 응용철학

일반적으로 과학에는 진보가 있어도 철학에는 진보가 없다고 말한다. 물론 철학에는 다른 학문의 경우와 같은 의미에서의 진보가 없음은 부정할 수 없다. 다른 학문의 경우에는 일정한 대상이 정해졌고, 하나의 학문은 언제나 같은 대상을 연구하고 있기 때문에, 연구를 계속함에 따라 점차 그 대상에 관해서 지금까지 알지 못했던 것을 알게 되고, 또한 지금까지의 지식이 그릇된 것임을 알게 되면 그 잘못을 고쳐 올바른 지식을 증대시킬 수 있다.

이렇게 해서 학문은 지금까지의 연구 성과를 토대로 삼아 점차 진보하고 발전할 수 있게 된다. 이에 반해 철학의 경우는 일정한 대상이 없기 때문에 다른 학문의 경우와 같은 진보나 발전이 있을 수 없다는 것은 당연한 일이다. 어떤 철학은 스스로 선택한 대상에 관해서 여러 가지로 사색하고 연구를 계속한다. 그러나 그 뒤를 이은 철학은 전혀 다른 사항을 연구의 대상으로 삼을지도 모른다.

이와 같이 연구의 대상이 다르게 되면 그 때까지의 철학은 근본적으로 무너지고 철학은 완전히 새로운 기반에서 다시 출발하지 않으면 안 된다. 철학은 그 이전의 철학을 끊임없이 근본적으로 무너뜨리려고 하는 것이다. 그러나 철학에는 모든 의미에서 진보·발전이 없다는 이야기는 아니다. 오히려 그 이전의 철학의 기반 자체를 반성하고 그 기반을 무너뜨려 새로운 기반 위에 새로운 입장의 철학을 구축한다. 이와 같은 새로운 기반이 끊임없이 새로 발견되고 있다는 점에 철학의 진보가 있는 것이다.

철학사상(史上) 철학의 대상이 여러 가지로 변화해 왔다는 것은 이미 말한 바와 같이 그 변화가 제멋대로 이루어진 것은 아니다. 그 이전의 철학이 딛고 섰던 지반을 반성함으로써 지금까지 연구해 온 철학의 대상이 실은 최선(最善)의 것이 아니었다는 것을 자각하고 이 자각에 의해 새로운 대상이 철학의 대상으로 선택되어 왔다. 따라서 철학의 대상이 변화해 왔다는 바로 그 점에 어떤 의미에서의 철학의 진보가 있다고 말할 수 있다. 철학사상 위대한 철학은 모두가 새로운 지반을 발견하고 새로운 입장에서 철학의 문제를 탐구하였다.

언제나 근원적인 문제에 관해 회의를 느끼고 과거의 철학의 지반을 무너뜨리는 데 철학의 본질이 있다. 따라서 이런 점에서 다른 학문과는 근본적으로 다른 철학의 특성을 발견할 수 있다. 그래서 철학의 연구는 철학사(哲學史)의 연구와 별도로 생각할 수 없다. 현대의 철학 문제를 이해하는 데도 그 문제가 지금까지의 철학에 대한 어떤 반성에서 생긴 것인가 하는 것을 이해할 필요가 있기 때문이다.

특히 사회복지에 있어서 인권(human right)은 인간답게 살 모든 권리로 정의할 수 있을 것이다. 다만 인간과 권리라는 개념의 사용이 상당히 철학적이고, 추상적일 수밖에 없다는 데에 그 이해가 쉽지 않다고 볼 수 있다. 하지만 현실에서 인권을 언제까지나 이러한 한계에 가두어 둘 수는 없고, 인권을 구체적인 권리로서의 형태를 갖추기 위한 개념적 접근이 요구된다. 이러한 접근을 위해 권리 개념이 가지고 있는 몇 가지 요소를 통해 인권을 이해해 보도록 할 것이다.

권리를 구체적으로 이루기 위해 필요한 첫 번째 요소는 권리주체에 대한 것이다. 이는 쉽게 말해 권리를 누가 가지고 있는가에 대한 질문이다. 인권의 경우 권리 주제로 나타날 수 있는 단 하나의 조건은 바로 '인간'이라는 것이다. 나중에 발달과정을 통해 다시 확인할 수 있겠으나, 오늘날 우리가 가지고 있는 인간에 대한 보편적인 인식에 비해 과거 인간에 대한 개념 범위는 분명 그렇지 않은 모습을 보이고 있던 것이 사실이다.

철학을 하나의 지식체계가 아니라 지식탐구 활동이라고 할 수 있다. 이미 철학자들은 철학이란 무엇인가에 대해 정의하는 것이 아니라 철학하기란 무엇인가를 가르치고 있다. 사회복지 철학을 설명함에서도 마찬가지다. 사회복지 철학은 무엇인가라는 질문보다 사회복지를 철학한다는 것은 무엇인가라는 질문이 적절하다. 따라서 사회복지 철학은 사회복지란 무엇이며 사회복지를 형성하는 중요 개념에는 어떤 것이 있으며 이를 어떻게 인식하고 실천해야 사회복지 활동이 가치 있는지를 탐구하는 활동이라고 말할 수 있다.

사회복지는 모든 인간이 가치 있고 존엄하다고 여긴다. 사회복지가 상상하고 실현하려는 사회는 모든 인간의 가치와 존엄성을 보장하는 사회를 말한다. 모든 인간의 가치와 존엄성을 보장하는 사회는 어떤 사회일까? 많은 철학자는 사회를 구성하는 인간이 스스로의 가치를 존중받고 존엄성을 인정받으려면 사회를 정의롭게 만들어야 한다고 생각했다. 정의롭다는 것은 사회를 구성하는 모든 사람이 정당한 몫을 가지고 다른 사람과 균형을 이룬다는 것이다. 정의롭지 못한 사회는 개인이 피해를 받거나 억울해지는 것을 모른 체하거나 그러한 상황을 만드는 것에 일조한다. 정의로운 사회는 사회복지가 추구하는 사회이자, 복지사회의 근간이여서 정의를 무엇이라고 쉽게 규정하기 어렵다. 오랜 세월 정의에 대해 많은 선각자들이 고민해 오고, 수많은 종교들이 어떤 가르침을 내놓고 있기는 하지만, 정의에 대한 일치된 견해는 아직 없다. 이는 인간과 사회에 대한 관점이 서로 다르기 때문이기도 하고, 이상적 사회공동체에 대한 이해가 다르기 때문이기도 하다.

제1절 중상주의의 사회복지 철학

1. 중상주의의 대두

근대 철학의 흐름은 자유 개방적인 경제 질서를 초래하였으며, 근대철학은 시대적으로 보면 근대라는 배경을 출발점으로 한다. 근대의 개념을 17C~18C 전반에 걸쳐 고대와 현대의 중간 지점에 위치한 시대적 개념이며, 근대철학의 태동은 인간 사고의 전개로 절대적 권위주의에 항의하고 사고와 행동의 자유를 갈구함에 있다. 시민사회의 형성으로 신학은 종교의 영역만, 복지는 사회와 국가의 영역만을 담당하여 왔다. 근세의 특징은 자연과학의 발달과 르네상스 문예부흥에 있다.

중상주의를 단순히 상업주의를 중시하는 경제사상보다는 정치·경제뿐만 아닌 사회 변혁적인 의미에서 보다 충실한 접근이 필요한 이념으로, 원래 이념은 해당시가의 정치·행정 시스템이나 경제시스템으로만 파악이 가능한 것이 아니라 시민 사회적인 흐름에서도 동시에 역동성을 찾아야 하는 과업의 결정체이다.

중앙집권화와 다양화된 상품수요 특히 해외항롤 개척과 신대륙 발견 후 유럽 국가들의 세계 시장 확대로 무역을 통한 화폐경제의 발전으로 무역이 생산성을 갖는다는데 초점을 두고 '무역차액론'이 있었다.

중상주의 계층은 신흥부르주아지들로 정치적·경제적 자유주의가 불가능한 상태에서는 국가의 개입을 통해 부를 축적했으며, 후기 중상주의는 국가의 개입을 간섭으로 인식, 경제발전의 저해요소로 받아들이게 된다.

1) 작업장법(1696)

영국 경제학자들이 네덜란드의 거리에 거지가 없다는 점과 구빈원 입주자들이 수출제품을 만드는 생산적인 일을 하는 것을 보고 감동되어 원료, 양모, 철 등을 확보하여 산업을 위해서 영국의 빈민을 훈련시켜, 수출 완제품을 생산코자 하는 의욕을 갖고 만든 것이다. 이 법은 노동 가능한 빈민들에게 기술을 가르쳐 국가부의 증대에 기여하는 한편 빈민에게 수입을 줄 기회를 마련하는 데 있었다.

그 결과 거리의 상습적인 걸인이나 난폭한 부랑자가 사라졌지만, 작업장 제품은 타 기업의 질과 경쟁할 수 없어 경영난을 겪게 되었고 재료의 낭비 등으로 교구민의 세 부담이 늘었다. 한편 빈민의 혹사, 노동력의 착취가 문제시 되었다. 그러나 이 법의 의의는 빈민의 작업 보전적 성격을 띤 원초적인 프로그램이라는 점에 있다(사회복지학 사전, 이철수 외 공저, 2009).

2) 나치블법(1722, knatchbull Act, 작업장테스트법)

1722년 나치블법(Knatchbull Act, an Act for Amending the Laws Relating to the Settlement, Employment and Relief of the Poor)은 빈민에 대한 새로운 조치로 규정되고 있다. 그러나 이 법 역시 구호의 억제와 빈민을 통제하는 데 목적을 두고 있었다. 이 법은 번잡한 구빈행정을 개인에게 맡김으로써 빈민구호의 비용을 줄이고 구호를 따르는 빈민들의 불만들을 청부인들에게 전가할 수 있게 되었다. 청부인들은 대부분 과거 지주이거나 작업장의 관리인 또는 투기를 목적으로 하는 상인들이었으며, 이들은 빈민수탈의 방법을 알고 있는 집단들이었다.

1722년 나치블법은 작업장선서와 청부제도가 결합되어 억압적인 공포의 기관이 되었고 작업장은 일명 교구의 지하 감옥으로 변하게 되었다. 작업장의 개량을 처음 부르짖은 사람은 한웨이(Jonas Hanway)로서 그는 수년간 작업장 연구를 위해 심혈을 기울였다. 1761년 한웨이의 연구 자극을 받아 의회는 작업장에 수용된 영아들을 등록하게 함으로써 환경들을 개선하려고 노력하였다. 또한 1767년에는 6세 미만의 아동들을 작업장에서 퇴거시키고 위탁 가정에 맡길 것을 법으로 규정하였다.

2. 중상주의가 사회복지에 미친 영향

1) 중상주의가 사회복지에 미친 부정적 영향

① 결혼법의 제정과 이민금지법을 통해 인구를 증가시키고, 부녀자와 소년 노동을 옹호하였다.

② 나태를 최고의 악덕으로 비난하면서 '저임금의 경제성'이라는 기본 원칙을 적용(1795년 임금보충을 위한 정부 수당제도가 생김)하였다.

③ 정부는 거지와 부랑인, 범죄자들에게 강제 노역에 처하는 신흥부르주아지들의 이익대변(치안문제에 관심)을 하였다.

④ 교회나 성직자의 구호활동과 대립관계가 되어 빈자에 대하여 국가가 개입하여 교정하려는 입장을 취하고 있다.

2) 중상주의 사상이 사회복지적인 측면에 미친 긍정적 영향

① 빈민의 복지를 위한 국가의 온정주의를 견지하였다(1601년 구민법의 배경사상이 생김).

② 빈민을 분류하는 체계가 발달(사회적 책임성 인정)하였다는 점이다.

③ 자선적 영역의 보호는 종교나 민간의 영역으로, 노동 가능한 빈민에게는 국가 차원의 노동 프로그램을 적용하였다.

④ 경제적 안정성을 확보함으로 빈곤문제해결(식량공급 및 고용계획)로 사회 안정을 도모하였다. 그리고 오늘날 경제보장 정책의 시초가 되었다.

서유럽에서 16세기부터 18세기에 걸쳐 널리 성행하였던 중상주의 이론과 정책은 국가의 힘을 강화하기 위해 나라의 경제를 정부가 규제하는 것이 기본적 특성이었다. 영국에서 엘리자베스 1세의 통치기에 채택된 이 정책은 17세기 종반까지 지속되었다. 엘리자베스 여왕은 국민의 나태심을 약화시키고, 독점적 산업 활동을 지원하며, 성업을 통제하기 위해 법률들을 제정하였다. 그러한 가운데, 노동 능력이 있는 모든 사람들에게 노동을 강제화하는 정책을 취했던 것이다.

중상주의는 국가의 번영과 경제의 강성이라는 공동이익을 위해 정치적 국가가 경제의 운영에 일관성 있게 개입하는 입장을 취한다. 이것은 또한 전쟁이 필요하며, 전쟁이 국익을 가져다준다는 것을 강조하는 호전적 시각을 지니기도 하였다. 그래서 경제를 튼튼하게 해야 하는 이유는 해외 정복 전쟁을 성공적으로 수행하려는 데에 있었다.

제2절 계몽주의의 사회복지 철학

1. 계몽주의의 대두

계몽주의는 부르주아지 해방 이데올로기와 해방문예의 특정한 역사적 형태를 가르키는 말로 중상주의 시대에 국가 개입으로 입지를 강화한 신흥부르주아지 계급이 계몽주의 시대에서는 신분적·봉건적 징서, 절대왕정에 정치적 대접관계를 형성하여 왔다.

계몽주의 시대의 합리적인 역사가들은 계몽주의적 시각에서 합리주의에 기초를 둔 역사연구를 통하여 과거의 도덕성을 예시함으로서 보편적이고 불변하는 인간을 보여주려고 하였다. 따라서 미신, 환상, 종교적 신앙 등은 위험한 것으로 간주되었다. 이렇게 본다면 계몽주의 시대의 역사 연구는 추상적이고 철학적인 성격이 강했다고 할 수 있다.

낭만주의 시대는 계몽주의의 추상성과 보편적 원리를 예시하는 역사적 철학 이론이나 원리의 보기들을 제시하는데 있지 않고 과거를 소중히 하고 보존하는 어떤 것으로서 현재의 국가 및 사회제도들을 진실하게 이해하고 인식하기 위해 유일하면서도 적절한 기초로서 생각해 내는데 있었다. 또한 랑케는 역사학을 철학이나 문학과 구분하면서 계몽주의적 추상성을 기초로 과거를 재간하기보다는 과거를 가능하면 과거의 조건과 맥락에서 좀 더 객관적으로 연구하려고 하였다. 과거에 대한 사실의 수집이 아니라 과거의 본질을 과거 자체의 맥락에서 파악하는 방법론적 객관성을 강조한 것으로서의 결코 역사 연구의 현재적 유용성을 부정한 것이 아님에 유의해야 할 것이다.

랑케 이후 과학성을 강조하는 경향이 더욱 두드러졌고 프랑스의 역사학자인 푸스텔 드 쿨랑쥬는 “역사학이란 과학이고 또 그래야만 한다.”고 천명하였다. 이러한 주장의 근간에는 엄밀하게 분석하는 귀납적 방법에 대한 확신이 있었으며 연구의 목적은 주로 과거에 대한 지식들에서 아직 채워지지 않은 공간을 메우는 것이었다.

1) 영국에서의 계몽주의

‘Light(빛)’의 파생어인 ‘Enlightenment’로 표현하여 새로운 과학 지식의 응용을 통한 생산의 발전을 계획한 베이컨의 경험론에서 출발하고 있다.

(1) 홉스의 국가론

자연 상태에서는 개개인의 자가보존 본능에 의해 ‘만인에 대한 단인의 투쟁’이 야기되기 때문에 만인의 의지를 국가가 대표하여, 만인에 대한 권력을 국가가 소유하는 사회조직을 국가가 형성함으로 법적, 평화적, 상태를 유지한다.

(2) 존로크(인간 오성론)

지식과 관념의 원천을 감각에서 구하려고 시도하여 베이컨과 홉스의 원리를 ‘감각론적 인식론’으로 체계화하여 계몽철학의 기초를 세웠다. 뉴턴은 <자연철

학의 수학적 원리>를 통해 계몽철학에 자연 과학적 토대를 마련하였다.

2) 프랑스에서의 계몽주의

17C~18C 루이14세 시기의 통치위기와 18C말 부르주아 민주주의 혁명과 부르주아의 정치적 우위를 확보하였다.

① 볼테르: 프랑스 계몽주의의 아버지

계급지배는 인간은 죽을 때까지 빈부 격차가 불가피한 것으로 보고 봉건적 예측과 신분상의 차별에 대해서 투쟁적 자세를 취하고 있다.

② 몽테스키외: 고등법원장

군주국가가 절대주의 국가로 발전해 가면서 와해되어 버린 왕권과 사법권 사이의 연대회복을 중요시 여기고 삼권분립론(19C~20C)을 주장하였다.

③ 루소: 에밀과 사회계약론

인류의 역사는 빈자도 부자도 없고, 피지배자도 지배자도 없으며, 일방의지가 정치권력의 토대가 되는 그런 사회상태만이 모든 인간들에게 복지와 행복을 보장해 준다고 주장한다.

3) 계몽주의가 사회복지에 미친 영향

부정적 영향을 들면 다음과 같다.

① 존로크의 정치적 자유주의(절대왕정 반대론자)
개인의 이익추구 활동을 통해서만이 사회의 안녕과 복지가 보장, 사회복지는 경제적인 자율성에서 방해물이다.

② 무신론은 종교의 사회복지활동을 축소시킴

③ 빈곤자들은 걸식으로 생계를 유지, 그럼에도 민간 자선이나 자원봉사 활동이 출현함

④ 빈민구제에 무급의 훈련되지 않은 감독관이 구빈 경비를 6배 증가시켜 구빈 행정에 중상층 이상이 불신

결국 공리주의적 접근으로 전환하는 원인이 되었다.

2. 공리주의의 사회복지 철학

인간이 살아가는 방식에 있어서 공리주의가 미친 영향은 대단히 크다. 공리주의는 결과를 고려하고 목적을 가지고 행위 하는 삶에 가장 기본이 되는 이론이다. 이 입장은 아무런 이익이나 손해에 대한 고려 없이 무조건 의무를 다하거나 복종만 강조하는 초월자 중심의 시대에 대한 도전을 담고 있다. 초월자가 중시되던 사회는 인간 개인의 자기 이익이나 목적보다는 인간을 넘어선 초월적 가치에 더 많은 비중을 두었다. 이런 사고는 주인과 노예의 관계로 설정된 신분적 억압 구조 등 또 다른 사회의 부조리를 양산하였다. 그리하여 근대인은 이런 초합리적 세계에 대한 강조로 인해 발생하는 삶의 부조리를 거부하고 합리성을 강조하는 시대로의 이행에 관심을 집중시켰다.

1) 공리주의의 대두

18C 산업혁명을 배경으로 나타났으며, 농경사회에서 산업사회로 바뀌는 것을 의미한 산업시민 세력들이다.

① 벤담의 공리주의

공리의 원리와 자기 우선의 원리를 주장하고, 인간의 고통을 피하고 쾌를 추구하는 성향이 있는 한 공리의 원리에 기준하여 행해야 한다. 자기 우선의 원리보다는 공리에 따라 개인의 행동을 발전시킨 사회구성원 다수의 최대 행복을 가져올 수 있다고 본다.

② 밀의 공리주의

벤담 공리주의의 이타성을 보충하여 사회적 성격에 바탕 한 공리 내지는 효용의 가능한 것으로 발전시켰으며, 계몽주의가 봉건제로 하여금 영주들을 폭로한 것이며 공리주의는 부의 축적을 위해 노동자층을 착취하는 시발점이 되었다.

2) 공리주의가 사회복지에 미친 영향

① 쾌락주의와 최대 행복의 원리에 기초한 공리주의는 행복을 강조하고 수입과 부는 복지 정책의 발달에 결정적으로 중요하다고 본다.

② 사회는 고립된 개인들로 구성되면, 각 개인은 자신의 이익에 따라 최상의 판단을 하게 된다. 개인주의 원칙으로 사회주의 원리에 부정적 영향을 주고 있다.

③ 사회의 이익은 자신의 이익을 최대화할 때만 획득될 수 있다. 복지는 패배자이다.

④ 복지제로의 발달은 삶의 목적인 인간의 행복과 사회발전은 개인의 소득과 부에 있다.

⑤ 자본주의의 모순성을 드러낸 원리로 계급을 형성하고 갈등과 투쟁이 일어났다.

⑥ 주된 이론은 공익성이론 내지 유용성 이론의 성격을 내포하여, 지대, 이윤, 임금 등 계급간의 착취 방식을 옹호하는 마르크스주의 성격이다.

제3절 현대 초기의 사회복지 철학

1. 중농주의와 자유방임주의의 사회복지 철학

중농주의(Physiocracy)는 1760년대를 전후하여 프랑스를 중심으로 등장하였다. 대표적인 학자는 프랑소와 케네다이다. 중농주의는 자연의 지배 또는 자연의 통치라는 의미를 가지고 있다. 중농주의의 대표적인 사상은 중농사상과 자연법사상이다. 중농사상은 모든 산업 중에 농업만이 생산적이라는 것이다. 이윤의 원천인 순생산물을 생산할 수 있는 것은 농업뿐이고, 상공업은 이윤을 창출할 수 없다고 주장하며, 중상주의적 견해를 비판하였다. 중농주의자들은 부란 화폐적 부가 아니라 가치생산물을 의미하는 것으로 보았다. 중상주의자들이 유통 영역에서 이윤의 원천을 찾았던 것에서 더 나아가, 중농주의자들은 생산에서 가치가 창출된다고 생각하는 점에서 경제사상의 커다란 진보라고 할 수 있으며, 고전경제학파의 대표주자인 애덤 스미스에게 영향을 미쳤다고 볼 수 있다. 그러므로 자유방임주의 사상을 이해하기 위해서는 중농주의에 대해 자세히 살펴보아야 한다.

1) 중농주의와 자유방임주의의 대두

① 산업중심 사회에서는 대규모 공장 생산에 의한 자본 축적 철학이 중요시되어, 도시 실업자, 빈민계층, 노동 무능력자들 취약계층에 대한 사회복지 철학이 많이 변함.
② 아담 스미스의 '국부론'에 의해 체계화됨.
③ 케네는 중농중의자의 창시자로 저서 '경제표'에서 국민경제의 재생산과정을 전체적으로 서술함.
④ 튀르고는 중농주의적 세제개혁을 추진함(봉건 귀족의 반대).
⑤ 자유경제 내지는 자유무역을 주장함.
⑥ 아담 스미스는 모든 상품의 교환가치는 '그 상품에 포함된 노동량의 가치다'라는 '노동가치설' 주장함.

2. 중농주의와 자유방임주의가 사회복지에 미친 영향

① 자유방임은 무 간섭주의를 의미하며, 사회의 이익은 개인의 이익을 최대로 할 때만이 획득될 수 있다고 본다.
② 빈민에 대해서 도와준다는 개념보다는 노동이 불가능한 사람만 시설구호를 하자는 사상적 배경이 사회복지에는 부정적 영향
③ 1834년 개정 빈민법은 자유방임주의 사상이 승리, 예이츠보고서 발표
④ 빈곤과 부는 국가나 지방정부가 개입할 수 없는 자연법에 의한 권리이며, 빈민법은 빈곤자들을 도와주는 것이 아니라 빈곤을 유지시키는 것
⑤ 빈곤과 노동을 연계하여 빈민법이 시장에서 자유로운 노동력의 공급을 저해하는 요인이라 비판, 빈민을 개별적으로 보지 않고 고정화시킴.
⑥ 공공부조가 생활수준을 더 낮추었으며, 엄격한 개인주의는 자연적이고 이상적 사고를 가졌다. '빈곤은 범죄다'(디즈렐리)

⑦ 미국의 빈곤의 국가지원 개혁은 극도의 빈곤은 나태, 낭비, 부도덕 등의 결합이다.

⑧ 중농주의와 자유방임주의 사상이 빈민정책에 대처하는 차이점과 부정적 영향은 다음과 같다.

　첫째, 영국의 경제학자 아담 스미스, 앨서스, 리카도 등은 인구증가가 산업화에서 불가피한 것으로, 빈민구제는 사회적 부담으로 스팬햄랜드 제도를 부정적으로 봄.

　둘째, 프랑스는 프랑스 혁명으로 정치적 평등권을 강조하였고, 영국의 사회적 정체성 강조.

　셋째, 미국에서의 프랑스의 정치적 자유주의자의 영향으로 실용주의에 입각한 복지접근, 개인적 책임에 비중을 둠.

⑨ 빈곤의 공적책임 증가는 비효율적이며, 사회진보에 방해가 된다.

⑩ 아동복지를 위한 법률 제정

⑪ 19C초 제조공장의 아동 노동자는 장시간에 걸쳐 노동, 1841년 하루 8시간 일함.

⑫ 구호비용을 줄이기 위해 제출된 1824년 예이츠보고서 개선안으로 군 단위마다 구빈원을 설치할 것을 제안, 미국의 빈민구호에 대한 기본적 접근방식을 확립시킴.

3. 사회진화주의와 사회복지 철학

1) 사회진화주의의 대두

진화이론의 연구 결과는 사회복지제도와 관련이 깊다고 판단되는 이타주의의 진화, 공정성에 대한 감각, 재분배 및 평등주의, 협동번식에 대한 내용들이다. 생물들에서 나타나는 이타주의와 협동은 개체의 적응도를 높일 수 있도록 진화되었으며, 특히 인간을 포함한 영장류들은 협동의 관계에서 무임승차자와 비협조적인 개체를 처벌하는 공정성에 대한 감각을 발달시켜 왔다. 인간은 수렵채집 시대 때부터 자원의 재분배를 실시하고 평등주의를 추구하면서 생존율을 높일 수 있었다. 인류가 진화시켜온 혈연관계를 뛰어넘는 이타주의, 공정성에 대한 감각과 평등주의 등은 더욱 많은 사람들 간의 노동 분업을 촉진시키고, 협동을 진작시켜 문명을 발전시키는 원동력이 되어 왔다. 인류의 진화에서 자연 선택된 이타성과 공정성, 평등주의는 사회복지가 추구하는 주요 이념과 유사하다. 또한 현대 사회복지제도는 변화된 인류의 사회경제적 양상에 맞게 진화된 것도 알 수 있다. 즉, 사회보험은 사회적 위험을 분산시킬 수 있는 호혜적 이타주의의 진화로, 공공부조는 사회 전체가 높은 윤리성을 지니고 있음을 공표한 것으로, 사회서비스는 혈연 이타주의를 넘어선 확장된 호혜적 이타주의의 진화로 이해할 수 있다. 사회복지제도 역시 되도록 많은 사람들 간에 상호부조와 공정성, 신뢰를 증진할 수 있는 것이 되어야 하며, 이러한 측면에서 보편적 복지를 통해 전 국민을 하나의 위험 대비 공동체로 조직함으로써 호혜적 이타주의의 적용 공동체를 국가적 수준으로 확대할 수 있을 것이다.

① 스펜서가 창시한 사회다윈주의는 19C후반 부르주아 사회학의 한 흐름으로, 사회다윈주의는 사회과학에서 나타나는 생물학주의의 한 형태이다.

② 다윈에 의하여 생존경쟁과 적자생존 이론이 세상에 알려지자 그의 저서 『종합철학의 세계』에서 사회다윈주의를 체계화함.

③ 사회다윈주의는 인종주의적 견해와 결합 나치주의자들이 인종주의 정책에 활용되어, 유대인 학살 계획에 원용되는 부작용도 나타남.

④ 스펜서는 사회주의를 낡은 절대주의 사회형태에 속한 것으로 간주(원시적 사회형태가 평화적인 산업사회 형태로 되어가는 것)

⑤ 사회복지국가에서 파생될 수 있는 2가지 위험요소는 다음과 같다.

첫째, 국가가 국민의 노동에 의한 공동소득을 개인에게 분배할 때 능력과 성과가 아닌 각자의 필요대로 적당한 자본을 배정해서는 안 된다(경제 의욕이 소멸, 사회 붕괴 초래).

둘째, 국가가 거대한 경제조직에 대하여 개인의 역할을 모두 통제하려 한다면, 관료주의적 요소만이 팽배하는 사회적 마비상태가 빚어질 것이다(능률저하, 동불적 인간 군상의 사회출현).

⑥ 스펜서는 개인의 자유가 참해되는 것을 우려 사회주의를 배척하고 영국의 사회적 병폐를 대비해 협동조직과 같은 자발적 결합체를 구성하고 사회조직 내에서 자유화와 그의 조정을 위한 올바른 종합화가 가능할 것으로 『종합철학의 세계』에서 주장하였다.

2) 사회진화주의가 사회복지에 미친 영향

① 적자생존: 사회 내에서 능력이 있고 힘센 종족이 생존투쟁을 통해 살아남고 약자는 도태되어 소멸한다는 사회적 조건과 사고의 혁명

② 빈곤은 개인의 도덕적 문제, 개인적 실패의 결과라는 사회체계에 진화론 적용

③ 미국 복지사상의 부정적 측면

㉠ 빈곤 대상자의 교육지원, 위생법규의 정비, 공공전달 체계를 비롯한 공공부조는 정부 계획에서 배제되어야 한다(자조밖에는 없다.).

㉡ 가치 있는 사람은 보호하고 부적한 자는 제거되어야 한다. 빈곤의 해결책은 인위적 보호가 아닌 자연의 법칙에 의해야 한다.

㉢ 20C초 우생학설로 진화하여, 빈민들과 구제 받는 이는 이주에 제한을 두게 되었다. 우생학은 사회속의 빈부간의 오래된 차별을 정당화시키는 과학적 변명을 제공하게 되는데 대부분 흑인이 빈민이기에 편견을 가지게 된다는 것이다.

④ 사회진화론자들이 사회복지에 미친 부정적 영향

첫째, 빈곤과 구걸 근성에 대한 과학적 접근을 시도 의존성과 부적응자를 지원하는 사회복지정책이 인류의 약화를 초래한다고 봄. 개인의 성취 욕구에 따라 자본을 축적하고 부적응자는 자선의 대상이 될 수 없다는 관념이고, 둘째, 사회복지 실천의 우선순위는 사적 자선활동이 우선으로 국가복지의 둔화를 가져오게 되며, 셋째, 구걸 근성은 개인에게 있고, 세습된다. 이민자들의 구걸이 성격적 타락으로 봄(사업 사회에서 사회적 요인과 실업에 의한 빈곤을 무시함.). 국가개입에 의한 복지활동을 금지하고 빈민들은 국가로부터 유리된 생활을 하게 되었다는 점이다.

⑤ 사회진화주의의 자선조지협회 활동 과정에서 세부적 접근의 긍정적인 면

첫째, 과학적 자선 활동에서 빈민 능력 개발을 위하여 과학적 전달 체계를 추구 즉 원조자원자 등록 기록 후 도울 수 있는지 조사하여 비효율 중복을 피하고, 케이스별 분류 후 부자와 빈민을 연결하여, 사회적 치료효과를 추구하였으며, 우애 방문원이 가치 있는 빈민과 가치 없는 빈민을 구분하여 나태, 낭비를 극복하기 위한 교육도 실시함(사회복지의 과학성).

둘째, 빈곤의 원인 규명과 전문적 사회복지에 기여한 점. 빈곤과 의존이 도덕적 사악의 표시가 아니고 사고, 질병, 저임금, 실업 등 환경적 요인에 있다고 주장

셋째, 국가개입에 의한 공적 복지 영역에 사회복지가 위치하게 하는 동인으로 작용

1920년 사회주의자 자선활동은 사회복지의 전문성 강화의 배경사상이 되었다.

4. 낭만주의의 사회복지 철학

1) 낭만주의의 대두

프랑스에서 17세기에 발전한 구빈제도는 18세기 말까지 주요한 특징들을 유지하고 있었다. 그런데 걸인의 수가 계속 증가하자, 계몽주의가 내세우는 인본주의 사상을 비롯하여 많은 비판의 소리들이 새로운 접근법을 요구하였다. 첫째는 전통적 접근법으로 종교적 훈계, 강제노동을 특징으로 하는 억압제도의 강화를 의미한다. 둘째는 새로운 접근법으로 무차별적 억압의 완화, 노동 불능 빈민과 노동 가능 빈민 간의 보다 명확한 구분, 노역원의 생활과는 상관없는 자발적인 고용기회의 제공 등이 그 특징이다. 전통적인 접근법은 1764년 8월에 공포된 법에 잘 나타나 있다.

이웃 나라인 프랑스혁명에 대해 영국은 초기에 열광했지만, 자코뱅당의 로베스피에르의 개혁을 보면서 변모하여 자연예찬의 방향으로 흘러갔다. 영국에서는 이웃나라의 변화를 받아들이지 못했다. 영국은 가장 먼저 산업혁명을 겪으면서 계몽주의의 문제점을 경험하였다. 독일과의 차이는 독일은 정신세계로 눈을 돌렸지만, 영국은 경험주의(Empiricism)원칙을 고수했다. 경험을 통해 귀납적으로 입증된 진리를 고수하고 있었다. 1798년 워즈워스(W. Wordsworth)와 콜리지(S. T. Coleridge)가 "서정합시집"이란 제목으로 펴낸 시집은 신고전주의 시대가 끝나고 영국 낭만주의의 출발점이 되었다. 이러한 시기에 영국에서는 스핀햄랜드법이 등장했다. 프랑스혁명 이후 1793~1815년까지 프랑스와의 전쟁은 영국의 생활비와 물가를 상승시켰다. 불구자가 된 상이군인들은 그 가족들과 함께 구빈

원에 들어가는 것을 꺼려했으며, 그들의 집에서 구호받기를 원하였다. 지방행정 책임자들과 빈민지도위원들은 빈민들의 고충을 알게 되었으며 임금, 특별히 최저임금 보장에 대해 고려하기 시작했다.

1795년 스핀햄랜드의 버크셔 카운티가 이 안을 채택했다. 이 방안은 한 가정의 생계에 필요한 그 지방의 음식비에 기초해서 구호의 양을 결정하는 방법이다. 일명 음식물척도로 불리는 이 방법은 최저생계비보다 적게 버는 노동자들의 임금보충으로 적용되었다. 이러한 방법은 다른 지방에도 전파되었으며, 의회에서 스핀햄랜드법으로 승인되었다. 이 법은 합리적인 구호제도로 광범위하게 활용되었다. 그러나 임금으로 인한 생활기준이 낮아지는 결과를 초래했고, 많은 사람들이 구호대상이 됨으로써 주민들은 높은 빈곤세를 낼 수밖에 없었으며, 어차피 구호기관들이 임금의 부족 부분을 채워 주기 때문에 고용주들은 고용인들에게 기준 이하의 임금을 주는 데 익숙해졌다. 결과적으로 노동자들의 작업동기를 파괴했고, 임금의 하락을 가져왔으며, 도덕적인 실패를 가져왔다는 비판을 받게 되었다. 영국의 낭만주의 시각에서 볼 때 이 시기는 산업혁명으로 인해 날로 추해지는 도시사회의 모습이 외면당하는 때였다. 영국의 낭만주의가 복지에 기여하는 것은 복지대상자들에 대한 동정심과 같은 것이었다.

영국은 빈민법에 대한 논쟁으로 18세기 말에서 19세기 초에 걸친 구호비용의 급격한 증가는 산업화의 필연성과 빈민법 간에 일어난 가장 큰 갈등이었다. 구호비용의 증가는 인구의 급격한 증가와 관련되는데, 당시 사람들은 적어도 부분적으로는 인구 증가의 책임이 빈민법에 있다고 보았다. 1781~1831년 사이에 영국의 인구는 925만 명에서 1,653만 9천 명으로 증가했다. 인구 증가의 가장 큰 요인은 사망률이 낮아진 만큼 출산율을 낮추는 데 실패했기 때문이다.

맬서스(T. R. Malthus)는 냉혹한 인구성장 이론을 정립하였고, 인구 증가의 주요 요인이 빈민법이라고 주장하였다. 그의 주장은 영국에서 빈민구호의 권리에 대한 지적 공격의 논리적 근거로 사용되었다. 프랑스에서는 빈민법이 인구 증가의 요인이라는 공격이 영국보다 조금 덜하였다. 공리주의자 벤담(J. Bentham)의 기본 입장도 인도주의적 구빈제도에 대해 부정적이었다. 우선 행복을 증가시키기 위해서는 경제적 자유방임이 적절하다고 봄으로써 국가의 개입에 부정적이었다. 그리고 전체 사회의 다수의 행복을 극대화하기 위해서 빈민구제의 범위나 수준은 최소화하여야 한다고 보고 있다.

① 18C말~19C초, 독일, 프랑스, 영국을 중심으로 근대문예사조 및 그 운동을 말하며, 고전주의적 규범에서 탈피하여 미를 추구하여야 한다고 주장한 시대의 문화적 유행을 의미하는 것이나 철학적 사조로서의 낭만주의는 변증법의 종말을 의미하였다.

② 자유주의와 사회주의의 양극성이 아닌 통일성 추구. 오늘날 아소 좌파적 낭만이란 말은 봉건시대의 기사소설에 나오는 정신세계를 뜻하는 것으로 사회주의를 거부하면서 자유주의 내부를 고발하려 하였다.

③ 영국의 낭만주의: 평화로운 자연에 대한 예찬, 생산력과 생산관계의 자본주의적 혁신을 통해 생겨난 생활방식을 배격하는 세계관을 형성하고, 초기 자본주의적 비판으로 후기 진보주의적 이데올로기로 전환하였다.

④ 독일의 낭만주의: 봉건제 이후 혁명 없이 대두한 부르주아자 계층에 대한 비판과, 도덕적 편협함에 대한 집중적 공격을 하였다.

2) 낭만주의가 사회복지에 미친 영향

① 19C중반 노동자들의 전체적인 삶의 질은 향상되었으나 실업에 의한 빈곤 문제가 대두된 시기이다.

② 낭만주의는 사회개량 운동과 자선조직 활동을 통해 사회주의 사상을 제어하는 역할을 하였다.

③ 신빈민법은 구빈비용을 줄이는 악법으로 공민권도 없었던 노동자들에게는 개악에 해당하였다.

④ 사회개량운동이나 자선조직 활동에서 나타난 낭만주의 철학이 사회 복지적으로 미친 부정적 측면이 있다.

첫째, 사회개량주의자들은 사회복지적 욕구 해결보다는 정치참여권, 노동조합 운동에 관심이 있었다.

둘째, 로버트 오웬, 기독교 사회주의자들에 의한 협동조합운등이나 참정권 운동, 노동자 교육운동으로 전개되어 영국사회주의 사상의 터전마련, 이후 마르크스에 의한 혁명적 사상으로 전환하였다.

셋째, 낭만주의가 개인적 도덕성을 강조한 것은 사회진화주의와 청교도 윤리의 영향이 크지만 결과적 자기의존이나 자유방임적 사고를 해당 사회

에 강요한 측면이 있다. 자선조직화운동은 개인의 도덕적 결함을 제거하거나 조사하는 활동으로 사회복지 이념과 거리가 있다.

⑤ 낭만주의자들은 '합리적 자기이익'을 '사회적 의무와 책임'으로 인식을 대치하는데 역할을 하였다.

⑥ 사무엘 맨쳐의 낭만주의의 영향 중 사회복지와 관련된 긍정적 부분이 있다.

첫째, 빈민의 특징인 부러지기 쉬운 꽃이고, 경작되어야 하며, 꽃의 만발을 위해 보호되어야 한다. 즉, 합리적 자유주의의 계약사회가 빚어낸 무질서적 환상에서 벗어나 집합적 합리성을 추구할 필요성에 기인한다.

둘째, 낭만주의는 사회적 의무와 책임의 재인식에 의한 사상적 발로였다. 개인의 이익에 관하여 집단이익이 우선하거나 집단 속에 있는 개인주의를 조정, 집단적 합리주의자들에게는 개인적 합리성에 의한 사업계획보다 집단의 협동적 노력에 의한 생산이 중요하였다.

셋째, 미국의 낭만주의는 산업과 상업사회의 물질주의를 배격하면서 개인주의에 대치하는 대응을 하지 않았다. 즉 개인주의 의식인 캘빈이즘과 청교도주의를 근간으로 낙관주의와 자신감에 기반하였다.

⑦ 부의 올바른 분배와 평등한 사회를 위한 것으로 전개되었다.

사회복지학은 어떤 사회현상에 내재하는 사회문제에 대처하는 사회적 시책을 강구하는 학문으로서의 성격이 강하다. 따라서 다른 사회과학이 순수성이 강하다고 한다면 사회복지학은 응용성과 실용성이 상대적으로 강하다고 할 수 있다. 때문에 사회복지학도는 역사라고 일컬어지는 사회복지의 흐름을 이해하고 사회현상 일반에 대한 폭넓은 지식과 통찰력은 물론 사회과학적 방법론 등에 대한 이해를 갖추어야 한다. 그래야만 현재 당면한 사회문제와 사회적 욕구를 올바로 이해하고 그것의 미래를 예측하는 연구자로서의 구실과 구체적 문제의 해결에 기여하는 실천가로서의 구실을 적절히 해낼 수 있을 것이다.

사회복지가 해결하고자 하는 사회문제가 시대에 따라 확대되어 왔기 때문에 사회복지의 개념과 영역도 확대되어 온 것이다. 그러므로 사회복지라는 개념은 결코 고정적인 것이 아니고 앞으로도 사회변화와 사회문제의 성격 변화에 대응하면서 계속 변화 발전해 갈 것이다. 따라서 사회복지의 본질, 사회복지의 개념, 사회에서 사회복지가 차지하는 역할과 비중 등을 정확하게 파악하기 위해서는 사회복지가 발전해 온 과정을 깊이 연구하고 이해하지 않으면 안 된다. 그러므로 사회복지 발달사를 공부하기 위해서는 사회복지 흐름을 이해하는 방향으로 이루어져야 할 것이며 각각의 역사적 상황들에 있어 본질적인 연구가 이어져야 할 것이다.

5. 사회진화와 사회문제

어떤 문제가 사회문제인지 아닌지 결정하는 것은 쉬운 일이 아니다. 학자들마다 주장에 따라서 또는 이론적 지향에 따라서 달리 규정된다. 기능론적 관점에서 보면, 사회 문제란 사회 전체의 결함 때문이 아니라, 사회 체제 중 일부가 제 기능을 하지 못한 결과라고 할 수 있다.

여기에 사회 병리론, 사회 해체론, 사회 변동론, 일탈 행위론, 하위문화론, 차별 교제론 등은 일반적으로 기능주의 시각에 서 있다고 지적된다.

1) 사회문제

(1) 밀스(Mills)

① 개인문제: 개인의 성격이나 다른 사람과의 대면적인 어려움에 관한 것이다.
② 공공문제: 사회성과 보편성이 있는 것이다.
③ 공공문제가 진정한 의미에서 사회문제라는 의미이다.

사회 문제는 개인, 가족, 일부 집단의 문화, 일부 사회 제도에 그 원인이 있으며 사회 전체에 근본적인 원인이 있다고 보지는 않는다.

(2) 최일섭, 최재성

① 사회적 가치에 벗어나는 것이다.
② 상당수 사람들이 그 현상으로 인하여 부정적인 영향을 받는다.
③ 그 원인이 사회적인 것이다.
④ 다수의 사람이나 영향력이 있는 일부의 사람들이 문제로 판단하고 있다.

⑤ 사회가 그것에 대한 개선을 원하고 있다.
⑥ 집단적·사회적 행동이 요청된다.

(3) 사회문제로 규정되기 위한 네 가지 조건

① 크기와 범위
② 고유성
③ 비교적 영속적인 것
④ 제도의 역기능성

2) 사회이론과 사회문제

사회문제를 이해하기 위한 사회에 대한 이론은 기능주의, 갈등주의, 상호작용주의, 교환주의를 생각해 볼 수 있다.

(1) 기능주의

① 사회의 구성요소 또는 부분이 사회전체에 어떠한 공헌을 하고 있는가 하는 것과 이러한 요소 또는 부분이 서로 어떠한 관계에 있는가 하는 것을 분석하는 것이 기능주의라 할 수 있다. 사회진화론자 스펜서는 생물 유기체와의 유추에 의해 사회구조가 상호 기능적으로 관련된 여러 부분으로 구성된다고 하였기 때문에, 기능주의적 발상의 선구자로서 위치하게 된다. 기능주의의 사회이론은 전체사회이든 부분사회이든 그 존속이나 변동을 분석할 때의 기본적 시점을 이루고 있다고 할 수 있다.
② 사회문제: 어떤 사회체계가 상위체계에 대하여 기능적으로 충족하지 못하고 있는 상태이거나 한 사회체계가 사회적으로 합의된 규범을 준수하지 못하는 상태 또는 한 체계가 사회화 과정에서 실패한 상태
③ 해결방안: 사회화 기능과 통제기능 강화, 병리적 현상 치료

(2) 갈등주의

① 사회는 서로 다른 이해관계를 추구하는 개인과 집단으로 구성되어 있으며,

이들이 대립과 경쟁, 갈등과 변화의 관계에 있다고 주장하는 이론이다. 기능주의가 사회를 합의와 균형만 존재하는 이상향으로만 바라보고 있다는 비판을 가하면서 나온 이론이다.

② 사회문제: 희소자원의 불균등한 소유로 인한 갈등

③ 해결방안: 혁명(변증법적), 제도 개선(기능적)으로 인한 자원재분배.

사회 안의 갈등은 사회체계를 재통합하여 결국 사회의 불균형을 해소하고 사회질서를 회복한다는 논리를 폈다. 그러나 갈등이론은 사회의 단편적인 면만 설명했으며, 갈등을 해결할 수 있는 방법을 제시하지 못해 비판을 받고 있다.

(3) 상호작용주의

① 기본개념: 사회현상은 인간의 상호작용의 도구인 언어나 몸짓 등의 상징을 주관적으로 사용하는 데서 나타난다.

② 사회문제: 한 집단이 다른 집단의 의미에 동조할 수 없는 집단이 있을 수 있다.

③ 해결방안: 적절하게 상징에 의미를 부여하고 동의할 수 있도록 재사회화하는 것, 낙인행동을 유발하지 않는 것, 보다 다양한 행동과 상황을 정상적인 것으로 규정하는 것이다.

(4) 교환주의

① 적어도 두 사람 간에 교환 자원을 서로 주고받는 반복적인 행위가 이루어진다. 첫째, 광범한 영역의 활동을 포괄하기 위해 경제적 분석을 확장하는 것, 둘째, 행동주의적 심리학과 경제학의 혼합을 사용하는 것, 셋째, 교환을 배후의 사회관계의 표현으로 보는 것이다.

② 사회문제: 교환관계의 단절, 교환의 불균형(원인: 교환자원의 부족, 고갈, 가치저하)

③ 해결방안: 교환관계에서의 균형화(전략: 다른 자원으로 보상, 새로운 자격이나 지위 획득, 취약한 사람들의 연합 등)

3) 사회문제의 분류

사회문제는 매우 다양하기 때문에 그 문제의 원인과 성격에 따라서 분류할 수 있을 것이다. 그런데 어떤 기준으로 분류하는지가 불분명한 경우가 많다. 사회문제의 분류 역시 일치된 견해는 없다. 학자들마다 다르다.

(1) 헨슬린(Henslin, 1976)의 분류

① 사회적 상황에서의 일탈 행동: 성적 일탈, 알코올 중독, 강간, 살인 등
② 사회적 불평등: 부와 빈곤, 인종차별, 성차별, 신체 및 정신건강 등
③ 사회변화와 거대문제: 가족변화, 도시문제, 인구 및 식량문제, 환경문제, 전쟁, 테러리즘 등

(2) 머튼과 니스벳(Merton & Nisbet, 1971)의 분류

① 사회해체 문제: 인구문제, 인종문제, 가족해체, 노동과 자동차문제, 빈곤문제, 지역사회 해체 및 갈등, 폭력 등
② 일탈행위 문제: 정신장애, 범죄 및 청소년비행, 약물중독, 알코올 중독, 자살, 성문제 등

(3) 김영모의 분류(1982)

① 구조적 문제: 빈곤문제, 소득분배, 노동문제, 교육 불평등
② 해체적 문제: 가족해체, 빈민지역, 인구문제, 환경문제
③ 탈선적 문제: 범죄, 소년비행, 매춘, 자살, 알코올 중독, 정신질환

(4) 최일섭, 최성제의 분류(1995)

① 사회변동 또는 사회해체문제: 가족문제, 환경문제, 노인문제
② 사회적 불평등 문제: 빈곤문제, 성차별문제, 노사문제
③ 사회적 일탈문제: 청소년 비행문제, 범죄문제, 성폭력문제, 약물중독문제, 정신건강문제

사회제도나 사회구조의 결함, 모순으로 발생하는 실업문제, 주택문제, 인구문제 등 개인의 일상생활에 직접 관계되는 사항에 대해 그 수가 증가하여 사회전체에 심각한 영향을 미친 경우에 이것을 사회문제라고 한다. 종종 사회문제는 근대에 들어 발생하였다고 하지만 빈곤자나 실업자는 어느 시대에나 존재하였다. 중요한 것은 오히려 문제 요인의 변화이다. 빈곤이나 실업이 개인의 능력이나 사정, 개선운영에만 의한다면 아무리 그 수가 증가해도 사회문제가 되지는 않는다.

사회복지사에게 필요한 것은 윤리나 도덕에 대한 지식이 아니라 오히려 도덕의 본질에 대한 통찰과 사회복지에 대한 마인드이다. 이것은 전통적인 윤리학적 사유와 복지철학적 사유를 함께 필요로 한다.

실존주의는 생철학과 마찬가지로 비합리주의적인 경향을 띠고 있으나, 개인적이고 현실적이며 결코 상대화할 수 없는 인간의 실존 문제를 중시하였다. 특히, 실존주의는 산업혁명 이후에 기계 문명이나 대중 사회에서 나타난 비인간화 현상과 전쟁으로 인한 불안을 해소하기 위해서 각 개인의 주체성 회복을 강조하였다. 실존주의의 선구자인 키에르케고르(Kier kegaard, S. A., 1813~1855)는, 불안과 죽음의 문제를 극복하고 참된 실존을 회복하기 위해서 '신 앞에 선 단독자(單獨者)'로서의 인간의 주체적 결단을 강조하였다.

하이데거(Heidegger, M., 1889~1976)는 시간의 흐름 속에서 인간 존재의 본질을 해명하고자 하였다. 인간은 세계에 '던져진 현존재'로서 자기를 개인적 주체로 발견하며, 다른 사람과의 관계에서 자기를 발견하는 공동 존재로서 자기의 존재를 실현해 나간다고 생각하였다. 하이데거는, 인간이란 시간의 흐름 속에서 언젠가는 죽음에 이르게 된다는 것을 자각하고, 이러한 죽음을 직시함으로써 비로소 본래적인 실존을 찾을 수 있다고 하였다.

근대 이후에 과학 기술의 급격한 발달과 인구 수의 증가, 전쟁, 고드의 산업화 등으로 자연 환경이 급속하게 파괴되었다. 이러한 환경 속에서 인간의 생명에 대한 위협이 증가함에 따라 생명에 대한 신비와 존엄성을 강조하는 생명 존중 사상이 나타나게 되었는데, 대표적인 사상가는 슈바이처(Schweitzer, A., 1875~1965)이다.

슈바이처는 '우리는 살려고 하는 생명들로 둘러싸여 살아가고 있는 생명'이라고 말하면서, 자기 자신의 생명은 물론 다른 모든 생명을 염려하고 존중하는

'생명의 외경(畏敬)'을 주장했다. 그러므로 생명을 지키고 그것을 촉진하는 것이 선(善)이며, 생명을 죽이고 그것에게 상처를 입히는 것은 악(惡)이라고 하였다. 이러한 생명 존중의 윤리 사상은 현대 사회의 생명 윤리학(bio-ethics)이나 환경 윤리학(environmental ethics)에 중요한 이론적 토대를 제공하고 있다.

롤즈의 정의론은 이론적인 차원에서 모든 부문에 적용 가능한 거대이론을 구축하는 데 초점을 맞추고 있다. 월쩌(M. Walzer)는 하나의 원리가 사회의 모든 영역에 동일한 방식으로 적용된다는 것은 불가능하다고 생각한다. 즉 그의 주장은 사회에는 다양한 영역들이 존재하고, 각각의 영역에는 그 영역에서 중요하게 여기고 있는 사회적 재화들(social goods)의 성격에 따라 상이한 분배의 원리가 적용되어야 한다는 것이다.

일반적으로 분배적 정의 이론의 초점은 사람들이 다른 사람들에게 재화들을 분배하는 사회적 과정(social process)이라 생각한다. 하지만 월쩌는 이러한 생각이 분배적 정의의 문제를 지나치게 단순하게 이해하는 것이라고 평가한다.

클라이언트는 보호, 치료, 복지문제와 관련된 사안에 대해서 진실한 정보를 알 권리가 있다. 그러나 가끔 사회복지사는 클라이언트에게 의무적으로 진실을 말하지 않거나 잘못된 정보를 제공할 수 있는 상황을 가지게 된다. 이런 경우 어떤 위해를 입지 않도록 클라이언트를 보호해야만 한다는 확실한 방침이 있어야 한다. 즉, 진실한 정보를 주지 않거나 잘못된 정보를 제공하는 것은 결코 정당화 될 수 없으나 진실한 정보가 클라이언트에게 해롭다고 생각될 때에는 예외일 수 있는 것이다.

사회복지사는 윤리적 원칙에 입각해서 매 상황마다 신중하게 판단해야 한다. 사회복지실천 현장에서 클라이언트의 알 권리는 고지된 동의(informed consent)라는 이름으로 알려져 있는데, 고지된 동의의 내용에는 사회복지사가 클라이언트에게 서비스의 목적과 내용, 기간 등을 알리고 동의를 받는 것, 클라이언트에게 서비스를 거부할 권리가 있음을 알리는 것, 클라이언트에게 질문할 권리가 있음을 알리는 것, 녹음이나 비디오 녹화 등을 실시하기 전에 반드시 동의를 받는 것, 비밀 보장의 한계에 대해 구체적인 정보를 제공하는 것 등이 포함된다.

CHAPTER 04

사회복지의 가치와 이념

제1절 사회복지의 가치

일반적으로 가치는 '개인 또는 사회가 선호하는 어떤 태도로서, 그들이 믿는 것이 유익한 결과를 줄 것으로 기대되는 것'으로 정의될 수 있지만, 사회 환경의 변화에 따라 그 개념도 변화하기 때문에 특정사회에서 수용되고 공유되는 가치를 파악하는 것은 쉽지 않다. 가치라는 용어는 강하고, 우세하고, 혹은 가치 있는 것을 의미한다.

사회복지정책과 실천은 가치를 기반으로 동기화되거나 실천되기 때문에 사회복지에 있어서의 가치는 매우 중요하다. 가치의 핵심적 특징은 개인이 행동하도록 한다는 것이다. 행동이 바로 윤리인데 행동은 가치에 기반을 두고 있다. 그러나 모든 가치가 윤리가 되는 것은 아니다. 단지 행동의 규범적 기준을 대변하는 가치들만이 이들을 행동으로 전환시켰을 때 윤리가 된다. 사회복지에 있어서 중요시되는 가치에는 인간의 존엄성, 평등, 효율, 자유, 연대, 정의 등이 있다. 가치에 대한 정의는 다음과 같다.

첫째, 가치는 믿음 또는 신념과 같은 것으로, 다수의 사회구성원들이 좋거나 바람직하다고 여기는 것 혹은 개인의 선호도를 나타내는 적합한 행동을 선택하는 지침이다.

둘째, 가치는 세계가 어떠해야 하며, 사람들이 어떻게 행동해야 하며, 최적의 생활환경은 어떠해야 하는지에 대한 신념이다.

셋째, 가치는 지식, 기술과 더불어 사회복지실천의 3대 중심축 중 하나로, 사회복지실천이 추구해야 하는 방향성을 제시한다.

사회복지에서 이념은 직간접적으로 복지국가를 성장시킨 외적 동인이며 동시에 사회복지의 목적과 내용을 규정하고 한계를 설정한다. 많은 사람들과 조직들이 사회복지에 관심을 가지고 이를 위해 헌신하고 있는데, 그 중 일정한 교육을 이수하고 일정한 자격을 취득한 후 평생을 사회복지에 몸담는 사람들이 있다.

그 이면에는 다양한 동기들과 관련이 있겠지만, 한편으로는 사회복지와 관련된 전문적인 지식과 기술, 그리고 가치를 실현하고자 하는 것이 사회복지의 동기가 된다. 따라서 사회복지의 가치와 윤리에 입각하여 전문지식과 기술을 발휘하고 활용하여 원조 전문가로서 소임을 다하는 것은 바로 전문직업적 동기에서 사회복지를 행하는 것이다.

사회복지의 기본 가치는 프리드랜더(Friedlander)가 말한 인간의 존엄성, 인간의 자율성, 기회의 균등성, 사회적 책임성을 전제한다. 이것을 기반으로 다양한 형태의 전문직 가치로 나타난다. 개인의 가치와 존엄성, 개인에 대한 존경, 개인 변화가능성, 클라이언트의 자기결정권, 비밀보장, 사생활 보장, 적절한 자원과 서비스 제공, 역량강화, 동등한 기회보장, 비차별성, 다양성 존중 등이다.

1. 인간의 존엄성

인간의 존엄성은 인간에 대한 신뢰나 인권을 의미하는 것으로 개개인의 고유한 특성이나 욕구의 차이를 중요시하며, 모든 사람의 잠재능력과 발전가능성을 확신하고, 판단과 의사결정에 있어서 개인의 자기결정권을 존중하는 것이라고 할 수 있다. 즉, 인간의 존엄성을 신뢰하는 사회복지사는 클라이언트에게 일방적인 방법으로 문제해결을 지시하기보다는 클라이언트의 잠재적인 문제해결능력을 인정하고 이들의 참여와 상호협력을 중시하는 실천방법을 수행하게 된다.

2. 평등

사회복지의 가치에서 가장 중요한 것 중의 하나는 평등(equality)이다. 평등은 사회적 자원의 재분배를 통하여 사회구성원의 삶의 질을 골고루 향상시키고자 하는 가치이다. 그러나 사람에 따라 평등의 개념을 달리 사용하고 있고 이에 따라 많은 논란이 있는 것이 사실이다. 평등의 개념은 일반적으로 크게 세 가지로 나누어진다.

1) 수량적 평등

① 수량적(numerical) 평등은 평등의 개념 가운데 가장 적극적인 것으로 산술적 평등이라고도 하며, 흔히 결과의 평등(equality of result)이라고 불린다.

② 모든 사람을 똑같이 취급하여 사람들의 욕구나 능력의 차이에는 관계없이 사회적 자원을 똑같이 분배하는 것을 의미하는 개념이다.

③ 그러나 수량적 평등의 개념이 의미하는 결과의 완전한 평등은 아직까지 인류역사상 어떠한 사회에서도 존재하지 않았으며, 또한 현실적으로 존재할 수도 없다.

④ 비록 결과의 완전한 평등은 불가능하더라도 많은 사회복지정책이 이러한 수량적 평등의 가치를 반영함으로써 결과의 평등을 부분적으로나마 목표로 삼고 있는 것은 사실이다.

⑤ 공공부조의 경우 소득재분배의 목표를 달성하기 위해 국민들이 낸 세금을 재원으로 가난한 사람들에게 그들의 능력과 기여에 관계없이 사회적 자원을 할당해 줌으로써 부자들과의 소득격차를 줄이려고 하고 있음을 그 예로 들 수 있다.

2) 비례적 평등

① 비례적(proportional) 평등은 수량적 평등과는 달리 개인의 욕구, 노력, 능력, 기여 등에 따라 사회적 자원을 상이하게 배분하는 것을 의미한다. 즉, 비례적 평등은 공평한 처우(fair treatment)를 말하며, 흔히 공평(형평: equity)이라고 불린다.

② 따라서 수량적 평등과 비교한다면 상대적으로 많은 불평등이 존재할 수 있지만, 수량적 평등의 비현실성을 고려한다면 자본주의 사회에서 실질적으로 가장 널리 사용되는 개념이 바로 이러한 공평의 개념이다.

③ 사회복지에서는 수량적 평등의 가치도 강조하지만 또한 비례적 평등의 가치도 강조하고 있다. 예를 들어, 사회보험의 경우 보험료를 많이 낸 사람에게 많은 급여를 하는 것은 바로 공평의 가치를 반영하는 것이고, 역사적으로 가장 오래된 공공부조의 기본원칙인 열등처우(최하위자격: less eligibility)의 원칙 역시 이러한 공평의 원칙을 강조한 것으로, 공공부조 급여액이 급료를 통하여 얻을 수 있는 가장 낮은 임금액 보다 높아서는 안 된다는 것이다.

3) 기회의 평등

① 기회의 평등(equal opportunity)은 세 가지 개념 가운데 가장 소극적인 것으로, 이 개념에 의하면 결과가 평등한가 아닌가의 측면은 완전히 무시한 채 결과를 얻을 수 있는 과정상의 기회만을 똑같이 해주는 개념이다.

② 따라서 과정상의 기회만 평등하다면 그로 인한 결과의 불평등은 아무런 상관이 없다는 것이다.

③ 결과적으로 이러한 평등개념을 취한다면 기회의 평등이라는 이름 아래 수많은 결과의 불평등의 존재를 합법화할 수 있을 것이다.

④ 기회의 평등은 일반적으로 가난한 사람들에게 교육기회를 제공함으로써 자립할 수 있게 하는 방식으로 활용된다. 대표적인 예로는 1960년대 미국에서 이른바 '빈곤과의 전쟁' 시기에 강조되었던 빈곤층대상의 교육·훈련 프로그램들을 들 수 있으며, 우리나라의 경우 저소득층을 대상으로 하는 자활사업, 교육·훈련 프로그램이나 We Start사업, 드림스타트사업 등을 예로 들 수 있다.

3. 효율

효율은 일반적으로 '최소한의 자원을 사용하여 최대한의 결과를 산출하는 것'

을 의미한다. 따라서 보다 큰 효율은 주어진 투입을 이용하여 산출을 최대한 증가시키거나, 주어진 산출에 필요한 투입을 감소시킴으로써 달성될 수 있다. 효율을 추구하면 주어진 자원이 부족할 경우에도 원하는 목표를 비교적 용이하게 달성할 수 있을 것이다.

1) 수단으로서의 효율

① 목표효율성: 사회복지정책이 목표로 하는 대상들에게 그 정책에 사용되는 자원이 얼마나 집중적으로 할당되는가의 여부를 판단하는 기준으로, 공공부조 정책의 경우 목표효율성이 높다고 할 수 있다.

② 운영효율성: 사회복지정책을 운영하는 데 있어 얼마나 적은 비용을 사용하는가가 기준이 되는 것으로, 앞에서 제시한 공공부조정책의 경우 급여대상자를 선정하는 과정에서 전문인력에 의한 자산조사 등의 행정비용을 초래하기 때문에 운영효율성은 낮다고 할 수 있다.

2) 배분적 효율(파레토 효율)

① 수단으로서의 효율개념이 특정한 목표를 달성하는 데 가능한 한 적은 자원을 투입하여 최대한의 효과를 얻는 것에 초점을 두는 반면, 파레토 효율의 개념은 사회적 자원의 바람직한 배분이라는 보다 포괄적인 측면에 초점을 둔다.

② 파레토 효율적인 사회적 자원의 배분은 다른 사람의 효용을 저해하지 않고서는 더 이상 특정 사람의 효용을 높이는 것이 불가능한 상태를 의미한다.

③ 다시 말해서, 어떠한 자원의 배분이 특정 사람들의 효용을 줄이지 않으면서도 다른 사람들의 효용을 높일 수 있다면 그러한 배분은 파레토 효율의 정의상 효율적인 것이 된다.

④ 현실세계에서는 원론적 의미의 파레토 효율적인 사회적 자원의 배분은 불가능하여 시장기제를 통한 자원의 배분이 비효율적인 경우가 많이 있다.

4. 자유

사회복지의 가치에서 가장 논란이 많은 개념 중의 하나는 자유(freedom)이다. 자유는 현대사회의 중요한 사회가치 중의 하나로 남에게 얽매이거나 구속받거나 하지 않고 마음대로 행동하는 것을 뜻한다. 흔히 자유는 소극적 자유(negative liberty)와 적극적 자유(positive liberty)의 개념으로 구분된다.

1) 소극적 자유

소극적 자유는 '~로부터의 자유'로서 자신이 하고 싶은 것을 그대로 할 수 있는 자유이며, 개인과 국가의 관계에서 국가의 간섭이 없거나 최소한에 그치는 것이다.

① 소극적 개념의 자유는 사람들 간의 상호작용 관계에서 다른 사람의 간섭 없이 자신의 의지대로 행할 수 있는 자유를 의미한다. 이는 자유를, 외부로부터의 강제(또는 구속)의 결여라는, 객체적 측면에서 파악하는 것으로 "어떤 삶이 소극적 자유를 갖지 못한 경우는 그가 어떤 목적을 달성하는 데 있어 다른 삶에 의해 방해를 받았을 때"에 한하는 것이다.

② 소극적 자유는 일반적이고 전통적인 자유 관념으로서 국가에 의한 간섭으로부터 벗어나려는 시민적 자유 개념 속에 구현되며, 복지에 대한 국가의 개입을 자유의 침해로 간주한다. 따라서 자유의 소극적 개념을 선호하는 사람들은 국가의 역할 제한을 강조한다.

③ 사회복지정책을 비판하는 논리 중 하나는 사회복지정책이 개인의 자유를 침해한다는 주장과 일맥상통한다. 일반적으로 시장에서의 거래에 의한 자원의 배분은 거래당사자들의 자유로운 선택의 결과인 반면, 사회복지정책에 의한 자원의 배분은 개인의 자유로운 선택을 제한하여 이루어지는 경향이 있기 때문이다. 또한 사회복지정책의 추진에 필요한 자원을 많이 제공한 사람들이 혜택을 적게 볼 경우 그 차이만큼 불필요하게 개인의 자유를 제한한 것이라는 논리이다.

④ 일반적으로 사회복지정책이 제공하는 재화와 서비스는 공공재적 성격을 가지고 있어 그 이용에 차별을 두지 않는다. 따라서 강제적으로 부담한 자

원의 양과 그 재화의 이용을 통한 이득 간에는 차이가 존재할 수 있고, 자원을 많이 제공한 사람들이 적은 이득을 보게 될 경우 그 차이만큼 불필요하게 그 사람의 처분의 자유를 제한하였다고 볼 수 있다.

⑤ 반집합주의자와 소극적 집합주의자들은 소극적 개념의 자유를 사용한다.

벌린(Isaish Berlin, 1969)은 자유에 관한 사상적 측면을 고려하여 소극적 자유는 외적인 구속의 결여와 관련되어 타인으로부터 간섭 없이 어떤 행위자가 그 영역안에서 자기가 할 수 있는 것이나 될 수 있는 것을 할 수 있도록 허용되는 것으로 어떤 목적을 달성하는 데 있어 다른 삶의 방해를 받았을 때 나타나는 현상이다. 이러한 자유는 일반적이고 전통적인 자유관념으로서 국가에 의한 간섭으로부터 벗어나려는 시민적 자유의 개념속에서 구현된다.

2) 적극적 자유

적극적 자유는 '~을 향한 자유'로 자신의 의지를 마음대로 통제할 수 있는 자유로서 최소한의 인간다운 삶의 보장을 위해 국가의 적극적 간섭을 요구한다.

① 적극적 개념의 자유는 자신이 원하는 것을 할 수 있는 자유를 의미하는 것으로 자유의 '능력'의 측면을 강조한다. 이는 자유를 자아실현이라는 주체적 관점에서 파악하는 것으로, 각 개인은 모두 무한한 가치를 가지고 있는데 그 가치를 실현시키는 불가결의 요소가 바로 자유라고 보는 것이다.

② 적극적 자유는 정부의 입법행위나 정치에 참여하는 자유를 의미하기도 한다. 나아가 적극적 자유는 정부에 의한 자유를 의미하는데, 정부가 적극적으로 나서서 국민들의 생활과 자유를 보장해 주는 것이다. 따라서 사회적 권리로서 복지를 누릴 수 있는 자유를 인식하며 국가의 복지에 대한 개입을 적극적 자유의 확대로 간주한다.

③ 적극적 자유를 강조하는 사람들은 정부의 개입으로 인한 자유의 제한에 대한 비판을 다음과 같이 합리화한다. 즉, 사회복지정책을 통해 제공하는 재화는 보편성을 가지고 있기 때문에 사회전체를 위해 강제적으로 제공하는 것이 개인들의 자발적인 선택의 자유에 맡겨 둘 때보다 그 양과 질을 높일 수 있다는 것이다. 다시 말해서 소극적 자유는 줄어들지 몰라도 전체

사회구성원들이 누릴 수 있는 적극적 자유의 수준은 전반적으로 높아질 수 있다고 보는 것이다.

④ 페이비언사회주의자와 마르크스주의자들은 적극적 개념의 자유를 사용한다.

적극적 자유는 개성의 자기실현 또는 자기지배와 관련된 것으로 무엇이 또는 누가 어떤 사람으로 하여금 저것이 아닌 이것을 내가 결정할 수 있는 통제력을 말한다. 이러한 자유는 자기 자신의 인생과 결정을 외부적 힘에 의해서가 아니라 자신에 의해서 스스로 지배자가 되고자 하는 개인의 바람에서 유래하는 것이다.

적극적 자유는 프롬((Fromm, 1972)에 의하면 '~로부터의 자유'가 소극적 자유의 기본이며, 국가로부터의 자유, 종교로 부터의 자유, 포괄적으로 타인으로부터의 자유일 수도 있다. 한편 적극적 자유는 소극적 자유에 비해 좀 더 다양한 의미로 사용되고 있다. 프롬에 의하면 자기개발, 자아실현, 개성표현, 공공선의 실현, 창조, 연대, 사랑 등의 방식으로 나타난다. 이러한 적극적 자유는 소극적 자유의 부작용인 개인의 원자화와 고립을 극복할 수 있는 대안으로 제시하고 있다. 적극적 자유는 국가에 의한 자유를 의미하는 데 국가가 적극적으로 나서서 국민들의 생활과 자유를 보장해 주는 것이다. 따라서 현재 국가복지주의의 원리는 국가에 의한 자유라고 볼 수 있다.

사회복지정책을 비판하는 논리중의 하나는 사회복지정책이 개인의 자유를 침해한다는 하이에크의 주장과 일맥상통하다. 일반적으로 시장에서의 거래에 의한 자원의 배분은 거래 당사자들의 자유로운 선택의 결과인 반면에 사회복지정책에 의한 자원의 배분은 개인의 자유로운 선택을 제한하여 이루어지는 것이라고 볼 수 있다. 사회복지정책의 추진에 필요한 자원을 많이 제공한 사람들이 적은 이득을 보게 될 때 그 차이만큼 불필요하게 사람의 처분의 자유를 제한하였다고 볼 수 있다. 그러나 이러한 자유의 제한은 다음과 측면에서 합리화가 될 수 있다.

사회복지정책을 통해 제공하는 재화는 보편성을 지니고 있기 때문에 사회전체를 위해 강제적으로 제공하는 것이 개인들의 자발적인 선택의 자유에 맡겨둘 때마다 양과 질을 높일 수 있다. 여기서 소극적 자유는 줄어들지 몰라도 전체 사회구성원들이 누릴 수 있는 적극적 자유의 수준은 전반적으로 높아질 수 있기 때문이다.

5. 연대

사회복지를 대표하는 가치 가운데 하나는 연대(solidarity)이다. 뒤르켐(Durkheim)은 사회적 관계를 설명하기 위해 연대의 개념을 창안하였으며, 이를 다시 두 가지로 구분하였다.

사회적 연대는 사회적 존재로서 인간의 속성과 관련된 가치다. 인권은 인간의 권리로서 모든 사람이 누려야 할 권리이며 내가 인권을 누릴 때 나와 동일한 다른 사람의 인권도 고려해야 하기 때문이다.

Durkheim은 연대를 기계적 연대, 유기적 연대로 구분하고 기계적 연대는 공통 이해와 속성에 근거한 개인과 집단의 연대로 전통사회를 말하고, 유기적 연대는 사회분화가 급격히 일어나는 현대사회에서 사회구성원 상이성에 근거하고 있다. 또한 인간은 삶의 가치, 신념, 성취를 사회적 연대(끈끈이)어서 구하려고 하다가 이것이 좌절되거나 약화되면 갑자기 어찌할 바를 모르고, 심리적 표류상태에서 무규범상태 즉 아노미(Anomie)에 빠지게 될 때 자살을 선택하기에 이른다고 하였다. 그의 '자살론(Suicide)'에 의하면 이기적 자살, 아노미성 자살, 그리고 이타적 자살이라는 3가지 유형으로 구별한 것은 오늘 우리 사회의 자살현상을 분석하는데 매우 유용한 도구가 된다. 다시 말해서 사회적 긴장의 정도가 높으면 높을수록 자살률도 비례하여 높아진다고 보고 있다.

6. 선별주의와 보편주의

선별주의 프로그램은 욕구 또는 개인의 재정적 자산에 기초하여 수급자격이 결정되는 반면, 보편주의 프로그램은 어떤 계층, 범주, 지역 기준 등에 부합되면 누구에게나 권리로서 제공된다.

1) 선별주의

① 개념

선별주의 프로그램은 사회복지의 대상을 사회적 취약계층으로 한정하려는 목적을 가지며, 사회복지에 소요되는 비용을 제한하려는 보수주의 이데올로기에 부합한다.

② 선별주의의 장점

㉠ 중상소득 계층에 의한 집중적 급여 활용을 방지하고 생활이 어려운 자들에게 집중적으로 급여를 제공함으로써 재정의 절감을 도모할 수 있다. 즉, 비용효과성을 기할 수 있다.

㉡ 도움이 꼭 필요한 사람들에게 자원이 집중적으로 배분됨으로써 목표효율성을 기대할 수 있다.

③ 선별주의의 단점

㉠ 급여대상자 또는 도움을 받는 사람들이 엄격한 자격기준과 선정 절차 등으로 인해 스티그마를 느낄 가능성이 높다.

㉡ 급여를 받기 위해 자신의 자산을 속이는 경우가 있을 수 있다. 즉, 부정수급자가 발생할 수 있다.

㉢ 과다한 행정비용의 발생으로 운영효율성이 저하될 수 있다.

㉣ 수급자와 비수급자 간의 통합이 저해될 수 있다.

㉤ 보편주의 프로그램에 비하여 정치적인 지지기반이 협소하다.

2) 보편주의

① 개념

보편주의 프로그램은 사회적 취약계층뿐만 아니라 사회구성원 전체의 복지욕구충족을 위한 개입이다. 건강, 소득, 주택, 교육, 노동, 문화 활동 등과 같은 광범위한 영역에서 사회구성원들의 욕구에 대응하기 위한 정책들이 여기에 해당되며, 욕구결핍이 발생한 후의 사후적 개입보다는 문제에 대한 사전적 예방프로그램이 강조된다.

② 보편주의의 단점

㉠ 급여가 꼭 필요하지 않은 사람들에게도 막대한 금액이 지급됨으로써 발생하는 비효율성의 문제가 있다.

㉡ 선별주의에 비하여 경제적 효율성이 낮고, 비용효과성과 목표효율성이 저하될 가능성이 높다.

7. 사회정의

일반적으로 정의는 절차상의 정의, 실질적인 정의, 능동적 과정으로서의 정의 등으로 사용된다. 사회복지에서는 사회적으로 보다 나은 처우와 권한 및 자원의 배분이 이루어지도록 노력한다. 사회복지사의 존재기반이 되는 사회복지의 기본 가치는 사회복지사가 속한 다양한 수준의 조직에서 그 업무를 수행하는 과정을 통해 실현된다. 그러므로 기본 가치를 구체적으로 반영하는 실천 가치에 대한 사회복지사의 신념과 내면화가 이루어져야 한다.

롤스(John Rawls)의 정의론은 평등을 우선시하고 있다. 정의의 일반적 개념을 공정성(fairness)이라고 부르는 데 자유와 기회, 소득과 부, 자존심 등의 모든 사회적 가치는 불평등한 분배가 모든 사람에게 이롭지 않다면 평등하게 분배되어야 한다는 것이다. 정당화를 요하는 것은 평등이 아니라 불평등으로 보고 있다. 부와 소득의 분배, 권력의 차등화문제는 평등한 시민권의 자유와 기회의 균등이 보장되는 기본 전제하에서 추구될 수 있다는 말이다. 평등은 결코 자유를 앞지를 수 없다. 그리고 자유와 자유의 가치를 구별하고 있다. 그는 평등한 자유로서 자유는 모든 이에게 동일하나 자유의 가치는 모든 이에게 동일하지 않으며 보다 큰 부와 권력을 갖는 자에게는 그들의 목적을 달성할 수 있는 보다 큰 수단이 주어진다는 것을 인정하고 있다.

자유의 실현과 관련되는 이러한 자유의 가치는 바로 차등의 원칙에 따라 분배된다는 것이다. 롤스의 정의원칙에서 사회적 정치적 불평등은 최소 수혜자에게 최대의 이득이 되게 하는 차등의 원칙과 기회균등의 원칙아래에서 모든 사람에게 개방된 직책과 지위가 결부되도록 공정한 기회균등의 원칙이 편성되어야 한다는 것이다. 차등화의 원칙은 경제적 평등을 전제로 한 것이어서 자유주의적 원칙인 법적 평등에 더하여 소유에 있어서 평등한 몫에의 권리를 부여하는 것이다. 이러한 경제적 불평등의 예외가 정당화 되는 것은 즉 불평등이 허용되는 것은 그것이 최소 수혜자의 관점에서 보다 이득이 되는 경우에 한해서이다.

롤스는 자유를 기본적인 전제로 하면서 보다 평등한 배분이 이루어질 수 있는 사회를 정의로운 사회로 추구한다. 그는 자유를 포함한 모든 사회적 가치는 일부 혹은 전부의 불평등한 분배가 최소 수혜자의 이익이 되지 않는 한 평등하게 배분되어져야 한다고 주장함으로써 자유에 평등을 접목시키고 있다.

롤스 개인의 정의를 뛰어넘어 사회 정의 실현에 커다란 관심을 갖고 있었다. 우리가 살고 있는 사회는 공리주의의 원칙을 사회 선택의 이론으로 받아들였다. 하지만 공리주의 이론은 정의의 문제에 있어서 큰 문제점들을 드러냈다. 롤스는 공리주의를 대체할 정의 원칙을 제시하려고 노력하였는데 그것의 출발점은 바로 '원초적 입장'에 대한 사유실험이다.

원초적 입장은 자유롭고 평등한 개인이 공정한 조건에서 정의의 원칙을 선택하는 상황이다. 정의의 두 원칙의 발생 조건이면서, 정의의 두 원칙을 윤리적으로 정당화 해주는 조건이라고 말할 수 있다.

제1원칙은 권리와 의무, 즉 시민의 평등한 기본적 자유를 보장하는 원칙이고, 제2원칙은 최소 수혜자에게 최대의 이득이 되고, 공정한 기회 균등의 조건에서 모두에게 개방된 직위와 직책이 결부되도록 하여야 한다.

무지의 베일은 합의 당사자들의 특수한 사정을 모르게 함으로써 사회적, 자연적 여건들을 자신에게 유리하게 하도록 하지 못하게 하는 역할을 하고 있다. 즉 자신의 이해관계 그리고 자신의 신분, 직위, 계층, 자산, 능력, 재능을 알 수 없다.

공리주의에 대한 비판은 개인의 기본권 침해, 사회적 약자에 대한 무관심, 부의 증가와 사회의 정의로움에 관한 무관련성에 있다. 공리주의는 일단 사회 재화를 증가시키는데 영향력을 행사하지만 사회 재화의 정의로운 분배에는 무관심하다. 롤스의 사회적 정의는 사회의 효율성과 사회의 공명정대함에 있다.

롤스의 정의 원칙은 첫째, 보편성으로 모든 사람들이 도덕적으로 받아들일 수 있어야 하고 둘째, 공정한 상황과 공정한 절차에 있는데 공정한 상황은 오직 사유실험, 즉 사유 속에서 도덕적 요건을 충족시킬 수 있는 가상의 상황을 상정하는 것이다.

제2절 사회복지의 윤리

1. 사회복지윤리의 개념

일반적으로 윤리란 인간의 행위와 도덕적 의사결정에 관련되는 철학의 한 분야이다. 사회복지전문가 윤리는 사회복지사의 서비스 실천은 도덕적으로 바른 방법이어야 함을 인식하도록 돕기 위한 것이며 사회복지실천의 과정이 윤리적 결정의 과정임을 인식하고 사회복지사로서 어떻게 바르게 행동하는가를 배우도록 돕는 기준이다.

도덕은 공동체에서 규정한 규범으로 보고 윤리란 개개인의 자율적인 의지에서 나온다. 따라서 도덕적인 행위보다는 윤리적인 행위를 해야 한다. 한 국가나 단체에서 도덕적인 일이라 하더라도 그것은 다른 단체나 국가에서는 도덕적인 일이 아닐 수도 있기 때문이다. 또한 한 세대에서 도덕적이라고 불렀던 것을 다른 세대에서는 그렇지 않을 수 있다. 윤리적이라면 타자를 인식해야 하는데 타자의 개념은 동시대 전 세계 사람들과 과거 미래 사람들까지 포함한다. 즉 세계시민이 된다는 것은 타자를 고려하여 윤리적인 마음을 가지고 행동함을 의미한다.

2. 전문적 관계와 윤리적 실천

사회복지실천에 있어서 관계란 사회복지와 클라이언트 사이에서 성장, 발전하는 정서적인 영향력을 의미한다. 사회복지사와 클라이언트 관계란 사회복지실천의 효과를 좌우하는 중요한 의미를 갖기 때문에 어떤 개념보다 자주 언급된다.

1) 전문적 관계

전문적 관계란 사회복지사가 도움을 요청한 특정 개인의 환경, 행동에 초점을 두며 제한된 시간과 범위 내에서 전문적 지식과 기술을 활용하여 사회복지의 기본적 가치를 실현하는 방향으로 클라이언트를 돕는 관계다. 사회복지사에게는 과학성과 예술성의 상호보완적이고 통합적인 실천역량이 요구된다. 과학적 기반과 예술적 기반을 필요로 한다.

2) 윤리적 실천

개인의 문화적 경험과 배경은 의사결정에 영향을 미치게 되므로 사회복지실천에서도 사회복지사가 가지고 있는 가치가 의식적, 무의식적 차원에서 클라이언트를 돕는 과정에 윤리적 문제를 야기할 수 있다.

레비에 의하면 사회복지윤리강령은 세 가지 측면에서 근본적인 목적 달성에 공헌한다고 하였다.

첫째, 사회복지윤리가 전문직의 행위를 이끌어주고 둘째, 사회복지사의 기능을 수행하는 데 원칙을 제시해주며 셋째, 사회복지실천의 평가기준을 제기하는 것이다. 즉, 사회복지윤리강령은 사회복지전문직의 구성원으로서 사회적 기대에 부응하는 실천을 하도록 안내하는 지침이 되는 것이다.

사회복지실천의 윤리적 갈등이란 사회복지사가 전문가로서 지켜야 하는 윤리적 의무와 책무가 서로 충돌함에 따라 어떠한 실천행동의 선택하는 것이 윤리적으로 올바른 것인지 판단하기 힘든 상태를 말한다. 리머의 윤리적 결정지침은 다음과 같다.

① 삶, 건강, 복지, 생활필수품에 대한 권리는 부, 교육, 여가와 같은 추가적인 재화에 대한 기회와 비밀에 대한 권리에 우선한다.

② 개인의 복지권에 대한 기본적인 권리는 다른 사람의 사생활, 자유, 자기결정에 대한 권리에 우선한다.

③ 자기결정권에 대한 사람들의 권리는 그들의 기본적인 복지에 대한 권리에 우선한다.

④ 복지에 대한 사람들의 권리는 법, 정책, 조직의 질서를 번복할 수도 있다.

3. 로웬버그와 돌고프의 윤리적 원리

로웬버그와 돌고프의 윤리적 원리는 다음과 같다.

① 생명보호의 원칙

원칙1: 사람들은 기본적 욕구(특히 생명보호)를 충족시키며 살 권리가 있다.

② 평등 및 불평등의 원칙

원칙2: 사람들은 공정하고 평등한 치료를 받을 권리가 있다.

③ 자율과 자유의 원칙

원칙3: 사람들은 자유로운 선택과 자유를 가질 권리가 있다.

④ 최소해악의 원칙

원칙4: 사람들은 피해를 최소한도로 겪거나 혹은 겪지 않을 권리가 있다.

⑤ 삶의 질의 원칙

원칙5: 사람들은 훌륭한 삶의 질을 추구할 권리가 있다.

⑥ 사생활 보호와 비밀보장의 원칙

원칙6: 사람들은 사생활과 비밀을 보장받을 권리가 있다.

⑦ 성실의 원칙

원칙7: 사람들은 진실 및 가능한 정보 전부를 이해할 권리가 있다(돌고프 등).

제3절 사회제도로서의 개념

사회복지를 사회제도로 보는 견해는 많은 학자들에 의해서 취해지는 거의 보편화된 접근방법으로, 이들이 강조하는 것은 사회제도의 기능적인 측면과 사회복지의 본질을 연계시킨다는 점이다. 사회가 하나의 개체로서 존속하고 발전해 나가기 위해서는 몇 가지 필수적인 기능들이 수행되어져야 하는데, 길버트와 스펙트(Gilbert & Specht)는 존슨과 워렌(Johnson & Warren)의 분류를 인용하여 다섯 가지의 사회제도와 각각의 제도들이 사회존속을 위하여 일차적으로 담당하는 기능들을 다음과 같이 제시하고 있다.

1. 사회제도

1) 가족제도

가족제도는 사회화 기능이다. 사회화(socialization)의 기능은 사회가 그 구성원에게 일반적인 지식과 사회적 가치, 규범, 행동양식 등을 전달하는 과정을 말하여, 이러한 사회화의 기능을 일차적으로 수행하는 것이 바로 가족제도이다. 현대 산업 사회에서 핵가족은 필연적이며 가족의 기능이 약화되므로 육아, 노인 및 장애인 보호, 사회화에 대한 책임은 전적으로 가족에게 있다. 또한 경제 시스템은 산업과 유통의 기능을 완전히 발휘할 수 없기 때문에 예기치 못한 실업과 빈곤을 겪을 가능성이 높으며 이러한 상황에서 사회 복지 시스템은 개인과 가족의 경제적 안정을 보장하는 수단으로서 매우 중요한 역할을 하게 되기에 다른 사회 시스템 기능과 겹치는 기능과 함께 고유한 기능을 갖고 있다.

2) 종교제도

종교제도는 사회통합기능이다. 사회통합(social integration)의 기능은 사회구성원들 상호간의 신뢰를 바탕으로 사기를 진작시킴으로써 사회에 대한 소속감과 충성심을 강화하여 사회 존속을 유지하는 기능이다.

3) 경제제도

생산, 분배, 소비 기능으로 사회구성원들이 일상생활을 영위하는데 필요한 재화와 서비스를 생산, 분배, 소비하는 데 관련된 기능이다.

4) 정치제도

사회통제 기능으로 사회가 그 구성원들이 일정한 가치와 규범을 지키도록 순응하게 하는 기능으로 사회통제를 담당하는 1차적인 제도를 정치제도라고 한다.

5) 사회복지제도

상부상조의 기능으로 제도와 체제에 관련된 것이며, 사회복지사업이란 이런 제도와 체제를 전문적으로 실천하는 전문적인 직업제도를 말한다.

6) 시장실패

시장에서 자원의 비효율적인 분배현상을 의미한다. 사회구성원의 욕구충족에 필요한 재화나 서비스가 생산이 되지 않거나, 생산이 되더라도 과소 혹은 과다 생산되는 현상을 의미한다. 시장에 대한 국가 개입 정당성을 가져온다.

7) 공공재

공공재는 사유재와 달리 재화를 소비하는 데 있어서 비경합적이고 비배타적인 성격을 갖는 재화를 말한다. 여기서 비경합성이란 다른 사람의 추가적인 소비에 대하여 기존 사람의 소비가능성이 줄어들지 않거나 추가비용이 발생하지 않는 공동소비 가능현상을 말하며, 비배타성이란 소비를 위하여 비용을 지불하지 않은 사람이라 하여 그 소비에서 배제할 수 없는 현상을 말한다(무임승차 가능).

8) 외부효과

외부효과란 어떤 사람의 행동이 다른 사람의 복지에 시장기제 밖에서 영향을 주는 것으로 긍정적인 외부효과란 어떤 사람의 행위를 통하여 다른 사람들이 어떤 대가를 지불하지 않고도 이득을 보는 것이고 부정적인 외부효과란 어떤 한 사람의 행위가 그 행위에 대한 비용을 지불하지 않고 다른 사람들의 복지에 해를 주는 것을 말한다.

9) 불완전 정보

불완전 정보란 어떤 재화에 대한 충분한 정보가 없는 경우에는, 시장에서 자원이 비효율적인 배분이 될 가능성이 높은 현상을 말한다.

10) 에스핑 앤더슨의 노동의 탈상품화

탈상품화 점수는 경제성장과는 별로 관련이 없었으며, 대상 국가들의 집권당의 이데올로기적 성격과 관련이 깊다고 주장하였다. 에스핑 앤더슨의 복지국가 유형(자유주의 · 조합주의 · 사민주의)은 경제적 측면보다 정치적 이데올로기적 측면에 영향을 받아 형성되었다.

11) 복지국가위기론

포드주의적 축적체제의 위기(대량생산-대량소비), 케인즈주의적 복지국가의 위기에서 대처정부는 탈규제, 유연화라는 시장중심적인 문제해결 방식을 선호하면서 국가개입을 축소하고, 복지제도의 수급자격을 엄격히 하거나 급여범위 등을 축소시켰다.

복지국가 위기의 4가지 차원은 다음과 같다.

① 경제문제: 오일파동 이후에 실업과 물가상승이 동시에 발생하는 스태그플레이션에 의한 경기 침체를 가져온다.
② 재정문제: 복지 지출 증가와 조세 수입의 감소를 가져온다.
③ 정부문제: 관료의 경직성 혹은 비효율성을 초래한다.
④ 정당화문제: 복지국가 확대를 주장하는 정치세력들에 대하여 일반 대중들이 정치적 지지를 철회하고자 한다.

2. 보충적 개념과 제도적 개념

사회복지제도가 수행하는 주요 기능으로서 상부상조(상호부조)가 다른 사회적 기능들과 보충적 관계를 갖느냐, 그렇지 않으면 비교적 독자적 위치를 차지하느냐에 따라 사회복지의 개념은 크게 양분된다. 윌렌스키와 르보(Wilensky & Lebeaux)는 미국의 지배적인 사회복지의 개념을 보충적(잔여적: residual) 개념과 제도적(institutional) 개념의 두 가지로 파악하였으며, 이 개념은 오늘날까지도 지배적인 개념으로 존재하고 있다.

1) 보충적 개념

사회복지의 보충적 개념은 잔여적 개념 또는 보완적 개념이라고도 불린다. 보충적 개념은 가족과 시장을 통해 각 개인의 욕구가 충족될 수 있음을 전제로 하고 있으며, "가족 또는 시장과 같은 정상적인 공급구조가 제 기능을 원활히 수행하지 못하는 경우에 문제를 보완 내지 해소하기 위한 제도로서 사회복지가 필요하다."는 것이다. 따라서 사회복지는 그 기능을 임시로 보충할 뿐이며, 사회복지활동이 사회를 유지하고 발전시키는 데 필수적이라고 생각하지는 않는다.

현대산업사회에서 개인은 누구나 가정과 경제생활이라는 정상적 궤도에서 스스로 살아가는 것으로 기대된다. 그러나 개인은 자발적이든 비자발적이든 간에 개인적 결함 혹은 사회구조적 결함으로 인해 정상궤도를 이탈하게 되는 낙오자 혹은 일탈자(deviant)가 될 가능성이 있고, 그 결과 사회로부터 최소한도의 보호를 받을 수밖에 없는 상태에 놓이게 된다. 이들에게 안전망 기능을 수행하는 것이 사회복지의 기능이라고 하는 것이다.

이 개념에서는 가족이나 시장으로부터 탈락된 개인에게 정상적인 삶을 살 수 있도록 주로 응급조치의 기능을 수행하는 보완적 활동이 사회복지라고 간주하고 있으며, 정상적인 사회조직인 가족과 시장이 제 기능을 발휘할 때에는 사회복지는 활동을 중지해야 하는 것으로 보고 있다.

사회복지를 보충적 개념으로 볼 때 사회복지는 그 보완적이고 일시적이며 임시적이고 대체적인 특성 때문에 시혜나 자선과 같은 오명(stigma)을 수반하게 된다.

2) 제도적 개념

사회복지의 제도적 개념에서는 현대산업사회의 복잡성이 인정되고 있다. 따라서 현대산업사회에서는 가족과 시장경제 제도가 온전히 운영될 수 없다고 본다. 즉 가족이나 시장을 통해 인간의 모든 욕구가 충족될 수 없기 때문에 인간이 사회복지의 대상이 되는 것은 정상적이며, 따라서 복잡한 현대산업사회에서 사회복지는 최 일선의 기능을 수행해야 한다고 주장한다. 현대산업사회에서는 핵가족화가 불가피하고 가족의 기능이 약화되기 때문에 아동의 양육과 노인, 장애인의 돌봄 및 그들의 사회화를 가족이 전적으로 책임지는 것은 불가능하다.

또한 경제제도가 생산과 분배에 따른 제 기능을 온전히 수행할 수 없어 예상치 못한 실직과 빈곤을 경험할 가능성도 높다. 이러한 상황 속에서 개인과 가정의 경제적 안정을 도모하는 수단으로서 사회복지제도는 매우 중요한 기능을 할 수밖에 없다는 것이다.

사회복지의 제도적 개념은 사회복지를 각 개인이나 집단 및 지역사회가 만족할 만한 수준의 삶과 건강을 누릴 수 있도록 돕기 위한 사회복지서비스와 제도의 조직화된 체계로 보고 있으며, 이 개념은 오명이나 응급조치적인 요소 그리고 비정상성을 수반하지 않는다. 따라서 사회복지는 현대산업사회에서 각 개인의 자아완성을 돕기 위해 타당하고 정당한 기능을 수행하는 것으로 받아들여지게 된다. 제도적 개념의 사회복지는 다른 사회제도의 기능과 중복되는 기능과 함께 독자적인 기능을 확보하고 있으며, 사회복지조직과 기관은 정상적인 제도적 지위를 획득하게 된다.

전통적으로 사회복지제도는 보충적 성격이 강했으나, 산업화가 진전되면서 제도적 성격이 강조되고 있다. 윌렌스키와 르보에 의하면 사회문제의 발생 원인에서 보충적 개념은 개인의 책임을 강조하는 반면, 제도적 개념은 사회구조적 책임을 강조한다는 것이다. 나아가 그들은 잔여적 성격에서 비롯된 자선과 구호에서 벗어나 사회문제의 발생을 예방하고 경감시키는 지속적이고 독자적인 제도로 발전해 나간다고 전망한다.

3) 제도적 개념과 잔여적 개념

Wilenski, Lebeaux에 의한 제도적 개념은 현대사회에서 발생하는 여러 가지 어려움에 대해 개인이 가족과 시장을 통해 혼자의 힘만으로는 대처하기가 불가능하기 때문에 이러한 대처가 가능하도록 도움을 제공하는 제도가 필요하며 이 제도가 바로 사회복지라고 보는 입장이다. 잔여적 개념은 자본주의 사회에서 복지는 가족과 시장제도를 통해서 기본적으로 충분히 달성 가능한데, 단지 정상적인 가족을 갖고 있지 못하거나 또는 시장을 통해 수입을 얻을 능력이 부족하거나 또는 시장을 통해 필요한 상품을 구입할 능력이 없는 일부 사람들이 문제가 될 뿐이고 따라서 이들에 대해서는 국가가 도움을 제공해야 하는데 이러한 도움을 제공하기 위한 제도가 바로 사회복지라고 보는 입장이다.

Titmuss 3분법은 잔여적 모형, 산업 성취수행모형, 제도적 재분배 모형으로 구분된다.

잔여적 모형으로 사회에는 개인의 욕구를 충족시키는 자연적인 수단인 시장과 가족이 있으며, 따라서 사회복지제도는 이 시장과 가족이 제대로 작동하지 못할 경우에만 역할을 해야 한다고 보는 것이다.

산업적 성취 수행모형은 개인의 욕구를 충족시키기 위한 복지급여는 그 개인이 시장에서 얼마나 노력하여 어느 정도나 업적을 성취하였는가에 따라 주어져야 한다고 보는 입장이다.

제도적 재분배모형은 욕구원리를 기초로 하여 모든 사회구성원을 대상으로 복지를 제공해야 한다고 보는 입장이다.

3. 사회복지의 이념

1) 자유방임주의

① 자유방임주의는 개인주의의 단순한 형식에 기초하여 개인의 자유, 능력, 노력을 중시한다.

② 경제성장과 부의 극대화에 큰 가치를 부여하며 모든 종류의 계약과 합의에 있어서 개별적 선택을 강조한다.

③ 소득과 부, 교육, 의료서비스 및 그 밖의 보호형태는 생산제도에 의하여 좌우되고 그것이 약자를 보호하든 강자를 보호하든 최소의 국가개입아래에서 개인적 교환력에 의존하고 있다. 즉, 개인의 능력에 따른 소득, 교육, 의료서비스, 주택 등의 수준에 차이가 나타나는 것을 당연하게 여겨 결과적으로는 불평등한 사회현상을 옹호하게 된다.

④ 시장의 자유경쟁체제에서 발생하는 빈곤의 문제를 개인이 노력을 하지 않거나 무능해서 또는 인성에 결함이 있는 것으로 간주한다.

⑤ 빈곤의 상대적 개념보다는 절대적 개념과 관련되어 있으며, 빈곤이 심각한 사회적 문제가 되거나 이로 인해 타인의 삶에 위협이 될 경우에만 국가가 최소한도로 복지적 서비스를 제공하여야 한다고 주장한다.

2) 자유주의

① 자유주의는 자유방임주의와 마찬가지로 개인이나 가족의 욕구는 개인의 비용과 자유선택에 의해서 충당되어야 한다고 생각하지만, 자신의 욕구를 스스로 충족시킬 수 없는 사람에 대해서는 국가가 최저생계비나 최저생활수준은 보장해 주어야 한다는 입장을 보인다.

② 이러한 의미에서 자유주의는 시장을 기회와 소득의 배분자로 인정하면서도 국가의 최소복지기능을 인정하고 있다. 자유주의에 근거한 대표적인 국가로는 미국이나 일본을 들 수 있다.

3) 보수주의

보수주의는 특히 정치, 경제적 개념의 보수주의는 사회복지에서 개인이 자신의 생활과 행복에 대한 책임을 가져야 한다는 입장으로 사회는 최소한의 개입을 통해서 낙오된 사회계층만 도와주어야 한다는 생각이 강하다. 보수주의자들은 사회복지의 보완적 관점에 대해 지지한다. 인간의 불평등은 자연적인 현상이며 개인적 실패에 따른 불행은 가족과 종교가 책임을 일차적으로 져야하고 국가는 최소한의 복지적 개입만을 해야 한다는 것이다. 보수주의는 성장후 배분의 기초를 갖고 있으며 가족을 중심으로 복지의 수월성을 모색하고 노동을 통한 복지를 강조하는 측면이 강하다.

4) 신자유주의

① 신자유주의는 1970년대 후반 이후 세계자본주의가 불황에 빠지고 자본축적의 위기가 도래하자 그 원인을 복지국가의 확대에서 찾고, 국가의 복지서비스를 축소하며 시장의 경쟁원리를 다시 복원시켜야 한다고 보는 것이다.

② 1979년과 1980년 대서양을 사이에 두고 영국과 미국에서 각각 대처(대처리즘)와 레이건(레이거노믹스)이 집권을 하면서 신자유주의적 이념에 입각한 사회정책을 수행해 왔고 1990년대에 들어서는 자본주의 경제의 세계화를 통하여 세계적인, 하나의 흐름으로 확대되었다.

③ 이 이념은 국가의 개입을 억제하는 전통적인 자유주의의 부활이며, 조지

와 윌딩의 신우파 이념이나 신보수주의 이념과 같은 의미이다.

④ 신자유주의에 의하면 사회복지는 개인의 노동능력과 경제성장을 저해하는 부정적인 제도로서, 국가가 복지혜택을 확대하면 할수록 정부의 재정 부담이 증가되고 시민의 자유권이 훼손되어 결국 사회혼란과 계층적 적대감이 발생한다.

⑤ 따라서 국가는 시장의 자유경쟁원리를 유지하는 선에서 자신을 스스로 책임질 수 없는 요보호 시민들에게만 복지혜택을 주어야 하여, 대부분의 복지서비스는 시장의 경쟁논리에 맡겨야 한다고 주장한다.

신보수주의는 신자유주의와 비슷한 의미로 복지국가의 축소, 시장원리의 활성화를 강조한다. 1970년대에 등장하여 80년대 미국에서 팽배했던 지배적 정치 조류이다. 뉴딜과 거대정부에 반대하여 자유방임주의를 옹호하고 자유지상주의, 미국제일주의, 평등화의 거부, 그리스도 부흥으로 요약된다.

5) 사회민주주의

① 사회민주주의자들은 사회복지를 시민의 권리로 파악한다.

② 사회민주주의는 평등, 개인의 복지원, 자유 등을 중요한 가치로 보며 국민들에게 비차별적인 복지서비스를 제공하는 보편적 복지국가의 모형을 강조한다.

③ 사회민주주의의 이념은 사회통합과 평등한 사회를 만들기 위해서 개인의 권리와 부의 축적만을 조장해 온 자유시장체계를 국가가 대신 수행하여야 한다고 주장한다.

④ 국가는 과도한 불평등을 억제하고 국민의 복지적 욕구를 충족시켜 주기 위해서 최저생활과 기회균등을 보장해 주어야 하며, 조세정책을 비롯하여 적극적이고 보편적인 복지정책을 통해 사회자원의 재분배를 이루어야 한다고 본다. 따라서 적극적인 국가의 정책을 주장하며 평화적이고 점진적인 과정을 통해 사회주의적 평등을 달성하고자 하는 입장이다.

사회민주주의 이론은 복지국가의 발전을 노동자계급의 정치적 세력이 확대된

결과로 보고 복지국가의 변화요인을 노동자 투표권, 좌익정당, 강한 노동조합 등 정치적 변수에서 찾고 있다는 점이 특이하다.

4. 윤리와 가치관

1) 윤리강령

윤리는 수용 가능하거나 적합한 행위의 원리와 규칙을 말하며 모든 직업에는 윤리적 지침이 있다. 이 지침은 허용 가능한 행동의 한계를 규정하고 있으며, 구성원들이 윤리적 기준을 위반할 때 적용될 수 있는 제재 혹은 구제책을 규정하고 있다.

윤리강령은 내담자를 보호하며 또한 사회복지사와 다른 전문가를 보호한다. 윤리강령은 전문가가 의사결정을 내릴 때 도움을 얻기 위해 사용할 수 있고 업무의 기준으로 사용할 수 있다. 또한 상담자가 동료들을 공정하게 대할 수 있는 방법에 대한 지침을 제공한다. 강령은 비윤리적 행위(비밀을 깨는 것, 자신의 전문성 수준을 잘못 전하거나 그 수준을 넘어서서 일하는 것, 부적절한 관계를 맺는 것 등)에서 내담자를 보호하기 위한 목표와 절차를 상술한다.

전문가 협회는 그들 자신의 정책들을 관리하고 윤리적 행위의 위반을 조사, 해결하는 것에 책임이 있다. 전문가 협회의 구성원이 아닌 상담자는 윤리적 행동과 의사결정을 위한 지침을 제공하는 기관들과 일을 하는 것이 대안이 될 수 있다.

법률은 사회복지사, 심리학자, 그리고 정신과 의사와 같은 특정한 명칭의 사용을 적절한 학위 혹은 훈련을 마친 사람들로 규정하고 제한할 수 있다. 이러한 전문가들의 내담자는 위법행위나 관련 사건들을 특정한 전문가 협회에 신고할 수 있다.

2) 윤리적 행동의 핵심 기준

윤리는 가치에서 유래하며, 가치는 개인과 집단이 중요하게 혹은 가치 있게 생각하는 원리 혹은 특성을 말한다. 즉 가치는 무엇이 바람직하고 좋은 것인가에 대한 믿음을 나타내는 것으로 개인적인 가치와 직업적인 가치로 나뉜다. 이러한 가치는 상담 전문가의 활동을 구체화하는 데 주요한 영향력을 미치는데 사회복지와 상담의 핵심가치에 살펴보면 다음과 같다.

(1) 인간의 존엄과 가치에 대한 믿음

인간의 존엄성과 가치에 대한 믿음은 사회복지와 상담의 핵심가치로서 이는 내담자가 그들의 권리를 존중받으며 대해질 것임을 보증하는 약속이다. 또한 사회복지사에게 개인에 대한 수용을 보여 주고 비밀을 유지할 의무를 가지게 하며 내담자의 존엄을 존중하는 사회복지사는 다양성을 인정한다. 따라서 그들은 정형화하기, 분류하여 규정하기, 그 밖의 비인간화하는 활동을 거부한다. 이것은 내담자에 대한 자신의 개인적인 감정과 상관없이 내담자를 공정하게 대해야 한다는 것을 의미한다.

사회복지사는 각 내담자에 대한 그들의 개인적인 반응과 상관없이 그들의 기술과 지식을 각각의 내담자에게 맞게 최적의 수준으로 적용될 것이라는 기대를 받고 있다. 사회복지사가 보기에 내담자가 공격적인 방식으로 행동할 수도 있지만, 이러한 믿음이 사회복지사에게 무례하게 행동하거나 서비스를 보류해도 된다는 인가를 주는 것은 아니다.

Compton과 Galaway가 제시한 인간의 존엄과 가치를 실제 활동에서 구현하기 위한 지침을 살펴보면 다음과 같다.

① 우리가 우리의 서비스를 체계화하고 관리하는 방식에서 내담자의 존엄에 관해 전달하고 있는 것에 대해 민감함과 자각을 유지하라.
② 내담자를 정형화하지 않도록 주의하라.
③ 내담자가 그들의 강점을 발견하고 사용하도록 도와라.
④ 문제해결에 내담자가 참여할 것을 기대하라.
⑤ 내담자에게 필요한 것보다는 내담자가 원하는 것에 초점을 맞춰라.

특히 위험도가 큰 내담자와 일하는 사회복지사는 자신의 관점과 태도가 지치지 않도록 주의할 필요가 있다. 지칠 대로 지친 사회복지사는 일반적으로 사람은 목표지향적이라는 믿음, 인간은 변화할 능력을 가지고 있다는 믿음 등과 같은 인간 본성에 대한 낙관적인 관점을 포기해 버린다. 그리고 이러한 관점 대신

에 그들은 변화, 발전에 대한 내담자의 의지와 역량에 대해 더욱 냉소적이고 비관적인 관점을 발전시키며 이러한 관점의 변화는 수년에 걸쳐 점진적으로 일어날 수 있다. 내담자가 발전할 수 없다고 믿는 사회복지사는 변화를 지원하는 데에 에너지를 덜 투자하게 되거나 내담자가 혼자서 그것을 할 수 없다고 예상하여 통제반응을 더 많이 사용할 수 있다.

(2) 이중 관계를 피하는 것의 중요성

상담관계의 본질적인 목적은 내담자의 개성과 권리를 존중하면서 내담자의 요구를 충족시키는 것이다. 따라서 사회복지사는 개인적인 이익을 위해 직업적인 관계를 오용해서는 안 된다. 이중관계는 상담자가 내담자와 직업적인 관계와 또 다른 유형의 관계(친구관계, 성적인 관계, 사업관계, 지도관계 등)를 형성하는 것으로 이중관계 속에서 전문가는 내담자의 관심과 상충될 수 있는 개인적인 관심을 가지며 이것은 내담자에 대한 의도적인 혹은 비의도적인 이용, 피해 조종, 강압으로 이어질 수도 있다. 이러한 문제점과 관심의 충돌을 막기 위해서는 이중관계, 특히 내담자에게 잠재적으로 해를 끼칠 수 있는 이중관계를 피해야만 한다.

(3) 내담자의 자기결정 증진의 필요

내담자 자기결정의 원리는 내담자가 자율과 선택의 자유를 가질 권리를 증진한다. 이러한 원리를 고수하다고 해서 내담자가 타인의 권리 침해를 정당화하거나 자신의 행동이 가져올 결과를 무시한다는 의미를 아니다.

NASW의 강령은 자기결정에 관한 다음과 같은 지침을 제공하였다.

사회복지사는 전문가의 판단에 근거하여, 내담자의 행동 혹은 잠재적인 행동이 자신이나 타인에 대해 심각하고 예견 가능하며 그리고 절박한 위험을 내포하고 있을 때 내담자의 자기결정 권리를 제한 할 수도 있다.

① 자기결정을 위한 사회복지사의 역할

내담자의 자기결정을 위해서는 선택가능성이 전제되어야 하는데 내담자가 선택의 여지가 없거나 혹은 그들이 아무것도 가지지 않는다고 느낄 때 자기결정은 불가능할 것이다. 사회복지사는 다음과 같은 다양한 전략을 통해 내담자의 자기결정을 도울 수 있다.

첫째, 선택 가능한 것들을 내담자가 확인하도록 도울 수 있다. 때때로 내담자는 대안들을 간과하거나 그들이 선택할 수 있는 것에 관한 구체적인 정보를 필요로 하는데 사회복지사는 내담자가 정보에 근거한 선택을 할 수 있도록 정보를 제공할 필요가 있다.

둘째, 사회복지사는 내담자가 현재 가능한 선택 사항들에 대한 정보에 접근하거나 장애물들을 제거하도록 돕는 기술을 사용할 수도 있다.

② 자기결정과 역량강화

자기결정의 원리는 사회복지사에게 내담자를 통제하고 조종하는 행동을 피하고, 대신에 내담자에게 힘을 부여하는 전략을 채택하도록 한다. 역량강화는 개인적인 내담자가 힘과 역량을 발견하도록 돕는 과정으로 내담자가 자신의 삶을 통제하고 행동함으로서 스스로 상황을 개선할 수 있다는 것을 깨닫도록 도우려는 것이다. 따라서 내담자는 독립적인 결정을 할 수 있도록 가능한 한 많은 격려를 받아야 한다.

(4) 전문적인 발전을 위한 요구

전문적인 상담자와 사회복지사는 핵심지식 기반을 필요로 한다. 이 지식 기반은 인가를 받은 상담기관 혹은 사회적인 서비스 상황에서 슈퍼바이저의 지도를 받는 임상 경험을 포함하여, 일반적으로 2년 혹은 그 이상의 학문적 훈련을 필요로 한다. 게다가 그들은 직업 활동을 하면서도 전문적 지식을 확장하기 위해 서적과 저널을 읽어야 하며 교육과정, 세미나, 학회에 정기적으로 참석하는 것은 전문가 경력의 한 부분이 되어야 한다.

자신의 지식 기반을 학문 발전에 맞게 유지함으로써 사회복지사는 내담자가 직면한 이슈와 감정을 더 잘 인식하고 공감할 수 있다. 게다가 지식 기반을 학문발전에 맞게 유지하는 것은 사회복지사가 그들이 오로지 자신의 참조 체제에 따라 반응할 때 발생할 수도 있는 판단적 반응을 피할 수 있게 도와줄 것이다.

사회복지사가 추구할 필요가 있는 지식 범위에는 다음과 같은 것들이 포함된다.

① 내담자가 직면하고 있는 특정한 이슈, 문제, 도전에 관한 사항이다. 특히 많은 내담자가 가난한 상황인 경우가 많으므로 상담자는 가난의 사회적·심리학적 효과에 대해 인식하고 있어야 한다.

② 관련성이 있는 의학적인, 정신 병리학적인 상태에 지식으로 만일 이러한 상태에 관한 상담자의 지식이 최근의 것이라면 그의 신뢰와 능력은 크게 강화된다.

③ 생활양식의 변화로 동성관계, 편부모, 대가족, 독거노인, 독신자, 혼합가족 등을 들 수 있다.

④ 다른 사람의 가치, 신념, 관습에 대한 문화적인 지혜

⑤ 전 생애 발달 즉 출생에서부터 사망에 이르기까지의 발달적인 변화와 중요사건이다.

3) 비밀유지

비밀유지에 관한 규칙들은 모든 윤리강령에 없어서는 안 되는 사항으로 윤리적 지침들은 내담자의 비밀을 반드시 보호해야 할 것을 강조한다. 실제로 대부분의 내담자는 그들이 말하는 것이 비밀로 지켜질 것이라 믿고 상담을 받으러 온다. 상담에 있어 비밀은 내담자의 이야기가 어느 누구와도 공유도지 않는다는 것을 의미하는 절대적인 비밀과, 정보가 그 기관 내에서는 슈퍼바이저나 동료와 기관 밖에서는 내담자의 허락 아래에 정보가 공유되며 또는 법적인 요구로 인해 정보가 공유된다는 것을 의미하는 상대적인 비밀로 나뉜다. 일반적으로 내담자는 상대적인 비밀만을 보장받을 수 있다.

내담자에게 최적의 서비스를 제공하기 위해서 그들에 대한 정보는 기관 내에서 공유되어야 한다. 상담 작업의 질을 관리하고 사회복지사의 기술을 향상시키는 데 도움을 주기 위해서 슈퍼바이저는 내담자의 파일을 살펴볼 필요가 있으며, 혹은 인터뷰의 오디오·비디오 기록을 살펴보면서 사회복지사와 논의할 수도 있다. 기관 내에서의 다른 사회복지사 또한 파일에 접근할 수 있다.

Zastrow는 다음과 같은 경우에 비밀을 깨뜨리는 것이 정당화될 수 있거나 요구될 수 있다고 하였다.

① 내담자가 공식적으로 공개를 허가할 때

② 전문가가 형사사건에서 증언하기 위해 소환될 때
③ 내담자가 전문가에 대해 소송을 제기할 때
④ 내담자가 자살할 것이라고 위협할 때
⑤ 내담자가 자신의 치료사에게 해를 끼치겠다고 위협할 때
⑥ 미성년자가 범죄를 저질렀거나 성인에 의해 범죄에 이용되고 있거나, 범죄 행위에 피해자라는 것을 전문가가 알아챘을 때
⑦ 아동 학대 또는 방치의 증거가 있을 때
⑧ 비행조종사가 심각한 알코올 문제를 가지고 있는 경우와 같이 내담자의 정서적 혹은 신념적 판단의 혼란을 가져오는 경우이다.

내담자는 사회복지사에게 정보를 공유하도록 요구하는 모든 법적·윤리적 책임을 포함하여 비밀의 제한범위에 관해 충분히 정보를 제공받을 권리를 가진다. 또한 비밀에 관한 논의들을 통해 사회복지사는 컴퓨터와 파일 기록이 무차별적으로 공유되지 않는다는 것을 내담자에게 다시 확인시킬 수 있다.

상담자가 내담자의 비밀을 보호하기 위한 행동단계는 다음과 같다.

① 상담자는 공공장소나 사회적인 행사에서 내담자에 대해 논의하지 않도록 그들 자신을 훈련시켜야 한다. 많은 상담자는 동료, 슈퍼바이저와 함께 어려운 문제와 개인적인 반응에 대해 대화하면서 긴장을 풀게 되는데 비밀보장이 되지 않는 환경에서의 이러한 대화는 내담자 및 다른 사람이 듣게 되는 문제가 발생될 가능성이 크다.
② 또한 상담자는 내담자에 대해 가족이나 친구와 상의하는 경우가 있으나 이들은 상담전문가와 동일한 윤리에 구속되어 있지 않으며 뜻하지 않게 겉으로 보기에는 잘못이 없는 발언 혹은 설명에서 그들이 들은 것을 누설할 수 있다.
③ 때때로 상담자가 간단한 예방조치를 하지 않음으로써 비밀을 깨게 되는 경우가 있다. 예를 들어 상담 중에 전화를 거는 것은 비밀에 관한 부주의한 태도로 보일 수 있다. 또한 상담자는 모든 사례기록, 전화 메시지 등을 책상위에 두지 않음으로써 사적인 기록을 공공장소에 남겨놓지 않는 다는 사실을 강화할 수 있다.
④ 사회복지사와 내담자가 공공장소에서 만나게 되는 경우, 내담자가 개의치

않는 태도를 보일지라도 사회복지사는 그들이 비밀을 계속 유지하고 있다는 것을 확신시켜 주어야 한다. 중립적인 화제로 대화를 유도한 후 사적인 시간을 통해 공공장소에서 논의를 피한 이유에 대해 설명할 수 있다.

상담자 자신과 그의 내담자를 보호하기 위한 지침은 다음과 같다.

① 내담자를 참여시켜라. 그들에게 계속 알려주고 정보를 공개하기 위한 그들의 허가를 구하라. 정보의 자유법은 내담자에게 당신의 파일에 접근할 권리를 줄 수도 있음을 기억한다.

② 비밀을 규정하고 제한하는 관련 법규(아동학대 또는 정신건강 법률)에 친숙해져라. 오직 요구되는 정보만 공개한다.

③ NASW의 윤리강령이나 ACA 윤리강령과 같은 전문적인 지침을 검토한다.

④ 안전한 파일 관리제로 내담자의 기록을 보호하라. 다른 사람이 볼 수도 있는 장소에 내담자에 대한 파일, 기록, 전화 메시지를 남겨두지 마라. 전자 저장 장치에 기록된 자료가 보호된다는 것을 보증한다.

⑤ 내담자에 관하여 다른 사람과 논의하는 것이 적합한 것이며 사적이고 전문적인 방식으로 수행된다는 것을 보증하라. 이는 사교적 모임 혹은 레스토랑과 같은 공공장소에서 내담자에 대해 이야기 하지 않는 것이다.

⑥ 면담은 사적이며 자유롭다는 것을 확실하게 한다.

4) 윤리적 딜레마

윤리강령은 허용할 수 있는 행동을 규정하는 것으로서 윤리적인 결정과 의사결정에 있어서 중요한 지침을 제공한다. 그러나 일반적으로 상담전문가에게 발생하는 특정한 상황에 대한 해답을 제공하지는 않는다. 윤리적 딜레마는 경쟁하는 가치사이에서 어떤 선택이 이루어져야 할 때 존재한다. 일반적인 예로 내담자가 어떤 사람에게 해를 끼칠 계획을 밝힐 때 발생하는 비밀에 대한 내담자의 권리와 사회의 권리의 잠재적인 충돌이다.

Cottone과 Tarvydas는 윤리적인 딜레마를 해결하는 데 도움이 될 수 있는 다섯 가지 원칙을 제시하였다.

① 자율성: 개인의 결정에 대한 권리를 존중하는 것

② 선행: 다른 사람에게 선하게 행동하는 것
③ 피해가 없음: 다른 사람에게 해를 끼치지 않는 것
④ 정의: 공정한 것, 다른 사람에게 공평하게 대하는 것
⑤ 성실: 충실, 정직하고 그리고 약속을 지키는 것

이상적인 조건들 아래에서 상담자는 다섯 가지 원칙들을 존중할 수 있지만 윤리적인 의사결정은 주어진 상황 속에서 다섯 가지 원칙 중 어떤 것이 우선권을 가져야 하는지를 확인하고 그 비중을 따지는 것과 관련된다. 또한 윤리적인 딜레마를 해결하기 위한 전문적인 판단은 법률과 윤리강령을 참고하고 슈퍼바이저나 동료와 상의함으로써 제고될 수 있다.

캐나다 상담협회(CCA)는 윤리적 의사결정의 다양한 모델들을 윤리강령에 통합하고자 시도하였으며, 윤리적 의사결정과 윤리적 딜레마 해결을 위한 6단계 절차를 제시하였다.

표 4-1 윤리적 딜레마 해결 6단계

1단계	이 상황에서 핵심적인 윤리적 이슈는 무엇인가?
2단계	어떤 윤리적인 지침이 이 상황과 관련되는가?
3단계	어떤 윤리적인 원칙이 이 상황에서 더욱 중요한가? • 인간의 존엄성의 존중 • 다른 사람에게 의도적으로 해 끼치지 않기 • 관계에서의 성실 • 사회에 대한 책임감 • 책임감 있는 배려 • 자기결정에 대한 존중
4단계	무엇이 가장 중요한 원칙이며, 이러한 원칙이 적용될 때 어떤 위험 요소와 이점이 있는가?
5단계	만일 내가 이 상황에 대해 조금 더 오래 생각해도 똑같이 느낄 것인가? (윤리적인 문제에 의해 촉발되는 감정과 직관을 확인한다.)
6단계	이 상황에서 어떤 행동계획이 가장 도움이 될 것인가? (상담자는 구체적인 행동계획에 따르고, 평가한다.)

구체적 사례에의 적용은 다음과 같다.

Shulz는 6단계의 행동으로 보여주는 사례를 제시하였다. 한 고등학교의 상담자는 내담자인 11학년의 J와 친밀한 관계를 발전시켰는데 이 학생은 그의 고용

주의 돈을 훔치고 있다는 사실을 털어놓았다. 이러한 상황에서 1단계에서 핵심적인 윤리적 문제는 학생 행동의 불법적인 성찰과 비밀보장이 충돌한다는 것이다. 2단계에서 핵심적인 윤리조항은 다른 사람에게 위험이 있는 상황이 있는 예외와 비밀유지를 연계시키는 것을 의미하며 3단계는 보다 중요한 원칙들을 확인한다. 4단계에서는 절도행위를 신고하는 것 신고하지 않는 것 내담자와 계속 상담을 하는 것과 같은 다양한 행동 과정들의 위험요소와 이점들을 고려한다. 5단계에서는 '책임감 있는 배려'와 '사회에 대한 책임감'이 우선되어야 한다고 결론을 내렸다. 6단계에서 상담자는 절도를 계속하도록 두는 것이 책임감 있게 행동하는 것이 아니며 비밀이 깨어져야 한다는 결론을 내렸다고 그의 내담자에게 알림으로써 행동(6단계)을 취했다.

Shulz는 의사결정이 다음과 같이 체계화 될 수 있다고 하였다.

표 4-2 상담중의 의사결정

행동선택	이점	위험요소	잠재적 결과
〈선택1〉 상담에서 이슈에 직면시키는 것을 피한다.	가장 쉬울 수 있다.	문제가 되는 행동이 계속된다. 회피는 내담자의 행동을 암시적으로 묵과하는 것일 수 있다.	상담자는 그의 직업을 잃을 수도 있다. 내담자의 불법적인 행동이 억제되지 않으면, 심각한 결과로 점차 확대될 수도 있다.
〈선택2〉 계속해서 상담한다. 내담자의 행동을 변화시키고 손해를 배상하도록 격려한다.	상담관계를 유지한다.	내담자가 상담에 계속 올 수도 있지만, 행동을 바꾸지는 않는다.	만일 절도가 계속된다면, 내담자의 고용주는 더 큰 손해를 입게 된다. 내담자의 행동이 점차 심해질지도 모른다.
〈선택3〉 내담자에게 말한 후 관련 당국에 그 행위들을 신고한다.	결국은 이것이 내담자가 더 책임감 있게 행동하도록 도울 수 있다. 고용주의 권리를 존중한다.	내담자로서의 J를 잃는다. 어쩌면 다른 내담자도 잃을 수 있다.	처음에 내담자가 화를 낼 수도 있지만, 이 선택은 절도를 그만 두어야 함을 명확하게 전달할 것이다.

가치와 윤리가 대립할 때 어느 것이 우선권을 가져야 하는가에 대한 결정은 고통스러울 정도로 어려울 수 있다. Hepworth, Rooney, Larsen(1997)은 지침으로 다음과 같은 네 가지 원칙을 제안하였다.

① 삶, 건강, 행복 그리고 삶에 필요한 것들에 대한 권리는 비밀의 권리보다 우선한다.
② 행복에 대한 개인의 기본적인 권리는 다른 사람의 사생활, 자유, 자기결정에 대한 권리보다 우선한다.
③ 자기결정에 대한 사람들의 권리는 기본적인 행복에 대한 그들의 권리보다 우선한다.
④ 행복에 대한 개인의 권리는 법률, 정책, 기관의 합의사항보다 우위에 설 수도 있다.

윤리적인 원칙과 법적인 지침에 대한 깊은 지식은 의사결정 과정을 더욱 명확하게 만들 수 있다. 그러나 내담자의 행동이 다른 사람에게 위험이 되는 범위가 어디까지인지는 항상 명확한 것은 아니다.

Hepworth, Rooney, Larsen(1997)는 사람들이 "정보에 근거하여 적절한 의사결정을 내릴 능력이 있다면, 자신에게 가장 이익이 되는 것과 반대되는 것처럼 보이는 행동을 할" 권리를 가지고 있다고 주장하였다. 이것은 실수를 저지를 권리, 다른 사람이 틀렸다고 생각할 수도 있는 행동을 할 권리를 보호하는 것을 의미한다. 그러나 내담자가 자살을 하겠다고 하는 경우처럼 개인의 행동이 죽음으로 끝나게 될 수도 있기 때문에 상담자는 언제 이 원칙의 적용을 포기해야 할지에 대해 고려해야 한다.

5) 객관성

유능한 사회복지사는 내담자의 삶에 친밀하게 익숙해질 수 있다. 객관성은 편견이나 왜곡 없이 상황과 사람들을 이해하는 능력으로 정의된다. 사회복지사가 객관적일 때, 그들은 자신의 개인적인 가치, 신념, 그리고 그들의 이해력을 오염시키는 편견 없이 내담자의 감정, 생각, 그리고 행동을 이해한다.

사회복지사가 객관적으로 되지 못하는 경우를 살펴보면 다음과 같다.

첫째, 상담자가 가정을 하는 것이다. 가정은 단순한 추론, 불충분한 정보 또는 편견에 기초하여 왜곡되거나 잘못된 결론을 내리는 것이다. 내담자와 유사한 경험을 해 본적이 있는 사회복지사는 내담자의 문제와 감정이 똑같을 것이라고

가정할 수 있다. 그 결과 그들은 내담자 특유의 관점에서 조사할 시간을 가지지 않는다. 또한 그들은 용어의 의미에 대해 가정을 할 수도 있다. 이러한 위험은 상담자가 개별 내담자가 생각하는 정의와 의미를 엄밀히 조사할 필요에 대해 계속 주의를 기울인다면 피할 수 있다.

둘째, 내담자와 지나치게 동일시하는 것이다. 지나치게 동일시할 때, 사회복지사는 내담자와 충분한 감정적인 거리를 유지하지 못하게 된다. 그들 자신의 감정과 반응이 내담자의 감정, 반응과 뒤섞이면서 판단이 흐려진다. 자신이 이러한 상태에 있다는 것을 발견한 상담자는 개인적인 상담 또는 슈퍼비전을 통해 객관성을 회복할 수 있다. 또는 내담자를 다른 상담자에게 의뢰하는 것이 필요하다는 결론을 내릴 수도 있다.

셋째, 내담자와 지나치게 연관되었을 경우이다. 이 지나친 연관은 윤리강령에 의해 금지된 이중관계를 포함하며, 또한 사회복지사 자신의 사회적·심리적 요구를 충족시키기 위해 내담자에게 의존하는 관계를 포함한다. 이런 일들이 일어나는 것을 막기 위해 사회복지사는 그들이 자신의 개인적 요구를 다른 방식으로 충족시키고 있다는 것을 확실히 할 필요가 있다. 또한 그들은 그들이 특정한 내담자와 지나치게 연관되어 있다는 신호에 주의해야 한다.

다음은 객관성 상실을 피하기 위해 사회복지사들이 사용할 수 있는 방어 전략을 요약한 것이다.

표 4-3 객관성 유지하기

객관성 상실	사회복지사를 위한 방어전략
가정하기	• 당신의 편견과 편애를 이해하려고 노력하라. • 경청하라. 그러나 다른 사람의 의견에 조정당해서는 안 된다. • 개인적인 요구와 가치에 대한 자각을 발전시켜라. • 호기심을 가져라. 각 내담자의 특유한 관점을 알아보기 위해 그들의 상황을 탐색하라. • 다른 관점에서 브레인스토밍 하거나 다른 견해들을 구하라. • 당신의 결론을 내담자와 함께 점검하여, 그 결론이 내담자의 결론과 부합하는지 알아보라. • 문화적인, 성적인 편견을 모니터하라.

객관성 상실	사회복지사를 위한 방어전략
지나친 동일시	• 취약한 부분을 찾기 위해 반응을 모니터 하라. 내담자의 강렬한 부정적 혹은 긍정적인 반응에 주의하라. • 당신이 치우치지 않을 수 없을 때에는 내담자를 다른 상담으로 의뢰하라. • 당신이 왜 상담자가 되길 원하는지를 알라. 당신의 요구를 이해하라. • 비디오 기록과 같은 도구를 이용하여 면담 중에 영향을 미치거나 통제하고자 하는 부적절한 시도가 있었는지 살펴보라.
지나친 연관	• 내담자 의존을 조장하지 않도록 하라. • 당신이 사회적·심리적 연관과 수용에 대한 당신의 요구를 충족시키기 위해 내담자에게 의존하고 있지 않다는 것을 확실하게 하기 위한 건강관리 프로그램을 개발하라. • 경고 신호를 인식하라(예: 계속해서 시간을 넘겨 면담하는 것, 내담자가 면담에 나타나지 않았을 때 안심하는 것, 내담자에 대한 지나친 걱정, 종결 시점에 도달한 상담 관계를 끝내기 싫어하는 것 등)

6) 능력을 갖추고 일하기

자각은 사회복지사가 스스로 어떤 영역에서 유능한지 그리고 어떤 영역에서는 다른 전문가에게 의뢰하는 것이 좋을지에 대해 중요한 의사결정을 할 수 있게 한다. 상담자는 자신의 능력 범위 안에서만 업무를 수행해야 하며, 자신의 훈련 경력이나 경험을 잘못 전해서는 안 된다. 이것은 내담자에게 어떠한 해도 끼치지 않는다는 것을 보증하는 데 도움을 준다.

Mehr은 그것에 대해 간명하게 표현하였다.

> "최선을 다하라. 어떻게 하는지 아는 것을 행하라. 당신 머리의 바깥으로 나가거나 거기에 머무르지 마라. 그리고 당신 자신의 필요를 위해 내담자를 이용하지 마라"

사회복지사는 일을 모니터해야 하고 그 효과를 평가하기 위해 슈퍼비전, 훈련, 자문을 구해야 한다. 또한 능력을 향상시키기 위해서 그리고 그들의 지식을 최근의 것으로 유지하기 위해 끊임없이 전문가로서의 자신을 발전시키도록 노력해야 한다. 사회복지사와 다른 전문가들은 훈련받지 않은 상태에서 정신의학적 진단을 내리려 해서는 안 된다. 유능한 사회복지사는 그들의 전문성을 뛰어넘는 이슈에 대해서 다른 전문가들의 지원과 도움이 필요하다는 것을 안다.

NASW 강령은 능력을 갖추고 일하는 것에 대해 다음과 같은 분명한 지침들을 제공하고 있다.

① 사회복지사는 자신의 현재 능력 또는 필요한 능력을 취득하려는 계획에 기반해서 책임 혹은 일을 받아들여야 한다.

② 사회복지사는 전문적인 활동과 전문 기능의 수행에 익숙해지고 이를 유지하기 위해 노력해야 한다. 사회복지사는 사회복지에 연관된 새로운 지식을 비판적으로 검토하고 이를 자신의 것으로 만들어야 한다. 사회복지사는 전문적인 문헌을 일상적으로 살펴보아야 하며, 사회복지 업무와 사회복지 윤리에 관련된 교육을 계속 받아야 한다.

③ 사회복지사는 경험적인 지식을 포함하여 사회복지와 사회복지 윤리에 관해 자신이 알고 있는 지식에 기반하여 일을 해야 한다.

내담자는 그들의 상담자가 현재 논의되고 있는 문제에 대해 객관적이며 상담자의 판단이 편견 혹은 해결되지 않는 개인적인 문제에 의해 흐려지지 않는다는 기대를 할 권리를 가진다. NASW 강령은 전문 사회복지사에 대한 지침을 제공하고 있다.

개인적인 문제, 심리사회적인 고통, 법적인 문제, 약물남용, 정신건강상의 문제 때문에 자신의 전문적인 판단과 수행을 방해받는 사회복지사는 즉시 자문을 받고, 문제해결에 필요한 적절한 행동이나 조치, 예를 들어 전문적인 도움 구하기, 업무량의 조정, 또는 내담자와 다른 사람들을 보호하기 위해 필요한 조치 등을 취해야 한다.

7) 면담

면담하는 것은 내담자에게 영향을 끼치거나 내담자를 변화시키고자 하는 어떤 기대 없이 정보를 수집하는 과정이다. 면담을 잘하기 위해서는 내담자의 태도, 감정 그리고 관점을 탐색하고 이해하는 능력이 필요하다. 이러한 능력을 위한 토대는 비판단적인 태도와 적극적인 경청 기술, 침묵 사용, 환언, 요약, 질문을 제대로 적용하는 것이다.

비록 면담의 주요 목적이 정보를 수집하는 것이지만 면담의 과정은 예기치 않게 내담자를 고통스럽거나 잊혀 있던 감정에서 해방시키는 쪽으로 이끌 수도 있다. 따라서 면담에 숙달된 사람은 면담에서 발생되는 예기치 않은 반응을 다룰 수 있는 능력을 가지며, 혹은 적절한 대안적 자원으로 내담자를 의뢰할 수 있는 능력, 내담자를 효과적으로 조사하는 시기와 방법에 대해 알고 있어야 한다.

상담은 숙련된 면담을 요구하지만 문제해결, 고통스러운 감정을 다루는 것, 그리고 새로운 기술을 개발하는 것 같은 활동으로 내담자를 돕는 다른 목적도 부가적으로 가지고 있다. 심리치료사는 성격 변화 혹은 더욱 중한 정신적 장애의 치료에 중점을 두는 밀도 있는 상담을 수행한다. 자기 능력의 한계 내에서 일하려면, 상담자는 오직 그들이 충분하게 훈련받아서 적용할 수 있는 기법과 전략만을 사용해야 한다. 또한 상담자는 경험과 연구 증거에 의해 성공의 가능성이 합리적으로 지지되는 방법을 사용해야 한다. 많은 담당 건수와 상담에서의 감정적인 요구는 정서적·육체적 피로를 불러오고, 이에 따라 수행능력이 떨어질 수 있다. "상담자는 그들 자신의 한계를 인식하고 있어야 하며, 극심한 피로에서 그들 자신과 내담자를 보호하기 위해 행동해야 한다.(Daniluk & Havekamp)"

우리나라 사회복지사 윤리강령의 내용은 다음과 같다.

한국사회복지사 윤리강령은 1980년 공식 제정되어 1982년 1월 15일 사회사업가협회총회(현 한국사회복지사협회)에서 윤리강령을 통과시켰다. 그 후 3차의 개정과정 거쳤으며 윤리강령의 내용은 전체적으로 전문과 윤리기준으로 나뉘는데 내용은 다음과 같다.

우리나라 윤리강령은 크게 전문과 윤리기준으로 구분되는데 전문은 크게 3개 부문으로 나누어 사회복지사의 기본 자세를 다루는데, 첫 번째는 사회복지사의 사상적 기초와 사회복지사의 사명 그리고 행동 기준이 있고 두 번째는 사회복지사의 최선의 노력과 전문가로서의 자기개발을 들고 있다. 세 번째는 사회복지사의 다짐이 명시되어 있다.

다음 윤리 기준은 세부적으로 여섯 항목으로 나뉘는데, 사회복지사의 기본적 윤리기준 즉 전문가로서의 자세와 전문성 개발을 위한 노력, 그리고 경제적 이득에 대한 태도 등을 들고 있다. 그리고 사회복지사의 클라이언트에 대한 윤리기준, 사회복지사의 동료에 대한 윤리기준, 사회복지사의 사회에 대한 윤리기준, 사회복지사의 기관에 대한 윤리기준에 대해서 말하고 있다.

우리나라 윤리강령은 기본적인 윤리기준과 클라이언트에 대한 윤리기준, 사

회복지사의 동료에 대한 윤리기준, 사회복지사의 사회와 기관에 대한 윤리기준을 알아볼 필요가 있다.

5. 사회복지 실천의 가치와 윤리

가치와 윤리의 정의 및 관계, 가치 갈등, 리머의 원칙과 르웬버그와 돌거프의 원칙, 예술가와 과학자로서의 사회복지사를 검토하여 보기로 하자.

1) 가치와 윤리의 관계

사회복지사는 사회복지실천 과정에 있어서 내담자가 옳은 것이 무엇인가를 스스로 결정하도록 도와주기 위해 윤리적 결정을 하여야 한다. 윤리적 결정을 하는데 영향을 미치는 중요한 요인은 사회복지사의 개인적·전문적·사회적 가치이다. 사회복지실천에 기반이 되는 요소는 가치, 인간행동에 관한 지식, 실천기술 및 의도적인 변화이며, 이러한 요소는 사회복지전문직의 주요한 특성이기도 하다.

사실 윤리(Ethics)는 한 집단사회, 직업, 직책의 도덕문제이고 실천적인 면인데 반하여 가치(Values)는 좋고 나쁘며, 옳고 틀린 것에 대한 도덕적 판단기준으로 추구해야 할 이상적인 것이다. 사회복지실천에서의 있어서 가치는 추구해야 하는 이상적인 것과 관련된 것이고, 윤리는 가치를 실현하는 실천적인 것과 관계되는데 가치와 윤리의 차이점은 가치란 무엇이 좋고(good) 바람직한(desirable) 것에 관심을 두는 반면에, 윤리는 무엇이 옳고(right) 바른(correct) 것에 관심을 둔다고 하는 점이다.

사회복지사가 클라이언트를 원조함에 있어서 어떠한 생각을 하는 것이 바람직하며, 문제를 해결할 때 어떻게 처리하는 것이 바람직한 것인지를 판단하게 할 수 있는 것이 가치이다. 즉 가치는 어떤 행동이 좋고 나쁘며, 옳고 틀리며, 바람직하고 바람직하지 못하다는 도덕적 판단의 기준인 동시에 어떤 상태가 행복하고 불행한가를 판단하는 기준이 되기 때문에, 사회복지사가 사회복지를 실천함에 있어서 어떠한 가치를 가지고 있느냐가 결정을 내리는 중요한 요인으로 작용하게 된다.

사회복지 실천의 3대 요소인 가치, 지식, 기술 중에서 바틀렛(bartlett, 1970)은 가치를 중시하였고, 사회복지 전문직 속성 중 가치를 전제로 하는 사회복지 윤리강령을 중시하는 것도 이와 같은 맥락에서 이해할 수 있을 것이다.

프리드랜더(Friedlander)는 인간의 가치를 인간존엄성, 인간의 자율성, 기회의 균등성, 사회적 책임성으로 전제하고 있으며 리머(Reamer)역시 개인의 가치와 존엄성, 개인에 대한 존중, 개인의 변화가능성에 대한 가치부여, 클라이언트의 자기결정권, 비밀보장과 사생활 보장, 적절한 자원과 서비스 제공, 클라이언트에게 권한 부여, 평등한 기회보장, 비차별, 다양성의 존중을 제시하고 있다.

2) 리머의 네 가지 측면

여기서 사회복지의 기본가치를 주장하는 리머의 네 가지 측면은 다음과 같다.

① 사회복지실천의 본질적인 목적과 사명에 이미 가치가 내재되어 있다.
② 사회복지사는 클라이언트와 동료 혹은 다른 사회구성원들과의 관계에서 가치의 영향을 받으므로 사회복지의 전문 가치를 내면화하여야 한다.
③ 사회복지사는 서비스 전달과정의 개입방법이나 개입수준의 결정에서 가치의 영향을 받으므로 사회복지의 전문 가치를 내면화하여야 한다.
④ 사회복지사는 사회복지의 전문 가치를 내면화하고 이에 기초한 실천을 하여야 한다.

로웬버그의 사회복지전문직의 중심 가치는 다음과 같이 기술할 수 있다.

① 개인존중과 인간 존엄에 바탕을 두고 구축되며 클라이언트의 참여, 가치존중 및 수용, 비밀보장, 정직성, 갈등을 다루는 책임성 등의 가치에 의해 증진된다.
② 클라이언트의 선택권리, 서비스개입을 인정하는 권리를 존중한다.
③ 사회제도가 보다 인본주의적이며, 인간의 요구에 반응하는 제도가 되도록 하는데 기여한다.
④ 다양한 인구집단이 가진 고유한 특성을 존중하고 수용하는데 솔선
⑤ 질 높은 실천을 위해서 지식과 기술을 끊임없이 연마하고 자신의 윤리적 행동에 책임을 지게 한다.

3) 예술가와 과학자로서의 사회복지사

예술가와 과학자로서의 사회복지사는 다음과 같이 설명할 수 있다.

사회복지사가 도움을 요청한 특정 개인의 환경, 행동에 초점을 두며, 제한된 시간과 범위 내에서 전문적 지식과 기술을 활용하여 사회복지의 기본적 가치를 실현하는 방향으로 클라이언트를 돕는 관계, 사회복지실천은 예술과 과학이 통합된 응용실천으로 보고 있다.

첫째, 과학적 기반이다. 사회적 조건과 문제에 대한 지식, 사회정책과 프로그램에 관한 지식, 사회현상에 관한 지식, 사회복지전문직에 관한 지식, 사회복지실천 지식, 실천의 효과성과 타당성을 검증하는 통계적 지식을 말한다.

둘째, 예술적 기반이다. 여기는 학습만으로는 배울 수 없는 직관적인 능력 발휘 필요, 동정과 용기, 전문적 관계 형성 및 유지, 희망과 에너지, 개인 가치, 감정이입적인 의사소통, 창조성, 진실성, 판단, 전문가 스타일을 실천하는 것으로 본다.

CHAPTER 05

공리주의 윤리이론

제1절 공리주의의 의의

1. 공리주의의 원리

제레미 벤담과 존 스튜어트 밀의 도덕·정치 철학은 백여 년 이상이나 영국인들의 사고와 정치 행동에 영향을 주었다. 공리주의라고 하는 이 철학만큼 여러 세대들의 상상력을 완벽하게 사로잡은 사고방식도 거의 없었다. 이 철학이 사람들을 매혹시킨 이유는 이 철학이 지닌 단순성과 대부분의 인간들이 이미 믿었던 바를 확인하는 방식을 가진다는 점에 있다. 공리주의는 쾌락과 행복은 만인이 원하는 바라고 하는 일반 명제를 내세웠던 것이다. 만인이 쾌락과 행복을 원한다는 단순한 사실로부터 공리주의자들은 "선"에 대한 모든 도덕적 관념이 행복의 원리란 관점에 의해 가장 잘 이해될 수 있다는 주장을 추론해 냈다. 그들은 행복의 원리를 "최대 다수의 최대 행복"이라고 말했던 바, 그것은 쾌락의 총합이 고통의 총합보다 더 클 때 "선"이 성취된다는 의미였다. 그러므로 만일 한 행위가 쾌락을 성취하고 고통을 제거하는 데 유용하다면 그것은 선이다.

무엇이 선인가에 대한 그 같은 즉각적 설명은 단순성이라는 장점뿐 아니라 과학적 정확성이란 벤담과 밀에 의하면 부가적 장점도 갖는 것이었다. 종전의

윤리학 이론들은 선을 신의 계명, 이성의 명령, 인간성의 목적 완수, 정언 명령에 대한 복종 의무 등으로 규정했기 때문에 이 모든 이론들은 바로 이들 신의 계명, 이성의 명령, 인간성의 목적, 정언 명령들이 무엇으로 구성되어 있는가 하는 괴로운 질문들을 제기했다. 그렇지만 공리성의 원리는 모든 행위를 만인이 알고 있는 하나의 기준, 즉 쾌락으로 측정한다. 공리주의자들은 칸트의 윤리학은 물론 신학의 도덕적 가르침들 및 플라톤과 아리스토텔레스의 고전적 이론들을 회피하기 위해, 그들과 같은 나라 사람들인 영국 경험론자들의 철학적 발자취를 따랐다.

홉스는 이미 인간 본성의 과학을 구성하고자 노력하였고 전통적 도덕 사상에 등을 돌려 자신의 쾌락을 추구하는 모든 사람들의 이기적 관심을 강조했다. 흄도 또한 전통적 철학과 신학의 복잡성을 거부했고 대신에 개인을 중심으로 한 그의 사상체계를 구축하여, 인간들이 물리학의 보편적 법칙들을 인식할 수 있는 이상으로 보편적 도덕적 법칙들을 알 수 있다는 주장을 부정하였다. 흄에 있어서 윤리학의 전 기획은 우리의 공감(共感), 능력은 모든 인간들이 공유하며 그것에 의해 우리가 모든 인류들이 일치하는 하나의 현을 튕기는 듯한 능력에 관심을 가졌다. 공감(sympathy)은 우리가 타인들의 즐거움을 생각할 때 느끼는 쾌락이다. 그리고 이런 이유로 인하여 우리의 도덕적 감정은 우리로 하여금 만일 행위가 쾌락을 주고 고통을 극소화할 때 그 행위를 용인할 만한 것으로 판단하도록 한다. 존 로크도 이와 비슷한 말로 다음과 같이 주장했다. "우리에게 쾌락을 제공해 주는 경향이 이른바 선이며, 우리에게 고통을 주는 경향이 있는 것을 우리는 악이라 부른다."

그러므로 벤담과 밀은 도덕 철학에 있어서 혁신가들은 아니었다. 왜냐하면 공리주의의 원리는 이미 그들 이전의 학자들에 의해 도덕 철학의 일반적 형식 속에 언급되어 왔기 때문이다. 벤담과 밀이 가장 유명한 공리주의자들로 부각된 이유는, 이들이 공리성의 원리를 그들 시대의 많은 문제들에 연결시키는 데 다른 사람들보다 성공적이어서, 19세기 영국에 도덕 사상은 물론 실제적 개혁에도 하나의 철학적 기초를 제공해 주었기 때문이다.

공리의 원리는 이해관계가 걸려있는 당사자의 행복을 증가시키거나 감소시키는 경향에 따라 모든 각각의 행위를 승인하거나 부인하는 원리를 의미한다. 이때 모든 각각의 행위란 개인의 사적인 모든 행위뿐 아니라 정부의 모든 법령의 작용까지를 포함하는 것이다.

벤담은 이러한 공리의 원리에 최대행복 또는 최대복지의 원리라는 말을 덧붙이거나 대안으로 제안하고 있다. 이는 이해관계가 문제시되는 모든 사람의 최대행복이 인간행위의 옳고 타당한 목적, 즉 옳고 타당하고 보편적으로 소망할 수 있는 목적이라는 그런 원리를 간략히 표현한 것이다. 벤담에 의하면 자연은 인류를 고통과 쾌락이라는 두 주권자의 지배하에 두었으며, 따라서 오직 고통과 쾌락만이 우리가 무엇을 할 것인가 뿐 아니라 무엇을 해야 할 것인가를 지적해 준다고 주장한다. 벤담은 쾌락과 고통을 계산할 수 있는 기준으로 강력성, 지속성, 확실성 또는 불확실성, 원근성, 다산성, 순수성, 그리고 영향을 받는 사람들의 수라는 일곱 가지 항목을 들고 있다.

공리주의에 가장 강력하게 반대되는 개념이 바로 '자유주의'이다. 즉, 개인으로 취급되는 사람들의 중요성을 무시하는 비개인적이며, 비인격적인 이론이라는 것이다. 이러한 관점에서 들 수 있는 예가 바로 '소수의 권리'이다. 다수의 최대행복을 위하여 소수의 의견은 침해되기 때문에 이 점에서 공리주의가 부정의하다는 것을 보여준다. 공리주의에 의해 침해를 받게 되는 자유주의의 원리를 '대학 등록금 인상'이라는 것을 예로 들어보면, 공리주의 입장에서 보면 대학 등록금을 올린다는 것은 더욱 심한 불평등을 초래하게 될 것이다. 누구나 평등하게 교육을 받아야 한다는 '기회의 평등'은 전제조건으로 깔고 있어야 한다. 그러나 현재는 일부 돈 많은 사람으로 한정하는 것은 평등한 교육을 받아야 한다는 원칙에 위배되는 행동이다. 교육환경 즉 질적인 개선을 위해 등록금을 인상시킨다면 돈 많은 부유층만이 인상된 등록금의 혜택을 받을 수 있으며 중산층이나 빈곤층의 경우에는 비싸진 등록금에 의해 대처하지 못하게 될 것이다.

공리주의는 공리성을 가치 판단의 기준으로 하는 사상으로 볼 수 있고 19세기 중반 영국에서 나타난 사회사상으로 가치 판단의 기준을 행복과 효용의 증진에 두는 최대 다수의 최대 행복을 실현하는 것이다. 쾌락의 계량가능성을 주장하였던 벤담의 양적 공리주의와 또 다르게 쾌락의 질적 차이를 인정한 밀의 질적 공리주의로 구분 지을 수 있다. 이러한 공리주의는 인간을 파악 할 때 언제나 행복을 추구하고 불행은 피하려는 본성을 가진 존재로 파악하고 윤리적 판단의 기준 역시도 공리적 인간관에 기초해 판단하게 되는 것을 말한다.

최대 다수의 최대 행복을 실현하는 것이야 말로 공리주의의 주된 목표라고

할 수 있으며 행위의 선악을 쾌락의 기준으로 정하는 원리를 여기서는 공리의 원리라고 표현할 수 있다.

2. 공리주의의 성립과정

공리주의는 18세기 영국에서 발전한 도덕철학으로서 당시 영국사회 개혁의 이론적 기초가 되었고, 고전경제학의 자유주의적 경제학을 뒷받침하기도 하였다. 그리고 공리주의는 19세기 말에 나타난 신고전파 경제학과 피구 이후의 후생경제학에 결정적인 영향을 주었다. 이런 관점에서 공리주의는 정통경제학의 형성에 가장 큰 영향을 끼친 철학이라고 할 수 있다.

신고전 경제학에서는 수요이론의 기초가 되는 기수적 효용이론과 서수적 효용이론이 도입되어 있고, 후생경제학에서 파레토 최적과 사회후생함수 개념이 사용되고 있다. 이런 부분은 개인선호도에 따라 고찰해 볼 수도 있을 것이다. 또한 이 개념들의 참된 의미와 그 한계를 알기 위해서 공리주의에 대해서 더 깊이 이해할 필요가 있다. 그리고 공리주의의 사상사적 맥락과 도덕철학으로서의 의의와 한계도 생각해 볼 수 있다.

1) 프랑스 계몽주의

18세기의 프랑스의 계몽주의는 데카르트적(Rene Descartes, 1596~1650)인 합리주의에 영국에서 건너 온 로크(John Locke, 1632~1704)의 철학 및 뉴턴(Issac Newton, 1642~1727) 역학의 영향을 강하게 받아 형성된 사상으로서 강력한 지적 운동으로 나타났다. 우선 프랑스 계몽주의의 형성에 지대한 영향을 미친 데카르트, 로크, 뉴턴의 사상이 여기에 해당된다.

르네상스 이후 철학은 신학의 지배로부터 벗어나려고 애썼다. 이러한 경향의 대표적인 철학자로서 근세철학의 아버지라 불리는 데카르트는 이성을 통해서 확실한 지식을 얻고자 하는 합리주의 철학을 전개하였다. 그는 오직 이성에 의해서 확실한 진리에 도달할 수 있다고 보았고, 따라서 단순한 전통과 권위를 배격하였다.

데카르트는 어떤 학문보다 수학을 좋아했는데 그 이유는 “그 이치의 확실성과 자명성 때문이었다. 데카르트는 신을 부정하지는 않았지만 계시보다는 이성을 우위에 둠으로써 중세 기독교사상과는 커다란 차이점을 보였다. 데카르트의 철학이 그 이후에 종교, 정치, 철학에 가히 혁명적인 변화를 초래하는 이성주의의 기초인 것이다. 그리고 그는 자연과 인간의 육체는 기계적인 자연법칙에 의해 지배되고 있다고 보았다. 그는 『방법서설』에서 다음과 같이 말했다.

> "신은 그러한 법칙을 자연 속에 확립했고, 또한 그러한 관념을 우리들의 영혼 속에 각인하였기에, 우리가 그 점을 십분 반성하여 보면, 이 세상에 있는 일체와 또는 이루어지는 일체가 정확하게 그 법칙을 준수하고 있음을 의심할 수 없게끔 되어 있다."(방법서설, 86)

자연법칙은 신에 의해 확정되나 신도 변경시킬 수 없는 독자성을 지닌다고 보아 이신론적 신관과 자연관을 취하였다(강대석, 1985, 137~8). 데카르트의 기계론적 자연관은 당시 태동하던 근대자연과학의 영향을 받은 것이었으며, 동시에 로크 등의 철학자와 뉴턴같은 과학자들에게 큰 영향을 미쳤다.

17세기 영국의 위대한 철학자인 죤 로크는 당시의 실험적 자연과학에 매료되었고, 동시에 자유주의자들의 영향을 크게 받았다. 드라이버에 따르면 로크는 그의 시대의 구현으로서 세 가지 조류의 종합을 꾀했다. 즉 데카르트적인 철학, 과학자들의 실험적인 방법, 그리고 공리주의적인 경험주의를 조화시키고자 한 것이다(Driver, 1928, 78). 그는 우주가 거대한 기계라는 데카르트적인 체계를 받아들였다. 그러나 인식의 측면에 있어서는 데카르트를 비판하여 생득관념의 존재를 부정하였다. 그는 모든 인식은 경험에서 출발한다고 하여 감각주의적 입장을 나타낸다(강대석, 1985, 98~9). 그의 경험론적 인식론은 신의 관념이 생득관념임을 부정하는 것으로서 유신론의 근거를 약화시켰고, 지식에 있어서 감각의 중요성을 강조하여 실험과학의 위치를 확고히 하였다.

로크는 또한 독특한 도덕철학 및 정치철학을 전개하였다. 그에 의하면 이 거대한 우주라는 기계는 창조주의 무한한 권능과 지혜의 산물이다. 그러므로 모든 사물의 배후에, 그리고 모든 사물 속에는 냉혹한 신적 법칙이 존재하는데 이것이 신법(神法) 혹은 자연법(自然法)이다. 이 법이야말로 정의(正義)의 불변적인 외적 기준이다. 인간은 비록 불완전하지만 이성으로서 자연법을 인식할 수 있다.

무한한 우주를 창조한 전지전능하고 거룩한 존재라는 관념으로부터 우리의 의무와 행위규칙을 도출할 수 있다고 하였다. 그러나 발견할 수 있는 것은 일반원칙일 뿐 세세한 일상의 규칙은 아니며, 신이 인간에게 상당한 재량권을 허용했다고 그는 주장한다. 여기서 그는 공리주의를 수용한다. 인간의 관심사는 "생명, 건강, 안락 및 쾌락을 주는 자연물을 향유하고 피안의 삶을 즐겁게 소망함으로써 이 세상에서 행복하게 되는 것이다."(Driver, 80)

로크의 공리주의는 벤담과 매우 유사하다. "행복과 비참은 인간행동의 두 가지 커다란 원천이다. 이 세상에서 사람들이 서로 다른 방식으로 바쁘게 움직이지만 그들은 모두 행복을 추구하고 비참을 피하려고 하는 것이다."(Driver, 81)

그는 자연법과 공리주의를 어떻게 조화시킬 수 있는가? 로크에 의하면 쾌락은 보편법칙에 복종하는 것 즉 자연법에 따름으로써 인간은 행복해 질 수 있다는 것이다.

로크의 공리주의적 관점은 그의 정치철학에서도 나타난다. 즉 국가는 인간의 행복을 달성하는 수단에 불과할 뿐이며 그 목적을 달성하지 못하는 정부는 새로운 정부로 대체될 필요가 있다. 인간은 본성적으로 사교적이고, 이성적이며, 자유롭고, 평등하다. 그러므로 인간은 천부의 자연권을 가지는데, 그것은 생명, 재산, 자유에 대한 양도할 수 없는 권리이다. 국가의 기능은 바로 이들 권리를 보호하는 것이다. 로크는 자연법사상과 공리주의를 모두 긍정하였고, 양자를 조화시키고자 하였다(Driver, 83~93).

뉴턴은 근세초기 코페르니쿠스, 갈릴레이, 케플러 등이 이미 발견하고 있던 물체의 특수한 운동법칙을 보편화하여 일반적인 운동법칙을 제시한 위대한 물리학자이다. 그는 물론 철학자가 아니지만 그의 역학(力學)이 주는 철학적 의미는 심원하다. 그것은 자연이 철저하게 직선적인 인과법칙에 의해 움직인다고 하는 기계론적 우주관을 확립한 것이다. "자연 속에 존재한다고 생각되었던 본질적인 형식이나 질적 차이를 거부하고 모든 자연현상을 수학적인 관계로 환원시킨 사람이 뉴턴이다." 뉴턴은 무신론자가 아니었지만 자연으로부터 신비적 요소를 배제함으로써 자연과학의 발전에 획기적인 길을 열었다.

칸트(Immanuel Kant, 1724~1804)는 <계몽주의란 무엇인가에 대한 답변>에서 계몽주의를 다음과 같이 정의했다.

"계몽주의는 인간 스스로가 부과한 미성년으로부터 벗어나는 것이다. 미성년이란 타자의 지도 없이는 자기 자신의 오성을 사용할 수 없음을 말한다. 미성숙의 원인이 오성의 결여가 아니라 타자의 지도 없이 자기 자신의 오성을 사용하고자 하는 결단과 용기의 결여일 때, 이 미성숙은 스스로 취한 것이다. <현명해질지어다! 당신 자신의 오성을 사용할 용기를 가져라!>가 계몽주의의 격언이다."

칸트는 독일철학자이지만 그의 정의는 프랑스 계몽주의를 이해하는 데에도 도움이 될 것이다. 계몽철학자들은 인류의 진보를 가로막는 것은 당시의 전통종교와 억압적인 왕정이라고 인식하고 교회와 봉건군주체제를 상대로 맹렬한 사상적 투쟁을 전개하였다. 유명한 계몽철학자들로서 몽테스키외, 꽁디약, 디드로, 달랑베르, 돌바하, 엘베티우스, 볼테르, 루소 등을 들 수 있다.

계몽주의의 주요사상을 다음의 세 가지로 요약할 수 있다고 생각된다.

첫째, 계몽주의는 이성주의이고 과학적 사고방식을 매우 중시한다. 계몽주의는 데카르트의 이성주의를 받아들여서 이성이 진리판단의 최고의 권위자라고 주장하고, 종교적 계시의 우월성을 거부하였으며, 로크가 데카르트의 본유관념을 부정한 입장을 받아들여서 신의 존재의 자명성을 부정하였다. 나아가 우주가 더 이상 신의 지배와 간섭에 의해 운동하는 것이 아니라 내재적인 자연법칙에 의해 운동한다고 하는 뉴튼적 자연철학을 그대로 받아들였다. 인간의 정신과 자연을 지배하는 원리는 모두 이성이므로 인간의 이성은 관찰과 실험에 의해 자연법칙을 발견할 수 있다고 생각하였다. 계몽주의자들은 신은 단지 이 세계를 창조했을 뿐이고 더 이상 간섭하지 않는다고 보는 이신론자이거나 노골적인 무신론자들이었다. 당시의 프랑스교회가 매우 독단적이고 미신적이었으며 동시에 민중을 착취한 점에 비추어 보면 계몽주의자들이 교회에 대해 격렬하게 투쟁한 점이 이해된다. 기독교와 얼마든지 양립가능한 근대과학의 성과를 교회가 체계 내에 수용하지 않았을 때 커다란 저항에 부딪힌 것이다.

둘째, 계몽주의는 로크의 영향을 받아 정치적 자유주의를 주장하였다. 계몽철학자들은 열렬한 자유주의자들이었고, 당시의 절대왕정에 단호히 반대하였다.

셋째, 계몽철학은 낙관주의이며 현세 지향적이다. 로크와 루소가 보여주듯이 계몽철학자들은 홉스와는 달리 인간의 자연적 본성을 매우 긍정적으로 생각했으며, 과학기술의 진보와 교육에 의해 지상에서 낙원을 건설할 수 있다고 하였

다. 원죄와 구원의 필요성은 부정되었고 인간의 관심사는 현세에서의 행복한 삶이었다.

위의 논의로부터 계몽주의가 공리주의철학의 태동에 중요한 영향을 미친 것이 확인된다. 공리주의는 종교의 영향이 약화된 상황에서 매우 현세적이고, 낙관적이며, 감각적인 사조를 바탕으로 출현하였다. 다만 공리주의가 등장하기 위해서는 자연법사상이라는 합리주의가 처리되지 않으면 안 되는 사상이다.

2) 영국 도덕철학

로크는 자연법사상과 공리주의를 조화시키려고 하였는데, 그 후의 영국철학은 자연법사상을 멀리하고 공리주의의 방향으로 전개되었다. 도덕판단의 기준을 신의 계시에 두었던 기독교의 영향을 다소나마 간직했던 자연법사상은 계몽주의가 진전됨에 따라 점점 영향력을 상실하게 되고, 그 대신 인간의 행복을 도덕판단의 기준으로 삼으려는 경향이 강화되었다. 이러한 사조의 중심적 인물로서 로크의 영향을 직접적으로 받은 샤프츠베리(Shaftesbury, 1671~1713)가 있으며, 샤프츠베리의 영향을 받은 허치슨(Francis Hutcheson, 1694~1746), 그리고 흄(David Hume, 1711~1776)을 들 수 있다. 공리주의를 이해하기 위해 이들 선구자의 사상을 검토할 필요가 있다.

샤프츠베리는 도덕적 판단은 이성에 의해서가 아니라 도덕감각(moral sense) 즉 일종의 자연적 본능에 의해 이루어진다고 주장하였다. 이 주장은 도덕판단이 이성의 직관에 의해 이루어진다고 보았던 종래의 주장을 뒤엎는 것으로서 로크의 경험론을 도덕의 영역에 적용한 것이다. 그리고 그는 선이란 사회전체의 복지를 증진시키는 것으로 보았다.

허치슨은 샤프츠베리의 영향을 받아 도덕 판단이 도덕감각에 의해 이루어진다고 하면서 도덕감각이 어떻게 작용하는지 설명하려고 하였다. 도덕감각은 시력과 같이 모든 사람에게 주어져 있지만, 사람에 따라 시력의 차이와 같은 차이가 있을 수 있다. 그러면 어떤 행동을 미덕으로 간주하는가? 예컨대 자비가 미덕으로 간주되는 것은 그것이 다른 사람을 기쁘게 해주기 때문이다. 이 주장에 대해 다른 사람을 기쁘게 하는 것은 모두 덕인가라는 의문이 제기될 수 있다. 이에 대해 그는 도덕 판단은 독특한 종류의 쾌락에 의해 이루어진다고 주장하였다.

허치슨은 도덕감각이 도덕적 행위의 동기가 되기도 한다고 주장하였다. 사람이 덕을 추구하는 것은 유덕한 행위가 그를 기쁘게 하기 때문이라고 한다. 그는 인간의 모든 동기를 자기이익으로 환원시키는 견해에 반대하고 인간성 속에 보편적으로 자비로운 성향이 있다고 하였다.

허치슨과 마찬가지로 스코틀란드 출신인 흄은 공리주의철학의 출현에 결정적인 역할을 하였다. 흄은 자연현상에 원인이 있는 것처럼 인간행동에도 원인이 있다고 보았다. 인간행동에 의외성이 있기는 하지만 일반적으로 예측되는 것이 바로 인과성을 나타내는 것이라고 하였다(Barry Stroud, 1977). 그의 결정론적인 인간관은 홉스에게서 영향을 받은 것으로 보인다. 그러면 인간행동을 일으키는 원인은 무엇인가? 다시 말해 인간행동은 어떻게 해서 이루어지는가? 그는 인간은 이성적이라는 전통적 사고를 뒤집어 다음과 같이 주장한다.

> "첫째, 이성 혼자서는 의지의 어떤 행동의 원인도 될 수 없다. 둘째, 그것은 의지의 방향결정에 있어서 정열을 저지할 수 없다."(Hume, 1958, 413)

이성은 인과관계를 판단하고 주어진 목적을 달성하는 가장 적절한 수단을 발견하는 기능을 한다. 그러나 "충동은 이성으로부터 발생하지 않으며, 다만 이성의 지도를 받을 뿐이다."(Hume, 1958) 이성이 인과관계를 인식해도 그것이 우리에게 아무래도 좋은 것이라면 행동은 취해지지 않는다. 대상물에 대한 욕망이나 혐오가 없다면 비록 그 대상에 대한 지식이 있다고 하더라도 아무런 행동도 하지 않는다. 성향이나 혐오가 모든 행동의 원인이며, 이성은 정념에 봉사하는 도구이다. 그러면 인간행동의 궁극적인 원인은 무엇인가? 흄은 고통을 피하고 쾌락을 얻는 것이라고 하였다. 이것이 인간의 모든 행동의 궁극적인 목적이다.

흄은 도덕적 판단에 있어서도 이성이 무력하고 도덕감각 혹은 도덕 감정이 중요함을 주장하였다. 그에 의하면 우리가 악덕과 미덕을 구별하는 것은 인상(impression)에 의해서이고, 인상이란 감정 혹은 정념이다. 그러므로 도덕판단의 원천은 이성의 추론이 아니고 감정이다(Stroud). 우리가 이성만으로서는 도덕적 판단에 도달할 수 없다는 것을 흄은 다음과 같이 논증하였다.

"도덕은 정념을 자극하고 행동을 낳거나 혹은 제지한다. 이 경우에 이성만으로서는 전적으로 무력하다. 그러므로 도덕의 법칙은 이성의 결론이 아니다 (Hume, 1958).

도덕적 판단이 동기유발적 영향을 지니기 때문에 도덕적 판단이 이성으로 도달될 수 없다는 것이다. 그러면 도덕 감정이란 무엇인가? 도덕 감정은 인간행동이나 인격을 보고 느끼는 쾌감이나 불쾌감이지만 그것으로는 불충분하다. 우리가 느끼는 감정이 이해관계로부터 온 것인지 도덕으로부터 온 것인지 구별이 쉽지 않기 때문이다. 어떤 대상에 대한 우리의 느낌은 우리의 이해관계, 처한 상황에 따라 다르다. 이런 감정이 도덕 감정이 될 수는 없다. 그러므로 도덕 감정은 '지속적이고 일반적인 관점'에서 경험한 감정이라야 한다. "고로 우리의 도덕 판단은 미적 판단과 마찬가지로 항상 우리의 실제적 감정의 직접적 표현은 아니다." 그런 점에서 도덕 판단은 공평무사한 판단이다. 도덕 판단은 우리가 공평한 입장에 섰을 때 느끼게 될 가상적인 감정이며, 이것은 우리의 경험과 추론에 의해 도달할 수 있는 판단이다.

그러면 우리는 어떻게 해서 타인의 행동이나 인격을 인정하거나 비난하는가? 다시 말하면 미덕과 악덕의 원천은 무엇인가?

"덕을 분별한다는 것은 한 인격을 관조하는 것으로부터 어떤 특수한 종류의 만족을 느끼는 것에 다름 아니다. 바로 그 감정이 우리의 칭송과 존경을 구성한다."(Stroud)

우리가 인정하는 행위나 인격의 대부분은 사회 혹은 인류의 복지에 유용하다. 우리가 관대함, 자선, 절제뿐만 아니라 정의, 준법, 신의, 충성 등을 인정하는 것은 그것들의 유용성(utility) 때문이다. 그리고 우리가 인정하는 어떤 행위나 인격은 인류 전체의 복지에 유용하지는 않지만 그들에게는 유용성이 있다. 예컨대 절제, 사리분별, 절약, 그리고 모험심 등이 그런 범주에 속한다. 덕성에 대한 우리의 인정은 우리의 자애심 혹은 자기이익에 기초한 것이 아니다. 왜냐하면 전자의 범주에 속하는 덕성들은 사회전체에 유익하여 우리 자신의 이익에도 부합하지만 후자의 덕성은 우리의 이익과는 무관하기 때문이다. 흄은 이것이 "다른 사람들의 행복이나 비참함이 우리에게 전적으로 무관한 광경은 아니라는"것을 증명한다고 생각하였다(Stroud, 195). 흄은 인간에게 타인의 감정에 공감할 수 있는 능력이 있다고 보았다. 이것은 우리 자신이 타인의 입장에 놓여 있다고 가상할 때 느끼는 상상적 공감이다. 타인의 고통은 나에게 불쾌하고 타인의 즐거움은 내게도 즐거움을 준다. 공감(sympathy)이란 다른 사람들이 느끼고 있는 것을 우리가 느끼는 성향으로 이해될 수 있다. 흄에 따르면 공감이 도덕의 기초라고 할 수 있을 것이다.

제2절 공리주의 이론

1. 제레미 벤담의 공리주의

1) 제레미 벤담의 양적 공리주의

제레미 벤담은 공리주의의 창시자이다. 행동가로서 사유하고 사유자로서 행동한다. 유명한 판놉티콘(원형교도소 또는 감시원), 크레스토마티 학교 등 다양한 아이디어를 만들어 내는 이 쾌락주의의 이론가는 수도승 생활을 한다. 말과 행동의 일치가 되지 않는 것은 아닌지 또 그가 남긴 소원도 좀 비범하다. 자신을 미라(오토아이콘)로 만들어 달라는 등, 최대 다수의 기쁨을 생산할 기계를 제작하는 것이 그의 목표였다. 특이한 인물이라고 할 수 있을 것 같다.

단순하게 행복은 불행보다 더 좋다. 벤담은 계몽주의 시대의 철학의 형이상학적 낙천주의를 잇고 있다. 대체적으로 반 칸트적 성향을 보였다. 행동은 언제나 이익 충족을 목표로 삼는다. 행복은 쾌락들의 합이고, 쾌락은 인간의 판단력이 자신의 기억에 보조 받아 자신에게 쾌락으로 간주하게 하는 것이다. 모든 쾌락은 선이기에 추구되어야 한다. 명확한 쾌락을 측정하고자 쾌락측정기(도덕검온기)를 만들어 낸다. 하지만 쾌락의 추구에도 개인적인 신중이 필요하다. 공동체의 쾌락을 저해하는 것은 저해하고, 막고, 예방하고 처벌해야 한다. 조금은 획기적인 식민지해방, 동성애혐오반대 공리주의적 동물애호를 주장한다. 또한 마르크스는 틀렸지만 그의 적수들도 옳지도 않았다고 말한다. 하지만, 그가 왜 자신의

연구결과를 자신에게는 적용하지 못했을까! 가난한 자들의 행복에 대한 염려는 벤담의 안중에 없다.

벤담의 철학은 오늘날의 정책입안자, 경제학자, 경영자, 일반 시민들에게 막강한 영향력을 미치고 있다. 그가 생각하는 도덕의 최고 원칙은 행복의 극대화이다. 쾌락이 고통을 상회하여 공리를 극대화하는 것이다. 즉 쾌락과 행복을 극대화하고 고통을 최소화하는 것이 옳은 행위의 판단 기준이 된다.

모든 고통과 쾌락은 '감정'에 지배된다. 쾌락이라는 감정, 고통을 피하고자 하는 감정이 모든 옳고 그름의 기준인 셈이다. 이러한 판단기준은 각 개인 뿐만이 아니라 정부의 법과 정책 입안에도 기준이 된다. 벤담이 보기에 공동체란 허구의 집단일 뿐이며 단지 개인들의 총합으로 이해해야 한다고 주장한다. 벤담은 자신의 공리원칙에 강한 자신감이 있었다. 설령 이 원칙에 반대한다 해도 결국은 쾌락을 극대화하고, 고통을 극소화하고자 하는 적용 방법의 차이일 뿐이며 원칙 자체가 문제되는 것이 아니라는 것이다.

벤담은 자신의 원리를 적용한 '원형교도소(판옵티콘)'를 제시했는데, 이는 중앙에 감시탑을 설치해 교도관이 재소자들을 감시하되, 재소자측에서는 감시탑을 볼 수 없게 하여 24시간 감시당한다는 두려움을 줄 수 있다고 하였다. 또한 교도소 운영을 민간업자가 하되 운영비용은 죄수들의 노동력을 통해 충당할 수 있도록 하였다. 실제로 당시에는 받아들여지지 않았지만, 이러한 공리주의에 입각한 효율적 원리는 오늘날 영미의 교도소 운영에 점차 적용되는 실정이다.

또한 벤담은 구빈원을 세워서 극빈자를 강제 수용하는 방안을 세웠다. 일단 거지를 보는 일반인들은 두 가지 측면에서 행복이 감소된다. 정이 많은 사람은 동정심이라는 고통, 정이 없는 사람은 혐오감이라는 고통을 겪는다. 따라서 공리적으로 거지를 길거리에서 마주치지 않게 하는 것이 가치가 있다는 것이다. 설령 거지에게는 부당한 처사가 될 수 있다 하여도 사회의 총 행복을 감안했을 때 강제 수용할 필요가 있다는 것이다. 그렇다면 구빈원의 설립과 운영비용은 또 다른 사회적 고통을 증가시키는 것이 아니냐는 반론이 있는데, 이 역시 구빈원에 수용된 거지들의 노동력을 통해 충당할 수 있다는 것이다.

벤담의 이러한 원리가 가혹해 보일 수도 있지만, 벤담의 목적은 처벌을 하려고 하는 것이 아님을 유념해야 한다. 그는 단지 사회의 공리를 줄이는 문제를 해결해 다수의 행복에 기여하려고 했을 뿐이다. 그러나 벤담의 양적 공리주의는 여러 가지 문제점을 내포하고 있다.

2) 공리주의와 자본주의

영국은 현대 자본주의의 어머니 같은 나라다. 18세기 산업혁명은 공업 생산량을 급격하게 증가시켰고, 그에 따라 원료 수입과 상품 수출을 위한 상업이 발달했다. 자본주의는 이 가운데 탄생했다. 더군다나 영국은 많은 식민지 덕택에 '해가 지지 않는 나라'라는 별명을 가질 정도로 그 당시 세계를 이끈 주도 국가였다. 그러니 영국적 가치관은 그 시대를 대변하는 철학일 수밖에 없었다.

그 뒤 영국에서 탄생한 자본주의는 그대로 현대 문명의 기본 틀이 되었다. 이 때문에 18세기 영국의 가치관과 철학은 지금 사람들에게 그대로 영향을 미치고 있다. 그러면 그 당시 영국을 주름잡던 철학은 무엇이었을까? 바로 '최대 다수의 최대 행복'이라는 말로 유명한 공리주의다.

'최대 다수의 최대 행복'이라는 벤담의 생각은 자본주의에 날개를 달아 준 것이나 다름없다. 현대인들에게 이 말은 사회 구성원의 모두를 행복하게 만들어 준다는 복지국가의 이념으로 들릴지도 모르겠다. 그렇지만 '최대 다수'가 꼭 모든 사람을 의미하는 것도, '최대 행복' 역시 반드시 모든 이에게 쾌락이 골고루 돌아가야 한다는 뜻도 아니었다. 밴담의 주장은 "파이를 어떻게 나눌지 부터 걱정하지 마라. 파이 자체를 키우면 모두에게 돌아갈 몫이 커진다."라는 지금의 대기업 논리와 정확히 일치한다. 사람들은 제각각 자신의 이익만을 위해 다투지만, 전체적으로 보면 사회적 부가 커져 모두가 행복하게 된다는 논리 말이다. 여기에 제자인 밀이 한몫 거든다.

> "사람들 대부분은, 만약 당신이 짐승이 되어 준다면 동물적 쾌락을 완전히 누리게 해 주겠다는 제안을 거절할 것이다. 지성이 있는 인간은 누구나 자신을 바보로 만드는데 동의하지 않기 때문이다. 만족한 돼지이기 보다 만족하지 않은 인간인 것이 좋다. 만족한 바보이기 보다는 만족하지 않은 소크라테스인 것이 좋다."

쾌락을 추구하도록 사람들을 멋대로 풀어놓아도, 결국 인간은 정의나 선, 도덕 같은 인간다운 가치를 스스로 추구하게 된다는 뜻이다. 이런 상황에서라면

교회나 국가가 나설 자리는 없다. 자본가들의 의지에 따라 경제 활동을 북돋아 준다면 모든 문제는 저절로 풀릴 것이다. 나아가 정치 사상가로서 밀은 현대 자본주의의 근간이 될 만한 중요한 사회 원칙을 제시했다. 이른바 '타인 위해의 원칙'이 그것이다. "정부가 개인의 생활에 간섭할 수 있는 경우는, 한 사람의 행위가 다른 사람에게 해를 끼치는 상황으로만 한정해야 한다." 곧 명확하게 상대를 해치는 경우가 아니라면 국가는 개인의 재산이나 권리를 절대 침해해서는 안 된다는 의미다. 제러미 벤담이 확립한 공리주의를 한마디로 표현하면 '행복 극대화'이다.

쾌락은 추구해야 하고, 고통은 막는 것, 이것을 목적으로 하는 것이 옳은 행위라는 것이다. 여기서, 우리는 모든 현상을 수치로 나타낼 수 있다고 가정한다. 물질적 이익뿐만 아니라 심리적 이익, 그리고 사람 목숨과 같은 것까지 기본적으로 공리주의 계산 방식은 사회가 얻는 총 이익이 지불되는 대가이다. 이것이 큰 선택이 옳은 선택이고 행위라는 것이다.

하지만 공리주의의 가장 큰 취약점은 바로 개인의 권리, 천부인권을 아예 무시할 수도 있다는 것이다. 예를 들어, 절대다수가 어떤 한사람을 아무 이유 없이 싫어한다고 가정하면, 절대적 다수의 행복을 위하여 한사람의 목숨은 희생되어야 한다는 것이 공리주의의 입장이다.

사실상 이것은 현대를 사는 우리로서는 납득할 수 없을 것이다. 또 하나의 취약점은 과연 모든 가치들을 돈으로, 즉 '저울로 측정할 수 있는가?'의 문제이다. 미국고속도로 교통안전국은, 장례비용, 피해자의 고통, 미래의 인력 손실 등을 계산해 사람의 목숨을 20만 달러(한화 약 2억 2천만 원)로 계산했다. 하지만 이것이 옳은 계산일까? 이것이 옳은 계산이라면, 분명 2억 2천만 원 이상의 가격에 목숨을 파는 것은, 합리적인 소비라고 할 수 있다.

하지만 2억 2천만 원의 2배를 쳐준다고 해도, 목숨을 팔 수 있는 사람은 얼마나 될까? 아마 거의 없을 것이다. 공리주의, 흔히 최대다수의 최대 행복의 원칙이라고 하고, 이 말은 합당해 보인다. 하지만 그 속에는 수많은 도덕문제들이 숨어있다. 최대다수의 최대 행복이 우리가 추구해야하는 길일까? 솔직히 첫 번째 취약점, 즉 개인의 인권이 무시된다는 측면은 사회의 행복이 극대화된다면 충분히 희생할 수 있다고 생각할 수 있는가?

사회의 행복이 증대되려면, 대부분 희생이 꼭 필요한 데, 분명히 '어떤' 희생이 불가피하다는 점에서 개인의 희생은 충분히 이루어 질 수 있다고 본다. 하지만, 두 번째 취약점, 모든 가치들을 하나의 저울로 측정할 수 있는가? 그 사람이 사망한 뒤의 고통이나 행복은 아무도 알 수 없을 것이다. 죽음의 고통과 같은 것은 계산할 수 없다. 어쩌면 한 사람의 희생에 따르는 개인의 고통이 사회 전체의 행복보다 더 클 수도 있는 것이다. 복지와 행복은 수치와 금전적인 보조만으로 이루어질 수 있을까.

만물을 수치화 할 수 있다는 것은 잘못된 얘기고, 결국 최대다수의 최대행복은, 행복과 대가의 수치를 계산할 수 없기 때문에 성립될 수 없다.

3) 공리성의 원리

벤담은 그의 저서 『도덕 및 입법 원리 입문』을 다음과 같은 고전적 문장으로부터 시작한다. "자연은 인류를 두 개의 주권적 주인, 즉 고통과 쾌락의 지배하에 위치시켜 놓았다. 그것들만이 우리가 무엇을 할 것인가를 결정해 주는 동시에 우리가 마땅히 행하여야 할 바를 지적해 준다." 쾌락과 고통의 지배를 받는다는 것은 우리 모두가 인정하고 있는 사실이다.

권리를 행사한 뒤 행위에 대한 의무가 사회적이나 개인적으로 제대로 설명이 되지 않을 때 정의롭지 못하다는 평가가 내려진다. 그래서 사람들은 자신의 행동이 옳다는 혹은 정의롭다는 것을 위해 끊임없이 고민하고 자신을 합리화시키기도 한다.

하나님이 인간을 창조하였지만 이내 타락해 죄인이 되어버렸다. 인간은 성선설보다는 성악설에 더욱 어울리는 기질을 가지고 있다. 정의란 무엇인가를 질문하기 전에 인간의 근성은 악하기 때문에 나쁜 상황에 더 많이 노출돼있고, 자신의 이익을 먼저 생각한다는 걸 알아야 한다. 이 본성들은 채워질수록 더한 탐욕을 낳기 때문에 현대 사회에서 '정의'의 기준은 그 의미를 더하고 있다.

정의를 판가름하는 기준은 행위주체가 그 일에 대한 의무를 다하는 것, 즉 책임질 수 있는가의 문제이다. 책임이란 진실함을 바탕으로 대상을 보호함을 의미한다. 미래의 결과를 책임질 수 없고 대상을 보호할 수 없다면 그 행위는 정의롭다 말할 수 없다. 성악설에 의지해 정의의 소재인 행복, 자유, 미덕들은 모두 인간이 욕망이나 쾌락에 의해 결정된다고 해도 무리가 없다.

제레미 벤담은 자신의 공리주의에서 '최대다수의 최대행복'을 말한다. 고통과 쾌락에 우리의 주권이 달려있고, 사회 전체의 행복극대화를 추구한다. 개인의 인권이나 존엄성과 가치는 고려하지 않는다. 만족 못하는 소크라테스와 만족하는 돼지를 분별할 필요가 없다. 소크라테스와 돼지의 만족의 합이 최대면 그것이 최선이라 주장한다.

4) 공리주의에 입각한 판단사례

바다에 표류한 4명의 선원이 더 이상 먹을 식량이 떨어지자, 병에 걸리고, 나이가 가장 어린 선원을 죽여서 잡아먹었다. 나머지 3명은 이 한사람의 희생을 통해 생명을 연명하다 구조가 되었고, 본국에 돌아가서 재판을 받게 되었다. 피고가 된 생존자들의 논리는 최악의 상황에서의 최선의 선택임을 강조했다. 누군가를 죽여서 먹지 않으면 모두가 죽을 수밖에 없었는데, 어차피 병에 걸린 아이는 죽을 상황이었기에 다수를 위해 소수의 희생을 정당화할 수 있다는 것이었다.

이러한 논리에 대한 두 가지 반박이 가능하다. 첫째, 어린 선원을 잡아먹어 얻은 이익이 희생보다 정말 더 큰가? 물론 살아난 사람의 숫자, 가족의 기쁨 총량은 증가하겠지만, 이러한 사례가 정당화되면 사회 전체적으로 나쁜 결과를 초래할 수 있다. 살인에 대한 사회적 기준의 약화, 법의 자의적 해석 등이 있다. 두 번째, 설령 아이의 희생이라는 비용보다 잡아먹은 이익이 더 크다 할지라도 사람을 잡아먹는 행위 자체가 용서될 수 있는가? 본인의 동의 없이 목숨을 빼앗는 것은 정서에 맞지 않는다는 도덕적 비판이 가능하다.

위의 사례에서 다수의 선원들이 판단한 논리, 그리고 첫 번째 반박이 바로 공리주의의 판단방식이다.

2. 존 스튜어트 밀

1) 존 스튜어트 밀의 이론

밀은 <자유론>에서 공리의 양보다 질, 도덕과 가치를 중요시한다. 공리주의 입장에서 학교에서 '왕따'를 당하는 학생의 경우 괴롭히는 다른 학생들의 쾌락이 크므로 최대다수 행복이라는 비용편익 분석에 맞다. 그러나 이것을 올바르다

말할 사람은 거의 없을 것이다. 괴롭히는 학생들은 자신의 쾌락을 위해 '남을 괴롭히면 안 된다'는 명제를 알고도 '왕따' 학생의 인격을 무시하고, 정신적인 고통을 주는 책임질 수 없는 정의롭지 못한 행동을 하는 것이다.

밀에 의하면 아무리 좋은 결과를 가져올 것이라 해도 행위의 대상의 인격과 가치, 그리고 자유의지를 침범해서는 안 된다. 경찰이 살인용의자가 다음에 누군가를 살인 할 것이라는 확실한 정보를 들었다고 심증만으로 그를 구속할 수는 없는 일이다. 만일 구속해 버린다면 용의자의 자유를 빼앗는 책임을 져야 하기 때문이다. 낙태의 경우도 마찬가지이다. 낙태를 해서 주변과 자신에게 득이 될 수도 있지만 사회가 법으로 이를 금지시켰다면 책임을 감수해야 할 것이다. 금융위기 때 대형금융회사들이 세금으로 정부의 사상 최대의 지원을 받았음에도 임원들에게 수천억의 상여금을 지급했다. 하지만 세금으로 부당이득을 챙긴 것이라는 국민들의 분노, 미래의 결과를 예상치 못했고 이를 감당할 수 없었기 때문에 상여금의 대부분을 회수해야 했다. 고문의 경우는 고문을 하는 것으로부터 상대방의 정보를 얻는 소기의 목적을 달성한다는 확실한 결과를 보장하지 못하므로 적법한지에 대해 논란이 되고 있다. 앞사람을 밀어 달려오는 기차 앞에 서 있는 다른 사람들을 살릴 수 있다 해도 공리주의적인 면에서는 많은 사람을 살리는 결과적으로 좋은 일 일 수 있지만, 자신은 죽은 사람에 대해 돌이킬 수 없는 과오를 저지른 것이고, 스스로 살인범이 되는 미래의 결과를 책임질 수 있어야 한다.

대부분의 상황들은 얼마나 좋은 일인가가 아닌 얼마나 나쁘지 않은가의 여부를 우리에게 묻고 있다. 이 질문에 무엇이 최선이고 '정의'인가는 상황을 바라보는 태도로 결정된다. 즉 정의란 선과 악의 혼재 속에서 미래에 대해 확실한 책임을 질 수 있을 때 가능한 것이다.

존 스튜어트 밀은 아버지의 잘못된 교육이 만들어 낸 인물로 아버지의 강압적인 교육으로 자라왔지만, 성장한 후 아버지의 실패를 말하고 있다. 철학자로써는 특이하게 인도회사에 직원으로 35년간 근무하였고, '공리주의자'로 자부하기를 포기한 인물이다. 분석하는 습관은 감정을 메마르게 한다고 보았고, 행복이 모든 행동규칙과 인생목적의 기준이 된다고 주장했다. 연대적인 즐거움을 찾아서 세계를 위한 쾌락을 추구하라고 말한다.

2) 쾌락의 질

부모의 꼭두각시 같은 모습에서 신경쇠약을 거치면서 그는 온건한 사회주의자로 변화한다. 그의 낭만주의 삶 그 속에 유부녀 해리엇을 사랑, 그리고 그녀의 남편과의 계약, 해리엇과 결혼 등 좀 특이한 사랑을 하고, 불륜을 행하지 않고, 그녀의 남편과 한 약속은 철저히 지킨다. 철학적 급진주의, 자유주의적 사회주의로 밀은 질을 추구하는 정교한 공리주의, 도덕은 쾌락을 모색하고 불쾌를 피하는 데 있다. 쾌락의 양보다는 쾌락의 질이 중요하다. 벤담은 양을 중시하는 기계적인 공리주의자로, 밀과 벤담은 여러모로 비교가 된다.

동물적인 쾌락보다는 인간적인 쾌락을, 쾌락의 질은 인간의 주관적 능력에 의해서 결정된다고 보았고, 문화적 쾌락과 자연적 쾌락, 세련된 쾌락과 범속한 쾌락으로 구분하였다. 역사는 혁명이 불의를 무너뜨리기보다 훨씬 자주 더 많은 불의를 생산하는 것을 증명한다. 개인주의적 사회주의, 하지만 본질적으로 사회는 단일성을 원한다. 개인의 자유가 타자에게 해가 되지 않는 한도에서 개인이 완전히 자유롭기를 원한다. 진실을 오류와 동시에 공개함은 사회 발전을, 결국 최대다수의 행복을 가속시킨다. 각자가 자신의 선택한 양식들에 따라 자신의 삶을 창안할 절대적 권리를 가진다는 것이다. 정의란 최대 다수의 최대 쾌락과 혼동되는 사회적 유용성이다.

3. 개인의 자유 · 권리

공리주의에 대한 반박으로는 개인의 권리를 존중하지 않는다. 또 다른 반박은 행복을 단일 통화로 계량화하고 통합하고 계산한다. 도덕적 행위를 단일통화로 바꾸는데 과연 모든 가치가 공통된 단일통화로 파악될 수 있는가의 문제이다. 어째든 기초가 되는 도덕과학을 제공한다. 필립 모리스의 폐암으로 조기 사망 시 비용편익의 분석과 폭발하는 가스탱크의 안전장치 부착 여부와 노인할인 등이 주요사례이다.

위 반박에 대하여 '죤 스튜어트 밀'은 개인의 자유옹호는 전적으로 공리주의에 달려 있다고 주장한다. 그는 막역한 권리 덕에 남보다 유리한 입장에 선다고 판단되면 그런 이익은 공리와 무관한 것이어서 거부하겠다.

밀은 공리는 넓은 의미의 공리라야 하고 진보하는 존재인 인간에게 영원히 이익을 줄 수 있는 공리라야만 한다. 반대 의견을 낼 개인의 자유와 권리를 옹호하면 장기적으로 사회가 행복해진다. 문제는 전제적인 수단을 동원해 장기적인 행복을 얻으려는 사회에서 개인의 권리는 볼모로 잡힌 꼴이다. 둘째, 권리를 공리주의 시각에서 본다면 누군가의 권리를 침해했을 때 당사자에게는 부당행위가 된다는 사실을 간과 할 수 있다. 즉 믿음이 다르다는 이유로 다수가 소수를 박해할 때 그 믿음을 인정했을 때 장기적으로 사회 전체에 악 영향을 미칠 수 있다 해도 박해 받는 개인에게는 부당한 일이 된다.

공리주의의 문제점은 다음과 같다.

첫째, 다양한 가치들 간의 상충을 해결할 수 없다.

둘째, 개인의 자유를 충분히 고려하지 않는다.

셋째, 공리주의는 사회이익의 총량을 최대화 하는데 유난히 주안점을 두다보니 "목적이 수단을 정당화 한다"는 논리를 옹호한다.

넷째, 인권이 설 자리가 없다. 벤담은 효용계산에 우선하거나 효용계산과는 별개로 존재하는 인권이라는 개념 자체를 강력히 반대한다.

일단 기본적으로 공리주의라는 것에 대해 이해를 하자면, 공리주의는 가능하면 최대 다수의 최대 행복, 즉 공리를 최대화시키는 결론을 내려야한다는 사상이다.

> "선원이 배를 타다가 배가 표류하게 되어 선원 몇이서 작은 보트에 소량의 식량을 싣고 바다에 표류하게 되었다. 선원이 여럿 탔는데 한 선원은 힘이 약하고 병에 걸려 다수의 행복에 도움이 되지 않았다. 그러다가 식량이 다 떨어지게 되어 모두가 굶어 죽게 생겼는데 이때 선원 중 한명이 병에 걸린 선원을 죽여서 식량으로 쓰자고 제안하였다."

이 경우 공리주의에서는 병에 걸려 힘이 없는 한 사람의 희생으로 최대한의 다수가 행복을 얻을 수 있기에 그 선원을 희생시키는 것이 옳다고 생각한다.

다른 예시를 들자면,

> "어느 마을에서 한 소년이 살았다. 그런데 이 소년에게 좋은 일이 생기면 마을 전체에게 나쁜 일이 생기는 것이었다. 마을 사람들은 마을 전체의 행복을 위하여 소년을 빛도 들지 않고 추운 방에 가두었으며, 먹을 것도 제대로 주지 않아 소년을 병약하게 만들었다."

이런 경우에서도 일반적인 공리주의 개념으로 보자면, 공리주의자들은 소년을 잡아가두어 불행하게 만드는 것에 대해 비판하지 않는다. 다소 극단적인 예시로 살펴보았지만, 이러한 예시들이 공리주의를 가장 잘 반영한다고 볼 수 있겠다.

요약한다면, 절대적인 최대다수의 최대 행복론이 되는데 여기서, 인간이 가지는 도덕적인 개념을 무시하는 경우도 있는 생각이다. 그렇다면 이러한 생각을 전제로 두고, 벤담과 밀의 생각이 어떻게 다르냐가 중요하다.

먼저 벤담은, 공리주의에서 행복의 총량을 수량화하여 있다고 생각하였다. 또한 각각의 행복의 총량, 그러니까 표현을 쉽게 하기 위하여, 모두의 행복지수는 같은 일에 대해 동일하게 반응한다고 생각하였다. 이러한 벤담의 공리주의를 양적 공리주의라고도 한다. 또한 벤담은 스스로의 주장을 뒷받침하기 위해 행복의 양을 계산할 수 있는 다양한 척도까지 제시하기도 했다. 이러한 벤담의 공리주의에서 공리를 증가하는 행동은 합리적인 선택이 되고, 반대의 경우는 비합리적 선택이 된다.

> "자연은 인류를 고통과 쾌락이라는 두 군주의 지배 아래 두었다. 우리가 무엇을 하게 될 것인지를 결정하는 것은 물론, 우리가 무엇을 해야 할까를 지적하는 것도 오로지 이 두 군주에 달려 있다."

벤담은 인간의 행동의 목적이 결국 행복 혹은 고통으로 귀결된다는 근거를 바탕으로 공리주의를 전개하였고, 이를 바탕으로 공리주의를 창시하였으며, 다수의 행복 또는 다수의 고통을 기준으로 결정을 내려야한다고 생각하였다. 이것이 공리주의 초창기의 원리, 벤담의 원리이다. 이러한 공리주의에서, 인간의 기본적인 정의, 도덕은 무시될 수 있다.

반대로 밀의 공리주의는 벤담과는 반대로 질적 공리주의라 불리는 데, 밀은 각각의 개개인의 행복에도 질적인 차이가 있다고 생각하였다.

제3절 벤담의 파놉티콘 구상

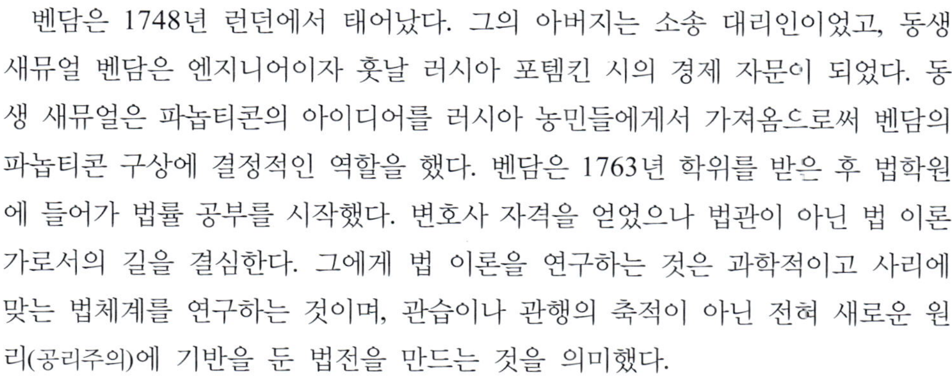

벤담은 1748년 런던에서 태어났다. 그의 아버지는 소송 대리인이었고, 동생 새뮤얼 벤담은 엔지니어이자 훗날 러시아 포템킨 시의 경제 자문이 되었다. 동생 새뮤얼은 파놉티콘의 아이디어를 러시아 농민들에게서 가져옴으로써 벤담의 파놉티콘 구상에 결정적인 역할을 했다. 벤담은 1763년 학위를 받은 후 법학원에 들어가 법률 공부를 시작했다. 변호사 자격을 얻었으나 법관이 아닌 법 이론가로서의 길을 결심한다. 그에게 법 이론을 연구하는 것은 과학적이고 사리에 맞는 법체계를 연구하는 것이며, 관습이나 관행의 축적이 아닌 전혀 새로운 원리(공리주의)에 기반을 둔 법전을 만드는 것을 의미했다.

그는 법이 따라야 할 것으로서 과학적이고 계산된 유용성을 제시한다. 벤담은 어떤 행위가 행복을 증진시키는 경향을 가질 때 옳은 행위이고 반대의 경우는 그른 행위라고 믿었는데, 여기서 말하는 행복이란 행위자의 행복이 아니라 행위에 영향을 받는 모든 사람의 행복이다. 또한 유용성의 원리에 입각해 모든 처벌은 고통을 수반하는 악이므로 '더 큰 악을 배제할 가능성이 있는 한에서만' 사용해야 한다고 했다. 그의 "내 인생의 모든 순간은 계산되어 있다"라는 말을 통해 계산 가능한 것에 대해 철저하게 생각하는 태도를 알 수 있다. 유용성과 계산 가능성을 사회적으로 생각하면 모든 것을 경제 질서아래에 두자는 것이다. 이것이 묶여 무엇을 만들어내는데 누구의 노동이 얼마나 들어갔느냐를 따지는 노동가치설이 도출된다. 따라서 유용성, 계산 가능성, 노동가치설이 벤담을 이해하는 핵심 개념이다.

파놉티콘은 감옥 건축 계획이다. 그러나 이것은 완벽한 감시를 통해 수감자를 교정하려는 목적만으로 계획된 것은 아니다. 파놉티콘은 벤담이 일생 동안 연구하고 생각해온 것, 즉 법률이나 구호 제도, 경찰 체계, 특히 교육과 노동, 경제 제도를 현실에서 구체화할 수 있는 표준 모델이다. 벤담은 파놉티콘을 통해서 모든 사회 문제를 해결할 수 있다고 믿었다. 나아가 그는 당대 사회를 완벽한 유용성·계산가능성에 기반을 둔 자본주의로 재배열하여, 마치 만유인력으로 우주를 재구성한 뉴턴처럼 자신의 신념에 따른 새로운 우주를 꿈꿨다.

벤담은 왜 파놉티콘을 구상했는가? 18세기 후반의 산업혁명으로 촉발된 자본

주의와 합리주의가 본격화되는 전환기 속에서, 그가 구상한 이상 사회 원리를 구체화하고 실현하기 위해 우선적으로 필요했던 것은 그가 원하는 방식으로 사람을 개선시킬 수 있도록 완벽하게 통제할 수 있는 수단이었다. 그는 왜 감옥을 선택했는가? 당시 무척 혼란했던 사회 개혁의 중심에는 감옥이 있었다. 감옥은 새로운 질서를 위해 개선되어야 할 사람들이 모여 있는 곳으로, 사회 개혁의 최전선이었다. 근대 이전의 감옥은 재판과 형벌을 받기 위한 대기실에 지나지 않았다. 그러나 자본주의 질서에서는 생산력이 없는 사람들에게 노동이나 처벌로 그 대가를 지불하도록 했다. 또한 전통적 처벌 방식인 신체형(특히 공개 처형)에 대한 반발이 생겨났고, 형벌 자체가 완화되어 주로 구금형으로 이루어졌다. 결과적으로 감옥에 사람이 넘쳐나게 되었고, 모든 악의 소굴이자 질병의 근원으로 인식되기 시작했다. 근대 감옥은 18세기 후반 생산력이 없는 이들을 수용하기 위한 구빈원이나 병원 등의 수용 시설을 모델로, 사법 기관과는 독립적으로 만들어졌다. 즉 처벌 그 자체가 목적이 아니라 재사회화와 교화를 목적으로 한 것이다. 1779년에 하워드의 영향을 받은 감옥 법령이 발효되었지만 비인간적인 처벌과 현실과 괴리된 이상적인 감금 체계는 명백한 한계를 드러냈다. 그리고 이러한 상황과 당시 감옥의 한계가 벤담이 <파놉티콘>을 쓰고 제안하게 된 맥락이다.

1. 파놉티콘의 목적과 건축

만일 다수의 사람에게 일어나는 일을 모두 파악할 수 있는, 그리고 우리가 원하는 방식으로 이끌 수 있도록 그들을 에워쌀 수 있는, 그들의 행동과 인적 관계, 생활환경 전체를 확인하고 그 어느 것도 우리의 감시에서 벗어나거나 의도에 어긋나지 않도록 할 수 있는 수단이 있다면, 이것은 국가가 여러 주요 목적에 사용할 수 있는 정말 유용하고 효력 있는 도구임에 틀림없다. 우리는 새롭고도 유용한 이 아이디어가, 현재까지 많은 사람을 모아서 이뤄낸 힘을 능가하는 감시 권력을 단 한 사람에게 줄 것임을 확신하게 될 것이다.

감옥을 완전하게 개혁한다는 것은 죄수들이 바른 행동을 하도록 교화를 보장하고, 지금까지 신체적·정신적 타락으로 오염된 건강과 청결, 질서, 근면을 확고하게 하며, 비용을 감소시키면서도 공공의 안전을 견고히 하는 것이다. 그리고 간단한 건축 아이디어로 이 모든 것을 이루려는 것이 바로 이 글의 목적이다. 이는 공리주의자들의 유토피아이자 근대 자연과학의 목적이며, 유용성과 효율성의 원리·합리적(계산적·타산적) 존재로서의 인간을 기반으로 하고 있다. 벤담은 18세기 말 감옥의 문제를 지적하며, 대안으로 감독(inspection)과 감시를 제시한다.

이 감옥은 원형 건물이며, 둘레에 둥근 6층짜리 바깥 건물이 있고 이곳이 죄수들의 수용실이다. 수용실 내부는 두껍지 않은 쇠창살로 되어 있어 한눈에 안을 볼 수 있다. 중앙에는 탑이 하나 있고 그곳에 감독관들이 머문다. 탑은 3층이고 각 층은 수감자 수용실들을 2층씩 내려다보도록 구성되었다. 또한 감시탑은 바깥을 환히 내다볼 수 있는 발로 가려진 복도로 둘러싸여 있다. 각 수용실과 감시탑은 흰색 철관으로 연결되어 있다. 그리고 수감자들이 감독관들에게 대항할 가능성을 제거하기 위해 탑과 수용실 사이에는 반지 모양의 우물 즉 빈 공간이 있어야 한다.

자신을 드러내지 않는 감독관은 마치 유령처럼 군림한다. 이 유령은 필요할 때는 곧바로 자신이 존재한다는 증거를 드러낼 수 있다. 파놉티콘은 진행되는 모든 것을 한눈에 파악할 수 있는 능력을 의미하며, 이것이 이 감옥의 본질적인 장점이다. 파놉티콘에서는 일요일마다 감시탑이 개방된 교회당이 된다. 이로써 외부 사람들의 출입이 허용되고, 수감자들은 수용실 내에서 예배를 보거나 들을 수 있다. 이러한 표상들로 인해 이 감옥은 범죄에 대한 공포를 각인시키는 하나의 도덕 극장이 된다.

2. 파놉티콘의 관리와 운영

모든 것은 경제적인 방식으로, 성과 지향적인 행정 방식으로, 대중 감시하의 관리 책임자나 그 책임자의 지배 아래 고용인들을 두는 내부적인 감시 종속방식으로 이루어져야 한다.

1) 감옥 운영의 세 가지 원칙

① 고통 완화의 원칙: 수감자의 일상적인 상황이 건강 혹은 생명에 해를 끼치

거나 치명적인 신체적 고통을 동반해서는 안 된다.

② 엄격함의 원칙: 생활, 건강, 신체적 편안함 외에, 수감자에게 죄 없고 자유로운 가난한 사회 구성원보다 더 좋은 조건을 제공해서는 안 된다.

③ 경제성의 원칙(벤담이 가장 중요하게 생각함): 생활, 건강, 신체적 편안함, 필요한 교육, 수감자의 미래 소득 외에, 경제성은 관리에 관한 모든 대상 중에서 가장 먼저 고려되어야 한다. 경제성 안에 1, 2원칙이 환원된다.

2) 계약에 의한 관리와 신뢰에 의한 관리의 비교

그가 강조한 경제성의 원칙에 따라 감옥은 경제적으로 운영되어야 하고, 따라서 사적 이익에 맡겨야 한다. 이를 구체화시킨 것이 계약에 의한 관리이다. 계약에 의한 관리는 태만하지 못하게 하며 공금 횡령을 불가능하게 한다. 신뢰에 의한 관리 하에서 관리자들에게는 일과 이익 사이에 있어야 하는 필연적 관계가 없다.

벤담은 금전적인 동기야말로 어떤 체제를 유지하는 핵심적인 원리라는 것을 강조한다. 금전적 동기가 없는 관리자에 반대하는 중요한 이유는 인간이 신뢰를 보장받으면 받을수록 신뢰를 얻을 만한 일에 노력하는 데 소홀해진다는 것 때문이다. 관리의 핵심이 강한 애착이라면, 관리의 지속적인 안정을 보장하는 것은 투명함이다. 이 투명함은 금전적 동기와 계약에 의해 성취될 수 있다는 뜻이다.

3) 수감자들을 배치하는 방법

가장 일반적인 방식인 전부를 함께 수감하는 것은 정신이 오염되며, 수감자들이 수치심에 단련된다는 점에서 문제이다. 범죄자들 사이에서 범죄가 비난받을 수 없기 때문에 사람들의 평가를 얻어야겠다는 의지를 쉽게 저버리게 된다. 이것과 정반대의 방식은 수감자 각각을 완벽히 고립시켜서 반성이나 회개에 몰두하게 하는 것이다. 그러나 오랫동안 절대 고립 상태에 놓이게 하는 것은 정당하지 않을 뿐 아니라 인간 본성에도 위배된다. 또한 경제성으로도 논박할 수 있다. 막대한 건축 비용, 유지비용이 들기 때문이다.

제 3의 시스템은 수용실을 크게 만들어, 나이와 특성을 고려해 가장 적당한 방식으로 두세 명이나 네 명까지 수용하는 것이다. 노동력을 더 값이 활용하여 이득을 축적하는 사람들은 다른 사람들의 경쟁심을 유발할 것이고, 상대방과의 비교를 통한 개선이 가능할 것이다. 또한 공동 노동모임은 수감자들에게 성실하고 항구적인 애정을 제공해 줄 수 있다.

노동에 관하여 경제성의 이유에서든 정의나 인간성의 원리에 의해서든, 불행한 사람들의 현재 운명을 완화하기 위해서 그리고 노동의 열매를 통해 그들에게 성실하게 살아갈 수 있는 수단을 제공하기 위해서 무한히 중요한 주제이다. 작업은 고통이 아니라 수감자들의 위안과 쾌락에 부합해야 한다. 노동은 식사 시간을 제외하고 하루 종일 지속되어야 한다. 그러나 노동의 종류는 다양한 것이 적당하고, 움직이지 않고 근면하게 일하는 조건하에서 교대로 사람들을 운용하는 것이 좋다. 수감자들이 자신의 노동 수익으로 더 다양하고 맛있는 음식을 사 먹을 수 있는 자유는 보장되어야 하고, 보상은 상황에 따른 상여금 형태로 지급해야 한다.

교육과 일요일 시간 활용에 대하여 감옥은 하나의 학교가 되어야 한다. 새로운 교육을 통해 사회의 유용한 구성원이 될 수 있는 무지한 사람들에게 교육의 혜택을 주어야 한다. 일요일은 우리에게 채워야 할 빈 시간을 제공한다. 즉 기계적인 작업을 중단하는 것은 이날의 목적에 따라 정신적이고 종교적인 가르침이 자연스레 가능하게 한다. 하루 종일이라는 긴 시간 동안 단조로워질 수 있으므로 여러 방식의 강의로 변화를 주어야 한다.

상호 책임의 규칙은 완벽한 장점을 가진다. 동료의 수만큼 감독관이 있는 것과 다름없게 만듦으로써 감시받는 사람들이 스스로 서로를 감시하고 결국 전체적인 안전에 공헌하게 한다.

교육 기간이 끝난 후에, 노동에 익숙해지고 종교와 도덕 교육을 엄격하게 받은 수감자들은 자신이 빠져 있던 무력감에서 비롯된 부도덕한 습관들을 버리고 새로운 사람이 될 수 있다. 다음 조건 중 하나를 충족할 때만 자유의 상태로 석방해야 한다. 첫 번째, 육군이나 해군에서 복무하게 하거나 식민지로 이주한다. 두 번째, 이들의 행동을 책임지고 정해진 액수의 보증금을 내줄 보증인을 찾는다. 그런데 수감자가 보증인도 찾지 못하고 징집되지도 않았으며 식민지에 갈 수도 없는 경우를 검토해야 한다. 해결 방안은 파놉티콘 원리에 기반한 보조 시설을 세우는 것이다. 이곳은 안전, 절제, 격식의 원칙과 양립할 수 있는 만큼의

자유와 복지를 확대해 누리게 하는 파놉티콘이다. 이곳에 있는 사람들은 나갈 수 있는 조건들을 충족하면 언제든지 이곳을 벗어날 수 있다.

파놉티콘의 원리는 감시와 경제성을 연결해야 하는 거의 모든 시설에 성공적으로 적용할 수 있다. 그리고 반드시 이 아이디어를 엄격하게 적용할 필요는 없다. 이 원리는 학교나 병영, 즉 한 사람이 다수를 감독하는 일을 맡는 경우에 모두 적용할 수 있다. 파놉티콘 장치를 통해 단 한사람에 의한 용의주도함의 이점은 다른 체계에서 사용하는 수많은 사람들의 성실함보다 더 나은 성공을 보장한다.

3. 파놉티콘의 해제

1786년 벤담은 파놉티콘의 계획을 담고 있는 21통의 편지를 썼다. 그리고 1791년 이 편지들이 『파놉티콘 혹은 감시의 집』으로 더블린 출판사에서 출간되었다. 같은 해 런던에서 건축가와 상의를 거쳐 건축 사항을 수정·보완한 『파놉티콘 추가본 1·2』이 함께 출간되었다. 한편 프랑스에서 벤담의 신봉자였던 뒤몽이 영어판을 편지 형식으로 요약해 '파놉티콘은 감시 시설, 특히 감옥에 대한 새로운 원리에 관한 논문'이라는 제목을 붙였다. 이는 프랑스 국회의원인 가랑드 쿨롱에게 보내졌고, 벤담은 이 논문에 가랑에게 쓴 편지 한 통을 앞에 추가했다. 프랑스에서 책이 출간되던 시기에 파리 도는 파놉티콘 계획의 실행을 만장일치로 채택하지만 실질적인 조치가 취해질 무렵에는 파리 도 자체가 헌법과 왕정 전복에 연루되어버렸다. 결국 파놉티콘은 1792년 루이 16세의 실각과 함께 그 실현은 무산된다. 영국에서는 1794년에 제안이 받아들여져 벤담은 토지를 샀지만 국회가 보상금으로 일부만을 할당한데다가 사업이 성과 없이 지연되어 그는 파산했고 동생 집에서 칩거했다. 1811~1813년 사이에 새로운 국면이 전개되었으나 영국 정부는 미국의 펜실베이니아 모델을 감옥 건축 계획으로 참고하게 되어 벤담은 파놉티콘에서 손을 뗀다.

파놉티콘이 받아들여지지 않은 직접적인 원인은 몇 가지로 요약할 수 있다.

첫 번째는 공간 규모가 확대될 경우에 시각적인 한계로 인해 감시탑에서 각 수용실을 감시하기 어렵다. 두 번째는 수용해야 할 인원이 너무 많은데 파놉티콘은 많은 수감자를 수용할 수 없었다. 세 번째는 박애주의가 전성기를 구가하던 시기에 파놉티콘은 비인간적인 것으로 여겨졌다. 네 번째는 새로운 공간 모델의 등장이다.

그가 처벌 체계에서 무엇보다 우선하는 것은 유용성과 이익이다. 이러한 맥락에서 벤담은 신체에 대한 처벌에 저항했고 특히 사형제도에 반대했다. 그리고 유용성과 경제성은 '노동'을 통해 이루어진다고 믿었고, 노동이 새로운 인간을 창조해 국가의 부에 도움을 주며 산업에 있어서도 이윤을 제공한다고 주장했다. 따라서 수감자를 노동하는 개인으로 변화시키는 종합적인 규율이 요청되었다. 수감자들이 노동을 생산적이고 효율적으로 하기 위해서 필요한 것은 수감자를 분류·구분하는 것이다. 이를 위해서는 인구 조사가 필요했다. 인구 조사 후에는 노동의 유용성에 따라 각 개인을 등급화 한다. 벤담의 주된 관심은 모든 팔이 모든 순간에 빠져나올 수 없이 긴밀하게 결합되는 것, 즉 '모든 팔을 사용하는 원리'였다. 해결책은 노동 분업이다. 벤담의 노동 분업은 완전한 고립에 의한 개인별 노동이 아니라, 수용실을 확장해 나이와 특성에 맞춰 적당하게 두서너 명을 함께 수용하는 것이다. 결국 벤담의 모델은 엄격한 분리의 원리를 취하지만 완전한 고립을 거부하고 수감자의 사회성을 중시한다.

파놉티콘에서 가능한 두 가지 관리 방식은, 공공의 비용으로 유지하고 관리하며 이익을 공공의 재산으로 환원하는 '신뢰에 의한 관리'와 정부와 계약을 맺은 사업자가 수감자 인원에 따른 책임만을 지며 모든 것을 이익에 따라 하는 '계약에 의한 관리'다. 벤담은 수익을 창출하고 노동에 대한 의욕을 제공할 수 있는가를 기준으로 계약에 의한 관리를 선택했다. 사업자에게는 일의 성공이 자신의 이익과 직결되기 때문에 감옥 공장이 수익을 내도록 최선의 노력을 다할 것이고, 산업적 이익과 사회화 교육의 완벽한 결합을 이루어낼 수 있을 것이라는 이유다.

파놉티콘의 한계 중 대표적인 것은 바로 상호 책임의 명분하에 이루어지는 상호 감시 방식의 도입이다. 중앙 감시와 함께 수감자 서로가 서로를 감시하게 함으로써 완벽한 통제 공간을 실현하려는 것이다. 수감자를 두서너 명씩 분할했던 것도 서로를 감시하는 단위로 적합하기 때문이다.

벤담은 파놉티콘의 원리가 감옥뿐만 아니라 학교, 병원, 공장 등 일반 사회에도 적용되기를 바랐다. 그가 바란 것은 모든 것을 완벽하게 파악할 수 있으며 노동과 이익을 위한 유용성이 중심이 되는 '완전한 통제 사회'다.

푸코는 파놉티콘이 중단된 프로그램이기 때문에 연구 대상으로서 이상적이라고 하였다. 파놉티콘은 실행되지 않았기 때문에 상대적으로 숨겨진 내용, 즉 합리성과 이를 위해 필요한 실행의 기술, 프로그램과 공간 구성을 가장 명료하게 드러냈다는 것이다. 푸코에게 파놉티콘은 근대 '권력'을 아주 잘 설명해주는 장치다. 첫 번째로 권력은 소유하는 것이 아니라 '작용'한다. 파놉티콘에서 시각적인 봄-보임의 불평등을 통해 규율의 내면화를 이루게 하는 그 작용 자체가 권력의 특성이다. 또한 각 대상자의 신체를 대상으로 작용한다는 의미에서 생체권력이라고 부를 수 있다. 두 번째로 권력은 억압하는 것이 아니라 '생산'한다. 신체를 억압하면서 작용하는 것이 아니라 특정한 방식으로 사람을 변화시키려 한다는 점에서 생산하는 것이다. 벤담이 강조한 노동 분업은 노동에 익숙해진, 쓸모있는 인간을 형성할 수 있다. 결국 '유용한 신체'를 생산하는 것이다.

소어리(W. R. Sorley)를 비롯한 몇몇 벤담(Jeremy Bentham) 비평가들은 다음과 같은 반론이 불가결하다고 주장한다. "벤담은 인간을 항상 관념이나 신념에 따라 숙의된 지성적인 방식으로 쾌락을 추구하는 존재로 간주한다. 그는 철학자들이 흔히 범하는 오류, 즉 원인을 이유로 대신하려고 하는 오류를 범한 것이다. 그가 간과한 것은 인간이란 이성적인 존재이기 이전에 활동적인 존재이며, 유전되고 획득된 충동의 피조물이어서, 충동이 이성에 의해 조절되고 방향지어 지는 것은 오직 점진적으로만 가능하며 이러한 합리화 과정은 결코 종결되지 않는다는 사실이다." 그런데 벤담은 "인간은 지성적 고려사항에 의해서 항구적으로 통제된다고 가정했다"는 것이다. 이는 종종 칸트(Kant)의 이성주의에 제기되었던 반론과 매우 유사한 것으로, 이러한 반론들은 칸트에게 결코 정당화 될 수 없는 것과 마찬가지로 벤담에게 있어서도 언급할 가치가 없는 것들일 뿐이다.

쾌락주의와 최대 행복의 원리에 기초한 공리주의는 행복을 강조하고 수입과 부는 복지 정책의 발달에 결정적으로 중요하다고 보며, 사회는 고립된 개인들로 구성되면, 각 개인은 자신의 이익에 따라 최상의 판단을 하게 된다.

인간이 살아가는 삶의 방식에 있어서 공리주의가 미친 영향은 대단히 크다. 공리주의는 결과를 고려하고 목적을 가지고 행위하는 삶에 가장 기본이 되는 이론이다. 이 입장은 아무런 이익이나 손해에 대한 고려 없이 무조건 의무를 다하거나 복종만 강조하는 초월자 중심의 시대에 대한 도전을 담고 있다. 사실 초월자가 중시되던 사회는 인간 개인의 자기이익이나 목적보다는 인간을 넘어선 초월적 가치에 더 많은 비중을 두었다. 공리주의는 또한 결과론에 바탕을 둔 이론이다. 이러한 공리주의 이론은 칸트의 의무론적 이론보다 근대 이후의 사회에 더 많이 영향력을 행사해 왔다. 그것은 경쟁력을 바탕으로 능력주의와 결실주의를 강조하는 자본주의적 삶의 양식의 성장 과정과 밀접하게 관련되어 있었기 때문이다. 사실 동서양을 막론하고 공리주의적 가치관과 근대화는 밀접하게 연관되어 있었으며, 시민 중심의 새로운 사회가 형성되는 데 있어서 기본이 되는 가치관도 공리주의적이었다. 이 공리주의적 가치관은 정치적으로는 개인의 권리와 자유 및 다수결의 원리를 바탕으로 하고 있는 민주주의와, 경제적으로는 사적 소유 재산의 확립 및 시장 원리를 중시하는 자본주의와 밀접한 연관관계를 가지고 있다.

CHAPTER 06

웰다잉법과 연명의료

제1절 웰다잉법

1. 웰다잉법의 의의

프랑스에서도 임종기를 맞은 환자가 무의미한 연명치료를 중단하고 품위 있게 생을 마감할 수 있도록 돕는 프랑스판 '웰다잉법(Well-Dying)'이 시행된다. 2016년 1월 27일 환자의 요청에 따라 수면 상태에서 죽음에 이를 수 있도록 하는 법이 프랑스 상·하원을 통과했다고 보도했다. 이 법에 따르면 회생 불가능한 환자는 앞으로 인공적인 수분·영양 공급 등의 연명치료를 받지 않고 수면유도제를 투여 받아 편안한 수면 상태에서 삶을 마칠 수 있게 되었다. 단, 환자의 임종이 가까운 것으로 판단될 때만 이 법이 적용 가능하다. 특히, 환자가 의사를 표시할 수 없는 상태라고 하더라도 가족들과 상의 등의 절차를 거치면 이 같은 조치를 취할 수 있게 됐다.

이 법은 치사 약물을 투여하는 안락사나 조력 자살 합법화와는 차이가 있다. 법안은 집권당인 사회당과 야당 의원들의 합의로 통과됐다. 법안 공동 발의자인 사회당의 알랭 클레이는 국회 연설에서 "법안의 목적은 오직 하나"라며 "프랑스에서 너무 많이 일어나는 '나쁜 죽음'에 맞서 싸우려는 것"이라고 말했다.

프랑스에서 안락사는 불법이지만 2005년부터 말기 환자에 한해 본인의 의지에 따라 치료를 중단할 권리를 부여하고 있다. 다만, 식물인간 상태의 환자처럼 본인의 의지를 밝힐 수 없는 경우나 의사의 도움을 받아 죽을 권리까지 허용해야 하는지 논란은 수년간 지속됐다.

최근에는 8년 전 교통사고로 혼수상태에 빠진 뱅상 랑베르의 가족들이 그의 치료를 계속할지를 두고 입장이 나뉘면서 안락사 허용 논란에 불이 붙었다. 유럽인권재판소(ECHR)는 2015. 6월 의료진이 그에 대해 치료를 중단해도 된다고 판결했으나, 연명 치료 중단에 반대하는 랑베르의 부모가 법정 대리인 지정을 요청하면서 법적 절차가 계속되고 있다.

한편, 다른 유럽 국가 중에서는 2001년 세계 최초로 안락사를 합법화한 네덜란드를 비롯해 벨기에, 룩셈부르크 등에서 안락사를 허용하고 있다. 특히, 벨기에에서는 2015년 한 해 2천 21건의 안락사가 시행됐다고 정부 안락사위원회가 밝혔다. 이는 2002년 안락사를 합법화한 이후 최대치로, 안락사 시행 건수는 2011년 1천 133건으로 처음 1천 건을 넘어서는 등 매년 증가 추세이다. 이 법은 회생 가능성이 없는 환자가 자기결정에 따라 무의미한 연명 치료를 중단하도록 하고 있다.

우리나라에서도 2016년 1월 8일 '호스피스 완화 의료 및 임종 과정에 있는 환자의 연명 의료 결정에 관한 법'이 국회 본회의를 통과한 바 있다. 이 법도 프랑스와 마찬가지로 회생 가능성이 없는 환자가 자기결정에 따라 무의미한 연명 치료를 중단하도록 하고 있다.

환자가 죽음의 문턱에 섰을 때, 환자가 버틸 수 있을 때까지 살려 두기 위해서 과도하게 연명의료를 하다보면, 정작 환자가 가족과 이별하는 시간을 갖지 못하고 눈을 감는 경우가 많다. 국회에서 통과돼 2017년부터 시행될 '웰다잉법'이 많은 사람들의 관심을 모으고 있다. 웰다잉법은 죽음을 눈앞에 둔 환자가 스스로 자신이 더 살기 위해 치료를 계속할지 말지 선택할 수 있게 해 주는 법이다. 이 법이 시행되면, 환자는 생명 연장 장치를 달지 않고 편하게 생을 마감할 수 있게 되며, 또 환자의 치료를 중단한 의사나 가족이 형사처벌을 받지 않게 된다.

고대 로마 철학자 키케로는 <노년에 대하여>에서 이와 같이 말했다. 그는 죽음을 앞둔 노인들에게 두려워할 필요가 없다며 오히려 "인생의 마지막 장에서

서투른 배우처럼 쓰러지지 말자"고 조언한다.

안락사란 회복할 수 없는 죽음에 임박한 중환자의 고통을 덜어주기 위하여 그 환자의 생명을 단축시켜 사망케 하는 것이다. 안락사는 여러 가지 유형이 있을 수 있다. 우선 진정안락사라고 부르는 생명을 단축시키지 않는 안락사의 경우에는 법적 문제가 발생하지 않는다. 그러나 생명을 단축시키는 안락사의 경우에는 법적 문제가 발생할 수 있다. 그리고 생명을 단축시키는 안락사의 경우에도 적극적 안락사와 소극적 안락사의 2종류가 있다. 적극적 안락사는 적극적 행위를 통해 생명을 인위적으로 앞당기는 것을 말한다. 따라서 적극적 안락사를 감행한 자에게는 살인죄의 성립 여부가 문제된다. 그리고 소극적 안락사의 경우에는 무의미한 연명치료의 중단, 장기이식을 위한 뇌사자로부터 장기적출 등에 대한 허용성 등의 문제가 대두된다.

2. 연명의료결정 배경과 안락사

1) 연명의료결정 배경

안락사란 앞에서 언급한 바와 같이 불치의 중병에 걸린 등의 이유로 치료 및 생명 유지가 무의미하다고 판단되는 생물에 대하여 직·간접적 방법으로 생물을 고통 없이 죽음에 이르게 만드는 행위를 말한다. 소극적 의미로는 생명체가 어떤 원인으로 죽음의 과정에 들어선 것이 확실할 때, 시행자가 그 진행을 일시적이나마 저지하거나 지연시킬 수 있는데도 불구하고 이를 방관하는 부작위적인 것을 말하며, 적극적 의미로는 행위자가 어떤 생명 주체의 죽음을 단축시킬 것을 처음부터 목적으로 하여 이루어지는 작위적인 것을 말한다.

한국에서 인공호흡기 도움까지 받는 심각한 연명 치료 대상은 3,000명을 상회하는 정도로 추산된다. 대한의사협회는 2001년, 2002년 두 차례 소생 불가능한 환자의 진료 중단 방침을 밝혔지만, 진료 중단의 요건이나 과정을 정교하게 제시하지 못하는 바람에 '소극적 안락사'로 몰려 무산되고 말았다. 보건복지부는 현행 법령의 문제점을 인정하면서도 "치료 중단은 살인죄에 해당해 허용할 수 없다"는 입장이다. 그러나 연명의료 중단인 '웰다잉법'은 '호스피스 완화 의료 및 임종 과정에 있는 환자의 연명 의료 결정에 관한 법'으로 2016년 1월 8

일 국회 본회의에서 203명중 202명의 찬성으로 통과되어 2년의 유예기간을 거쳐 2017년부터 시행한다.

연명의료는 회복가능성이 없음에도 심폐소생술, 혈액투석, 항암제투여, 인공호흡기 착용 등으로 치료효과는 전혀 없이 임종과정의 기간만 연장하는 의료를 말한다. 연명의료중단인 웰다잉법은 회복이 불가능한 환자가 극심한 고통속에서 회복불능으로 고통 받는 환자가 자기결정에 의해 심폐소생술, 인공호흡기, 혈액투석이나 항암제 투여 등을 중단하고 죽음을 맞을 수 있도록 허용한 법안이다.

웰다잉법은 말기의 환자가 치료를 해도 회복이 불능한 상태로 회생가능성이 전혀 없고 사망이 임박한 환자에게만 적용이 되는 법안이다. 이 법안의 시행으로 연명의료를 중단해서 환자가 사망했을 경우에 환자가족이나 의사에게 살인죄나 살인방조죄의 적용이 없어질 수 있게 되었다. 웰다잉법을 적용하는 대상은 환자가 연명의료를 원치 않음을 확인하는 서류를 작성하거나 2명이상의 가족이 환자의 뜻을 확인해주거나 가족 전원의 합의하에서 시행을 하게 된다. 보호자의 요청으로 인공호흡기를 제거한 의사를 살인방조죄로 처벌한 보라매병원 사건과 환자 가족들이 세브란스병원을 상대로 인공호흡기 제거를 청구한 사안에서 연명의료중단을 허용한 김할머니 사건을 계기로 본격적으로 제기됐던 연명의료중단에 관한 문제가 입법적으로 해결된 것이다.

① 환자가 직접 남긴 문서나 환자 가족 2명 이상의 일치하는 진술에 의하여 연명의료중단을 원한다는 환자의 평소 의사를 확인할 수 있거나,

② 환자의 의사를 확인할 수 없는 경우라도 환자가족 전원의 합의로 연명의료중단결정의 의사표시를 한다면, 회생가능성이 없고, 치료에도 불구하고 회복되지 않으며, 사망에 임박한 상태에 있는 환자에 대하여 연명의료를 중단할 수 있다.

어떻게 보면, 나 아닌 다른 사람이 내 생명을 죽음에 이르도록 합법적으로 할 수 있다는 의미이기도 하다.

그 이후 우리 사회가 인간으로서의 최소한의 품위와 가치를 가진 죽음이란 과연 무엇인가를 심각하게 고민하기 시작했고 그 결과 무의미한 연명 의료를 중단할 수 있는 이른바 '웰다잉법' 이 국회 보건복지위를 통과했다. 물론 조건은 앞에서와 같이 환자 본인이 연명 의료를 받지 않겠다는 뜻을 문서로 남겼거

나 가족 2명 이상이 평소 환자의 뜻이 그랬다고 진술하면 의사 2명의 확인을 거쳐 인정된다. 뇌졸중이나 교통사고 같이 갑작스럽게 의식불명에 빠져 환자의 뜻을 추정할 수 없을 땐 가족 전원이 합의하면 가능하다.

암과 만성 폐쇄성 폐 질환, 그다음에 간 경화, 에이즈 환자를 우선적으로 했고 나머지는 보건복지부가 준비되는 대로 확대할 예정이다. 국내 연명 의료 중단 법안은 심폐소생술이나 항암제 투여, 인공호흡기 부착같이 치료 효과 없이 사망 시기를 지연하는 행위만 중단할 수 있도록 했다. 그리고 통증을 줄이는 진통제 투여나 물, 산소공급은 계속해야 한다. 이와 같은 까다로운 조건에도 우려하는 것은 오남용문제이다. 재산상속을 두고 각종 폐륜이 일어나는 상황에서 안락사가 합법화되면 연명치료를 가장하고 살릴 수 있는 생명을 죽음에 이르도록 하는 범죄행위가 일어나는 예기치 않은 상황이 발생할 수도 있다.

웰다잉법을 상속 이슈와 관련하여 생각하여 보자면, 임종과정에 있는 환자가 직접 남긴 문서가 없어 환자 가족의 의사에 따라 연명의료중단 결정을 하는 경우 상속인이 상속개시 시점을 좌우할 수 있다는 문제가 발생할 수 있다. 이 경우 상속인이 사전 증여 받은 때로부터 10년이 경과한 후 연명의료를 중단시키면 해당 증여재산은 상속세의 과세대상인 상속재산에 포함되지 아니하게 되므로 상대적으로 낮은 상속세율을 적용 받을 수 있는 가능성이 있다.

웰다잉법은 지난 2009년 대법원은 식물인간 상태인 김모 할머니에게서 인공호흡기를 떼도 좋다는 판결을 내린 '세브란스 김할머니 사건'을 계기로 연명의료 결정에 대한 법적 기준을 마련해야 한다는 일각의 요구를 반영한 것이다.

법안의 주요 내용을 보면, 연명의료 제도화를 위해 국립연명의료관리기관 및 병원윤리위원회를 설치하고, 19세 이상 성인은 사전연명의료의향서를 작성하여 등록기관에 등록할 수 있도록 했다. 또한, 연명의료결정 및 이행 관련 대상과 절차를 규정했으며, 호스피스 및 완화의료 제도화를 위해 이를 위한 전문기관 지정 및 평가 조항 등을 마련했다. 이는 사실상 부분적으로나마 안락사 또는 존엄사를 허용하는 내용을 담은 것이다. 이에 대해 과연 이 법안이 환자의 자율성을 보장할 수 있는지에 대해 의문을 가질 수도 있다. 법안에서는 환자가 의사능력이 없는 경우 사전연명의료의향서나 의료 결정 대리인 등을 통해 판단하도록 했는데, 자발적인 죽음을 선택하는 이면에 작용할 수 있는 정치적·제도적·문화적 상황을 고려해야한다.

연명의료 결정은 기본적으로 '회생'의 가능성이 없는 환자에게 스스로 죽음을 결정할 수 있는 권한을 주자는 입장에서 출발한다. 결과적으로 보면 연명의료의 개념을 불필요하고 낭비적인 것으로 인식하는 것으로 볼 수 있고 낭비적인 치료행위라면 이것은 처음부터 부당한 것으로 연명의료 개념 자체가 의료행위와 맞지 않는 모순적 관계가 될 수도 있다. 결과적으로 보면 통증을 가진 채 사는 것은 존엄하게 죽을 수 없다는 논리로서 그렇다면 고통이 있는 삶은 존엄하지 않은 가에 대한 문제가 제기 될 수 있다.

미국에서는 생명권과 장애권리와 연관을 지은 연구가 활발하다. 안락사 또는 존엄사 합법화 흐름에 대응하기 위해 만들어진 미국의 장애인 단체 '아직 죽지 않았어(Not Dead Yet: NDY)'는 존엄사가 장애에 대한 사회의 불편함·반감의 전형이라고 보며, 우리 사회가 장애인들이 독립적이고 생산적 삶을 살도록 지원하기보다 자살하도록 돕는 것이 될 수도 있어 존엄사에 대한 의문을 제기할 수도 있다.

이 법률안은 "사회적·의학적으로 '무의미'하다고 간주되는 사람들의 생명과 삶의 가치를 위협할 수 있다"며 더 살고 싶은 욕망과 가족들에게 부담이 되지 말아야 한다는 생각 사이에 있는 사람이 '사회적 살인'을 당하지 않도록 장애인계에서 목소리를 더 크게 높여야한다. 뿐만 아니라, 안락사, 산전검사, 선별적 낙태, 배아연구 등 생명윤리의 주요한 의제들 다수가 장애 문제와 연관되어 장애인 당사자는 물론이고 장애인계의 입장을 대변할 수 있어야 한다.

2) 안락사

안락사란 '불치의 병에 걸려 죽음의 단계에 들어선 환자의 고통을 덜어주기 위하여 그 환자를 죽게 하는 것.'으로 과거엔 이와 관계된 이들 간에서만 논의되던 것이었으나 점차적으로 일반인들의 관심이 집중하게 되었다. 그러나 다른 한편으로는 과거 독일에서 '사회적으로 무가치한 생명의 말살'도 '안락사'라는 이름으로 통용되어 안락사에 많은 불신을 남기기도 했으며, 또 최근 의학의 놀라운 발달은 많은 식물인간을 만들게 되었다. 이것이 사회 문제화 됨에 따라 '무의미한 연명의 거부', '인간답게 살려는 욕망'등의 요구가 나오게 되었고 이러한 요구를 안락사와 결부시키기에 이르렀다. 따라서 안락사를 '합리주의적 발상에 지지되어, 인간의 생명이 불가역적인 죽음의 방향으로 인식되었을 때 이를 인위적으로 단축시키려는 인간의 행위'라고도 정의 할 수 있다.

안락사의 유형으로 소극적 안락사와 간접적 안락사로 구분하기도 한다. 소극적 안락사는 생명체가 어떤 원인으로 죽음의 과정에 들어선 것이 확실할 때 시행자가 그 진행을 일시적이나마 저지하거나 지연시킬 수 있는데도 불구하고 이를 방관하는 것으로 일명 '부작위적 안락사'라고도 한다. 간접적 안락사는 어떤 일정한 현실적 변화를 목표로 한 자기의 의도적 행위가 결과적으로 죽음이라는 결과를 초래한다는 것을 알면서도 이를 행하여 결과적으로 죽음이 야기되는 것으로 일명 '결과적 안락사'라고 표현하는 경우도 있다.

이러한 안락사의 의의를 고찰하면 다음과 같다.

첫째, 일반인들의 상상을 초월하는 고통 속에서 단지 생명만을 연장하고 있는 사람들이 그 고통으로부터 벗어나는 길이 죽음밖에 없을 때 자신의 자유의지와 확고한 신념에서 안락사를 선택한다면 그의 선택을 인정하는 것이 그의 삶의 존엄성을 인정하는 것이다. 의학이 발달하기 이전에는 자연사했을 사람들이 의학의 발달로 생명이 연장되고 고통에 시달리고 있다. 이런 상황에서 소극적 안락사(치료의 중단)는 특히 인정되어야 하고 적극적 안락사(사망에 이르도록 적극적 조치를 취함)도 신중히 고려되어 인정되어야 한다는 의미이다.

불치의 병으로 언제 죽을지 모르는 공포적인 상황에서 하루하루를 살아가야 한다는 정신적 고통과 병이 주는 신체적 고통을 받게 내버려 두는 것은 잔인하고 끔찍한 일이다. 의식이 없는 상태에서 환자는 아무 일을 할 수 없고 인간으로서의 어떤 목적도 성취할 수 없다. 이런 끔찍한 고통과 비참함을 빨리 종식시켜 주는 것이 자비로운 행위라고 할 수 있다.

둘째, 말기환자, 소생 가능성이 거의 없는 환자로 인해 육체적, 심리적, 경제적 고통을 감수하는 가족들의 고통을 위해서도 사회적 제도로 안락사는 인정되어야 한다.

셋째, 뇌사를 법적으로 인정하게 되면 뇌사자의 장기이식이 가능해지며(뇌사자 본인이 생전에 의사를 표현했거나 그의 가족 동의에 따라) 이로 인해 생명을 얻는 사람들이 생기게 된다.

일반적인 장기이식으론 회복가능성이 없는 환자들도 안락사로 인해 희망을 가질 수 있다는 말이다. 안락사가 단지 불치의 환자를 편안하게 보내주는 것만

이 아니라 또 다른 생명을 살리는 희망이 된다는 점에서 안락사는 커다란 가치를 지닌다.

넷째, 가족의 정신적, 경제적 부담이 너무 크다는 점이다. 이 불치병을 치료하는 데에는 막대한 병원비가 들기 때문에 가족들에게도 정신적으로나 경제적으로 부담을 주고 환자가 자신의 생명을 연장하여 남은 가족들의 짐이 되고 싶어하지 않는 고귀한 입장도 무시할 수 없으며 환자가 끝끝내 숨을 거둔다면 남은 가족들의 경제적 폐허 및 공허감 상실은 그 무엇으로도 보상할 수 없다.

다섯째, 자신이 자신의 운명을 스스로 결정할 수 있어야 한다. 환자가 고통을 견딜 수 없을 만큼 심해지면 자신이 자신의 생명을 결정할 수 있어야 한다. 하지만 우리나라의 경우 고통을 줄이기 위해 인위적으로 생명을 단축시키는 행위는 헌법상 '촉탁살인죄'나 '자살방조죄'로 처벌을 받게 된다. 자신이 죽음을 택하고 싶어도 그럴 수 없는 상황이 많다.

이렇게 가족들과 같이 한 후 자신이 마음의 준비를 하고 편안하게 죽는 것을 바라는 환자들이 많을 것이며 그들에게도 선택할 수 있는 기회를 줘야 할 것이다. 안락사는 환자가 받을 고통을 생각해서라도 시행되어야 한다.

현대 안락사 운동은 죽음을 요청하는 환자의 자발적 동의에 강조점을 두고 있고, 미국을 위시한 다른 국가에서 죽을 권리의 입법, 즉 안락사의 입법에 있어서도 그 초점은 한결같이 본인의 자기결정권, 특히 의뢰에 두고 있다. 따라서 법은 한결같이 의뢰서 혹은 제시서를 요구하고 있다. 이렇듯 의미 없는 생존을 위한 연명적 의료를 본인이 원하지 않는다는 의사표시가 생전에 확실할 경우에는 본인의 자유의사대로 자연스럽게 죽을 수 있도록 연명적 의료를 중지하여도 좋다는 것을 입법화함으로써 몇몇 나라에서는 소극적 안락사가 완전히 정착하게 되었다.

이처럼 환자도 적극적으로 자신의 의지를 시행할 수 있고, 의사 또한 소신에 의해 진료를 할 수 있는 사회가 되기 위해서 안락사는 합법적으로 시행이 되어야 할 필요가 있을 것이다.

첫 번째 사례로 2006년 영국의 한 여성이 안락사를 위해 법적으로 인정이 되는 스위스로 여행을 떠나 화제가 되었다. 이 여성은 뇌 퇴행성 질환 때문에 고통을 겪다 가족과 상의를 걸쳐 스위스 취리히 디그니타스로 떠났다. 디그니타스는 스위스에서 합법적으로 안락사를 도와주는 단체 중 하나로, 안락사를 원하는 환자는 가족, 배우자의 동의를 거친 후 의사의 판정에 따라 안락사를 허가 받는다. 그녀는 가족과 이야기를 나누고 함께 노래를 부른 후 의사에 처방에 따라 안락사 했다고 한다. 그녀는 두 차례의 자살시도가 실패한 후 더 이상 그 헛된 시도를 되풀이 하고 싶어 하지 않았다고 전한다.

두 번째 사례로 에이즈나 림프종으로 죽음에 임박하였고, 4개월 동안 고문에 가까운 고통을 겪은 34살의 남자가 치사량의 약을 달라고 하였다. 그러나 의사는 소추를 걱정하여 거부하였다. 그 직후 남자는 시애틀 다리에서 몸을 던져 자살하였다. 죽음이 임박한 사람이 의사에게 도움을 받지 못하여 도시의 오염된 강물에서 그 생명을 마쳤다는 사실로 이 사회는 도덕적으로 우월하다고 할 수 있겠는가?

의사들이 말기 환자들에게 충분한 양의 진통제를 투여하기를 꺼리는 경우가 종종 있다. 왜냐하면 의사들은 말기 환자들이 진통제 때문에 죽게 될까 봐 두려워하기 때문이다. 의사들은 만약 그런 일이 실제로 발생할 경우 자신들이 환자들에게 안락사를 행한 것으로 간주되어 현행법에 의해 처벌받을지도 모른다는 점 때문에 걱정한다.

두 사례 중 어떤 죽음이 생을 마감할 때 더 편안하였을 것 같은가? 가족들과 소중한 사람들과 함께 끝낸 삶일까? 아니면 도시의 오염된 물에 마친 삶일까? 모두가 고통 받고, 일어나지 않는 기적을 바라며 삶을 이어나가기 보다는 가족들과 함께 삶을 끝내는 편이 더 편안할 수도 있을 것이다.

3) 뇌사상태

뇌사(Brain death)란 단순히 말하자면 뇌의 죽음이란 뜻이다. 정확하게는 뇌 활동이 회복이 불가능할 정도로 정지된 상태를 말한다. 뇌사를 정확히 이해하려면 우선 뇌간(Brain stem)이 무엇인지부터 짚고 넘어 가야한다. 뇌간은 숨골이라고도 하는 중요한 곳으로 호흡이나 심장박동을 포함한 우리 몸이 무의식중에 하는 대부분의 일들을 관장한다. 이런 뇌간의 기능이 정지하게 되면 심장은 자발적으로 뛰지만 산소호흡기를 떼어내면 환자는 스스로 호흡하지 못하고 사망하게 된다.

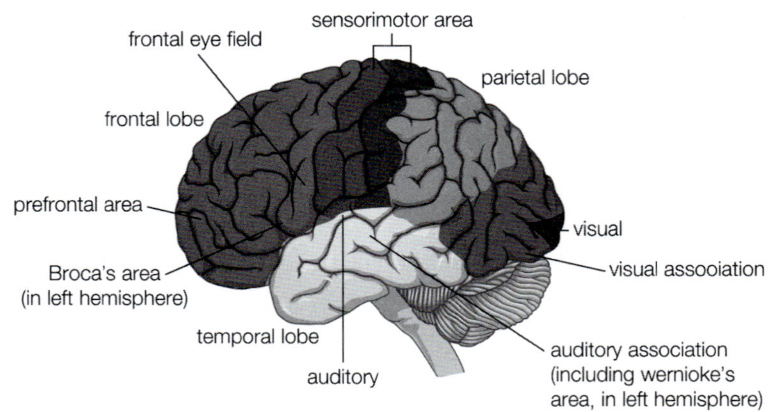

뇌사상태와 식물인간상태의 가장 큰 차이는 뇌간의 손상여부이다. 뇌사가 뇌간이 회복 불가능할 정도로 손상된 상태라면 식물인간상태는 뇌간이 제 역할을 하므로 식물인간은 인공호흡기 없이 스스로 호흡하는 경우가 많다. 따라서 식물인간상태에서는 수주내로 의식을 회복하게 되거나 의식이 돌아오지 않더라도 장기간 살아있는 경우가 많다.

식물인간 안락사가 문제시 되는 이유는 인간은 대뇌가 손상된 경우가 많은데 시간이 오래 경과된다고 해서 식물인간 회복가능성이 없는 것이 아니기 때문에 법적으로도 식물인간의 장기적출은 금지하고 있다. 즉 식물인간을 안락사 하는 것은 자칫하면 깨어날 가능성이 있는 사람을 살해하는 일이 될 수도 있기 때문이다.

뇌사판정는 환자의 죽음을 결정하는 중요한 일이기 때문에 엄격한 절차에 따라 판정하게 된다. 대략적인 뇌사판정기준으로는 환자가 외부자극에 전혀 반응이 없는 깊은 혼수상태이어야 하며, 자발절인 호흡이 되살아날 수 없는 상태이고, 뇌간에서 일어나는 모든 반응이 중지되었을 때를 말한다. 대표적으로 동공반사가 있는데 눈에 빛을 비췄을 경우 뇌간이 정상이라면 동공이 수축해야 한다. 환자에 대한 3명의 전문의 의견이 일치할 경우 뇌사판정을 내릴 수 있고 뇌사판정위원회에서 최종적으로 뇌사판정을 다시 내리게 된다. 그러나 뇌사판정위원회를 폐지해 장기기증을 활성화 시키려는 법안이 논의 중이다.

환자가 뇌사판정을 받았다는 것은 뇌의 기능이 회복될 수 없으므로 심장은 뛰고 있지만 길지 않은 시일 내 사망한다는 뜻이다. 뇌사판정위원회의 정식판정이 나올 경우 보호자는 환자의 장기기증여부를 결정할 수 있다. 보호자가 없는 경우에도 환자가 생전에 장기기증의사가 있었음을 증명하는 장기기증 스티커가 있다면 기증이 가능하다.

제2절 외국 사례

1. 인락사 허용국가

안락사를 허용하는 국가는 다음과 같다.

첫째, 약물주사를 허용하는 적극적인 안락사를 허용하는 경우로 네덜란드, 벨기에, 미국의 오리건 주가 이에 해당한다.

둘째, 인공호흡기 등을 제거하는 소극적인 안락사를 허용하는 경우로 스위스, 노르웨이, 핀란드, 스웨덴, 영국, 프랑스, 콜롬비아, 일본(상황에 따라 융통성을 발휘하여 시행) 등을 들 수 있다.

네덜란드에서는 1994년 6월 어떤 정신과 의사가 심한 우울증에 시달리던 어떤 여인에게 치사량의 수면제를 주어 자살을 방조한 혐의로 기소되었는데, 대법원은 의사에게 유죄를 인정하면서 형은 선고하지 않았다. 그러한 과정을 거쳐 네덜란드는 2001년 4월에 이를 합법화하였다. 인접한 벨기에도 2002년 9월에 이를 합법화하였다. 그리고 그 이전 1996년 9월 오스트레일리아 노던 주는 세계 최초로 안락사를 법제화하였다. 미국 오리건 주에서는 환자가 서면으로 2차례 이상 요구하고, 2명이상의 증인과 2명 이상의 의사로부터 진료를 받은 후 의사가 처방전을 써주면 약국에 가서 약을 복용 후 죽음을 맞이할 수 있는 존엄 「안락사법(Death with Dignity Act)」이 시행되고 있다. 워싱턴 주에서도 2008년 11월 선거를 통해 60% 「존엄사법」을 통과시켰다.

우리나라는 「장기등이식에관한법률」을 제정하여 뇌사를 사망의 시기로 보지 않으면서도 뇌사자로부터 장기를 적출하는 것에 대해 적법성을 인정하는 정도의 법적 규율을 하고 있다.

적극적 안락사는 적극적 작위를 통해 생명을 인위적으로 앞당기는 것을 말한다. 따라서 적극적 안락사를 감행한 의사에게는(촉탁 승낙에 의한) 살인죄의 성립이 문제된다. 이에 대해 일부 국가는 안락사를 허용하는 특별법을 제정하기도 했지만, 우리나라를 비롯한 대부분의 국가에서는 주로 위법성조각의 관점에서 다루어진다. 그런데 일본 나고야 고등법원은 다음의 6가지 조건, 즉 ① 환자가 불치의 병으로 시기가 임박하였을 것, ② 환자의 고통이 극심할 것, ③ 고통완화를 목적으로 행할 것, ④ 환자의 의식이 명료한 때에 본인의 진지한 촉탁·승낙이 있을 것, ⑤ 원칙적으로 의사에 의해서 시술될 것, ⑥ 그 방법이 윤리적으로 타당할 것을 조건으로 위법성조각을 인정하였다. 그리고 산소호흡기로 오랜 기간 연명해 오던 환자에 대하여 평소 의사와 가족의 진지한 동의에 의해 무의미한 연명치료를 중단하는 소극적 안락사는 적극적 안락사에 비하여 덜 엄격하게 허용되기도 한다. 또한 뇌사상태의 환자에 대해서는 장기이식을 위한 장기적출 행위도 「장기이식등에관한법률」에 의하여 위법성이 조각될 수 있다. 왜냐하면 우리나라는 「장기등이식에관한법률」을 제정하여 뇌사를 사망의 시기로 보지 않으면서도 뇌사자로부터 장기를 적출하는 것에 대해 적법성을 인정하는 장치를 갖추고 있기 때문이다. 특히 이 법은 뇌사판정을 정확히 하도록 뇌사판정의 절차와 기준을 명백히 설정하고 있다. 그리고 소극적 안락사는 환자의 생명을 연장하는 조치를 중단하여 그를 죽게 하는 것을 의미하는데, 적극적 안락사와는 달리 소극적 안락사의 경우는 위법성조각의 가능성이 훨씬 크게 인정될 수 있다.

우리나라의 경우는 적극적으로 생명을 단축시키는 안락사를 허용하는 웰다잉법 이전의 입법론은 지금까지 제시되지 않았고, 그러한 주장도 거의 없다. 그러나 「장기등이식에관한법률」에 따라 뇌사자로부터 장기를 적출함으로써 그를 사망에 이르게 하는 일종의 소극적 안락사의 허용성은 엄격한 통제 하에 법적으로 뒷받침되고 있고, 실제로 장기적출이 상당히 이루어지고 있다. 우리나라의 「장기등이식에관한법률」에 기인한 소극적 안락사는 인간의 생명권도 최대한 존중하면서 장기이식을 통해 고통 받는 다른 사람의 생명 구제를 도모할 수 있도록 입법 조치한 적절한 정책인 것으로 평가된다.

2. 외국의 안락사

1) 영국

영국에서 조력자살(Assisted suicide: '안락사' 또는 '존엄사')을 합법화하는 법안이 국회에 상정되어 논란이 되었던 적이 있다. 특히 장애인계는 이 법 개정안이 통과되면 장애인과 노인 등 사회적 약자에 대한 지원에 더 소홀해질 것이라며 강한 우려를 나타내고 있다.

노동당 출신 팔코너 전 상원의장이 발의한 조력자살 허용법안은 불치병으로 말미암아 소생 가능성이 없는 환자의 고통 완화를 위해 의사가 약물을 투여해 '자살을 돕는' 것을 허용하는 법안이다. 이는 앞으로 생존할 수 있는 기간이 6개월 미만이라고 판정받은 환자에게 적용되며, 2명 이상 의사의 동의를 전제로 하고 있다.

이 법안을 추진하는 이들은 '존엄한 죽음'(Dignity in Dying)도 하나의 권리이며, 이는 환자의 선택권으로 보장되어야 한다고 주장하고 있다. 즉 환자가 마지막 몇 주 또는 수개월간 불필요하게 고통 받는 것을 완화해주도톡 법에 명시해야 한다는 것이다. 이에 대해 영국의학저널(British Medical Journal)도 그간 의료계의 일반적 입장과는 다르게 조력자살에 대해 적극적인 찬성 견해를 밝혔다.

이 저널은 게재한 사설을 통해 수세기에 걸쳐 의료인들의 행위 지침으로 전해져 내려오고 있는 히포크라테스 선서에는 "자신의 능력과 판단에 따라 환자에게 도움이 되는 치료만을 할 것이고, 해가 되거나 상처를 주는 일은 하지 않는다."라는 내용이 담겨 있다. "환자의 선택권을 존중하는 것이 생존을 유지하는 것보다 더 중요하다"라며 "히포크라테스 선서에 담긴 사상보다 '자율에 대한 존중'이 '환자 혁명' 가운데에 있는 현재의 의학 윤리에서 더 주요한 원칙"이라고 주장했다.

현재 영국 형법상에서는 타인의 자살을 돕는 행위를 한 자는 최대 14년의 징역형에 처해진다고 명시되어 있는데, 이 조항은 조력자살을 인정하는 사회적 여론을 따라가지 못하고 있다는 것이 팔코너 상원의원의 주장이다. 실제로 4년 전 영국 검찰총장은 동정심이나 연민 때문에 사랑하는 사람의 자살을 방조할 때는 기소하지 않는다는 지침을 공개했다는 것이다. 하지만, 영국 장애인계는 이 법

안에 강하게 반대하고 있다. 특히 최근 자립생활기금(Independent Living Fund) 폐쇄에 항의해 웨스트민스터 사원 점거 농성을 하기도 했던 장애인단체 DPAC (Disabled People Against Cuts)는 단체 누리집을 통해 "조력자살을 법제화하려는 것은 노인과 장애인 등 사회적 약자의 삶이 다른 이들의 삶보다 가치가 없다는 믿음만을 강화시킬 것"이라고 밝혔다.

DPAC는 특히 "지독한 예산 삭감에 맞서 자립생활의 권리를 지키기 위해 싸우고 있는 와중에, 우리는 사람들에게 '조력자살'이 필요하다고 생각하게 만드는 법안을 만나게 됐다"라며 "국가의료서비스와 각종 사회서비스가 파괴되고 있는 이때에 우리가 얻을 수 있는 지원이라는 게 오직 '자살'뿐인 것인가"라고 비판했다. 구체적으로 DPAC는 다섯 가지 이유를 제시하며 조력자살 합법화 반대를 분명히 했다.

첫 번째 이유는 의사의 진단이 정확한지와 당사자로부터 사전 동의를 얻었는지 확인할 충분한 안전장치가 갖춰졌는지가 의문이며, 이 과정에 부당한 압력이 환자에게 가해지지 않으리라는 보장이 없다는 것이다.

두 번째는 조력자살 합법화가 누군가의 삶을 마감하는 데 있어 의사에게 사실상 '면책특권'을 주게 될 것이며, 세 번째는(둘째 이유와 같은 맥락에서) 의사가 환자와 맺는 관계가 기존의 '치료자'(healer)에서 '살인자'(killer)로 변하게 된다는 것이다.

네 번째 이유는 유럽에서 조력자살 합법화 논의가 초기에는 불치병 환자들에 한정되었지만 갈수록 장애인, 치매 환자, 어린이 그리고 심지어 '실존적 고뇌'를 경험하고 있는 이들까지 포함하는 쪽으로 확대되고 있다는 것이다.

마지막 다섯 번째로는 장애인에 대한 공적인 태도에서 부정적 변화가 늘어날 것이란 지적이다. 이를테면 비장애인이 자살하고자 할 때 사람들은 그를 말리려 할 것이지만, 장애인이 자살하려 할 때에는 '어떻게 하면 자살을 할 수 있도록 도울까'에 초점을 맞추게 될 것이라는 예측이다.

이런 반대 논쟁에 영국 '장애인 올림픽의 전설'로 불리는 타니 그레이 톰슨(Tanni Grey Thompson)도 가세했다. 장애인 올림픽에서 11개의 금메달을 따고 현재 상원의원이기도 한 그녀는 "이 법안은 많은 함정을 가지고 있고 너무 모호하다"라며 "그것이 정말 자신의 선택이 아님에도 '조력자살'을 선택하도록 강요받는 사회적 약자들이 있을 것으로 보인다."라고 우려를 표했다.

한편, 장애인단체 DPAC은 이 법안이 상원에서 논의되는 18일에 국회의사당 앞에서 하루 종일 항의 시위를 하겠다고 밝혔다. 현재 이와 같은 안락사 제도를 허용한 국가는 2014년 이후 네덜란드, 벨기에, 룩셈부르크 정도이며, 미국에서는 오리건 주에서만 부분적으로 허용하고 있다.

한국은 2015년 보건복지부가 환자의 명시적 의사 또는 가족 전원의 합의가 있을 경우 임종을 앞둔 환자의 특수연명치료를 중단할 수 있다는 내용을 골자로 하는 '연명의료결정법' 초안을 내놓고 공청회 등을 진행한 바 있으며, 치료비 절감 효과만 있을 뿐 환자 개인의 존엄성을 훼손할 수 있다는 등의 비판을 받기도 했다.

이전까지 영국에서의 선례에 따르면, 안락사가 고려되기 위해서는 환자가 불치병(terminal illness)을 지니고 있거나 생명연장 인공호흡(life-support for breathing)을 필요로 해야만 했다. 장애를 가진 12살 딸의 안락사 허용을 요구한 샬롯 피츠모리스의 딸 낸시의 경우는 이 두 조건 모두를 충족시키지 못했지만, 법원은 기존 선례를 깨고 안락사를 허용했다. 법원의 승인 이후 며칠 뒤 낸시는 생을 마감했다. 이후 10월 말 낸시의 부모가 이와 유사한 결정이 법원의 개입 없이도 부모와 의사에 의해 이뤄질 수 있기를 희망한다며 이 사실을 언론에 알리면서 논쟁은 시작되었다. 낸시는 뇌수막염, 패혈증, 뇌수종 등 질환이 있었고, 시각장애도 있었다. 그녀는 4세 때 사망할 것이라는 진단을 받았던 적이 있지만, 이동보조기구와 영양관의 도움으로 지금까지 살아왔다. 그녀의 어머니에 따르면 낸시의 발달연령은 6개월 된 아기와 동일했고, 음악과 새들이 지저귀는 소리, 아이들이 노는 소리 등을 즐겼다고 한다.

이 사건을 보도한 대부분의 영국 언론들은 낸시의 어머니 피츠모리스에게 동정적인 태도를 보이며 그녀의 선택을 지지했다. 특히 <미러>지는 낸시가 "걷고, 이야기하고, 먹고, 마실 수 없었다. 하루 24시간의 병원 돌봄을 필요로 하고 튜브에 의해 음식물과 물과 약이 투여되어야 할 만큼 그녀의 삶의 질은 너무나 보잘 것 없는 것이었다."라고 서술했다. 하지만 자폐인 자기옹호네트워크(Autistic Self-Advocacy Network, ASAN)라는 단체는 성명을 내고 이런 여론에 강한 어조로 반박했다.

ASAN은 "이 사건을 다룬 언론들이 아이의 장애로 인해 그녀의 삶은 살만한 가치가 없다는 식의 암시를 주는 등 대단히 무책임했다."며 "영양관을 사용하거

나 낸시와 비슷한 조건을 경험하는 많은 장애인들은 공동체 속에서 살아가며 그들의 삶이 살만한 가치가 없는 것이라고 느끼고 있지 않다."라고 강조했다. 이들은 또 "장애인에 대한 안락사는 매우 위험하고 부적절한 방법"이라며 "진통제가 부적절한 상황이라면, 통증을 완화하기 위한 다른 대안이 얼마든지 있다."라고 지적했다.

ASAN은 부모와 의사가 장애아동의 안락사 할 수 있는 권한을 가질 때 발생할 수 있는 부적절한 사례도 구체적으로 제시했다. 위스콘신 대학병원을 상대로 조사한 결과, 이 병원에서는 부모에게 장애아동의 치료를 포기하라는 상담을 하는 일이 있는데, 이 중 한 사례는 발달장애 아동이 치료 가능한 폐렴에 걸렸다는 이유로 의사가 부모에게 아이의 영양관을 뗄 것을 조언했다. 조언의 근거는 아이의 '낮은 삶의 가치'였다. 이후 부모는 아이의 영양관을 뗐고, 다음날 아이는 숨을 거뒀다.

ASAN은 "이러한 행위는 가족과 임상의에게 장애를 근거로 생명연장 치료의 적용에서 차별을 허용한 정책의 결과를 보여주는 것"이라고 꼬집었다.

이 단체의 회장인 아리 네에만(Ari Ne'eman)도 한 언론과의 인터뷰에서 "미디어의 보도는 영양관을 필요로 하는 사람은 죽는 편이 낫다는 것을 함축하고 있다. 낸시의 살해는 오랫동안 이어져온 하나의 의견, 즉 장애인이 되는 것보다는 죽는 편이 낫다는 것을 실행한 것이다."라면서 "사람들은 먹고, 숨을 쉬고, 옷을 입는 데 지원을 필요로 하는 사람들이 살 가치가 있는 생명을 지니고 있다고 잘 생각하지 않는다."라고 말했다.

낸시의 안락사는 그 해 10월 초 미국 언론에 대서특필 되었던 브리트니 메이너드(Brittany Maynard)의 의사 조력 자살(physician assisted suicide) 사건과 대비를 이루며 더욱 논쟁의 대상이 되고 있다. 29세 여성으로 뇌종양을 갖고 있던 메이너드는 합법적으로 자신의 생을 마감하기 위해 캘리포니아에서 안락사를 합법화하고 있는 오리건 주로 이주했다. 이처럼 메이너드는 자신의 의사에 따라 안락사를 결정한 반면, 낸시는 오로지 어머니의 결정에 의해 생을 마감해야 했던 것이다.

한편, 영국에서는 안락사를 합법화하는 법안이 국회에 상정되어 논란된 바 있다. 영국은 낸시의 경우처럼 법원의 허가를 받지 않고 타인의 자살을 도울 경우 최대 14년의 징역형을 규정하고 있다. 그러나 안락사 합법화 안을 제출한 이들은 그러한 규정이 사회적 여론을 따라가지 못하며, 자신이 사랑하는 사람의 죽음을 도왔다는 이유로 많은 사람을 감옥에 가두고 있다고 비판하고 있다. 이들의 요구는 생존할 수 있는 기간이 6개월 미만이라고 판정받은 환자의 경우 2명 이상 의사의 동의가 있을 때는 안락사를 허용해야 한다는 것이다.

세계적으로 안락사 제도를 허용한 국가는 현재 네덜란드, 벨기에, 룩셈부르크 정도이며, 미국에서는 5개 주(오리건, 워싱턴, 버몬트, 몬타나, 뉴멕시코)에서만 부분적으로 허용하고 있다.

2) 호주

2016년 1월 15일 부모가 지적장애인 딸에게 불임수술을 강제할 수 없다는 판결이 호주에서 나왔다.

가디언(the Guardian)은 호주 빅토리아 민사·행정법원(Civil and Administrative Tribunal, CAT)이 올해 25세인 지적장애 여성에 대한 외과적 불임수술을 허가해 달라는 부모의 신청을 기각했다고 지난 14일 보도했다. 외과 수술은 피고인에게 최선의 이익이 아니라고 판단했기 때문이다. 피고인의 부모는 그녀가 친근하고 남을 잘 믿는 성격으로 인해 쉽게 동요되거나 성적으로 착취당할 우려가 크다며 불임수술 허가를 신청했다. 피고인의 언니는 자신의 동생이 일상생활을 영위하는 것에 어려움을 느낀다며, 임신을 하여 아이를 낳게 되는 경우 제대로 양육할 수 없을 것이라고 주장했다. 피고인의 부모는 건강상의 이유도 불임수술 필요성의 근거로 들었다. 현재 피고인이 매일 피임약을 먹고 있는데, 이것이 유방암이나 자궁경부암 등으로 발전할 우려가 있다는 것이다. 피고인은 지난 2007년부터 경구피임약을 복용해 온 것으로 알려졌다. 그러나 피고인을 검진한 케리 애로우(Kerry Arrow) 심리학박사는 피고인 본인은 피임약 복용만을 원하고 있으며 외과 수술과 같은 다른 방식은 꺼린다고 밝혔다. 이에 재판부는 피고인의 최대 이익을 감안할 때, 가족들이 원하는 불임수술은 적절하지 않다며 부모의 신청을 기각했다.

3) 미국

영화 '아이 엠 샘'(2002)은 일곱 살 아이의 지능을 가진 장애인 샘 도슨이 아

내가 버리고 간 딸 루시를 키우며 겪게 되는 일화를 다루고 있다. 남들이 보기에 부족한 아버지이지만, 그는 딸과 남부러울 것 없이 행복한 시간을 보내며 살아왔다. 그러나 딸이 일곱 살이 되자 사회복지기관이 부녀관계에 끼어들기 시작한다. 샘의 지능은 일곱 살 수준이므로 이제는 샘이 일곱 살이 된 루시를 정상적으로 부양할 수 있는지 검증해야 하며, 양육능력이 없다는 판정을 받으면 다른 가정으로 입양해야 한다는 것이다. 샘은 이러한 결정이 부당하다고 호소하며, 변호사 리타 해리슨을 만나 가능할 것 같지 않은 법적 싸움을 벌이게 된다는 게 영화의 줄거리다.

이런 영화 속 이야기를 오늘날 실제 삶에서 겪고 있는 이가 있다. 미국 매사추세츠주의 '사라 고든'(가명)이 바로 그런 케이스다. 가디언 등 외신이 보도한 바에 따르면, 가벼운 지적장애를 갖고 있는 그녀는 19살이던 2년 전에 딸을 낳았지만, 주 정부는 아이가 태어난 지 이틀 만에 딸을 데려가 위탁가정에 맡겨버렸다. 게다가 최근에는 주 법원에 그녀의 친권을 박탈해야 한다는 내용의 청원서를 내기도 했다. 주 정부 아동복지부는 그녀가 신생아를 돌볼 적절한 능력이 없었기에 그것이 최선의 조치였다는 입장이었다. 그러나 최근 미 연방정부는 주 정부의 아동복지부가 아이 엄마에게 보상금을 지급하고, 양육권을 다시 찾을 수 있도록 서비스를 제공해야 한다는 입장을 밝히며 제동을 걸고 나섰다. 주 정부의 조치가 장애를 이유로 한 차별이며 그녀의 시민권을 침해했다는 것이 그 이유다. 연방 정부는 주 정부가 이러한 조치를 통해 그녀가 딸을 돌볼 수 있다는 것을 증명할 기회를 주지 않는다면, 소송에 직면하게 될 것이라고 말했다.

이 사건에 대해 조사한 연방 당국은 그녀에게 가벼운 지적 장애가 있어 글을 읽거나 구두로 필요한 것을 설명하는데 어려움을 겪고 있다고 보았다. 그래서 그녀에게는 아이를 먹이고 기저귀를 갈아주는 방법과 같은 낯선 일을 배우는데 필요한 반복과 실질적 훈련이었다. 하지만 연방 당국은 "주 아동가족부는 고든이 장애 때문에 딸을 안전하게 돌보는 방법을 배울 수 없을 것이라고 가정했고, 그렇기 때문에 핵심적인 도움을 받을 기회를 박탈했다"라고 지적했다. 그러나 주 아동가족부 대변인은 "그 조치가 아이를 위한 최상의 행동이었다고 믿는다."면서, 자세한 설명은 피했다. 고든의 변호사인 마크 왓킨스는 "나는 이 가족이 아이를 안전하게 돌볼 능력을 가지고 있다고 장담한다."며 "그녀는 법원과 행정부서에서 거의 매 순간 실망했다. 그러나 그녀는 한 번도 노력을 멈추지 않았고 절대 그만두지 않았다. 시시한 사람이라면 지금쯤 포기했을 것이다."라고 고든을 지지했다.

한편, 미 백악관 자문기구인 국가장애인위원회는 켄사스 미주리의 부모가 둘 다 시각장애인이라는 이유 때문에 주 정부로부터 아이의 양육권을 빼앗긴 사례, 시카고의 사지마비 장애를 가진 엄마가 그녀의 아들에 대한 양육권을 지키기 위해 긴 법정 싸움을 하고 있는 사례 등을 포함해 미국 전역에 걸쳐 비슷한 사례를 조사하고 있다.

제3절 연명의료결정법의 내용과 문제

1. 연명의료결정법의 내용

호스피스·완화의료 및 임종과정에 있는 환자의 연명의료결정에 관한 법률(약칭: 연명의료결정법)이 2016.2.3.제정되고 2017.8.4.부터 시행되고 있다. 이 법은 호스피스·완화의료와 임종과정에 있는 환자의 연명의료와 연명의료중단 등 결정 및 그 이행에 필요한 사항을 규정함으로써 환자의 최선의 이익을 보장하고 자기결정을 존중하여 인간으로서의 존엄과 가치를 보호하는 것을 목적으로 한다.

1) 용어

이 법에서 사용하는 용어 뜻은 다음과 같다.

① "임종과정"이란 회생의 가능성이 없고, 치료에도 불구하고 회복되지 아니하며, 급속도로 증상이 악화되어 사망에 임박한 상태를 말한다.

② "임종과정에 있는 환자"란 담당 의사와 해당 분야의 전문의 1명으로부터 임종과정에 있다는 의학적 판단을 받은 자를 말한다.

③ "말기환자(末期患者)"란 다음 어느 하나에 해당하는 질환에 대하여 적극적인 치료에도 불구하고 근원적인 회복의 가능성이 없고 점차 증상이 악화되어 보건복지부령으로 정하는 절차와 기준에 따라 담당 의사와 해당 분

야의 전문의 1명으로부터 수개월 이내에 사망할 것으로 예상되는 진단을 받은 환자를 말한다.

㉠ 암, ㉡ 후천성면역결핍증, ㉢ 만성 폐쇄성 호흡기질환, ㉣ 만성 간경화, ㉤ 그 밖에 보건복지부령으로 정하는 질환

④ "연명의료"란 임종과정에 있는 환자에게 하는 심폐소생술, 혈액 투석, 항암제 투여, 인공호흡기 착용의 의학적 시술로서 치료 효과 없이 임종과정의 기간만을 연장하는 것을 말한다.

⑤ "연명의료중단 등 결정"이란 임종과정에 있는 환자에 대한 연명의료를 시행하지 아니하거나 중단하기로 하는 결정을 말한다.

⑥ "호스피스·완화의료"란 말기환자 또는 임종과정에 있는 환자와 그 가족에게 통증과 증상의 완화 등을 포함한 신체적, 심리사회적, 영적 영역에 대한 종합적인 평가와 치료를 목적으로 하는 의료를 말한다.

⑦ "담당의사"란 「의료법」에 따른 의사로서 말기환자 등을 직접 진료하는 의사를 말한다.

⑧ "연명의료계획서"란 말기환자 등의 의사에 따라 담당 의사가 환자에 대한 연명의료중단 등 결정 및 호스피스에 관한 사항을 계획하여 문서로 작성한 것을 말한다.

⑨ "사전연명의료의향서"란 19세 이상인 사람이 자신의 연명의료중단 등 결정 및 호스피스에 관한 의사를 직접 문서로 작성한 것을 말한다.

2) 기본 원칙

① 호스피스와 연명의료 및 연명의료중단 등 결정에 관한 모든 행위는 환자의 인간으로서의 존엄과 가치를 침해해서는 아니 된다.

② 모든 환자는 최선의 치료를 받으며, 자신이 앓고 있는 상병(傷病)의 상태와 예후 및 향후 본인에게 시행될 의료 행위에 대하여 분명히 알고 스스로 결정할 권리가 있다.

③ 「의료법」에 따른 의료인은 환자에게 최선의 치료를 제공하고, 호스피스와 연명의료 및 연명의료중단 등 결정에 관하여 정확하고 자세하게 설명하며, 그에 따른 환자의 결정을 존중하여야 한다.

3) 호스피스의 날 지정

① 삶과 죽음의 의미와 가치를 널리 알리고 범국민적 공감대를 형성하며 호스피스를 적극적으로 이용하고 연명의료에 관한 환자의 의사를 존중하는 사회 분위기를 조성하기 위하여 매년 10월 둘째 주 토요일을 "호스피스의 날"로 한다.
② 국가와 지방자치단체는 호스피스의 날의 취지에 부합하는 행사와 교육·홍보를 실시하도록 노력하여야 한다.

4) 종합계획의 시행·수립

① 보건복지부장관은 호스피스와 연명의료 및 연명의료중단 등 결정의 제도적 확립을 위하여 제8조에 따른 국가호스피스연명의료위원회의 심의를 거쳐 호스피스와 연명의료 및 연명의료중단등 결정에 관한 종합계획을 5년마다 수립·추진하여야 한다.

5) 국가호스피스연명의료위원회

① 보건복지부는 종합계획 및 시행계획을 심의하기 위하여 보건복지부장관 소속으로 국가호스피스연명의료위원회(이하 "위원회"라 한다)를 둔다.
② 위원회는 위원장을 포함한 15인 이내의 위원으로 구성한다.
③ 위원장은 보건복지부차관이 된다.
④ 위원은 말기환자 진료, 호스피스 및 임종과정에 관한 학식과 경험이 풍부한 다양한 분야의 전문가들 중에서 보건복지부장관이 임명 또는 위촉한다.
⑤ 그 밖에 위원회의 조직 및 운영에 필요한 사항은 대통령령으로 정한다.

6) 국립연명의료관리기관

보건복지부장관은 연명의료, 연명의료 중단 등 결정 및 그 이행에 관한 사항을 적절하게 관리하기 위하여 국립연명의료관리기관을 둔다.

관리기관의 업무는 다음과 같다.

① 등록된 연명의료계획서 및 등록된 사전연명의료의향서에 대한 데이터베이스의 구축 및 관리
② 사전연명의료의향서 등록기관에 대한 관리 및 지도·감독
③ 그리고 연명의료계획서 및 사전연명의료의향서 확인 조회 요청에 대한 회답

7) 연명의료계획서의 작성·등록 등

① 담당의사는 말기환자 등에게 연명의료 중단 등 결정, 연명의료계획서 및 호스피스에 관한 정보를 제공할 수 있다.
② 말기환자 등은 의료기관(「의료법」 의료기관 중 의원·한의원·병원·한방병원·요양병원 및 종합병원)에서 담당의사에게 연명의료계획서의 작성을 요청할 수 있다.
③ 요청을 받은 담당의사는 해당 환자에게 연명의료계획서를 작성하기 전에 다음 각 호의 사항에 관하여 설명하고, 환자로부터 내용을 이해하였음을 확인받아야 한다. 이 경우 해당 환자가 미성년자인 때에는 환자 및 그 법정대리인에게 설명하고 확인을 받아야 한다.

8) 사전연명의료의향서의 작성·등록 등

사전연명의료의향서를 작성하고자 하는 사람은 직접 작성하여야 하며, 등록기관은 작성자에게 작성 전에 다음 사항을 충분히 설명하고, 작성자로부터 내용을 이해하였음을 확인받아야 한다.

① 연명의료의 시행방법 및 연명의료 중단 등 결정에 대한 사항
② 호스피스의 선택 및 이용에 관한 사항
③ 사전연명의료의향서의 효력 및 효력 상실에 관한 사항
④ 사전연명의료의향서의 작성·등록·보관 및 통보에 관한 사항
⑤ 사전연명의료의향서의 변경·철회 및 그에 따른 조치에 관한 사항

9) 연명의료중단 등 결정 이행의 대상

담당의사는 임종과정에 있는 환자가 다음 어느 하나에 해당하는 경우에만 연명의료중단 등 결정을 이행할 수 있다.

① 연명의료계획서, 사전연명의료의향서 또는 환자가족의 진술을 통하여 환자의 의사로 보는 의사가 연명의료중단 등 결정을 원하는 것이고, 임종과정에 있는 환자의 의사에도 반하지 아니하는 경우
② 연명의료중단 등 결정이 있는 것으로 보는 경우

2. 연명의료결정법의 문제

연명의료결정법이 실제 현장과는 큰 괴리감이 있으며, 환자의 이익을 보장하고 자기결정을 존중해 인간으로서의 존엄과 가치를 보호하고자 제정한 것이 오히려 무의미한 연명의료를 조장해 그 취지가 퇴색될 수 있다.

연명의료결정법은 호스피스·완화의료와 연명의료가 함께 묶인 법으로, 호스피스·완화의료는 2018년 2월 4일 시행된다. 정부는 기존 호스피스·완화의료에 자료 제공 협조, 중앙 및 권역별 호스피스센터 지정, 변경 및 폐업 신고 등의 조항을 추가해 연명의료결정법을 마련했다. 특히 의사들이 문제로 꼽는 것은 호스피스·완화의료와 연명의료법이 혼합돼 혼란을 준다는 것과 연명의료결정법 적용 대상의 모호성, 연명의료계획서 작성 주체, 과도한 서식지 및 벌칙조항, 2인의 판단 의사, 의료기관윤리위원회 설치 운영 등이다.

연명의료결정법에서 고시하는 '연명의료 중단 등 결정'은 임종과정에 있는 환자에게 연명의료를 시행하지 않거나(유보) 중단하는 결정으로, 회생 가능성이 없고 치료도 회복되지 않으며, 급속도로 증상이 악화돼 사망에 임박한 상태의 환자가 대상이다.

'연명의료 결정 쟁점사항'에 대해 발표하며 "정부는 연명의료법을 특수한 상황의 환자에게 적용하겠다."고 하지만 특수상황이라는 애매한 표현으로, 저마다 해석이 달라 모든 임종환자가 연명의료 중단 결정에 해당할 가능성이 높다.

연명의료 중단 결정을 할 때 환자 본인이 (사전)연명의료계획서를 작성해야 하는 조항에서도 본인 이외에 가족과 대리인도 계획서를 작성할 수 있도록 허용해야 할 것이다. 실제 임종과정에서 환자는 의사와 논의해 연명의료계획서를 작성하는 것이 불가능하며, 임종과정이 급박히 진행되면 가족과 논의할 수도 없어 오히려 연명의료를 조장하는 결과를 초래할 수도 있다.

20세기는 '계급을 없애는 문제'로 많은 사람이 죽었다. 21세기는 '죽음을 없

애는 문제'가 최대 화두인가? 21세기 또한 매우 폭력적인 세기가 될 것인가?

"역사적으로 죽음은 형이상학적인 현상으로 인식됐다. 신(神)이나 우주, 어머니 자연(Mother Nature)의 명령에 따라 우리가 죽는다는 것이다. 그래서 사람들은 그리스도의 재림과 같은 위대한 형이상학적 제스처로 죽음을 극복할 수 있다고 믿었다. 하지만 이제 과학은 죽음을 기술적인 문제로 정의한다. 죽음은 매우 복잡한 문제이긴 하지만 기술적인 문제에 불과하다는 것이다. 모든 기술적인 문제에는 기술적인 솔루션이 있다고 믿는 게 과학이다."

죽음을 극복하는 과정에서 생기는 부작용은 무엇인가?

"생명 연장 치료나 바이오텍 업그레이드는 돈을 많이 내야 하는 서비스다. 수십억 명의 사람에게 공짜로 제공되지는 않을 것이다. 21세기 인간 사회는 인류 역사상 가장 불평등한 사회가 될지도 모른다. 역사상 처음으로 경제적 불평등이 생물학적 불평등을 낳을 것이다. 역사상 처음으로 상류 계급이 인류의 나머지보다 더 부유할 뿐만 아니라 훨씬 더 오래 살고 훨씬 더 우수한 재능을 확보할 것이다."

"권력을 획득한다고 해서 우리가 더 행복하게 되는 것은 아니라는 점을 상기시켜 주고 싶다. 사람은 강물과 숲과 동물을 통제하는 데 성공했지만 만족하지 않았다. 인간은 이제 우리의 몸과 뇌를 새롭게 설계함으로써 우리 내부의 세계를 통제하려고 한다. 우리는 노화를 정복하고 우리의 신체적·정신적 능력을 업그레이드하며 보다 즐거운 경험을 창조함으로써 우리가 드디어 행복하게 되기를 희망한다. 새로운 방식 또한 성공 가능성이 낮다. 우리는 수명을 연장하고 새로운 쾌락을 얻는 방법을 발견할 수도 있지만 쾌락에 대한 기본적인 인간의 반응은 만족이 아니라 더 큰 만족을 갈망하는 것이다. 무엇을 성취하건 만족이 아니라 갈망이 증가할 뿐이다. 이러한 본성 덕분에 세상을 지배하는 데 성공했지만 지배는 행복을 낳지 않았다. 우리가 기본적인 사고방식을 바꾸지 않는다면 우리가 21세기에 신이 된다고 하더라도 그 신은 매우 불만이 많은 신일 것이다."

CHAPTER 07

유전공학과 GMO

제1절 유전공학과 GMO(Genetically Modified Organism)

1. 유전공학의 의의

유전공학이란, 세포 내의 생체분자에서 유전물질의 구조적 기능적 생명현상을 해석하려는 학문 분야로서 유전현상은 세포 내에 존재하는 유전자를 통해 유전물질의 전달에 의해서 일어난다. 유전자는 대개 DNA라는 나선구조의 고분자화학물질로 구성되어 있고, 생존하는 생물들의 경우 모두 서로 다른 유전자와 유전형질을 가지고 있고, 각각의 유전자의 양도 다르기 때문에 다른 형태로 발생된다. 유전공학의 가장 큰 틀은 유전자의 형질에 대해 연구하고, 인류에게 유용한 유전자를 인공적으로 분리 및 합성하거나 다른 생물로부터 재조합하여 현재의 생명체보다 유용성과 장점을 유전형질의 추가로서 나타내고자 하는 학문 분야이다.

유전공학은 세포의 유전적 조작 방법으로, 어떤 생물체의 유전적 구조가 DNA의 특별한 부분을 변형시키고 삭제하고 삽입하는 것을 통해 변화되는 것을 일컫는다. 우리는 이러한 유기체들을 GMO(Genetically Modified Organism)라고 부른다. 전 세계 25개 국가들은 유전적으로 변형된 곡물을 재배하고 있다.

세계적으로 유전공학은 옥수수, 대두, 목화에 관심을 갖고 있다.

유전자 조작 연구 중에는 인간에게 이식할 수 있는 심장을 대량으로 만들어 내기 위해 인간에게 이식했을 때 거부반응을 일으키지 않는 심장을 갖도록 유전자가 조작된 돼지 연구가 한창 진행 중이다. 인간이 필요로 하는 각종 단백질을 몸속에서 만들어 낼 수 있도록 조작된 양이나 소도 이미 대량으로 생산되고 있다. 이처럼 유전자 조작을 하게 되면 인간 정체성의 문제가 일어날 수 있는데 다른 사람으로부터 심장을 받은 사람이 그 심장의 원 소유자로부터 정신적 영향을 받는 일이 있다는 보고에서 볼 수 있듯이 돼지의 심장을 지닌 사람이 정신적, 심리적으로 아무런 변화를 겪지 않는다는 것은 장담할 수 없다. 그리고 심장뿐만 아니라 신장, 허파 등 상당수의 장기를 돼지 등의 동물로부터 얻었을 경우 그 사람의 정신은 인간 정체성의 혼란이라는 문제를 겪을 가능성이 상당히 크다고 보아야 할 것이다. 이는 모두 정신적으로 혼란을 겪는다는 것 자체가 인간과 동물 사이의 경계약화를 보여주는 것이다. 또한 유전자 조작이나 유전자 약물을 통해서 인간의 수명이 크게 연장되면 노년과 청년의 경계가 점차 희미해질 것이다. 유전자 조작 기술을 활용하면 염색체 속에서 노화를 지배하는 유전자를 찾아내어 일부를 제거하거나 작동 속도를 조절하면 노화를 늦출 수 있다. 텔로미어는 세포가 영구히 분열하지 못하도록 하는 작용을 지닌 유전자, 즉 세포에 죽음을 가져오는 유전자로 각각의 염색체 끝에 붙어 있고 세포분열이 될 때마다 조금씩 떨어져 나가 길이가 점차 줄어든다. 그 길이가 어느 수준 이하로 줄어들면 더 이상 세포분열은 일어나지 않으며 그 결과 세포는 늙어 죽고 만다. 따라서 텔로미어의 유전자를 조작함으로써 수명을 연장시킬 수도 있다. 또한 병에 걸린 사람에게 이상이 없는 유전자를 이식하게 되면 지금까지는 불치의 병으로 알려져 온 알츠하이머, 파킨스, 당뇨, 각종 암 등이 치료될 것이다.

유전공학, 생명공학이 초래할 여러 문제점들에 대해 접근하게 될 내용을 살펴보면 다음과 같다.

우리는 유전공학, 생명공학, 복제인간, 새로운 동물들의 출현, 유전자 조작 식품들도 사회적으로 이슈가 되고 있다. 이러한 모든 것들이 기술을 생명에 적용하여 새로운 것들을 만들어 낸 것인데 이 조작이라는 것이 생명체를 조작하여 인간이 어떤 이득을 얻고자 한 것이다. 그런데 생명을 조작하는 문제는 다른 물질을 조작해서 얻는 기술적인 결과보다도 더 큰 사회적, 철학적 문제를 초래할 수 있다. 예를 들어 유전자 조작식품, 복제인간, 복제 동물들을 보면 단순하게 유전자 조작식품은 수확량을 늘리기 위해 유전자 조작을 한 품종을 만들어내고 그것을 지배한 것이지만 여기에서 발생할 수 있는 문제는 그것을 지배했을 경우 결국 인간이 생명체의 자기증식, 자기번식에 개입하여 생명체번식의 근본을 바꿔버리는 행위를 한 셈이 된다.

생명체가 그 생명이게끔 하는 가장 기본단위가 유전자인데 이 유전자들이 바뀌면 종이 바뀌게 된다. 예를 들어 소를 구성하는 기본 유전자가 있는데 이것을 다른 유전자로 바꿔치기 하면 소가 아닌 다른 종이 나타날 수 있다. 유전자 조작을 하면 원래의 품종과 다른 것들이 나오게 된다. 유전자 콩이나 무균돼지의 경우 아직까지는 심각한 단계는 아닌데 이것은 조작을 아주 조금 했기 때문이다. 조금만 조작하면 전체 개체에 미치는 영향은 아주 약하다. 그런데 앞으로 인간의 기술이 더 발달하여 조작을 많이 하게 되면 새로운 것들이 나올 가능성이 높아진다. 조작을 점점 많이 하게 되면 완전히 새로운 것들이 단들어지고 이들 사이에 교배가 안 되게 한다. 돼지를 유전자조작을 계속적으로 하게 되면 보통의 돼지와 교배가 안 되는 종이 나올 수 있고 인간의 경우도 그렇게 될 가능성이 있다고 주장하는 사람도 있다.

2004년 2월 황우석 교수는 인간배아를 복제하였다고 발표한다. 황우석 교수는 복제인간을 만들어낸 것은 아니고 배아를 복제한 것이라고 하였는데 배아를 복제하였다는 것은 복제배아를 계속 성장시키면 아기가 되고 이는 복제아기를 만들 수 있게 되는 기본연구를 성사시켰음을 의미하는 것이다. 황우석 교수의 연구에서는 난세포 체취에 대한 논란이 있었다. 황우석 교수는 인간의 난세포를 가지고 복제배아를 만들었는데 황우석 교수의 연구자체에서 문제될 수 있는 것은 인간의 난세포를 어디서 누구로부터 얻었는가의 윤리적 문제가 제기되었다. 황우석 교수는 여러 여성들로부터 자원 받아 기증 받았다고 하였고 이에 대해 문제제기가 되었다. 이에 대해 명확하게 황우석 교수가 해명해야 한다고 하였지만 상세하게 해명하지 않았다. 네이처 과학잡지에서 황우석 교수의 실험을 취재하였고 여기서 여성연구원이 난세포를 제공한 사실을 밝혀졌으며 실험실의 여성연구원의 난세포 제공과정이 자발적이였는가에 대한 논란이 있었다. 즉 이는 인간복제 연구가 시작단계에서 여러 가지 논쟁거리를 가지고 있음을 의미한다. 또한 배아세포를 생명으로 보게 될 때 발생하는 문제가 있는데 줄기세포를 배

아세포로부터 끄집어내는 것인데 배아세포는 어느 정도 자랐기 때문에 인간으로 봐야 한다는 종교계에서는 주장한다. 즉 배아세포를 끄집어내는 것은 배아세포를 인위적으로 죽이는 행위라고 비판한다. 그러나 인간배아를 복제해서 하루아침에 영웅으로 떠오른 황우석은 영웅이 된 지 2년이 안되어서 추악한 종말을 맞았다. 그의 말과 연구결과가 대부분 거짓으로 드러났기 때문이다.

2. GMO의 용도와 위험성

GMO(Genetically Modified Organisms), 즉 유전자 변형 농산물이란, 특정 농산물의 생산성 향상 또는 유통 가공상의 편의를 위해 유전자를 조작하여 본래의 유전자를 변형시킨 농산물이다.

유전자조작(재조합)이란 동물, 식물, 미생물 등을 대상으로 해충저항성, 제초제내성, 내한성, 내한발성, 바이러스저항성 등 다양한 유용유전자를 인위적으로 절단, 연결하여 재조합한 DNA를 이종의 생물에 주입하여 신품종을 만드는 기술이다. 이 기술은 식물뿐만 아니라 동물, 미생물 등 종에 관계없이 다양하게 응용되며, 이 기술을 농산물에 적용하여 새롭게 개발한 농작물과 식품이 소위 GMO라는 것이다.

이런 유전자변형식품을 GMO(Genetically Modified Organisms) 혹은 LMO(Living Modified Organisms)로 다르게 부르고 있으나 대개는 같은 뜻으로 사용된다. 무리해서 구별하자면 LMO는 살아 있음(Living)을 강조하는 용어로서 생식, 번식이 가능한 개체를 포함하는 포괄적인 뜻을 가지며, GMO는 생식이나 번식이 가능하지 않은 것, 즉, 농산물 혹은 식품을 뜻하는 의미로 사용된다. 그러나 농산물을 대상으로 할 때는 특별히 구별해서 사용하는 경우는 없으며 일반대중에게는 GMO가 전문가 집단에서는 LMO쪽이 사용빈도가 높은 정도다. 경우에 따라서는 유전자재조합식품(Genetically Modified Food)으로 표현하기도 한다. 새로 만들어진 GMO는 인체 안전성과 환경 위해성 등을 평가하고 국가가 지정하는 기관의 심사를 거쳐 해당 기관에 품종등록 및 허가를 받아 상품화한다.

먹을거리가 흘러넘쳐 성인병을 걱정하고 다이어트가 사회의 최대 화두가 되는 나라가 있는가 하면 식량난으로 목숨을 잃어가는 최빈국도 적지 않게 있다. 이런 추세는 지구의 환경 변화와 인구증가로 인해 더 심화될 가능성이 농후하다. 지구온난화, 환경오염, 산업발달에 의한 농지면적의 축소 등이 이런 문제를 더 어렵게 한다. 전 세계 인구는 2050년까지 90억 명 혹은 그 이상에 달할 거라고 추정하고 있다. 인구증가의 대부분은 유아사망률 감소와 평균수명 증가에 기인하지만, 이런 인구 폭등에 대한 구체적인 대비책은 아직 마련되어 있지 않다. 앞으로 지구촌에서 먹고사는 문제가 최대 쟁점이 되어 식량문제가 국가 간의 갈등과 분쟁의 소지가 될 거라는 게 미래학자의 예측이다.

이런 문제의 해결을 위해 오래전부터 농산물의 품질개량과 생산량 증대를 위해 우리 선각자들이 부단한 노력을 경주해 왔다. 새로운 농약과 비료의 개발, 동식물의 육종을 통해 짧은 기간에 단위면적당 수확량은 획기적으로 증대하는 성과를 이루어 냈다. 우수 종 끼리 교배를 반복하여 더 우수한 종을 만들어 내는 것이 종래의 재래적 육종기술이었다. 씨 없는 수박도 만들고 다수확종인 통일벼도 이렇게 만들어 인류의 생존을 도아 왔다. 그러나 이런 기술은 시간이 많이 걸리고 성공률도 높지 않다는 폐단이 있고 투자한 돈과 노력에 비해 결실은 만족스럽지 못하다는 결점이 있다. 이런 와중에 문제해결의 수단으로 떠오른 게 생명과학의 총아인 유전공학이다. 교배에 의해 암수간의 염색체를 섞어 우량종을 개발하던 종래의 육종법 대신 인공적으로 특정염색체(유전자)를 목적 생명체에 삽입하여 형질(성질)을 바꾸는 방법이다. 이러한 방법은 신품종의 개발에 수년이 소요되던 어려움을 단시간에 해결하는 마법 같은 수단이 되었다. 그 결과로 기존의 농산물 등에 특정 유전자를(종간의 벽을 허무면서) 삽입, 도입하여 사막이나, 동토, 가뭄, 바닷물, 또는 병충해에 견디며 농약이 필요 없는, 다수확, 고열량, 제초제에도 죽지 않는 신품종의 개발 등이 가능해 졌다.

GMO 식품이 상업적으로 판매가 허용된 것은 1994년 미국 칼젠사(社)가 개발한 토마토부터이다. 토마토가 일정 시간이 지나면 물러지는 폐단을 보완하기 위해 특정 유전자 하나를 변형시켜 만든 것이다. 이후 1996년 병충해 내성을 목적으로 미국의 몬산토사가 개발한 대두와 스위스의 노바티스사의 옥수수가 본격적인 GMO 농산물의 효시로 평가된다.

현재 재배되고 있는 GMO에는 여러 종류가 있으나 대두, 옥수수, 면화, 캐놀라(식용유 용) 등의 생산량이 가장 많다. 식물 외에 특수기능과 물질을 생산하는 동식물, 미생물 등이 많이 개발되어 실험용, 의약용으로 사용되고 있다. 현재 콩의 73%, 옥수수의 30%, 카놀라 경작지의 25%가 GMO라는 통계다. 특히 미국

은 콩 94%, 옥수수 88%, 면화 90%가 GMO 작물이다. 한국은 아직 GMO 농산물의 재배를 금지하고 있으나 수입은 허가되어 지난해 식용, 사료용 GMO 가 785만 톤, 27억 달러에 달했다고 한다. 주 수입품종은 옥수수와 콩이었으나 여기에 면실유와 캐놀라유도 상당량 포함된다.

미국이 최근 모든 GMO에 의무표시 법률이 통과됐다. 현재 국내에서도 제한적인 GMO 표시제가 시행되고 있으나 앞으로는 가공식품 제조과정에서 사용된 모든 원재료에도 적용된다. 제품에 함량을 기준으로 5순위 내에 GMO 식품이 포함돼 있을 경우는 전부 GMO 표시가 법적으로 의무화 된다.

유럽연합공동연구센터(JRC)의 보고에 GMO 종류가 2008년 33종이던 것이 2015년 124종으로 증가할 것으로 분석했다. 특히 주목되는 것은 아시아에서의 농작물용 GMO도 2008년 9종에서 2015년 54종으로 급증할 것이라는 보고였다. 이미 GMO를 재배하고 있는 중국, 인도 이외에도 일본을 포함한 많은 아시아 국가들이 개발에 참여하고 있다. 중국은 정부 차원에서 적극적인 지원을 하고 있어 앞으로 GMO산업이 크게 발전할 것으로 전망된다. 이런 세계적인 경쟁 추세에 우리도 1986년 이후 유전공학연구소와 한국과학기술연구원(KIST) 등에서 연구를 시작했으나 아직 그 성과가 산업화된 것이 없다. 이미 몇몇 종은 개발이 끝나 주무부처에 재배허가를 신청했으나 국민의 여론을 의식해 아직 허가를 망설이고 있다는 소문이다.

안전성 논란을 살펴본다면, 유전공학이 발달하고 인위적 유전자조작이 가능해 진 작금에 종래의 우수종의 교배나 자연적인 진화로 환경적응력이 좋아진 생물의 출현을 기다리는 것은 합리적이지 않다. 그래서 태어난 것이 GMO다. 그러나 그 부작용도 만만치 않다. 새로 생긴 변종생물에 대한 우려, 변형된 먹거리에 대한 불안감 때문이다.

이런 위험성 때문에 GMO 작물이 역사상 가장 엄격하게 시험되는 식품으로 취급된다. 아마 지금까지 인류가 섭취해온 많은 식품들 중에서 이만큼 과학적으로 철저하게 시험되는 작물은 없을 것이란 판단이다. 예측하기 어려운 만에 하나의 위험성이라도 사전에 발견하기 위해서 모든 과학기술을 동원한다. 그럼에도 지금까지 환경단체를 비롯한 여러 기구가 GMO 식품의 위험성에 대해 끊임없는 우려를 제기해 왔다. 전문가들 사이에서도 사생결단으로 입에 거품을 무는 논쟁도 있어왔다. 새로운 독성물질 생성, 알레르기 유발, 필수 영양성분의 변화,

항생제 내성균의 발현, 장기 섭취했을 때의 장기적 영향 등을 들어 그 유해성을 제기한다. 물론 이러한 염려를 뒷받침하는 논문도 다수 있다.

그러나 찬성론자는 이러한 논문들이 반대를 의도한 자연스럽지 못한 실험군의 설정으로 왜곡된 결과를 초래했다고 폄하한다. 또한 GMO의 안전전성을 관리하기 위해 국제 경제협력개발기구(OECD), 세계보건기구(WHO), 유엔식량농업기구(FAO)가 정기적으로 평가하고 있으며, 우리나라도 1999년부터 미국, 유럽연합, 일본 등에 이어 국제적 평가 기준을 의무화하고 있고, 안전성 심사를 통과한 제품만이 유통 가능하기 때문에 걱정할 이유가 없다는 주장이다.

한편 GMO 식품이 상업화된 지 수년이 지났고 콩의 경우는 GMO가 세계 재배면적의 65% 이상을 차지하고 있어도 사람이나 가축에게 피해가 발생했다는 보고가 없다는 점, GMO를 가장 많이 소비하는 미국의 경우 3억 인구가 지난 18년간 소비해도 아무런 이상반응이 나타나지 않았다는 근거를 들어 무해하다는 주장이다.

결론적으로 GMO도 유전자를 변형시킨다는 점에서는 육종과 다를 바가 없다. 전체 유전자의 수 만분의 1에 불과한 유전자 하나, 둘을 바꾼다고 해서 생물의 성질이 크게 바뀔 리 없으니 이 정도라면 현재의 기술로 예측되는 위험을 충분히 통제가능 하다는 주장이다. 그래서 인류의 장래를 위해서는 무작정 두려워할 일만은 아니라고 항변한다. 그러나 아직 누구나 납득할 수 있는 대답은 없다. 첨단 생명공학 기술에 거부감을 느끼는 소비자들이 원래 가지고 있지 않던 이질적인 유전자를 동식물에 확산시킨다는 위험성, 오랜 기간의 섭취로 인해 인체에 유해할 수도 있다는 주장 등이 일반인들에게는 설득력 있게 들리기도 한다. 앞으로 GMO의 위험성을 정확하게 파악하여 충분한 대책을 마련하는 것이 필요는 하겠지만 과학적으로 충분히 증명된 사실을 막연한 우려만으로 반대하는 것도 옳은 처사가 아니라고 본다. 유전자를 변형시킨 농산물 대표적인 기업으로는 노바티스(Norcatis), 칼진(Calgene), 몬산토(Monsanto) 등의 기업이 주도하고 있다.

GMO 식물, GMO 동물, GMO 미생물이 있다. GMO 식물은 식품으로도 사용되지만, 가축사료, 의약품, 에너지원 등을 만드는 데 광범위하게 사용되고 있다. 그중 GMO 옥수수는 가축의 사료로도 사용되며, 포도당 주사액이나 자동차 연료로 사용되는 에탄올을 만드는 데 사용된다. GMO 동물, GMO 미생물은 질병치료를 위한 백신, 호르몬과 같은 의약품 생산에 사용된다.

서울시 식품안전정보에 따르면 우리 식탁에 오르는 GMO는 정부에서 최신의 과학적 수준으로 안전성을 평가한 것이다. 세계보건기구(WHO)도 국제식품규격위원회(CODEX)의 원칙에 근거하여 각국 정부에서 안전성을 평가한 후 식품으로 승인되어 국제시장에서 유통되는 것은 안전하며, 지금까지 사람의 건강에 어떠한 위해도 나타나지 않았다고 밝혔다.

(1) 식량 안전과 식량 위기

전 세계적으로 충분한 음식이 생산된다 해도 분배는 그렇지 못하다. 음식의 균등하지 않은 분배는 식량안전을 위협한다. 식량안전은 어떤 사람이 매일 충분한 양의 건강한 음식을 획득할 수 있을 때 가능하다. 식량위기란 어떤 사람이 매일매일 건강한 음식의 충분한 양을 획득할 수 없을 때이다. 식량 위기는 사람들로 하여금 만성적인 배고픔, 영양 부족의 고통을 겪게 하고 사람들의 건강하고 생산적인 삶을 방해할 확률이 높다.

(2) 식량 위기의 원인들

① 가난은 충분한 음식을 살 수 없게 만든다. 또한 많은 사람들은 애초에 경작에 투자할 자본이 없기 때문에 식량 재배가 가능하지 않다.

② 인구는 끊임없이 증가하고 있다. 2050년이 되면 전 세계 인구가 90억 명을 넘어설 것으로 예상되며, 매일 2만 5,000명의 사람들이 기아로 사망하고 있는 실정이다. 이 가운데 첨단 유전자 조작 기술 활용이 미래 식량난 문제의 전환점을 마련해 줄 도구로 부상하고 있다.

(3) 식량 위기 방지

① 식량에 대한 재분배로 사람들 혹은 국가에 원조와 구호를 제공한다.

② 식량 생산을 위한 기술의 진보 이용: 새로운 농업 장비, 비료, 농약 등, 유전학의 새로운 진보는 높은 수확량을 갖는 다양한 식물을 만들어내고 그로 인해 많은 식량 생산이 가능해졌다. GMO의 개발 목적은 해충관리로 미생물 농약, 잡초관리로 제초제 저항성, 질병관리로 바이러스, 박테리아

저항성, 기능성 강화로 비타민, 식량증산을 위한 육종기간단축 등을 들 수 있다.

유전자 재조합 생물체는 다음과 같다.

① GMO 식물: 제초제 분해요소 유전자를 이식하여 제초제에 견디는 콩
② GMO 동물: 성장 호르몬 유전자를 이식하여 성장 속도가 빨라지는 연어
③ GMO 미생들: 유전자를 이식하여 키모산-우유응고효소를 대량 생산 하는 대장균
④ GMO 농산물: GMO 콩으로 GMO 식품(두부, 콩기름, 콩가루, 된장, 간장 등)
⑤ GMO 옥수수: GMO 식품(옥수수과자, 옥수수기름, 옥수수전분, 스프, 옥수수차 등)

3. 장기이식

장기이식을 받고자 하는 사람은 점점 늘어나는데 뇌사판정을 받은 사람들의 수는 늘지 않고 있다. 동물의 장기이식은 이와 같은 상황을 타개하기 위한 것이다. 동물의 장기이식은 동물의 장기를 인간에게 맞게 적당히 유전적인 조작을 하면 언제든지 필요할 때 기다리지 않고 이식수술을 받을 수 있다. 장기이식 동물로는 돼지가 선호되는데, 돼지를 장기제공으로 사용할 경우의 가장 큰 장점은 뇌사자의 수는 제한되어 있는 반면 돼지의 장기는 얼마든지 키워서 제공할 수 있다는 점이다. 대부분의 장기이식 전문가들은 장기를 보통 기계부품의 하나로 생각하기 때문에 동물 장기라도 제대로 기능하면 인간에게 이식해도 상관없다고 생각한다. 그러나 이러한 생각들은 전혀 뜻밖의 결과를 불러올 수 있고 이식받은 사람의 정체성에 심각한 문제를 던져줄 수도 있다.

장기이식이 동물의 장기이식까지 발달하는 단계까지 왔는데 그럴 경우 신체적인 거부반응의 문제도 발생할 수 있지만 정신적인 문제, 정체성의 문제도 발생할 수 있다. 동물 장기이식 문제는 장기이식 전체와 연관 지어 생각해야 한다. 이 경우 뇌사자를 어떻게 다루어야 하는 문제도 함께 고려할 수 밖에 없다. 과학기술의 발달은 많은 변화와 문제를 일으켰다. 앞으로 생명공학과 의료기술의 발달은 인간과 관련하여 더 심각하게 생각해야 할 문제들을 만들어 낼 것이다.

인간의 수명연장에 대한 견해로는 수명을 늘릴 수 없다는 주장과 수명을 늘

릴 수 있다는 주장이 있다. 수명을 늘릴 수 없다는 주장으로 인간의 육신은 쓰면 쓸수록 닳아 없어지는 기계와 같은 것이기 때문에 일정한 시간이 지나면 기능이 중단될 수밖에 없다. 인간의 생식을 통해 후손을 남기는 한 수명은 진화론적 관점에서 한정되어 있을 수밖에 없다.

수명을 늘릴 수 있다는 주장은 다음과 같다. 인간이 죽을 수밖에 없고 닳아 없어질 육체를 가지고 산다는 생각을 숙명론이라고 비판하는 사람들로 이들은 유전공학의 기술을 가지고 수명을 수백 년 이상으로 늘릴 수 있다고 주장한다. 존 해리스(영국수상의 유전공학 자문을 받고 있는 학자)는 인간이 1,200세까지 살 수 있다고 말하였고, 미국의 유전공학 라이트(미국의 유전공학자)는 텔로머라제를 이용해서 염색체 끝부분에 붙어 있는 텔로미어를 늘리는데 성공하여 앞으로 20년 후면 우리 마음대로 조절할 수 있게 될 것이라고 주장하였다.

텔로미어는 염색체 끝에 붙어 있으면서 세포가 분열할 때마다 점점 짧아져서 어느 한계에 달하면 더 이상 세포분열이 일어나지 않게 작용한다. 텔로미어가 모든 세포를 지배하지만 생식세포와 암세포는 지배하지 못한다. 미국의 텔로미어 연구 학자인 라이트는 텔로머라제를 이용해서 생식세포나 암세포의 경우와 같이 짧아진 텔로미어를 계속 복구해 주면 수명은 끝없이 연장할 수 있다고 보았다.

제2절 인간복제와 정체성 문제

1. 복제인간의 정체성

복제를 통해 태어난 아이가 결국 집을 뛰쳐나가서 원본을 찾아 헤매는 소설 속의 행위는 자신의 정체성을 찾고자 하는 것이다. 복제인간은 자신의 정체성에 대해 심각하게 고민할 수밖에 없다. 해외 입양된 아이의 경우 성인이 되어 자신의 부모를 찾는 것은 자신의 정체성을 찾기 위한 것이다. 복제인간의 경우에는 당연히 "나는 누구인지"에 대해 심각하게 고민을 하게 되고 자신의 원본인간이 누구인지 자신의 고유성, 정체성에 대한 심각한 혼란을 느끼게 될 것으로 심리학자들은 말한다. 원본인간이 존재할 때 원본인간의 삶이라는 것이 존재하고 복제아이는 자신이 커서 원본인간이 되는 것이라고 생각하기 쉽다. 이러한 생각은 자기 정체성에 대한 심각한 혼란을 초래하게 될 것이다.

복제인간을 만들 수 있는 기술과 그 기술을 이용해서 복제인간을 만들려는 사람들이 여러 명 존재하는 것이 현실이므로 조만간 복제인간이 실제 등장할 수 있다. 복제인간을 절대 반대하는 사람들은 현실로 태어나 존재하는 복제인간을 인간으로 인정하지 않을 것인가, 인간으로 인정하면 안 되는 것인가 하는 문제에 부딪치게 된다. 그 경우 복제인간의 경우에는 보통의 인간과 달리 취급해야 하는가의 문제가 발생할 수 있다. 복제 아기들 중에서도 인간의 자궁에서 태어난 복제아기와 인공자궁에서 태어난 복제아기와, 보통 아기들로 갈라질 것이다. 결국은 복제인간의 경우 여성의 몸으로부터 나온 아기와 전혀 차이가 없는데 그 둘을 구분하는 것이 과연 옳은 것인가 하는 문제가 발생한다. 복제기술과 수정란 상태에서 인간 유전자를 조작하는 기술이 결합되면 인간 전체의 정체성과 관련된 새로운 문제가 발생할 수 있다. 수정란 상태에서 유전자를 조작하는 행위의 바탕에는 근원적으로 인간 자체가 불완전하다는 생각을 내재하고 있다. 인간 자체가 불완전 하다는 생각은 결함이 있는 유전자를 정상 유전자로 열등한 유전자를 좋은 유전자로 대치하여 맞춤형 인간을 만드는 차원으로 나아갈 수 있고 불완전한 인간의 몸 자체를 완전히 미세 기계장치로 대치(사이보그)하려는 시도를 낳을 수 있다. 인간이 시험관 속에서 난자를 조작하고 복제배아를 키우고 더 나아가서 복제인간까지 만들 수 있게 된 지금의 정체에 관한 물음은 피할 수 없는 것이 되었다. 인간복제 기술과 인간복제 옹호론자와 반대자들의 입장은 어떠한가?

인간복제의 위험을 가장 소리 높여 경고한 사람은 아이러니하게도 복제의 문을 처음으로 열은 이언 윌머트(Ian Wilmut)이다. 그는 복제가 아직 성공률이 매우 낮은 기술이기 때문에 이것을 인간에게 적용할 경우 인간 생명과 관련해서 많은 위험이 따른다고 말한다. 그 자신이 복제양 돌리를 만들어낼 때 거의 300번의 실패를 거친 후에야 성공을 했고 이렇게 낮은 성공률이 5년이 지난 지금도 별로 높아지지 않았으나 그가 햇빛도 못보고 죽어 갈 배아나 태아에 대해서 염려하는 것은 당연하다. 복제 성공률은 1~5%에 불과하기 때문에 복제인간이

탄생하기까지 수십, 수백의 유산, 사산, 기형아 출산 등이 있을 것으로 보인다.

인간복제 반대자들의 논지는 다음과 같다. 이언 윌머트는 복제기술은 아직 성공률이 매우 낮은 기술이므로 태아 및 대리모의 건강과 생명을 고려할 때 인간복제는 범죄 행위라 할 수 있다. 그리고 어떤 분자생물학자들은 복제아기 하나를 만들어내기 전에 25명의 죽은 아기를 쓰레기통에 버려야 한다는 것을 아는 양심 있는 사람이라면 복제인간의 연구를 막는 것은 당연하다. 그러나 인간복제를 반대하는 사람들의 궁극적인 우려는 태아의 유산, 사산, 기형출산 등반 일반적인 감정을 약화시켜 배아, 줄기세포 연구 및 생식의학 연구 또한 금지될지 모른다는 점에 있다. 인간복제 찬성론자들은 다음과 같다.

상당수의 불임치료 전문의들이 현재에는 기술이 못 미쳐 못하는 것이지 기술만 완벽해지면 복제아기를 만들 수도 있다는 생각을 하고 있다. 그리고 동성애자 그룹의 경우에는 입양 또는 정자 공여 등의 절차를 거치지 않아도 자신들의 아이를 가질 수 있다는 점에서 인간복제에 찬성하는 입장을 취한다. 가장 큰 한계는 동성애자들이 자기 세포를 가지고 아기를 복제해서 복제인간을 만들었다 하더라도 그 복제인간이 자기와 똑같이 동성애자가 된다는 법은 없다. 그렇게 되면 동성애자들이 자기 후손을 남기긴 하지만 동성애자 후손을 남기는 것은 아니다. 어떤 사람이 동성애자가 되는 데는 유전적인 것도 있지만 성장과정의 환경도 크게 작용하기 때문이다.

2. 유전공학의 이점과 문제

1) 유전공학의 이점

(1) 유전적으로 변형된 곡물로부터의 이익

곡물의 빠른 성장, 질병에 대한 저항력, 염류토양 등 농업 부적합 토양에서도 재배 가능하며, 곡물의 총생산량의 증가를 가져온다.

(2) 화학적 살충제와 비료의 양 감소

유전적으로 변형된 곡물은 다양한 질병과 곤충에 저항력과, 질병에 대한 저항력, 더 높은 단백질, 비타민과 미네랄 수준, 과일의 숙성 지연 등을 초래하게 된다. 그리고 환경에 덜 해로울 수 있다.

(3) 다양한 새로운 종류의 식품 탄생

유전자 혼합을 통해 다양한 곡물 등을 생산하는 데 예를 들면, 살구와 자두의 유전자 혼합은 플루오트라는 새로운 종류의 과일을 만들어 낸다.

(4) GMO는 육종기술의 극히 일부이다.

육종이란 우수한 자웅의 유전자를 섞어 우량종을 개발하는 작업을 말한다. 그 결과로 인류가 먹고 살게 되고 좋은 음식을 먹고자 하는 본능적 욕구를 어느 정도 충족해왔다. 자연에 존재하는 생물은 모두 자연교배에 의해 종족을 유지한다. 서로 유전자를 섞어 새로운 생명이 탄생하고 그 중 우량종은 살아남고 열성종은 도태되는 운명을 답습해 왔다. 반면 유전공학 기법에 의한 GMO의 개발은 인위적으로 특정유전자를 선택하여 일부 성질을 바꾸는 작업이다. 이런 작업이 전체유전자를 섞어 어떤 성질이 나올지도 모르는 재래적인 육종법에 비해 위험할 것도 없다. 교배에 의한 재래적인 육종법도 결국은 유전자의 변형이며, 또 자연적인 유전자변형(돌연변이)도 생물의 도태와 진화의 결과로 나타나는 현상이기 때문에 GMO이라고 해서 인체에 직접 영향을 미칠 가능성은 크지 않다.

(5) 인간의 속성

인간이란 일반적으로 의심이 많은 동물이라 새로운 것을 잘 받아들이지 않으려는 성향이 강하다. 먹어보지 않은 음식은 먹기를 꺼려한다. 그래서 우리는 새로운 것을 받아들일 때 경험을 근거로 삼아 수용 여부를 판단하게 된다. GMO 또는 유전자조작 역시 우리에게 익숙하지 않은 것이라 논쟁 꺼리가 된 것에 불과하다. GMO는 우리가 섭취한 역사가 짧기 때문에 언제 어떻게 위험이 발현할지 예측하기 어렵다고 주장하지만 그건 단지 추상적인 우려로 보인다. 자연에서 이루어진 유전자 조작(육종과 진화)은 안전하고 인간이 행한 유전자 조작만이 위험하다는 주장은 별로 설득력이 없다. GMO 작물은 지난 십 수 년 동안 가축과

사람들이 먹고 있지만 단 한 건의 부작용 보고된 적이 없다.

(6) 유전자변형은 극히 일부만 이뤄진다.

생물의 염색체 속에 수 만개 존재하는 유전자 중 극히 일부(1-2개)만 추가되거나 바꾸기 때문에 생물 본연의 성질은 바뀌지 않는다. 인류가 이용(가식)하는 부분은 대부분 천연 성분 그대로 있다. 가령, 옥수수의 경우 전분질이나 알갱이속의 성분변화는 전혀 일어나지 않는다는 뜻이다. 달라진 유전자(DNA) 일부를 우리가 먹는다고 해서 인체에 미치는 영향은 없다. 기존의 동식물 유전자를 매일 수없이 먹어왔지만 인체에 미치는 해가 전혀 없었던 것과 마찬가지다. 유전자(DNA)는 먹어도 체내로 흡수되지도 않으며 흡수되더라도 인간의 염색체 속으로는 절대 들어가지 않는 물질이다.

2) 유전공학의 문제

(1) 인간과 환경에 대한 장기간의 결과

GMO 장기간 사용 결과에 대해서는 알려진 것이 거의 없으나 신중해야 한다. GMO가 독소를 포함할 수 있다. 만약 세포의 돌연변이가 가능하다면, 새로운 곡물의 다양한 창조는 우리가 아직 모르는 식량의 알레르기로 이끌 수 있다.

유전적으로 변형된 유기체들이 야생에 나오게 된다면 그것들은 예상치 못한 문제들을 발생시킬 수 있다. 이러한 새로운 유기체들은 토종의 유기체와 이종교배될 수 있고 바람직하지 않을지도 모르는 새로운 종을 창조할 수 있다.

(2) 유전적으로 변형된 곡물의 무용성

물질에 대한 유전적 저항 발생하면 해충은 제초제에 대한 저항을 만들어 왔다. 만약 해충이 유전적 저항을 발생시킨다면, GMO는 쓸모없게 될 것이다.

(3) 인체에 미치는 영향

유전자 변형식품의 부작용은 현재까지 알려진 것이 없으나 장기적인 습취에 의한 안전성을 담보할 수 없다. 병해충에 독성을 나타내는 물질이 인간의 가식부(可食部)에 남아있을 경우 그 무해성을 담보할 수 없다.

(4) 자연 생태계에 미치는 영향

GMO(LMO)가 환경적응성이 강하고 자연계의 우점종으로 만연하면 생태계의 교란 및 타동식물의 생육에 영향을 미칠 가능성이 있다. 즉 GMO 식물이 병충해 저항성, 내한성, 번식력, 환경적응력 등이 뛰어나 여타 동식물의 생육을 저해하고 고사시킬 염려가 있다.

(5) 종간의 벽이 무너진다.

유전자 조작(이동)이 빈번하게, 또 대량으로 이루어진다면 기존종의 보존과 새로운 생명체의 탄생이 우려된다. 이종 간 양쪽 성질이 혼합된 새로운 동물, 키메라가 발생하여 재앙이 닥칠지도 모른다.

(6) 종의 다양성이 소멸 한다.

신품종의 선호(選好)성 때문에 재래종이 멸종되어 종의 다양성이 감소한다. 즉 가장 우수한 종 하나만 남기고 기존 종은 모두 폐기할 우려가 있다. 그 결과로 작물품종의 획일화, 유전적 다양성 상실, 환경에 대한 위해성 문제가 생긴다. 또 유전자조작 기술이 끼치는 환경에 대한 위험성은 자연에서 이뤄지는 장기간의 변화를 단지 몇 개월 내지 몇 년이라는 극히 짧은 시간에 인공으르 이루어냈기 때문에 이를 오랜 기간 동안 재배했을 경우 나타날 부작용을 예측한다는 것은 불가능에 가깝다.

(7) 대기업의 횡포

GMO가 세계 인류의 식량난을 해결하기 위해 개발된 것이 아니라 선진국 및 기업의 이윤논리에서 비롯됐다. GMO 농산물의 개발특허권이 미국 몬산토, 바이엘 등 몇 개 메이저 기업이 독점하고 있어 이들의 횡포 가능성을 배제할 수

없다. 종자를 이들 기업으로부터 구입하여 재배하고 수확한 씨앗을 농민이 재파종 할 수 없다는 특허규정이 있어 파종 때 마다 새로 구입해야 하는 제약이 있다. 이로 인해 매년 종자 값을 올려 받는 기업의 횡포에 농민들이 대응할 적정한 방법이 없다.

제3절 생명공학의 영향력

1. 생명공학의 인간에 대한 영향

식물이나 동물의 유전자 조작으로 빚어지는 모호함은 아직은 시작 단계에 불과한 것이지만 그래도 그것은 동·식물계의 질서나 지구 생태계의 질서에 커다란 교란을 가져올 수 있다. 일부 사람에게는 양심의 고통이나 윤리적인 책임의식을 유발하기도 한다.

최근에 유전자 조작기술이 발달하고 있어서 앞으로 이러한 기술로 불임부부와 동성부부가 아이를 얻고 처녀와 총각이 아이를 만들고 인간 육체의 변형이나 사회관계의 "해체", 보편적 기준의 "모호해짐"은 더욱 심해질 것이다. 인간의 조작에 이용되는 기술로는 이미 시행되고 있는 인간 배아의 조작과 유전자 치료, 앞으로 시행될 것으로 보이는 인간복제와 착상 전 배아의 유전자 조작 등이 있다.

1) 유전자 치료

유전병이 어떤 특정한 유전자의 결함이 있는 것임이 판명되었을 때 인체에 정상 유전자를 주입해서 결함 유전자를 정상 유전자로 대치하거나 대치까지는 못하더라도 정상 기능을 발휘하는 유전자를 통해서 신체 기능을 정상으로 만들려는 시술법이다.

2) 양수검사

임산부들이 유전적인 기형아를 낳지 않기 위해 또는 자기가 원하는 성을 가진 아이를 낳기 위해 받는 것으로 일종의 산전 유전자 검사로 이미 일상적인 것이 되었다. 양수검사 과정에서 태아손상 위험과 유전적 결함을 지닌 태아의 낙태라는 문제가 발생한다.

3) 착상 전 유전자 진단

생명공학에서 양수검사의 해결방법으로 착상 전 초기 배아상태에서 유전자 검사를 함으로써 체외수정으로 생성된 초기 배아로부터 세포를 떼어내어 핵 속의 염색체에 담겨 있는 유전자 결함여부를 검사한다. 그 결과 배아가 유전적인 결함을 지닌 것으로 나오면 배아는 폐기되지만 결함이 없는 것으로 판명되면 배아가 자궁에 주입되어 태아로 자라나게 된다.

2. GMO의 사회 경제적 영향

1) 기술적 측면

GMO 역시 새로운 기술이라 정보통신기술과 일맥상통하는 부분이 있다. 사회경제적 영향에 관해 우선 GMO 발달과 사회적인 원인을 이해하는 것이 GMO관리나 위험성을 이해하는데 도움이 될 수 있다. GMO는 기술적인 측면과 사회적 측면에서 볼 수 있다. 다른 과학과 마찬가지로 예전에는 환경적인 영향에만 국한되었지만, 농사기술이 발달하면서 인공적인 기술로 자연적 한계를 극복하게 되었다. 이는 녹색혁명이 대표적이며 비약적으로 농업생산성을 증대시킨 가장 성공적인 시도였다.

녹색혁명까지만 해도 인공기술은 생명체 자체가 아닌 생명 주위의 환경의 한계 내에서, 극히 외부적인 측면에서만 이루어졌다. 녹색혁명의 비약적인 발전은 인정하지만, 생산성 증가의 대가로 토양오염, 환경파괴, 해충내성 증가, 사회적 불평등 심화, 전통적 방법의 소농이 몰락 등 기업의 이윤독점의 부작용 또한 초래하였다. 이러한 문제를 극복할 필요성으로 더욱 고도화된 생명체 자체 조작하

는 기술을 개발하게 된 것이 GMO기술이다. 즉, 어떤 환경적 요인, 해충 발생의 문제를 극복하기 위한 것이다.

여러 가지 문제를 해결한다는 긍정적인 측면도 있지만 그 기술이 가져오는 사회적인 기술 개발로 오는 결과의 차이는 엄청나다. 녹색혁명도 인류사회에서 혁명적인 사건이라 할 수 있지만 막상 그 결과는 오히려 재앙을 가져오는 결과 초래했다. 좋은 기술이 왜 이러한 결과를 가져왔는가? 원인은 사회적으로 잘못 이용했기 때문이다.

기술이 사회적으로 어떻게 이용되는가를 살펴보면, 우리사회는 자본주의 사회이기 때문에 모든 생산이 상업적 이윤에 의해 생산되는 사회다. 자본주의는 유럽에서 출현한 이후 지속적인 확장 거듭해 왔다. 처음에는 유럽의 일부에서 시작해서 식민지를 개척한 후 국제화 촉진하면서 경계선을 확장해 나가는 외형적 확장을 해 나갔다.

2) 수명연장의 사회문화적 결과

우리는 수명연장에 대해서 별로 거부감을 갖고 있지 않으며 오래 살게 만드는 것은 바람직한 일이라고 생각하고 있다. 그런데 그것이 오래 살게 되었을 때 사회적으로 바람직한 결과가 나타날 수 있는가를 세심하게 따져봐야 한다. 인간의 수명연장이 사회문화적으로 초래할 수 있는 결과로 연금이나 사회보장비용을 둘러싼 세대 간의 갈등, 아이들이 거의 사라져 버리는 현상, 출산과 사망이 전체주적으로 통제되리라는 점 등이 예견된다. 수명연장의 경우 개개인은 오래 사는 것이 좋을지 모르지만 사회차원에서 수명이 늘어나고 출생률이 감소하여 청년은 줄어드는 대신 노인들이 크게 늘어나면 당장 노동인구문제, 연금문제, 노인복지에 들어가는 사회적 비용문제 등이 발생한다. 우리는 수명연장에 대해 좋은 일로 받아들이고 있다. 때문에 다각적 측면에서 생각을 하지 않는 경향이 있다. 이런 식으로 여러 가지 문제들이 사회적으로 발생할 수 있다고 충분히 생각할 수 있는 것이고 그렇기 때문에 수명연장이라고 하는 것을 좀 더 비판적으로 볼 필요가 있다.

3) 내포적 확장

반대로 내포적 확장이라 함은 비자본주의적 활동을 자본주의에 편입시키는 것을 의미한다.

정보사회에서는 공공재가 자본주의의 상업적 이윤을 목적으로 유통되고 있다. 예술도 마찬가지다. 이제는 생체, 생물도 상업적 거래의 대상이며, 이윤의 대상이 되었다. 자본주의가 확장되면서 GMO가 사회적 필요성이 생기게 된 것이다. 생물이 과거에는 자원이었지만 현재는 생물도 상품이 될 수 있는 시대다. 하지만 좋은 기술도 사회적으로는 역효과를 낼 수가 있다.

식량이 대량 생산되고 있다. 인도는 거대한 식량 수출국이면서 동시에 기아에 시달리고 있다. 그러면 식량이 없는 것도 아닌데 굶어죽는 사람이 많은 것일까? 그것은 식량이 없어서가 아니라 돈이 없어서 식량을 살 수 없는 것이다. 자본주의가 빈부격차 확대를 가져왔다. GMO의 긍정적 측면을 살펴보면 기술이 인류의 이익을 위해서 즉 GMO가 자본주의의 이윤 창출이라는 목적으로 개발된 것이라는 전제 하에서 이런 측면은 생물자원이나 생산성 증대에 기여, 기아퇴치 해결, 미래의 전략 산업이 될 수 있다. 21세기를 주도할 산업의 다체가능성으로 투자를 해야 한다는 주장을 하는 사람들의 얘기다. 이 기술로 유전자조작을 통해 기능성 식품을 만들어 냈을 뿐 아니라 유전자를 이용한 치료, 신약개발로 영양개선, 질병 치료까지 시도했다. 또한 오염된 토양을 농약이나 비료 없이 개선시키는 효과가 있다고 주장한다.

4) 의정서 강조점

의정서에 주로 강조를 하는 것이 이 세 가지다. 환경, 생물다양성, 지속 가능한 이용이다. 의정서를 바탕으로 부정적인 측면을 보면 환경, 인체에 대한 안전, 사회경제적 측면이 있다. 종 다양성을 파괴할 수 있으며, 기후나 환경 변화가 오면 대량으로 수확이 감소할 수 있다. 토양 파괴, 안전 문제, 유전자가 우리 몸에 들어오면 이물질 즉, 항원으로 인식해서 알레르기 가능성, 유전자변이, 생체 독소 생성 가능성이 있다. 이렇듯 양자의 극단적인 의견의 대립이 있기 때문에 극도로 불안전한 기술이라 볼 수 있다.

게놈지도가 완성되어 유전자에 관한 모든 것을 알 수 있을 것 같지만, 유전자끼리의 상호간 관계나 생체 내에서의 역할은 밝혀진 것이 없다. 유전자에 대한 기술은 아직까지는 초보수준이다. 통제기술의 개발이 미비하며 광우병의 경우는 대규모로 소를 도살해서 문제의 근원을 없애는 방법으로 막을 수 있지만, 사람에게 유해한 경우에는 대처가 불가능한 문제점이 있다. 예를 들면 사스, 에이즈 같은 것들이다. GMO 수산물의 경우는 동물이라는 점 때문에 통제가 더욱 어렵다는 설도 있다.

5) 사회경제적 영향

마지막으로 사회경제적 영향이다. 생명윤리 법에도 나와 있지만 이 법에 있는 사회경제적 영향에 대한 이해는 지역적인 특수성을 고려할 수 있다는 정도로 이해할 수 있다. 세부적으로 그 영향을 보면 기술의 자본주의적인 이용에서 비롯된다는 것을 알 수 있다.

첫째, 사회적 불평등이 심화된다는 점이다. 생명공학 개발은 주로 선진국의 다국적 기업이 하는 등 빈부격차가 심화되어 자유무역이 가져올 수 있는 부작용을 간과할 수 없다. 멕시코는 NAFTA에 가입한 이후 농산물을 개방하고 미국의 옥수수를 수입해 일 년 만에 옥수수 재배량이 절반으로 줄고 소농들이 토지를 잃어버린 결과를 낳았다. 이같이 선진국의 농산물을 자유롭게 수입한 경우 계층 간의 불평등이 심화될 수 있다. GMO의 위험성이 극복되지 않는 한, GMO와 NON-GMO가 섞여서 유통된다면 부자는 NON-GMO를 사고 가난한 사람은 GMO를 살 가능성이 클 수 있다. 일부 학자들은 못 가진 사람들이 GMO의 실험 대상이 될 가능성이 있다는 위험에 관해 주장한다. 찬성 측은 개발을 멈추면 그로 인한 편익은 포기해야 하니까 개발을 한 후 극복하는 방법은 어떠냐고 주장하며 계속적인 반대는 안 된다고 한다. 그러면 그 위험은 누가 질 것이냐? 의 문제다. 그 위험은 결국 후진국이 감수할 수밖에 없다. 편익에만 치중해서 생산했을 때, 우리가 누린 편익의 대가 역시 미래 세대가 짊어지게 된다. 분리유통을 시킨다고 했을 때, 정부의 규제 비용은 실질적으로 GMO를 수입국에서 부담하게 될 수밖에 없다. 다국적 기업은 책임을 지지 않으면서 상대적인 이익을 얻고 수입국의 농민과 소비자가 부담을 져야하는 불평등한 구조를 양산시킨다.

두 번째로 소비자가 나중에서야 GMO라는 것을 발견하는 경우는 결정할 수 있는 소비자의 권익을 침해하는 것이 되는 소비자 주권 침해다.

세 번째로 이전의 공공재를 특정기업이 사유물로 삼고 앞으로는 돈을 내고 이용을 해야 한다면 공적인 권리를 축소하게 만드는 것이다. 정부는 도서관을 점점 축소화시키면서 유료정보를 늘리는 등 독점화가 되면서 문제가 된다. 생명특허는 말 그대로 생명체에 특허를 낸다는 것인데 결국 후진국은 기술을 사용하는 대신 선진국에 특허 사용비용을 내야하는 현실이다. 이렇게 의존가능성이 커질수록 통제의 범위는 넓어진다. GMO의 논란은 환경과 안전의 측면, 여러 가지의 문제점들도 고려해야 한다.

그렇다면 과연 GMO의 위험 관리 어떻게 해야하는 것일까? 법적 체제로 규제하는 방법이 있다. 국제적 협약, 국내 법체계를 만들고 정보공개가 되어야 한다. 소비자들에게 GMO의 피해나 농산물의 생성과정이 공개되어야 한다. 이러한 것들이 결국은 이행이 되고 있는지에 대한 감시체계까지 확립되어야 한다. GMO 농산물의 피해보고 체계와 시민들의 참여가 필요하며 이러한 관리체계가 이행되어야 한다.

마지막으로 관리전략으로 예방전략(위험성 회피전략; 차단하여 위험성이 우리 몸에 노출된 경우 피해를 덜 입게 만드는 전략) 회복전략, 치료하고 보상하는 복구전략의 세 단계로 볼 수 있다. 문제가 생겼을 때 해결하는 경우는 좀 다르다. GMO의 위험이 아직까지는 확률이 낮지만 피해가 발생하면 결과가 치명적이므로 저확률 도피의 위험이라 한다. 과학자들은 확률로 위험성 평가한다. 과학자들의 입장에선 확률로 보면 위험하지 않다는 결론이 나온다.

몬산토의 제초제 내성 식물은 심으면 다른 종을 몰살시키고 자기만 살아서 종 다양성을 파괴할 가능성에 관한 연구에서 제초제 내성 유전자가 빠져나가도 살아남기 힘들다는 결론이 나왔다. 과학자들은 GMO가 야생환경에서 생존확률이 높지 않아서 막상 실험실 밖으로 나가면 죽기 때문에 위험이 없다고 주장하기도 한다. 확률은 4만 분의 1이지만 결과가 치명적일 수 있기 때문에 과신하면 안 된다. 광우병의 예에서 볼 수 있듯이 영국에서 발생한 광우병은 양에 기생하여 양을 먹은 소, 소를 먹은 사람에게 연쇄적으로 옮겨간다. 이 병은 80년대 중반에 밝혀졌지만 공식적으로 발표하지 않다가 사람에게까지 영향을 끼친다는

사실이 뒤늦게 밝혀졌다. 종이 다른 개체에는 번식이 안 된다는 통념을 깨뜨리는 사건이었다. 위험성의 경로를 예방방법이 불확실하여 복구 전략은 알려지지 않았다.

우리의 입장은 기술을 완전히 폐기하자는 것이 아니다. 정부가 정보를 은닉하지 않고 공개를 했다면, 이러한 문제가 없었을 것이다. 정보 공개를 하여 사회적 평가를 받고 문제가 있지만 위험하지 않다는 것을 대중을 설득하는 단계에 이르러야 한다. 위험에 관한 정보는 과학자만이 인지하는 것은 옳지 않다. 서로 존중해서 대답해야 한다. 하지만 과학자는 위험을 확률적인 사실로만 판단하려고 하고 사람들은 여러 가지 다른 요소를 고려하기 바라는 차이점이 있다. 과학자, 정부, 대중들 간의 대화가 이뤄져야 하며 정직하고 솔직하고 끈기 있는 대화가 이루어져야 한다. 모든 정보를 공개하고 같이 대화하면서 만들어 나가는 경우 소비자의 실질적 선택권이 보장되어야 하는데 그 예로는 GMO 표시제가 있다. 표시제의 취지는 소비자의 기호에 따른 권리를 보장한다는 의미다.

취지만 가지고 선택권이 보장되느냐는 또 다른 문제지만 강요된 상황, 즉 GMO 농산물에 싼값이 매겨지면 GMO와 non-GMO의 가격이 정해지면 소비자에 대한 책임정도와 선택권은 기업이 되는 것이다.

3. GMO 책임제도

1) GMO 책임제도

유전자변형체의 위험성, 안전성을 어떻게 보장받을 것인가? 사전예방관리체계로 가능하다. 과학적 기술 한계 관리 부주의로 손해가 발생할 수 있다. 1%의 가능성으로도 손해, 피해에 노출되어 있는 문제에 대해 어떻게 대처할 것인가? 위험성은 두 가지 사고의 측면이 있다.

첫째, 사전에 예방하는 방법으로 인간이나 재산에 발현되지 않도록 예방하며 발현되었어도 어떻게 회복시킬 것인가와 손해를 전보시킬 것인가 하는 문제들이 같이 놓여있다. 이러한 문제는 세계적으로 어떤 상황에 놓여있는지를 알 필요가 있다. 우려되는 사항 중에 종이 생기거나 소멸, 결합하는 다양성의 위협에 대해서 막아야 한다는 구체적 실천의 필요성으로 유전공학에 관한 안전성에 규정을 만든 것이 카르타헤나 의정서다. 의정서 조문에서 서문의 주된 초점은 예방에 관한 것이다. 궁극적인 목적은 안전성 확보지만 현실적으로 우리나라는 어떻게 보장할 것인가 하는 것이다. 환경은 일단 손상되면 원상회복이 불가능하다. 그렇기 때문에 사전 예방이 필요한 것이다. 의정서의 기본 원칙은 당사국에 간섭이 금지다. 이것은 다른 협약에 종속되거나 제한되어서도 안 된다. 자유무역은 세계적인 추세지만 사전예방이 주된 목적이며 전체적인 국제법과는 맞지 않는다.

세 번째 고려할 것은 국내법이다. 그렇다면 과연 사전적 예방으로는 충분한가? 원자력은 오히려 더 안전할 수도 있다. 인체에 치명적이라는 것은 밝혀졌지만, 위험에 관한 문제는 예측할 수 없다. 스펙트럼이 가장 넓은 것이 GMO이기 때문에 손해가 커질 가능성이 많다. 손해의 발현이 즉각적으로 나타날지 미래에 나타날지는 아무도 모른다. 위험성이 발현될 가능성이 있다는 것만은 확실하다. 따라서 사후처리에 따른 손해의 전보나 원상회복을 법적으로 규제할 필요가 있다. 현행 법 질서상 이러한 문제를 언급하고 있지 않다.

현행 질서에서는 일반법으로 갈 수밖에 없다. 다양하게 발견될 수 있는 손해의 위험성은 현행 법체계에서 규율이 가능한지, 미흡한 경우는 어떤 대안을 만들어야 할 지 결정해야 한다. 사후조치에 손해배상에 관한 것이 있다. 위험성 발현은 사소한 것에서 더 치명적일 수도 있다.

원상회복은 당사자, 국가, 사회권에 한해서는 손해가 개인에게 국한된 것은 용이하지만, 치료시스템을 갖춰야한다. 국가일 경우 비용이 대규모로 들어가게 된다. 가장 좋은 방법은 당사자 간 합의, 조종제도로 원상회복을 하는 것이다. 예전에는 손해를 피해자가 제시했었지만, 현재는 중간책임으로 보상을 받을 수 있다. 그러나 중간책임은 법에 명시되어 있지 않으며 자의적이다. 그러나 현재는 자의적으로 판단할 만한 GMO에 관한 법적 사례가 없다. 인간기술의 한계, 자연재해에서 발생한 손해는 위험 원인을 제공한 자가 책임을 진다. 이것을 무과실 책임이라 한다. 그러나 입법된 나라는 아직까지 없다. 주로 기업과 소비자 간의 싸움인데 기업가의 로비가 강하다. 독일은 이러한 통계가 잘 나와 있는데 입법화할 때 어려움이 있다면 이해관계가 걸리는 문제가 있다.

GMO에 관한 손해배상에 관해 가장 가까운 법률은 제조물 책임법이다. 제조물책임법에서는 GMO 농산물은 적용 대상이 아니지만 가공을 한 경우는 적용

될 수 있다. 이 법에서 가장 중요한 개념은 결함이다. 결함을 증명해야 하는데 증명자는 법에는 언급이 없지만 제조상의, 설계상의 결함이다. 따라서 제조자가 해야 하는 표시상의 결함은 주관적이기 때문에 무과실 책임은 아니며 중간 책임 정도에 해당된다.

GMO가 제조물 책임 법에 적용된다 하더라도 피해를 보상받기는 어렵고 유전자 개발 회사에 대한 면책은 가능하다. 면책은 현행 인간의 기술로는 예상할 수 없는 것으로 손해나 사고가 발생하면 그것은 면책된다. 또한 법령에 따라 제조를 했기 때문에 면책할 수 있다. 따라서 이 법은 구조적인 한계와 면책 조항 때문에 배상을 위한 법은 아니라고 본다.

원상회복이나 손해배상은 궁극적으로 입법이 필요하다. 독일은 유전 공학 법이 있는데 유럽연합은 이 법에 영향을 받을 가능성이 크다. 유전공학법의 문제점은 유기체변형 기술로 발생한 손해를 규율하고 있지만 GMO 식품에는 간섭하지 않는다. 바이러스와 같은 직접적인 손해만을 규율한다. 하지만 적용대상만 확대하면 충분히 가능할 수 있다. GMO는 원자력보다 더 위험할 수 있다. 화학과 유전자를 결합하는 단계에 이르면 상상조차 하기 어려운 물질의 출현가능성이 있다.

현재는 유전자의 구조의 변화이고, 종과 종의 교배, 동식물간의 화학적 방법을 이용한 것이 기업의 이윤이 된다면 이런 방법을 많이 사용할 것이며, 개발이 확대될 수 있고 큰 위험이 발생할 수 있다. 사전적 예방은 엄격한 관리시스템을 구축하고 사후적 법적 체계는 강하게 응징하여 개발을 하지 못하도록 해야 할 것이다. 제조물 책임에서는 농산물이 빠져있다. 농산물은 곧 종자다. 종자는 국내에선 보호받기 힘들기 때문에 특별법을 만들어야 한다고 생각한다.

2) GMO 사례의 윤리적 의미

1990년 출간된 마이클 크라이튼의 베스트셀러 소설 '쥬라기 공원'은 스티븐 스필버그가 1993년 영화로 만들었다. 고대의 호박 속에 들어 있는 모기의 혈액에서 채취한 공룡의 DNA를 유전공학으로 해독하여 중생대 공룡들을 복원시켜 테마파크를 만들지만, 이 공룡들이 인간의 통제를 벗어나게 되면서 겪게 되는 온갖 혼란과 모험을 실감나게 그려 전 세계적 블록버스터가 된 작품이다. 이 영화는 수많은 과학적 오류, 이를 테면 등장하는 공룡이 대부분 백악기의 대표 공룡이라는 점에도 불구하고 대중들에게 첨단 유전공학의 발전과 DNA의 중요성을 각인시키는 계기를 마련했다.

UC 샌타크루즈의 생태학 교수이자 진화생물학자인 베스 샤피로가 쓴 '쥬라기 공원의 과학'(원제 '매머드를 어떻게 복제할 것인가?-멸종 복원의 과학')은 멸종동물인 매머드나 여행비둘기(Passenger Pigeon) 등을 부활시키려는 노력과 관련된 갖가지 이야기를 종합한 이 분야의 최첨단 연구 보고서이자 생태학 저서다. 우선 저자는 고생물 DNA 연구의 권위자로서, 호박 안에 있는 곤충이나 개구리 심지어 2,300만년이나 된 도마뱀들이 겉보기에 완벽하게 보존돼 있어도 DNA 추출은 불가능하다는 사실을 설명한다. 과거 몇 건의 DNA 추출 사례가 발표됐지만 DNA 오염에 의한 착오였다.

영화가 아니라 현실에서 가장 유명한 동물 복제는 1996년 스코틀랜드의 로슬린연구소에서 복제양 돌리가 탄생한 일이다. 과학자들은 양의 난자에서 핵을 제거한 뒤 다른 암컷 양에서 추출한 유선세포의 핵을 넣어 대리모의 자궁에 주입하여 완벽하게 건강한 암양 돌리를 만들어냈다. 이 후에도 복제 소, 복제 돼지, 복제 고양이, 복제 개 등이 계속 만들어졌는데 과학자들의 관심은 멸종한 동물의 복원에까지 이르렀다.

저자는 멸종된 지 오랜 세월이 지난 종들 이를 테면 여행비둘기, 도도새, 매머드 등의 복제 가능성을 탐색한다. 현재의 수준에서는 그것들을 살아있을 때의 모습으로 복원하기란 불가능에 가깝다. 하지만 완전히 똑같지는 않더라도 멸종종의 특정형질이나 행동만 현생 종에 유전적으로 복제하는 것에 관심을 기울일 필요가 있는데, 현생종이 멸종 종이 번성했을 때 가졌던 적응력을 가질 수 있기 때문이다. 그런데 왜 하필 매머드인가? 매머드는 툰드라에서 냉동 상태로 발견되어 DNA 보존 상태가 좋다는 점이 하나의 이유이다. 복원시켰을 때 생태적으로 얻는 이점이 매우 크다는 점도 든다. 추위를 잘 견디는 부활한 매머드는 "툰드라를 밟고 풀을 뜯어 먹으며 흙을 뒤섞고 씨앗을 퍼뜨리고 영양분을 재생"할 수 있으며 "거대 초식동물들이 풀을 뜯어 먹을수록 더 많은 풀의 성장이 촉진되고, 풀숲의 밀도가 높아지며, 영양분의 질이 높아질 것"이기 때문이다. 과학자들은 복제 자체가 목적이 아니라 우리가 멸종시키고 파탄내고 있는 지구 생태계 복원에 첨단 DNA 기술을 적용할 것을 목표로 삼고 있다는 것이다.

사실 GMO가 안고 있는 윤리적 문제를 검토해 보면, 가령 1997년 유전자조작 감자를 먹인 쥐에 대한 푸스타이 박사의 실험은 GMO의 위해성에 관한 대중적 논쟁과 사회적 논란을 가속화시키는 계기가 되었다. 푸스타이 박사는 유전자조작 감자가 보통 감자와는 화학 구조에서 심한 차이를 보였고, 쥐의 위벽과 면역 체계에 손상을 주었다고 밝혔다. 이 밖에도 GMO 옥수수를 먹은 쥐가 대조군에 비해 높은 조기 사망률 및 종양의 가능성에 노출된 것, 유전자변형 작물에 삽입된 항생제 내성 유전자가 분해되지 않아 소장 내 세균이나 병원성 세균에 전달될 개연성 등을 들 수 있다. 또한 유전자조작 농산물이 농업 생태계를 교란시킬 가능성이 있다는 점이다. 바이러스 저항을 위해 조작된 유전자 조작 식물에서, 유전자 조합 벡터(매개체)에 치명적인 바이러스 품종이 생길 가능성이 있으며, RNA바이러스와 유전자 조작 작물 안의 바이러스 RNA사이의 재조합이 더 심각한 질병을 일으키는 새로운 병원체를 산출할 가능성이 있다. 또한 제초제 내성 GMO를 심으면 내성을 지닌 GMO만 남고 이들 잡초를 제거하려면 더욱 강력한 농약을 뿌려야만 하기에 악순환에 봉착하게 된다. GMO가 미치는 생태적인 영향은 장기간에 걸쳐 서서히 진행되어 예측할 수 없는 위험을 초래할 수 있다. 하지만 저자는 현재의 과학 지식으로는 이러한 생태계의 결과를 예측하기란 실제로 불가능하다. 그리고 사회 불평등에 관한 내용이다. GMO와 연관된 상업자본은 복잡한 구조로 얽혀있다. 다국적 곡물 회사들, 종자를 공급하는 종자기업, 화학비료와 농약을 생산하는 농화학 기업, 축산에 필요한 사료를 생산하는 사료기업, 최종적으로 식품을 만드는 식품기업 등 식품사슬에는 농업 관련 산업자본이 뿌리 깊게 개입되어 있다. 문제는 이러한 식품사슬이 소수의 다국적 기업들에 의해 독점되고 있으며, 독점화 경향이 더욱 심화되고 있다는 점이다. 또한 다국적 농업자본은 엄청난 경제적 이득을 누리는 반면, 그로 인한 위험성은 고스란히 사회 전체, 지구 전체가 부담하게 되며, 저개발국가는 독점기업에 종속되어 가난이 되풀이 되는 악순환에 빠지고 만다.

CHAPTER 08

사회복지실천의 가치와 윤리

제1절 사회복지실천의 가치와 윤리

1. 사회복지실천의 가치와 윤리

Zastrow에 의하면 사회복지실천의 가치는 인간 존엄성과 개인의 독특함에 대한 존중, 자기 결정권에 대한 클라이언트의 권리 존중, 비밀보장, 기타 사항으로 ① 잔여적 대책이 아닌 제도적 대책 지향 ② 클라이언트와 전문적 관계 형성 및 유지 ③ 사회적, 경제적 정의 추구 ④ 서비스의 사회적 책임성 지향 등의 가치를 바탕으로 한 사회복지 실천은 언제나 윤리적 문제와의 배치, 혹은 두 가지 이상의 가치 갈등에 의해 딜레마에 봉착하는 경우가 많다.

가치와 윤리는 그 시대 그 사회 그 문화의 가치관과 윤리관에서 시작된다. 사회복지사, 의학, 법학, 언론학, 약학, 간호학 등 인간과 관련된 모든 전문직의 가치는 사회적 가치를 갖는다. 전문직은 사회적 가치를 실현한다는 인정과 인가를 받는다. 기존 가치에 반하는 가치표방도 한다. 사회복지사는 소외계층의 대변자이기에 가치와 윤리는 매우 중요하다.

여기서 윤리는 사회적 존재인 인간이 사회 속에서 여러 사람들과 더불어 사는데 필요한 원초적으로 지켜야 하는 도리와 이치이며 규범이다. 사람들과의 관계

에서 마땅히 행해야 하는 옳은 행위 혹은 삶에서 선(좋은 것)을 구성하는 것이다.

그리스어 ethos에서 나온 관습, 습관, 품성 등의 의미를 가지며, 동양의 윤리는 사람의 무리 또는 질서를 의미하는 윤(倫)과, 사람이 따라야 할 도리와 이치를 의미하는 리(理)로 이루어져 결국 윤리란 인간관계에서 지켜야 할 도리를 의미한다. 윤리는 인간으로서 살아가는데 지켜야 할 도리이며, 기본적인 사회생활의 규범으로서 사람들의 관심의 초점은 한 사회 안에서 단순하게 실행되는 풍습이나 습관이 아니라, 그 사회 안에서 반드시 실천되어야 할 인간의 행위다.

가치의 개념으로 가치는 믿음, 신념과 같은 것으로 다수의 구성원이 좋거나 바람직하다고 여기는 것으로 적합한 행동에 대한 지침을 말한다. 가치란 세계가 어떠해야 하며, 사람들이 어떻게 행동해야 하며, 최적의 생활환경은 어떠해야 하는지의 신념으로서 가치는 지식, 기술과 함께 사회복지실천의 3대 축으로 사회복지실천이 추구해야하는 방향성을 제시해 준다.

사회복지를 언급함에 있어서 가치개념은 매우 중요한 의미를 갖는데, 그것은 사회복지의 실천이 가치를 기반으로 동기화되거나 기능화 되기 때문이다. 일반적으로 가치란 '인간에 관하여 그리고 인간을 다루는 적절한 방법에 대하여 전문직이 갖는 신념'을 의미하고 있다.

H. Bartlett에 의하면 '가치는 선(good)이며 바람직한(desirable) 것이다. 가치는 질적인 판단이며 경험적으로 증명되는 것은 아니다. 가치는 정서를 가지며 사회복지의 전문가들이 지향해야 할 목적이나 목표를 제시해 준다. 가치의 진수는 무엇이 보다 나은 것인가와 관련이 있다'라고 제시하였다. 사회복지에서 가장 기본적인 가치는 인간에 대한 확고한 신념이며 신뢰이다. 모든 인간을 가치적 존재로서 인정하는 데에서 사회복지의 실천서비스가 제공되는 것이다. 특히, 클라이언트는 각종의 문제들을 안고 있다. 또한 때로는 공격적 행동이나 일탈행동, 부정직, 불성실, 자기 파괴적 행동 등으로 하나의 가치적 인간으로 수용하거나 자기결정의 권리를 인정하기란 용이한 일이 아닌 듯한 착각을 일으키기도 한다. 인간의 본성을 악의 존재로 보아야 할 것인가 하는 의문이 생겨날 수도 있는 것이다. 그러나 아무리 좋은 종자도 가시덤불에서는 올바로 생장할 수 없는 것과 마찬가지로 인간이 생존해 나가기 위해서는 생존에 적절한 물리적·정신적·사회적 제반 환경이나 상황이 갖추어져야 하는 것이다. 여기에 사회복지가 인간을 가치적 존재로 받아들여야 하는 타당성을 확신케 한다. 사회복지사는

윤리적 결정을 내려야 하는 다양한 상황에 직면하게 되고, 여러 가지 가치갈등 문제를 겪게 된다. 가치와 윤리의 구분은 다음과 같다.

가치	윤리
믿음, 신념 같은 것	무엇이 맞고 옳은가
무엇이 좋고 바람직한가	어떤 행동의 옳고 그름에 대한 판단
방향 제시	행동의 원칙이나 지침 제공
구체적 실천을 지시하기보다 일반적으로 선호하는 더 폭넓은 사회의 가치를 반영	가치에서 나오기 때문에 가치와 조화
믿음	판단

2. 가치갈등 유형

사회복지실천에서의 가치갈등 유형은 다음과 같다.

① 가치의 상충

사회복지사가 두개 또는 그 이상의 경쟁적 가치와 직면했을 때 윤리적 딜레마에 빠진다. 이 두 가치는 모든 사회복지사들이 깊이 인정하는 가치이지만 두 가치 모두를 존중할 수 없는 상황에서 발생하게 된다.

② 의무의 상충

사회복지사는 기관에 대한 의무와 클라이언트에 대한 의무 사이에서 갈등상황에 놓인다. 사회복지사는 자신이 속한 기관의 정책을 따라야 한다. 그러나 기관의 목표가 클라이언트의 이익과는 갈등상황이면 윤리적 딜레마에 직면하게 된다.

③ 클라이언트체계의 다중성

복합적인 문제를 가진 경우 누구의 이익을 최대한으로 지킬 것인가에 대한 윤리적 딜레마에 빠지게 된다.

④ 결과의 모호성

사회복지사가 내린 윤리적 결정이 장기적인 효과성이 모호할 때 사회복지사는 선택의 딜레마에 직면하게 된다.

⑤ 힘 또는 권력의 불균형

사회복지사와 클라이언트의 힘 또는 권력의 관계가 평등하지 못할 경우 사회복지사는 윤리적 딜레마에 빠지게 된다.

가치의 상충에 대한 가치갈등으로, 전문적 가치와 개인적 가치의 상충에 대한 가치갈등에 대해 고찰하면 다음과 같다. 사회복지의 전문적 가치와 사회복지사의 개인적 가치가 상충하는 경우에 윤리적 딜레마는 야기된다. 사회복지 실천현장에서 채택되고 있는 공식적 정책이나 오랜 동안 적용되어 온 비공식적 정책이 사회복지사의 신념과 상충하는 경우이다.

인간의 동기나 감정은 복잡하고, 객관적 사실은 항상 알 수 있는 것은 아니며, 완전한 지식은 결여되어 있기 마련이다. 그렇기 때문에 사회복지사의 개인적 가치는 윤리적 결정에 의식적으로나 무의식적으로 영향을 미치게 되는데, 윤리적 딜레마 상황에 대해 특히 사회복지사의 깊은 정서적 관여가 있을 때는 객관적이며 명확한 사고를 하는 것이 어렵다. 사회복지사가 개인적 가치의 영향을 자각하지 못하고 있다가 결과가 역기능적으로 판명된 후에야 자각을 하게 되는 경우는 대체로 개인적 가치가 전문적 가치를 대신했던 경우라고 할 수 있다.

3. 사회복지실천의 주요 가치분류

1) 상대적 중요성에 따른 가치 분류

궁극적 가치는 가장 추상적이고 다수에 의해 가장 쉽게 동의를 얻을 수 있는 내용의 가치로서 자유, 인간의 존엄성, 정의 등을 들 수 있다. 차등적 가치는 사람에 따라 찬반이 가능한 가치로 특수하고 단기적인 목표를 제시하는 중간 수준의 가치로서 보건 의료 서비스, 치료를 거부할 수 있는 환자의 권리를 들 수 있다. 수단적(도구적) 가치는 목적을 위해 요구되는 수단들을 명확하게 하는 것들로서 자기결정, 비밀보장, 고지된 동의 등을 들 수 있다.

2) 차원에 따른 가치 분류

개인적 가치는 종교적 문화적 가치 영향에 따른 각 개인의 환경에 따라 다르게 형성될 수 있다. 사회적 가치는 개인적 가치에 영향을 미치며 시대의 변화에 따라 변하는 특성을 지니고 있으며, 그 사회의 일반화된 정서적 공감대를 반영하는 것으로 역사적으로 형성되었으며 경험에서 이루어진 가치이다.

기관의 가치는 각 사회복지기관의 역할 기능에 따라 고유한 가치를 갖는 것으로 기관의 가치는 종종 클라이언트의 가치와 갈등을 야기하기도 한다.

3) 사회복지실천의 본질적 가치

(1) 인간 존엄성 존중

인간을 존엄한 존재로 보는 가치로, 클라이언트의 개별화, 자기결정권, 비밀보장을 존중하는 것으로 사회복지사의 직업적인 윤리의 토대가 되었다.

(2) 배분적인 사회정의

사회적 책임성과 참여를 중시하며, 개인과 사회의 문제는 사회환경의 역기능적 영향에 의해 발생하는 것이기 때문에 사회적 자원을 공평하게 배분해 주어야 한다는 정의이다. 인간적인 삶을 영위하기 위해서는 최소한 사회적 자원이 필요하다고 믿기 때문에 사회복지사는 여러 사람에게 기본적인 사회자원을 공평하게 배분시켜 주어야 한다고 믿는 가치이다.

4) 실천 가치에 우선하는 전문직 가치(Levy, 1973)

첫째, 사람우선 가치는 사람에 대한 바람직한 생각으로 사람 자치에 대해 전문직이 갖추어야 할 기본적 가치관이다.

개인의 가치와 존엄성, 개인의 건설적인 변화에 대한 능력과 욕구, 상호 책임

성, 공통적인 인간의 욕구, 개인의 독특성에 대해 인정하는 가치이며, 클라이언트 하나를 개별화된 인간으로 보고 능력을 인정해주며, 권한을 인정해주는 가치관으로 사람 우선은 사회복지실천의 기본철학이다.

둘째, 결과우선 가치는 인간을 위한 바람직한 결과로 사람에 대해 서비스를 제공했을 때 초래하는 결과에 대한 가치관이다. 사회가 개인의 발전을 위해 사회참여에 대한 기회를 동등하게 제공한다는 사회적 책임에 대한 믿음으로 사회 전반에 관한 문제를 해결하거나 미연에 방지해야 할 사회적 책임에 대한 가치이다.

셋째, 수단우선 가치는 인간을 다루는 바람직한 도구로 서비스를 수행하는 방법 및 수단과 도구에 대한 가치관이며 사람은 존경과 존엄으로 다루어져야 하며, 자기결정의 권리를 갖는 독특한 개인으로 인정되어야 한다는 믿음이다. 서비스를 수행하는 방법과 수단, 도구가 인간에 대한 존엄이 우선한다는 것으로 모든 결정 과정에서 클라이언트의 자율성이 보장된다.

제2절 사회복지실천 가치의 발달

1. 리머(Reamer, 1999)의 4단계 발달

1) 제1단계: 19세기 말

전문적 사회복지 실천의 태동기로서 구제활동과 빈곤에 대한 대응이 중요한 임무이며, 전문직이나 실무자의 도덕성이나 윤리보다 클라이언트의 도덕성에 초점을 둔다. 도덕적으로 교화시키는 것을 최고의 가치로 여겼지만, 인간의 기본적 권리에 대한 가치는 미흡한 실정이다. 당시 원조활동의 기반은 간섭적 온정주의(paternalism)로서 간섭적 온정주의는 미국사회복지활동 초창기의 대표적 윤리관으로 이 당시 사회복지의 사명은 건전하지 못한 도덕성을 가진 클라이언트를 계몽, 교화시켜 바람직한 도덕성을 가진 사람으로 바꾸는데 있었다. 빈민, 부랑자, 무직자 등 당시 문제의 집단은 자신의 도덕성이 결여된 존재라 보고 이들을 올바른 삶의 방향으로 돌리기 위해서는 간섭적이며 권위주의적 방법을 사용하였다. 당시 사회복지 활동가들은 자신들에게 빈자들의 삶에 직접 개입할 수 있는 권리와 의무가 동시에 부여되었다고 하는 소명의식을 공유하고 있었다.

2) 제2단계: 20세기 초

인보관운동의 시작 및 진보의 시기로 사회복지사의 목적과 가치지향이 빈곤자의 도덕성에서, 빈곤과 관련된 광범위한 사회문제 개선의 요구로 변화하였다. 진보주의와 함께 빈곤자의 도덕성 결여보다 빈곤발생의 사회구조 문제에 중점을 두었으며 사회의 불공평함에 빈곤의 문제가 있음을 인식하는 사회가치의 변화를 주장하였다.

3) 제3단계: 1940년대 말 ~1950년대 초

도덕적 차원에 대한 관심이 집중된 시기로 클라이언트 중심 가치체계에서 전문직과 전문가의 가치체계로 변화되었다.

4) 제4단계: 1960년대 이후

사회적 평등, 인권, 복지권, 차별, 억압 등의 가치를 사회복지실천에 접목시킨 시기로 1960년대 전미사회복지사협회의(NASW)는 첫 윤리강령을 공식 채택하였고, 사회복지 가치와 윤리에 대한 관심이 증폭하는 계기가 되었고, 1976년 레비의 사회복지 윤리학(Social work ethics) 출간으로 가치와 윤리에 대한 관심이 확산되었으며, 리머, 로웬버그, 달고프 등이 많은 저작물을 통해 윤리와 관련된 이슈들이 등장하였다. 한국의 경우는 1992 한국복지사협회가 윤리강령을 제정, 공포하고 시대에 맞는 세분화된 작업 진행이 필요하였다.

2. 사회복지 전문직의 가치

사회복지 전문직이 인지해야 할 가치는 다음과 같다.

① 모든 인간은 자신의 삶의 문제를 다루고 잠재적인 능력을 개발하는 데 필요한 자원을 소유할 가치가 있다.
② 사회복지실천의 기본 토대는 삶 속에 있는 문제를 발견하고, 문제를 일으키고 규정하는 환경적 요소에 주목하는 것이다.
③ 클라이언트가 필요로 하는 자원을 획득하고 도와 줄 책임이 있다.
④ 이 가치를 실행하기 위해서는 지역사회의 자원을 활용하는 지식과 기술을 획득하여야 한다.
⑤ 사회복지사는 인간의 욕구를 효과적으로 충족시킬 정책과 프로그램을 개발하고 실행하려는 의지와 책임이 필요하다.

모든 인간은 고유의 가치와 존엄성이 있다.

① 수용

클라이언트가 개인의 문제를 사회복지사와 공유한다는 위험을 무릅쓰고 감정을 표현하기 전에, 먼저 자신이 수용되었음을 느끼게 해야 하고, 사회복지사의 선의와 돕고자 하는 의지를 경험하게 해야 한다.

② 판단유보

사회복지사 역할은 판단하는 것이 아니라 그들의 어려움을 스스로 해결하고 찾도록 도와주는 것으로 지속적인 존중과 수용은 클라이언트가 건전한 정신건강을 형성하는데 필수적인 자존감을 획득하도록 도와준다. 판단유보라는 것은 불법적 비도덕적 학대 착취 무책임한 행동을 묵인하거나 승인하는 것은 아니다.

사회복지사는 그 자신의 가치와 윤리강령이 있으며 아동유기, 강간, 난폭한 범죄와 같은 행동은 거부한다. 전문직으로서의 사회복지 실천과 개인으로서의 사회복지사는 사람들이 사회의 법칙에 따라 살도록 도와 줄 책임이 있다.

③ 개방성

사회복지사가 개방성과 수용 능력을 증대시키려 할 때, 자신과 확연히 다른 믿음 생활양식, 행동방식을 가진 사람과 협조하는 것이 도움이 된다. 클라이언트의 독특성을 경험할 때 자신을 풍부하게 하는 기회로 간주하는 것이 좋다.

1) 윤리강령과 사회복지사 윤리강령

(1) 윤리강령

전문직이 윤리적 실천을 수행하기 위해 지침을 규정으로 정해놓은 틀로서 전문직을 외부의 규정으로부터 보호해주고, 전문직의 사명이나 방법론과 관련된 규범을 수립하는 기준을 제시한다.

(2) 사회복지사 윤리강령

사회복지사 윤리강령은 사회복지사가 행동하는데 지침이 되도록 고안한 것으로 사회복지사 윤리강령은 사회복지 가치 기준에 맞는 실천을 하였는가에 대한 행동기준 및 판단기준이 된다.

(3) 윤리 강령 전문

사회복지사는 인본주의·평등주의 사상에 기초하여, 모든 인간의 존엄성과 가치를 존중하고 천부의 자유권과 생존권의 보장활동에 헌신한다. 특히 사회적·경제적 약자들의 편에 서서 사회정의와 평등·자유와 민주주의 가치를 실현하는데 앞장선다. 또한 도움을 필요로 하는 사람들의 사회적 지위와 기능을 향상시키기 위해 저들과 함께 일하며, 사회제도 개선과 관련된 제반 활동에 주도적으로 참여한다. 사회복지사는 개인의 주체성과 자기결정권을 보장하는 데 최선을 다하고, 어떠한 여건에서도 개인이 부당하게 희생되는 일이 없도록 한다. 이러한 사명을 실천하기 위하여 전문적 지식과 기술을 개발하고, 사회적 가치를 실현하는 전문가로서의 능력과 품위를 유지하기 위해 노력한다. 이에 우리는 클라이언트·동료·기관 그리고, 지역사회 및 전체사회와 관련된 사회복지사의 행위와 활동을 판단·평가하며 인도하는 윤리기준을 다음과 같이 선언하고 이를 준수할 것을 다짐한다.

2) 사회복지사의 일반적 윤리기준

(1) 전문가로서의 자세

① 사회복지사는 전문가로서의 품위와 자질을 유지하고, 자신이 맡고 있는 업무에 대해 책임을 진다.

② 사회복지사는 클라이언트의 종교·인종·성·연령·국적·결혼상태·성 취향·경제적 지위·정치적 신념·정신, 신체적 장애·기타 개인적 선호, 특징, 조건, 지위를 이유로 차별대우를 하지 않는다.

③ 사회복지사는 전문가로서 성실하고 공정하게 업무를 수행하며, 이 과정에서 어떠한 부당한 압력에도 타협하지 않는다.

④ 사회복지사는 사회 정의 실현과 클라이언트의 복지증진에 헌신하며, 이를 위한 환경 조성을 국가와 사회에 요구해야 한다.

⑤ 사회복지사는 전문적 가치와 판단에 따라 업무를 수행함에 있어, 기관내외로부터 부당한 간섭이나 압력을 받지 않는다.

⑥ 사회복지사는 자신의 이익을 위해 사회복지 전문직의 가치와 권위를 훼손해서는 안 된다.

⑦ 사회복지사는 한국사회복지사협회 등 전문가단체 활동에 적극 참여하여, 사회정의 실현과 사회복지사의 권익옹호를 위해 노력해야 한다.

(2) 전문성 개발을 위한 노력

① 사회복지사는 클라이언트에게 최상의 서비스를 제공하기 위해, 지식과 기술을 개발하는 데 최선을 다하며 이를 활용하고 전파할 책임이 있다.

② 클라이언트를 대상으로 연구하는 사회복지사는 저들의 권리를 보장하기 위해, 자발적이고 고지된 동의를 얻어야 한다.

③ 연구과정에서 얻은 정보는 비밀보장의 원칙에서 다루어져야 하고, 이 과정에서 클라이언트는 신체적, 정신적 불편이나 위험·위해 등으로부터 보호되어야 한다.

④ 사회복지사는 전문성을 개발하기 위해 노력하되, 이를 이유로 서비스 제공을 소홀히 해서는 안 된다.

⑤ 사회복지사는 한국사회복지사협회 등이 실시하는 제반 교육에 적극 참여하여야 한다.

(3) 경제적 이득에 대한 태도

① 사회복지사는 클라이언트의 지불 능력에 상관없이 서비스를 제공해야 하며, 이를 이유로 차별대우를 해서는 안 된다.
② 사회복지사는 필요한 경우에 제공된 서비스에 대해, 공정하고 합리적으로 이용료를 책정해야 한다.
③ 사회복지사는 업무와 관련하여 정당하지 않은 방법으로 경제적 이득을 취하여서는 안 된다.

3) 클라이언트에 대한 윤리기준

(1) 클라이언트와의 관계

① 사회복지사는 클라이언트의 권익 옹호를 최우선의 가치로 삼고 행동한다.
② 사회복지사는 클라이언트에 대하여 인간으로서의 존엄성을 존중해야 하며, 전문적 기술과 능력을 최대한 발휘한다.
③ 사회복지사는 클라이언트가 자기결정권을 최대한 행사할 수 있도록 도와야 하며, 저들의 이익을 최대한 대변해야 한다.
④ 사회복지사는 클라이언트의 사생활을 존중하고 보호하며, 직무 수행과정에서 얻은 정보에 대해 철저하게 비밀을 유지해야 한다.
⑤ 사회복지사는 클라이언트가 받는 서비스의 범위와 내용에 대해, 정확하고 충분한 정보를 제공함으로써 알권리를 인정하고 존중해야 한다.
⑥ 사회복지사는 문서·사진·컴퓨터 파일 등의 형태로 된 클라이언트의 정보에 대해 비밀보장의 한계·정보를 얻어야 하는 목적 및 활용에 대해 구체적으로 알려야 하며, 정보공개시 동의를 얻어야 한다.
⑦ 사회복지사는 개인적 이익을 위해 클라이언트와의 전문적 관계를 이용하여서는 안 된다.
⑧ 사회복지사는 어떠한 상황에서도 클라이언트와 부적절한 성적 관계를 가

져서는 안 된다.

⑨ 사회복지사는 사회복지 증진을 위한 환경조성에 클라이언트를 동반자로 인정하고 함께 일해야 한다.

(2) 전문성 개발을 위한 노력

① 사회복지사는 클라이언트에게 최상의 서비스를 제공하기 위해, 지식과 기술을 개발하는 데 최선을 다하며 이를 활용하고 전파할 책임이 있다.

② 클라이언트를 대상으로 연구하는 사회복지사는 저들의 권리를 보장하기 위해, 자발적이고 고지된 동의를 얻어야 한다.

③ 연구과정에서 얻은 정보는 비밀보장의 원칙에서 다루어져야 하고, 이 과정에서 클라이언트는 신체적, 정신적 불편이나 위험·위해 등으로부터 보호되어야 한다.

④ 사회복지사는 전문성을 개발하기 위해 노력하되, 이를 이유로 서비스의 제공을 소홀히 해서는 안 된다.

⑤ 사회복지사는 한국사회복지사협회 등이 실시하는 제반 교육에 적극 참여하여야 한다.

(3) 동료

① 사회복지사는 존중과 신뢰로서 동료를 대하며, 전문가로서의 지위와 인격을 훼손하는 언행을 하지 않는다.

② 사회복지사는 사회복지 전문직의 이익과 권익을 증진시키기 위해 동료와 협력해야 한다.

③ 사회복지사는 동료의 윤리적이고 전문적인 행위를 촉진시켜야 하며, 이에 반하는 경우에는 제반 법률규정이나 윤리기준에 따라 대처해야 한다.

④ 사회복지사가 전문적인 판단과 실천이 미흡하여 문제를 야기시켰을 때에는, 적절한 조치를 취하여 클라이언트의 이익을 보호해야 한다.

⑤ 사회복지사는 전문직 내 다른 구성원이 행한 비윤리적 행위에 대해, 제반 법률 규정이나 윤리기준에 따라 조치를 취해야 한다.

⑥ 사회복지사는 동료 및 타 전문직 동료의 직무가치와 내용을 인정·이해하

며, 상호간에 민주적인 직무관계를 이루도록 노력해야 한다.

(4) 수퍼바이저

① 수퍼바이저는 개인적인 이익의 추구를 위해 자신의 지위를 이용해서는 안 된다.
② 수퍼바이저는 전문적 기준에 의해 공정하게 책임을 수행하며, 사회복지사·수련생 및 실습생에 대한 평가는 수퍼바이저들과 공유해야 한다.
③ 사회복지사는 수퍼바이저의 전문적 지도와 조언을 존중해야 하며, 수퍼바이저는 사회복지사의 전문적 업무수행을 도와야 한다.
④ 수퍼바이저는 사회복지사, 수련생 및 실습생에 대해 인격적·성적으로 수치심을 주는 행위를 해서는 안 된다.

4) 사회에 대한 윤리기준

① 사회복지사는 인권존중과 인간평등을 위해 헌신해야 하며, 사회적 약자를 옹호하고 대변하는 일을 주도해야 한다.
② 사회복지사는 필요한 사회서비스를 개발하기 위한 사회정책의 수립, 발전, 입법, 집행에 적극적으로 참여하고 지원해야 한다.
③ 사회복지사는 사회 환경을 개선하고 사회정의를 증진시키기 위한 사회정책의 수립, 발전, 입법, 집행을 요구하고 옹호해야 한다.
④ 사회복지사는 자신이 일하는 지역사회의 문제를 이해하고, 그것을 해결하는 일에 적극적으로 참여해야 한다.

5) 기관에 대한 윤리기준

(1) 기관에 대한 윤리기준

① 사회복지사는 기관의 정책과 사업목표의 달성·서비스의 효율성과 효과성의 증진을 위해 노력함으로써, 클라이언트에게 이익이 되도록 해야 한다.
② 사회복지사는 기관의 부당한 정책이나 요구에 대하여, 전문직의 가치와

지식을 근거로 이에 대응하고 즉시 사회복지윤리위원회에 보고해야 한다.

③ 사회복지사는 소속기관 활동에 적극 참여함으로써, 기관의 성장발전을 위해 노력해야 한다.

(2) 사회복지윤리위원회의 구성과 운영

① 한국사회복지사협회는 사회복지윤리위원회를 구성하여, 사회복지윤리실천의 질적인 향상을 도모하여야 한다.

② 사회복지윤리위원회는 윤리강령을 위배하거나 침해하는 행위를 접수 받아, 공식적인 절차를 통해 대처하여야 한다.

③ 사회복지사는 한국사회복사협회의 윤리적 권고와 결정을 존중하여야 한다.

제3절 윤리적 갈등

사회복지의 발전은 민주주의의 발전과 더불어 성장하고 있다. 사회 전반에 대한 시민참여가 확대되고 기업의 사회적 기여, 국가복지정책의 확대 등으로 다양한 자원이 사회복지 실천현장에 유입되고 있다. 사회복지 욕구 또한 다양해지고 복잡해져 가면서 이에 대응하는 사회복지사의 역할과 위상 또한 높아지고 있다. 이에 따라 사회복지현장이 보다 투명하게 운영되고 서비스 이용자의 권익을 우선 보장되어야 하는 사회적 요구가 강해지고 있다. 더구나 사회복지서비스가 시설중심으로 생산되었던 것에 비해 지불능력을 갖춘 이용자에게 맞춤 서비스를 제공해야하므로 이용자를 중심으로 변화되고 있다. 이는 사회복지현장이 이전에 경험하지 못한 문제에 당면하게 되고 사회복지사의 책임성, 윤리성이 내부뿐만 아니라 외부로부터 강조되고 있다.

최근 언론을 통해 사회복지현장에서 발생하는 비리사건을 자주 접하게 된다. 같은 시간 때 각종 경제적 범죄에 대한 내용도 같이 방영되지만 유독 지탄을 받는 기사는 사회복지현장이 되고 있다. 두 사건을 동일선상에서 비교하는 것은 성격에 맞지 않을 수도 있지만 사건에 대한 여론은 '없는 사람들을 등치는...,'이란 도덕성에 질책을 더하고 있는 것이다. 또 하나, 주요 기사 중 하나가 자살사건이다. '생계를 비난하여 죽은 지 며칠 만에 발견'이란 등의 기사가 나면 해당 지역 사회복지사들은 긴장을 하게 된다. 직접적인 관계가 없더라도 어김없이 비난의 대상이 되는 것이 현실이다.

이 시간에 사회복지실천 현장의 윤리적 문제를 다루고자 할 때, 사회복지계에서 벌어지는 일련의 비리, 인권유린 사건에서 지나칠 수 없다. 비록 일부에 국한되는 문제일 수도 있겠지만 더 이상 이러한 윤리적인 문제가 발생하지 않아야 한다는 각성을 염두에 둔 것이라 본다. 따라서 사회복지 현장에서 경험하는 윤리적인 문제에 관하여 논함에 있어 임상적 내용과 더불어 사회문제로 부각되어 사회복지현장의 쇄신이 요구되어지는 부분도 고찰되어야 한다.

1. 사회복지실천현장에서의 윤리

전문가 집단에서 윤리강령은 조직의 기본 가치를 제시하고 구성원에게 목표의식을 심어주는 중요한 지표가 되는 것이다. 사회복지 윤리는 시대적 요구에 반응하고 지속가능한 업무수행에 가장 중요한 기준이 된다는 것에 부정할 사람을 없을 것이다.

그럼에도 윤리강령이 각성된 상태로 현장에서 받아들고 있다고는 볼 수 없을 것이다. 사회복지 실천현장에서 윤리 또는 그 기준은 어떤 의미일까?

사회복지 실천은 '사회복지서비스 욕구가 있는 사람에게 최선의 서비스를 제공하는 것'일 것이다. 사회복지 윤리는 이 과정에서 직간접으로 개입하는 사회복지사로 하여금 이상적 방향성과 실천적 당위성을 제시해 준다.

윤리강령의 전문을 보면 사회복지사의 사명을 인본주의와 평등주의 사상에 기초하고, 사회적·경제적 약자의 편에서, 사회적 지위와 기능을 향상시키고, 주체성과 자기결정권을 보장하는 데 최선을 다해야 한다고 기술하고 세부적인 기준을 선언하고 있다. 이는 사회복지사가 어떻게 현장에 임해야 하는지, 의욕을 잃고 소진된 상태에서, 중요한 결정을 해야 할 시기에 기준이 될 수 있다. 물론 윤리강령이 현장에서 이루어지는 모든 과업에 적용될 수 없을지라도 사회복지사로 하여금 최선의 선택을 할 수 있도록 안내 한다고 볼 수 있다.

비록 윤리강령이 절대불변의 진리가 아니라 하더라도 실천현장에서 상황마다

윤리적 판단을 내리는 유일한 근간이 됨은 틀림없다. 이는 어느 협회, 법인, 기관에 소속되었더라도 지켜내야 할 사회복지사라는 전문직의 명예와 관련되어 있다.

현장에서 사회복지 윤리를 어떻게 인식하고 있고 적용되고 있는가?

매일 서비스 이용자를 상담하고 중요한 결정을 내리는 과정이 사회복지사의 일상이다. 결재 과정에서 슈퍼비전을 받고 최종 기관장의 승인을 받는 과정도 윤리적 판단을 떠나서 이루어 질 수 없을 것이다. 서비스제공에 필요한 물품을 구입하는 과정만 해도 스스로 꼭 필요한 지, 누구를 위해 구입하는 지를 판단하게 되고 상급자도 마찬가지 제한된 자원에 대한 효율, 효과를 따지고 기관의 방침 또한 따지게 된다. 그럼에도 이 과정에 있는 사회복지사가 사회복지사 윤리강령을 우선 판단기준으로 삼고 있는지 의문이다. 개인적 가치관이나 경험적 상식으로 판단함에 따라 발생하는 문제는 없는지 살펴볼 필요가 있다.

하나의 문제에 접근함에 있어 사회복지사간의 갈등이 발생하고 과정 또한 바람직하지 않은 방향으로 추진되는 경우가 발생한다. 때로는 기관장의 독특한 가치관이나 경험적 슈퍼비전은 일반화하기 어려운 경우가 있다. 실제 한 기관의 특성이 기관장이 누구냐에 따라 좌우되는 현실에서 일부 바람직하지 못한 가치판단으로 기관이나 지역사회에 도움이 되지 못하는 결과를 초래하기도 한다. 또한 집단 이기주의로 인해 의도적으로 윤리강령을 비켜가는 경우도 없지 않다.

복지넷 등 현장소리에 올라온 글의 상당부분이 시설장 또는 법인이라는 상부조직에 대한 불만, 고발로 이루어져 있고 내용 또한 사회복지 윤리강령에 위배되는 내용이다. 단편적으로 기관장이나 법인이 바람직하지 못한 판단을 하고 있다고 이야기 할 수는 없으나 조직 구성원이 가치판단 기준을 공유할 수만 있어도 비난의 대상이 되는 것을 예방할 수 있을 것이다. 현장에서 사회복지사 윤리강령을 단일기준으로 삼는다면, 실제 윤리강령의 범위를 벗어나 가치판단을 해야 하는 경우는 거의 없을 것이다. 다만 특정 사안에 대해 적용·해석 해야 할 경우도 있겠지만 이 범위를 벗어나지 않는다. 결국 실천현장에서 개별 사회복지사뿐만 아니라 기관의 운영 방침이 일부분에서 부각될 수는 있지만 윤리강령을 벗어날 수는 없을 것이다.

윤리적 갈등이란 사회복지사가 전문가로서 지켜야하는 윤리적 의무와 책무가 서로 충돌함에 따라 어떠한 실천행동을 선택하는 것이 올바른 것인가 판단하기 어려운 상태이다. 사회복지 실천현장에서 당면하는 윤리적 갈등의 유형에 대하여 논하면 다음과 같다.

실천현장에서 당면하는 윤리적 갈등 상황을 4가지로 분류해 보았다. 이는 현장에서 가장 민감한 상황으로 사회적 지탄의 대상이 되는 문제이기에 사회복지사로 하여금 자성적 쇄신이 요구되는 부분이다.

1) 경제적 이득과 관련된 윤리적 갈등

사회복지현장에서 금전적인 문제는 가장 치명적이다. 사회복지 실천이 곧 개인의 이득을 떠나 사회적 약자에 대한 헌신으로 여겨지는 일반적 시각에서 금전적 문제는 다른 어떤 부분보다 주목을 받을 수밖에 없다.

사회복지서비스를 제공하는 데 필요한 경비는 세금으로 이루어진 보조금과 선의의 기부자로부터 충당하고 있다. 이에 내외부에서 투명한 경영, 합리적 지출을 요구받는 것은 당연한 일이고 우리의 우선되는 책무가 되어야 한다. 그럼에도 사회복지사 개인 이득을 취하거나 기관 운영 경비를 충당하기 위해 변칙적인 예산운영과 이에 따른 갈등이 존재한다. 이 문제는 각종 비리사건의 원인이 되고 있는 사회복지예산 운영과 관련되는 윤리적인 문제이다. 특정 개인의 금전적 이득을 취하는 행위는 아니더라도 예산의 목적 외 사용 또는 변칙 사용에 따라 윤리적 판단을 요구받는 경우가 발생한다.

지정을 원하지 않는 후원금이지만 기부자와 상담에서 어려운 결단으로 '좋은 일에 쓰기'를 부탁받았을 때, 지출에 있어 상사로 부터 목적 외 사업에 사용하기를 요구받고 갈등하는 경우도 있다. 그 외 예산 지출 후 기부형태로 되돌려받아 예산외 편성한 금액, 기부물품을 사회복지사가 개인적으로 사용하는 등에서 윤리적 갈등을 하는 경우도 있다.

개인적 이득을 취하는 것은 윤리적으로 용납될 수 없는 문제이지만 실무에서 이용자와 금전적인 문제는 가끔 접할 수 있는 부분이다. 대가를 바라거나 계획적인 금전적 취득은 어떠한 경우에도 비난을 받아 마땅하며 아량의 범위를 벗어난다. 하지만 경제적 이득과 관련되어 윤리적 갈등을 일으키는 것 중에 우리나라 정서와 관련되어 있는 것이 있다. 어떤 할머니는 사회복지사가 방문할 때마다 과일을 꺼내 놓으신다. 그러다 명절이 되면 양말 한 켤레와 봉투를 건네기

도 하는데 사회복지사의 거절에 몹시 섭섭해 한다. 이 경우 관계에서 문제의 소지가 있었다고 치더라도 당면문제 해결에 단순한 거절만으로 문제해결이 되지 않는다. 슈퍼비전 과정에서 윤리적인 원칙만 제시한다면 할머니와의 관계는 소원해 질 수 밖에 없을 것이다. 이럴 경우 할머니 명의로 기부되거나 생필품을 구입해서 전해드리는 정도로 윤리적 갈등을 벗어날 수 있지만 윤리적인 갈등의 소지를 안고 있다.

경제적 이득과 관련되어서는 시민참여 확대, 시설운영자의 높은 도덕성 등으로 대부분의 시설에서 투명하게 운영되고 있지만 가끔 언론에서 비리문제로 기사화될 경우 사회복지사가 받는 도덕적 상처는 다른 어떤 전문가 집단보다 집단적 상처로 남을 가능성이 높은 것이 우리의 현실이다.

2) 이용자 인권과 관련된 윤리적 갈등

현장에서 이용자의 인권에 대한 고민은 내부적 비판보다 외부로 부터 강제되는 것이 현실이다. 이는 사회복지사라는 전문가 집단에서 인권의식을 더 높게 가져야 함에도 스스로의 인권에 대한 주장이 약한 사회적 약자를 상대로 선도적인 역할을 수행하지 못한 것에 대한 자책이 앞설 수밖에 없다.

이용자의 인권과 관련된 갈등은 인권에 대한 인식부족에서 발생하는 경우가 대부분이다. 공급자 중심으로 서비스가 제공되어 불필요한 서비스를 마지못해 수용하거나 서비스 신청자를 대상으로 면담과정에서 필요 이상의 정보를 요구하고 이를 동의 없이 업무에 활용하거나 외부로 유출하기도 한다. 또한 기부자가 원한다면 이용자의 가정을 방문하는 것도 당연시 한다. 이 경우 이용자는 기부자 방문을 거절하고 싶어도 쉽게 싫다는 표현을 하지 못한다.

무엇보다 서비스 이용자에 대한 방임, 학대의 문제는 더 이상 사회복지기관에서 자행되지 말아야할 중요한 문제이다. 이용자를 대상으로 상습적인 성추행, 학대, 방치 등은 사회복지사로서 자질에 근본적인 의문이 제기된다. 사회복지서비스가 인간을 대상으로 하기에 금전적 문제보다 더 강한 윤리적 기준이 적용되어야 함에도 간과되는 경향이 없지 않다.

반인권적인 행동은 도움을 요청하는 이용자에 대한 편견과 공급자 중심 사고에서 원인을 찾아볼 수 있다. 알코올 중독자나 끊임없이 요구하는 이용자의 방문에 선입견을 가지고 상담을 거부하거나 함부로 대하거나 무료 이용자라고 하여 본인 의사에 반하여 사업변경, 종결 등 이용을 제한하는 경우, 이용자 상담에서 취득한 정보를 대수롭지 않게 사적 대화에서 거론하여 당사자에게 피해를 주는 경우 등 개인의 고유한 가치가 무시되는 경우도 있다.

3) 포괄적 책임과 관련된 윤리적 갈등

포괄적 책임이라 함은 사회복지사는 이용자의 모든 요구에 응답해야 한다거나 현장에서 일어나는 모든 도의적 책임이 사회복지사에 있다는 강박에서 일어난다. 서비스 관할지역에서 돌봐줄 사람이 없이 사망한지 몇 개월이 지나 발견된 사건이 발생하면 지역 내 사회복지기관의 잘잘못을 가리는 일에 언론은 주저하지 않는다. 기관마다 재가복지서비스를 제공하는 부서에서는 이를 가장 경계하며 과하다 싶을 정도로 집중하고 있는 실정이다.

사회복지기관 중 일부(지역사회복지관)는 서비스 대상이나 내용에 대한 구체적인 한계가 없다. 정부지원과 민간 기부금에 의존하는 상황에서 이러한 지역 여론에 민감해질 수밖에 없고 사업계획을 벗어나 사회복지사에게 대응을 요구할 수밖에 없다. 그렇다면 사회복지사가 지역에서 일어나는 모든 사회문제에 대응할 여력이 있느냐는 것이다. 또한 사회복지사가 어느 수준까지 이용자의 문제에 개입해야 하느냐에 대한 문제이다. 본인은 서비스를 거부하고 있으나 방치할 경우 위급한 상황이 예상될 때, 응급실에 실려 간 독거노인에 대해 병원 측에서 지불보증을 사회복지사에게 요구할 때, 이웃에게 상당한 문제를 일으키고 있는 가정에 대해 사회복지사의 개입을 강력하게 요구하는 주민과 개입을 강하게 거부하는 가정 등의 사례에서 우리 기관의 방침에 따라 개입이 불가능하다고 하여 이후 일어나는 문제에 대해 자유로울 수 없는 상황이 발생한다.

4) 개인적 가치와 관련된 윤리적 갈등

개인적 가치(종교적 가치, 경험적 신념, 이론적 지식)와 사회복지 윤리는 대부분 큰 차이를 보이지 않을 수 있다. 이는 보편적 가치로 이해되는 수준이기에 그렇다. 그럼에도 개인적 가치와 기관의 운영방침 사이에서 갈등하는 사회복지사도 상

당수 존재한다. 이직의 사유 중 상당부분이 직장 동료 간의 갈등, 즉 사고(가치관)의 차이에서 갈등하고 있기도 하다.

개인적 가치와 관련되어 사회적 지탄의 사례는 사회복지시설을 사적 재산으로 여기는 문제일 것이다. 개인 자산을 출연하여 사회복지시설을 설치하거나 정부지원을 받지 않는다고 해서 사적 이익의 수단으로 활용하는 경우, 개인의 독특한 가치관(종교, 문화, 다단계 영업 등)을 이용자에게 강요하는 경우 등에 침묵하는 것이 과연 윤리적인가 생각해 보아야 한다.

사회복지사는 독실한 가톨릭 신자이다. 청소년을 담당하고 있어 상담 중에 임신한 사실을 알게 되었다. 이 청소년은 학교 성적이 좋은 여학생이며 남자친구는 책임질 수 없다고 하고 부모님께는 알릴 수 없는 상황으로 스스로 낙태를 생각하고 있다고 한다. 이 경우 낙태를 반대하는 자신의 신념과 낙태를 선택하고 자신의 일상으로 돌아가고 싶다는 청소년 사이에서 어떤 윤리적 결정이 바람직한 것인가.

또 하나의 사례로 사회복지사로서 30년 가까이 현장 경험이 있는 기관장은 독특한 자신만의 가치관을 가지고 있다. 그에게 슈퍼비전을 받을 때마다 사회복지사는 불만을 가지게 된다. 문제를 바라보는 시각에서 큰 차이를 보이고 있다. 그러다 사회복지사의 역량을 키워주기 위해 스스로 문제를 해결하도록 지지를 해주었으나 변화를 보이지 않는다. 몇 차례 슈퍼비전을 주었지만 받아들이지 않는다. 하지만 두 사람 모두 사회복지윤리강령에 따른다고 하지만 서로 달리 해석하고 있다.

그 외 가치갈등의 유형은 다음과 같다.

① 두 개 또는 그 이상의 경쟁적 가치와 직면했을 때 윤리적 딜레마
② 기관의 의무와 클라이언트에 대한 의무 사이에 갈등
③ 클라이언트 체계의 다중성
④ 윤리적 결정의 효과가 모호할 때
⑤ 사회복지사와 클라이언트의 관계가 평등하지 않아서 생기는 윤리적 딜레마

2. 실천에서 발생할 수 있는 갈등 3가지 범주

1) 직접적인 개입활동과 관련된 윤리적 갈등

사회복지사는 개인, 가족, 집단을 대상으로 직접적인 개입실천 수행과정에서 여러 가지 윤리적 갈등과 직면한다. 사회복지사가 지켜야 하는 윤리적 의무나 원칙 가운데 이와 같은 범주에 속하는 것으로 대표적인 것이 비밀보장, 클라이언트의 자기결정, 온정주의, 진실의 의무 등이 있다. 여기서 윤리적 가치나 의무들을 어느 정도까지 보장하여야 하는가라는 형태의 갈등구조를 지닌다.

2) 사회복지정책 및 프로그램 차원의 갈등

사회복지정책 및 프로그램을 기획하고 실행해 나가는 과정에서 발생하는 것으로 간접적인 사회복지실천 활동으로 분류되는 영역에서 제기된다. 분배문제를 들 수 있는데 제한된 자원을 누구에게 어떻게 얼마만큼 배분하는 것이 정당한 것인가 결정하는 윤리기준의 문제점이 될 수 있다.

3) 사회복지조직체 및 동료사회복지사와 관련된 윤리적 갈등

사회복지조직체 및 동료 사회복지사 사이에 관련된 것으로 한 조직체의 일원, 즉 고용된 사람으로서의 사회복지사가 겪을 수 있는 갈등이다. 조직체계에 소속되어 있어서 조직체계에는 이윤이지만 클라이언트에게는 불리한 갈등이라든지 내부 고발자 경우가 그러하다.

3. 윤리적 딜레마 상황에서 가치기반

윤리적 딜레마 상황에서 결정의 근거가 되는 가치기반은 다음과 같다.

1) 클라이언트의 자기결정권

클라이언트가 스스로 선택하고 결정할 수 있도록 클라이언트의 권리와 욕구

를 인정하는 사회복지 윤리원칙으로, 클라이언트가 선택하는 데 필요한 정보를 얻고 선택한 결과를 이해하도록 하는 사회복지사 역할까지 포함한다. 사회복지사 자신의 입장을 근거하여 강요할 수 없고 클라이언트가 스스로 최선이라고 생각하는 것을 선택할 권리이다. 그리고 자기결정 원칙은 온정주의에 의해 클라이언트의 바람을 제한하거나 자유를 방해하는 결과를 가져오기도 하여 이와 서로 맞물리기도 한다.

2) 클라이언트의 비밀보장

사회복지사는 클라이언트에게 정직하게 실천내용을 클라이언트의 동의 없이는 정보를 누설하지 않는다는 윤리원칙으로 신원, 명백하게 말로써 표현하는 것, 전문가 의견, 기록된 기록 등의 보장을 말한다.

① 클라이언트가 자학이나 타인을 해칠 위험이 있을 경우
② 아동이나 노인학대가 일어났을 경우
③ 전문가적 입장이기에 밝힐 수 있는 경우
④ 법정에서 정보공개를 명령 받았을 경우

3) 진실을 말할 의무

① 정직하게 실천내용을 보고할 책임
② 제한된 서비스, 클라이언트나 그 주위에 미칠 영향에 대해 예상되는 비용이라든지 클라이언트가 충분히 알고 있어야 함

4) 기타

① 제한된 자원의 공정한 분배
② 상충되는 의무와 기대
③ 클라이언트 이익과 사회복지사 이익
④ 전문적 동료 사이에서의 갈등
⑤ 규칙과 정책 위배시

⑥ 개인적 가치와 전문적 가치에서의 상충.
⑦ 종교적 상충

4. 부정보조금 사례

국민권익위원회에 부패를 신고한 신고자 3명이 총 5,000여만 원의 신고보상금을 받게 됐다. 이들의 신고로 낭비될 뻔했다가 국고로 환수된 금액은 약 2억 2천 여 만원이다. 국민권익위가 보상금을 지급하기로 한 3건은 모두 보조금 집행과정에서 예산을 부정하게 받았다가 신고된 사례들이다. 사례들을 윤리적 딜레마 상황에서 가치기반을 중심으로 분석해 보자.

사례 1. A씨는 '가' 벤처기업 대표와 '나' 벤처기업 대표가 서로 공모하여 중소기업청, 지식경제부와 연구개발과제 협약을 체결한 후 동 연구 과제를 추진하는 과정에서 과제와 관련 없는 장비를 구입하는 등 허위 정산하는 수법으로 정부출연금을 횡령한 의혹이 있다며 국민권익위원회에 신고했다.
권익위는 해당 신고를 조사한 후 혐의가 있다는 판단에 따라 경찰청에 이첩했으며, 경찰청이 사건을 수사한 결과 횡령혐의가 사실로 드러나 환수기관은 관련업체가 부당하게 받은 정부보조금 1억 6,600여만 원을 환수했다. 이에 권익위는 신고자인 A씨에게 보상금 4,000여만 원을 지급하기로 했다.

사례 2. B씨는 한 노인요양원의 사무국장이 동 요양원에 거주하지 않은 사람을 거주하고 있는 것처럼 국민건강보험공단에 장기요양급여비를 부당 청구하여 보조금을 편취했다는 내용의 의혹을 국민권익위원회에 신고했다.
권익위가 이를 조사한 후 감독기관인 보건복지부에 이첩한 결과 부당청구행위가 사실로 드러났고, 해당 기관은 요양기관 지정이 취소됐으며, 재지정을 4개월간 금지하는 행정처분도 받았다. 부당하게 받은 요양급여비 6천여 만 원은 환수되었으며, 해당 신고로 신고자 B씨는 보상금 900여만 원을 받게 됐다.

사례 3. C씨는 ○○호텔 직원이 개인사정으로 사직했으나 호텔 사장과 협의하여 실업급여 신청서의 실직사유를 권고사직으로 작성하여 실업급여를 부당편취 하였다는 의혹을 신고했다.
권익위가 이를 조사한 후 감독기관인 고용노동부에 이첩한 결과 실업급여 부정수급 사실을 확인하였고 환수기관은 부정수급한 790여만 원을 환수하기로 해 신고자 C씨는 39여만 원의 보상금을 수령하게 됐다. 참고로, 권익위는 이번 3건의 사례처럼 최근 5년간 부패행위를 권익위에 신고해 보상금이나 포상금을 받은 178건의 사건 중 정부의 보조금을 부당한 방법으로 받아낸 사건이 73건(평균 41%)으로 부패사건 유형중 가장 많은 비중을 차지했으며, 특히 2012년에는

42.6%, 2013년은 56.3%로 보조금 부정 수급사건의 신고로 인한 보상금 비중은 계속 늘어나는 추세인 것으로 나타났다.

사회복지법인 지배구조의 관여에 대한 입법형성권의 한계에 대하여도 준수하여야 한다.

사회복지법인 운영의 자유는 헌법 제37조제2항의 공공복리를 위하여 필요한 경우에 제한될 수 있음은 물론이다. 그리고 사회복지법인의 지배구조에 대한 법적 제도들은 기능부전의 상황에 있으며, 사회복지법인의 설립목적인 사회복지사업의 공공성을 확보하기 위하여 지배구조를 개선 필요성이 있다. 따라서 사회복지법인의 운영의 자유에 대한 제한의 정당성은 존재한다. 그러나 이와 같이 기본권제한의 정당화 사유가 있다고 하더라도 입법권자는 과잉입법금지의 원칙(목적의 정당성, 방법의 적절성, 침해의 최소성, 법익의 균형성), 본질적 내용의 침해금지 및 명확성의 원칙 등 기본권 제한의 일반적 한계를 준수하여야 한다.

이와 같이 기본권 제한의 정당성이 있다고 할 때 현실적으로 문제되는 것은 어느 정도의 기본권 침해가 헌법위반이 되는지의 여부(국가권력의 기본권 침해의 헌법위반 여부)이다. 이를 판단함에 있어 법인 자체에서 유래하는 '공공성의 강약'에 따라 국가권력 개입의 헌법적 정당화가 달라진다.

사회복지법인은 앞에서 본 것과 같이 공공성이 매우 강한 공익법인이다. 따라서 밖으로는 국가와 사회와의 관계에서, 안으로는 사회복지사업의 이용자의 관계에서 이에 상응하는 헌법적 책임을 부담하여야 한다. 법인의 공익성이 사회적 연관성과 사회적 기능이 크면 클수록 입법자에 의한 보다 광범위한 기본권 제한이 정당화된다. 따라서 사회복지법인의 강한 공공성으로 인하여 입법자에게는 사회복지법인의 지배구조에 관여할 수 있는 여지가 보다 광범위하게 인정되는 것이다.

한편 사회복지법인 지배구조에 대한 개입방식에는 사전적 방법과 사후적 방법의 두 가지 방식이 가능하다. 그리고 일반적으로 사전적 규제방식에는 기본권 제한의 한계에 관한 헌법원칙이 보다 엄격하게 적용된다. 그러나 사회복지서비스의 수급자가 사회적 약자이며, 많은 경우 외부로 드러나지 않는 사회복지시설의 폐쇄성 때문에 인권침해가 지속적이며 반복적으로 일어나고 있음에도 불구하고 장기간 방치되고 있는 점이 시설생활인 인권침해의 특징이다. 따라서 사회복지사업의 적정성 확보를 위해서는 사전적 규제방식이 매우 중요하다는 점도 고려되어야 한다.

사회복지법인의 공정하고 민주적인 운영을 확보하여 사회복지사업의 공공성을 유지하기 위한 사전적 방식에 의한 사회복지법인 지배구조의 개선방안과 위법·부당한 법인운영을 시정하여 사회복지사업의 공공성을 회복하기 위한 사후적 규제방식에 의한 사회복지법인 지배구조의 개산방안에 있어 각각의 주요쟁점과 개선방향이 요구된다.

사회복지법인의 지배구조의 개선에 있어 가장 쟁점이 되고 있는 것이 개방이사제도이다. 당초 보건복지부의 입법예고안에 의하면 법인운영의 투명성과 민주성을 확보하기 위하여 국고보조금을 받는 법인은 이사정수의 4분의 1 이상을 시·도복지위원회가 추천하는 자를 선임하도록 하였다(동법안 제18조제7항). 그러나 국회에 제출한 법안은 개방이사제도를 크게 완화하여 추천기관을 사회복지위원회, 지역사회복지협의체, 시설운영위원회로 다원화하여 법인이 추천권자를 선택하도록 하고, 개방이사의 수를 4분의 1 이상으로 하되, 소수점 이하는 버리도록 하여 개방이사의 정수를 축소하고 추천권자는 2배수의 개방이사를 추천하여 법인이 선택하도록 하고 있다. 쟁점과 법적 판단은 위헌성 여부이다.

개방이사제도의 도입은 사회복지법인의 본질적 자율성을 침해하는 위헌이라는 주장이 있다. 그러나 개방이사제도 자체는 위헌의 여지가 없는 것으로 판단된다. 현행 제도 하에서 사회복지법인의 이사회는 이사가 후임이사를 선임하는 폐쇄적인 구조를 취하고 있는데(점점 개선의여지가 있음) 이러한 구조를 좀 더 개방적으로 만드는 것은 사회복지법인의 공익성, 투명성을 확보하기 위해 필요하다.

최소한의 공공성 확보를 위하여 이사회 구성이 보다 개방적으로 되어야 한다는 것이다. 또한 개방이사제도는 사회복지수권자의 기본권 실현에도 기여한다. 법인의 운영이 투명하지 않고 법인의 의사결정과정에서 기본적인 감시·견제장치가 작동하지 않는 법인일수록 비리와 인권침해가 발생할 가능성이 높기 때문이다. 따라서 개방형 이사제도를 도입할 충분한 공익상의 필요성은 인정된다. 다만 개방형이사제도의 정도와 방식이 문제이며, 그 정도와 방식이 과잉금지원칙이나 본질적 내용 침해금지의 원칙에 위배된다면 그것은 위헌이 된다. 그러나 정부제출안은 개방형이사의 비율을 4분의 1로 하고 있기 때문에 사회복지법인 의사결정의 주도권에 본질적인 위협을 줄 수 있는 수준은 아니다. 현실적으로

이사들의 참석률이 저조하기 때문에 4분의 1의 개방이사만으로도 이사회의결에 있어 절대적 비중을 차지한다는 견해도 있다. 그러나 이사는 법인과의 관계에서 선량한 관리자의 주의의무를 법인을 운영하여야 하는 것이며, 만약 이사가 그것이 개방이사이든 통상의 이사이든 이사회에 정당한 이유 없이 불참한다는 것은 법인과의 신뢰관계를 배반하는 것으로 이사해임의 사유에 해당한다고 할 것이다. 또한 개방이사의 추천권자뿐만 아니라 개방이사 후보를 2배수 추천하도록 하여 개방이사에 대한 선택권을 법인에게 부여하여 개방이사의 선택에 대한 여지를 유보해 두고 있다. 물론 개방이사로 인하여 내부운영과정에서 불신과 견제로 비효율성을 가져 올 우려도 없지 않으나 이견의 존중은 건전한 생산적 갈등이 될 수 있으므로 민주주의의 기본바탕이라고 할 것이다.

CHAPTER 09

생명윤리와 인간복제

제1절 생명윤리의 개요

1. 생명윤리의 의의

생명윤리는 1970년대, 생명과학, 생물학, 의학, 농학 등의 분야에서 일어난 기술상의 진보로 인하여 새롭게 대두된 학문분야이다. 생명윤리 또는 생명윤리학(Bio Ethics)은 인간 및 동식물의 모든 생명과종에 인간의 개입으로 인한 가치평가 및 윤리적 문제를 고찰하는 대상으로 삼는 것이다.

생명윤리라는 말이 처음 사용된 것은 1970년 미국 위스콘신 대학의 포터(Van Rensselear Potter)에 의해서였다. 이 용어는 1971년 네덜란드 출신 산부인과 의사이며 생리학자였던 헬레거스(Andre Hellegers)와 그의 동료들이 죠지타운 대학에 "케네디 인간생식과 생명윤리연구소"를 설립하면서 사용되었다. 포터는 생명윤리란 "생물학적 지식과 인간의 가치체계에 관한 지식을 융합하는 새로운 학문"이라고 정의하였고, 나아가 문명세계를 개선하고 인간의 생존을 돕는 학문이라고까지 정의하게 되었다.

'작은 코에 칼에 베인 듯 찢어진 눈' 우리 고전에 소개된 미인의 형상이다. 신변 잡담으로 심야 토크쇼의 인기 연예인 모습과 대조적이다. 오똑한 코에 큰 눈,

회색이나 초록색 눈동자를 깜빡이기까지 한다. 조상의 생김과 다른 요즘의 젊은 연예인은 서양 식성을 닮아 그럴까? 아니다. 서양 사고를 따르기에 그렇다. 색 콘택즈 렌즈를 낀 성형 미인이라 그렇다고 할 수 있다. "키 165cm 이상의 금발에 푸른 눈, 아이비리그 출신의 25세 이하 여성에게 4만 달러, 보통 여성은 1만 달러" 이상은 미국의 대리모 회사의 자궁 모집 광고 문구다.

사람의 자궁에는 한 번에 한 아이 이상 임신시키기 어렵고 사고 시 배상 부담도 크다. 사람의 자궁을 닮은 동물을 이용하면 어떨까? 돼지는 한 번에 두 명, 소는 한 번에 10명 이상 동시에 임신시킬 수 있으니 실패 확률도 낮을 것이고 사고로 인한 배상 부담도 적다. 또한, 경제적일 것이다.

인간의 유전자를 주입해서 인간의 장기를 닮은 돼지를 개발하고 소의 자궁을 빌어 대량 착상시킬 궁리를 하는 의과대학 연구실은 전 세계에 많을 것이다. 인간의 유전자를 처음부터 끝까지 밝혀내려는 '휴먼 게놈 프로젝트'도 한창이다. 이제 약 30% 정도 밝혔다는데 21세기에는 인간 유전자 상품이 속속 생산되리란 예측이다. 금발 은발의 유전자, 지능을 높게 해 주는 유전자, 치매를 예방하는 유전자들이 최첨단 생명공학 회사 간의 경쟁 속에 절찬에 판매되리란 소식인데, 태어날 우리 2세는 부룩 쉴즈를 능가하고, 아놀드 슈와제네거 만큼 잘 생긴 녀석이 탄생될 것이다. 바뀌치는 방법으로 태어난 복제 양 돌리가 세계 10대 사건의 반열에 오른 지 1년 만에 같은 방식의 복제 소 제퍼슨이 미국에서 태어났고, 우리 기술진의 체세포 복제 소도 세계 5번째로 가슴 벅찬 탄생을 예고하고 있다. 그 사이에 백혈구 증식인자를 젖으로 분비할 흑염소 메디가 태어났고 인간의 락토페린을 생산할 젖소 보람이도 태어났다. 생명공학 시대가 그 화려한 꽃망울을 터트린 것이다. 복제 소의 산파를 성공적으로 담당할 생명공학자는 불임 부부에게 허용해야 한다. 그뿐만 아니라, 멸종 위기 동물을 복제하여 생태계를 복원시킬 원대한 포부도 밝히고 있다.

인간 복제는 현재 기술로 아무런 하자가 없다. 돌리 탄생 이후 세계 각국의 시민단체는 인간 복제를 막는 제도적 장치를 촉구하고 나섰지만 어느 정도의 구속력을 가진 제도를 어떤 나라에서 제정했는지 알 수 없다. 인간 복제는 억제하더라고 동물 복제는 허용해야 한다는 주장이 대세를 이루는 가운데 얼마나 실효성 있는 제도가 마련될지 판단하기 어렵다. 인공위성은 커녕 옆 사람도 눈치 못 채게 연구를 수행할 수 있고, 재료는 무궁무진하다. 성공하면 큰돈이 보장되는데 누가 막을 수 있을까?

유전자 조직 식품의 수입 여부에 대하여 미국에서 안전하므로 한국에서 당연히 안전하다는 논리에서 전진하여야 한다. 알레르기는 일종의 면역 이상이고 면역은 유전에 의한다. 유전자 조작 식품을 먹고 나타나기 시작한 알레르기 현상은 앞으로 더욱 큰 문제가 발생되리란 전조로 해석할 수 있는데 이미 나타난 문제점을 왜 애써 외면하려 드는가. 미국과 한국에서 안전한 유전자 조작 식품을 왜 유럽의 많은 국가들은 수입과 판매를 엄격히 제한하며, 유럽연합은 수입 곡물에 유전자 조작 여부를 표시하도록 하는가? 한국인과 미국인의 유전자는 유독 같을까?

생명공학은 미래의 식량과 의료문제를 해결해 줄 것이라 선전한다. 과연 그럴까? 이제까지 연구되었거나 연구 중인 생명공학이 하루에 한끼도 먹지 못해 굶주리는 사람들과 마이신 한 알 구하지 못해 죽어 가는 가난한 난민을 위해 얼마나 연구되고 있을까? 맛이나 영양보다 공정상의 편리함에 치중하고 돈 많은 이의 생명 연장을 위한 연구에 몰두하지 않은가. 대부분 돈을 향한 연구다. 후손의 건강한 생명, 생태계를 위한 연구는 거의 논외였다.

1991년 낙동강 페놀 유출 사건 이후 시민들은 환경에 깊은 관심을 갖게 되었다. 군사 독재의 어두운 터널을 벗어나면서 환경 문제를 다루는 시민단체가 자리를 잡았고, 시민들의 환경 의식은 어느덧 체계를 잡아가고 있다. 어떤 개발에도 시민들은 "환경은 어떤가?" 하고 의문을 제기하고, 시민의 참여를 촉구한다. 그런데, 전문가주의 우산에 숨은 생명공학은 어떤가? 현재 과학기술로 이상 없다는 생명공학은 다음 세대에 문제로 나타날 수 있고, 일단 나타나면 제어하기 어려운데, 생명공학 정책 결정에 일반 시민은 참여할 수 있을까? 의문을 제기할 수 있는가? 생명공학에 대한 시민 의식의 앙양이 시급히 요구되는 시점이 아닐 수 없다.

생명공학은 단순히 동물 복제의 문제를 넘어선다. 윤리의 문제요 생명의 문제다. 미국의 물리학자 키드 박사는 올해 초 인간 복제를 실현하겠다고 나섰다. 이미 4쌍의 부부를 확보했음도 밝혔다. 미국에서 자신의 연구 행각을 막는다면 다른 나라에 가서라도 기필코 착수하겠다고 호언했다. 환경은 생명이다. 환경단체는 후손의 생명을 먼저 생각해야 한다.

2. 생명윤리 영역

생명윤리 영역은 다음과 같다.

① 후기 산업사회라는 거대한 이데올로기 체제 유지와 관련된 영역을 거론해야 한다.

② 생명과학의 영역에서 윤리적 탐색이 새로운 사회윤리 영역으로 자리매김될 것이 자명하다.

③ 인간의 생명 보존과 관련된 윤리적 콘텍스트가 있다. 여기에는 생명 존중에 대한 의학적인 접근이 있다.

④ 기술문명 발달과 함께 인간중심적 환경파괴에서 오는 환경윤리학이 지속가능한 인간사회유지라는 관점에서 생명윤리학의 범주에 들어갈 수 있다.

⑤ 생명과학기술의 발달이 종교적 신념에 부합되지 않음으로 인한 종교윤리적 갈등문제 영역이 있다.

⑥ 성(gender) 간의 성도덕과 문화에 일탈현상이 오는 성문제에서의 윤리가 다루어져야 할 것이다.

⑦ 산업사회에서 부딪치게 되는 인간사회문제는 일차적 사회인 가족사회의 윤리문제이다. 가정의 윤리도덕은 인간사회의 생명과 생활을 지탱해 주는 기초가 되는 것이다.

⑧ 자본주의 사회에서 발생하게 되는 빈곤문제나 사회부적응 문제에 대응한 인간복지제도에서 다루어야 할 사회윤리적 접근이 주요한 생명윤리 영역의 하나가 될 것이다.

⑨ 이러한 생명윤리영역은 인간생명 중심의 응용 규범적이고 인간복지적인 사회윤리의 정립에 목적을 두고 있다.

3. 생명윤리 이론

생명윤리의 영역에서 제기되는 주장들은 다양한 이론적 가정들, 특히 철학적·윤리적 가정들을 토대로 한다. 대표적으로 의무론, 공리주의, 사회적 정의론, 네 가지 원칙 등의 하향식 접근법을 채택한 이론들과 이와 반대로 결의론(casuisty), 덕 윤리, 페미니스트 윤리, 지리문화적 윤리 등 상향식 접근법을 강조하는 이론들이 있다.

의무론은 인간을 개인의 가치, 특히 개인의 기초적 권리를 가장 존중하는 것이 어떤 선택인지를 결정하는 데 초점을 맞추고 있다. 타인에 대한 기본적 의무가 중시된다. 타인을 단지 수단으로서 대우하지 말고 동시에 목적으로서 대우하라고한 칸트의 정언명법의 정신을 지지한다. 예컨대 정확한 정보전달과 사전 동의 없이 인간을 위험할 지도 모르는 의학 실험의 피험자로 삼는 것은 그릇된 행위이다. 또한 대리모는 인간을 목적으로 대우하지 않고 단지 수단으로 삼는 경우이므로 찬성할 수 없다.

공리주의는 최대 다수의 최대의 행복의 원리를 주장한다. 보다 많은 사람들에게 최대의 이익을 산출하고 최소의 손해를 야기하는 행위(행위 공리주의) 또는 규칙(규칙 공리주의)에 따른 행위가 옳다. 생명윤리의 영역에서 가장 널리 퍼져 있는 이론이다. 규칙 공리주의를 예로 들면, 살인이 정당화되지 않는 것은 '살인하지 말라'는 규칙에 위배되기 때문이다. '살인하지 말라'는 규칙은 '살인하라'는 규칙에 비해 더 많은 사람들의 더 많은 행복을 가져온다. 또 '어떤 경우에도 살인하지 말라'는 규칙보다는 '정당방위의 경우를 제외하고는 살인하지 말라'는 규칙이 최대다수의 최대행복에 더 기여한다. 따라서 우리는 이 규칙을 채택하는 것이 옳다.

롤스(J. Rawls)의 정의론 또한 생명윤리에서 중요한 이론적 토대가 된다. 모든 사람의 동등한 자유와 양립 가능한 범위에서 각자의 자유의 최대한 존중이라는 원리와 사회에서 가장 혜택 받지 못한 자들에게 최대의 이익을 주는 제한적 불평등의 원리를 기본으로 삼고 있다.

미국의 생명의료 윤리학자인 비첨(T. L. Beauchamp)과 칠드레스(J. F. Childress)가 『생명의료 윤리학의 원리들(Principles of Biomedical ethics)』에서 제안한 원칙주의가 있다. 이것은 하나의 윤리이론으로 생명윤리의 모든 문제를 해결하려고 하는 전통적인 접근방식을 벗어나서 자율성 존중, 악행 금지, 선행, 정의 등 네 가지 원칙을 제시하여 구체적인 생명윤리의 문제들에 적용한다.

최근에는 하나의 이론 또는 원칙으로부터 구체적인 문제로 나아가는 전통적인 하향식 접근법과는 정반대로 구체적인 사례들에 대한 논의에 초점을 맞추고 일반적인 원칙을 구체적인 논의들로부터 이끌어내는 상향식 접근법이 유행하고 있다.

대표적으로 사례론(casuistry)은 개별 사례에 대한 신중한 분석에 의해 도덕적

문제를 실제로 해결하는 데 초점을 맞춘다. 처음부터 전제된 원칙을 사용하길 거부하며 원칙이란 시간이 흐르면서 생겨나는 것이라고 본다. 이 방법은 중세 시대에 일반적으로 사용된 바 있다. 욘슨(A. R. Jonsen)과 툴민(S. Toulmin)이 대표적인 지지자이다.

덕 윤리는 원칙이 아니라 덕이 생명윤리에 적합한 도덕적 기초라고 본다. 따라서 사람으로서, 그리고 특정한 직분의 사람으로서 훌륭히 행위하는 성격적 성향 또는 덕이 기본적인 관심사이다. 이 접근법은 역사적으로는 아리스토텔레스의 전통에 있으며 매킨타이어(A. MavIntyre)의 영향을 많이 받았다.

현대 페미니스트 윤리 가운데 다수는 도덕적 원칙에 의지하길 거부한다. 그들은 도덕적 결정, 도덕적 문제의 그물 속에서 그런 결정이 이루어지는 인간관계, 도덕적 결정을 할 때의 감정과 정서의 중요성을 강조한다. 또한 생명윤리는 철학적 맥락 뿐 아니라 종교적, 문화적, 사회적 맥락과 밀접하게 연관되어 있기 때문에 지역이나 문화에 따라 차별적인 생명윤리가 가능하다는 주장도 제기된다. 예컨대, 남부 유럽 국가들에는 원칙보다는 덕에 근거한 윤리가 적합하다고 그라시아(D. Gracia)는 지적한다. 불프(H. Wulff)는 조지타운 원칙이라고 불리는 네 가지 원칙들은 미국 문화에나 합당하며 북유럽 국가들에는 기독교적이고 칸트적인 황금율이 더욱 중시된다고 말한다.

최근 일본과 중국의 생명윤리론자들은 서구적 접근법이 동아시아 국가들의 도덕적 토대로서 적합하지 않다는 인식 아래서 1995년 동아시아생명윤리협회를 창립했다.

제2절 생명윤리의 대두

1. 생명윤리 개념의 다양성

2000년 가을 문턱에서 영국에선 보기 드문 윤리 논쟁으로 뜨거웠다. 8월에 맨체스터의 성 메리 병원에서 하복부가 한데 붙은 쌍둥이가 태어났을 때 문제는 시작됐다. 조디는 건강했지만 메리는 심장과 폐가 정상적으로 발달하지 않았다. 메리는 조디의 심폐기능에 의존하여 생명을 유지하고 있었다. 그러나 그대로 두면 조디의 심폐기능이 곧 한계에 도달해 둘 다 죽을 것이 거의 확실하다고 의사들은 입을 모았다. 이에 영국 법원은 이 샴 쌍둥이의 몸을 분리하는 수술을 허락했다. 하지만 분리수술은 쌍둥이 가운데 한 명, 메리의 죽음으로 직결되기 때문에 법원의 판결은 격렬한 윤리 논쟁을 불러 일으켰다. 카톨릭과 생명존중 단체들이 강하게 반발하고 나선 것이다. 한 생명을 구하기 위해서 무고한 다른 생명을 죽게 하는 것은 옳지 않다는 주장이다. 독실한 카톨릭 신자인 쌍둥이의 부모 역시 이런 주장에 동조했다. 더욱이 그들은 두 아이의 생명을 준 것이 신의 뜻이듯이, 만일 두 아이 모두 죽는다고 해도 그것 역시 신의 뜻이라고 믿으며 분리수술을 강력히 반대했다. 샴 쌍둥이의 분리수술을 반대하는 또 다른 주장은 환자나 부모의 의사에 반하는 조치가 정당하지 않다는 것이다. 그런데 이 쌍둥이는 독자적인 의사를 표현할 수 없기 때문에 부모의 의사가 매우 중요하다는 논지이다.

한편 분리수술을 허락한 영국법원은 "메리는 조디의 생명력에 의지해서만 생명을 유지할 수 있고, 이런 형편은 결국 조디까지도 죽게 만들 것"이기 때문에 "한 쪽의 생명이라도 구하기" 위한 취지에서 그 같은 판결을 내렸다고 했다. 그대로 두었을 때 조디의 심장이 6개월 이상을 견디지 못할 것이라는 의사들의 판단이 법원의 판결에 큰 영향을 미쳤다.

이런 상황에서 우린 어떻게 행동해야 하는가? 분리수술을 하여 조디의 생명이라도 구하는 것이 옳은가? 아니면 그대로 두는 것이 옳은가? 이 경우 의사들은 조디의 생명마저 위태롭다고 주장한다. 한 생명을 구하기 위해서 다른 생명을 위태롭게 하는 것은 정당한가? 조디의 생명력에 의지하고 있으며 조디의 생명까지 위태롭게 만들고 있는 메리는 정말로 조디에 대하여 무고한가? 어느 한 쪽으로 판단을 한다고 할 때, 우리는 어떤 도덕적 원리 또는 기준에 근거하여 그와 같이 할 수 있는가? 이와 같은 물음들에 대한 답을 구하고 그 근거를 논의하는 분야가 생명윤리(bioethics)이다.

'생명윤리'라는 용어를 처음 사용한 미국의 생물학자 포터(V. R. Potter)는 생명윤리(미래로의 교량, 1971)에서 "생물학적 지식을 인간 가치 체계의 지식과 연결시키는 새로운 분야"로 정의했다. 생명윤리를 과학과 인문학 사이에 가교를 놓

는 포괄적인 분야로 인식한 것이다. 한편 같은 시기에 네덜란드 출신의 태아 생티학자인 헬레거스(A. Hellegers)와 조지타운 대학의 케네디 인간생식 및 생명윤리 연구소의 연구진들은 이 용어를 의학 및 생명의료 연구의 윤리에 국한시켰다.

그 후 30년이 지났지만 아직도 생명윤리에는 한 가지 공통된 정의가 없다. 생명윤리의 범위를 어디까지로 확장하느냐에 따라서 일반적으로 세 가지 정의가 있다. 가장 좁은 의미에서 생명윤리는 생명공학 분야의 발전에 수반된 다수의 도덕적 문제들을 가리킨다. 좀 더 넓은 의미에서 생명윤리는 일반적으로 의료윤리를 가리키며 생명공학의 발전과 관련된 도덕적 논쟁점들을 포함하여 의료윤리에서 제기되는 다양한 문제들, 도덕적, 사회적, 정치적, 경제적 문제들을 다룬다. 특히 미국권에서 널리 인정된 정의 방식이다. 가장 넓은 의미로는 생물학과 생명과학들로부터 비롯되며 인간의 행복과 직접, 간접적으로 관련된 도덕적, 사회적, 정치적 문제들을 가리킨다. 이 정의는 포터의 정의와 같은 선상에 있다. 이 정의에 의하면 환경윤리와 동물윤리 또한 생명윤리의 한 부분으로 포함된다.

생명윤리학자인 프레이(R. G. Frey)는 "생명윤리라는 특정한 학문 분야는 없다. 오히려 생명공학, 의학, 동물 및 환경과 인간의 상호작용 등으로부터 야기되고 직접 또는 간접적으로 인간의 행복에 영향을 미치는 일련의 도덕적 문제들이 있을 뿐"이라고 말한다.

생명윤리는 발전 단계에 있는 새로운 분야이며 의학 및 생명과학의 발달과 밀접한 관계에 있다. 더욱이 이들 과학의 발달이 삶의 방식의 변화를 가져오기 때문에 생명윤리는 도덕적 맥락은 물론, 문화적, 사회적, 정치적 맥락에 의존한다. 생명윤리의 개념과 방대한 문제 영역 및 복잡성을 이해하기 위해서 그 역사를 살펴보는 것이 도움이 될 듯하다.

2. 생명윤리와 도덕

'생명윤리'라는 개념은 여러 커뮤니케이션 상황에서 매우 자연스럽게 사용되고, 놀랍게도 그 신개념에 대한 저항은 거의 찾아볼 수 없다. 생명윤리가 생명공학의 대척점으로 이해됨으로써 특정한 방식의 생명윤리 이해는 배제되는 효과를 가져 온다. 대표적으로 배제되었던 것이 종교 세력, 일부 극단적 생태주의자들이 지지했던 절대적 생명가치 보호 담론, 혹은 여성의 몸에 대한 담론 등이다. 바로 이런 방식으로 한국 논쟁의 독특성을 설명할 수 있다. 겉으로 보이는 생명윤리의 안착 이면에는 매우 특정한 방식의 생명윤리 이해의 관철이 있었던 것이다.

① 생명윤리를 사회윤리 차원에서 접근하기 위해서는 우선 윤리학분야에 관해 이해하는 것에서부터 시작되어야 하는 데 이를 위해서는 도덕이 무엇이며, 윤리가 어떤 의미인지를 먼저 정의해야 한다.

② 예기(禮記)에서 윤리와 통하는 예(禮)와 악(樂)의 습득이 덕(德)이라고 한 것을 보면 윤리와 도덕은 거의 같은 의미를 가지며, 깊은 관련이 있는 말로서 도덕은 윤리의 내면화된 실천적 사회규범이라 할 수 있다.

③ 윤리는 인간사회의 질서를 유지하는 데 마땅히 지켜야 할 행위의 규범으로 선악(good and bad), 정과 사(right and wrong) 및 도덕적 의무와 책임(moral duty and obligation)에 관계된 실제적인 도덕규범의 총체이다.

④ 도덕은 올바른 행동과 잘못된 행동(right and wrong action) 또는 선성과 악성(good and bad character)을 고찰, 판단하여 실천하는 주체적 태도이다. 따라서 도덕이 객관화된 사회정신과 사회규범이 윤리라고 볼 수 있다.

⑤ 생명윤리와 같은 새로운 사회윤리를 정립하고 그에 맞추어 사회생활이 이루어지게 하기 위해서는 생명과학을 직접적으로 다루는 과학자 개인뿐만 아니라 사회 구성원 전체의 도덕성 교육도 중요해지게 된다.

⑥ 한 국가나 사회가 보다 성숙한 사회로 진입하기 위해서는 그 국민이나 사회 구성원의 사회윤리적인 수준의 고양이 요구되는 만큼, 생명윤리 분야에서도 국가사회적 차원의 지속적인 도덕성 향상 노력이 요구된다.

과거 황우석 교수팀의 줄기세포 연구에 난자를 제공한 미즈메디병원 이사장이 "일부 여성들에게 보상금을 주고 난자를 채취했다"고 시인했다. 연구원의 난자 기증 여부에 대해서는 "의사 윤리상 밝힐 수 없다"고 말했다. 그동안 "정부가 정한 윤리 가이드라인을 엄격하게 준수하며 연구를 진행했다"는 황 교수팀 해명과는 거리가 있다. 앞으로 윤리 논란은 피하기 어려울 것으로 보인다. 이 팀의 난자 채취는 우리나라나 미국의 생명윤리법은 물론 윤리규정조차 없었을 때 이뤄졌다. 난자 기증자에 대한 순수한 보상이지 난자 매매가 아니라는 미즈메디병원 측의 해명도 일리는 있다. 법적으로 문제 삼을 일은 아니다. 그러나

배아줄기세포는 인간의 존엄성과 생명에 직결되는 사안이다. 난자 채취 당시에도 '배아는 인간과 동일한 지위를 갖지 않지만 생명체로서 마땅히 존중받아야 한다. 불임치료를 하다 남은 배아에만 한시적으로 연구를 허용한다'는 생명윤리법 시안이 논의되던 시기였다. 윤리적·도덕적 시비를 초래할 소지가 있다. 글로벌 스탠더드 차원에서도 한치의 윤리적 하자를 허용하지 말았어야 했다. 윤리에 엄격해야 하는 이유는 그것이 생명과 연관돼 있기 때문이다.

배아줄기세포 연구는 정해진 윤리기준을 지켜가며 진행해야 한다. 앞으로도 생명공학과 윤리는 끊임없이 충돌할 것이다. 공학이 윤리를 앞설 경우 인류에게 커다란 재앙이 온다는 사실을 잊어서는 안 된다.

3. 생명윤리논란

생명윤리 논란 속에서도 교잡배아를 만들려는 이유는 무엇 때문일까? 무엇보다 배아 줄기세포의 연구를 위해서다. 성체 줄기세포는 특정 기관이나 조직으로 만들어지려는 상태로 이미 굳어져 있는데 반해 배아 줄기세포는 다양한 형태의 조작을 통해 다양한 조직이나 기관으로 만들 수 있다.

하지만 배아를 만들려면 사람의 난자가 필요한데 실험에 필요한 난자를 조달하는 과정에서 다양한 사회적, 윤리적 문제점이 도출됐다. 결국 과학자들 사이에서는 동물의 난자를 이용해 연구를 진행할 필요성이 제기됐다. 특정한 사람의 유전자를 이용해 배아 줄기세포를 만들면 유전자 제공자가 필요로 하는 신체 조직 줄기세포를 분화시켜 다시 만들어낼 수 있다는 가능성이 있다는 것이다. 특히 파킨슨병 같은 질병을 치료할 방법을 찾아낼 수 있기 때문에 과학자들은 배아 연구에 지대한 관심을 쏟고 있다. 하지만 생명윤리 문제를 들어 이를 반대하는 목소리도 만만찮다. 배아 연구에 반대하는 사람들이 가장 우려하는 부분은 배아 연구가 인간 유전자 조작의 첫걸음이 될 수도 있다는 점이다.

교잡 배아나 인간 유전자 조작을 실험하는 과정에서 사람에게 어떤 영향을 줄지, 그리고 주어질 수 있는 영향을 차단할 수 있을지 여부가 불투명하다는 점을 든다. 또 지금까지 배아 줄기세포를 연구해 왔지만 이렇다 할 성과를 보지 못했다는 점도 반대 요인으로 꼽는다. 특히 배아 연구가 결국 특정한 유전적 형질을 갖고 태어나는 '맞춤형 아기'나 심지어 이식용 신체 조직을 얻기 위해 태어나는 '구원자 형제'(savior sibling)의 무분별한 만연을 야기하게 될 뿐이라고 우려한다.

이에 반해 배아 연구의 필요성을 옹호하는 측은 반대론자들이 과학적 지식을 무시하고 종교 또는 철학적 주장을 펼치고 있으며 필요에 따라 과학적 지식을 오도하고 있다고 반박한다.

만들어진 배아는 8일 정도가 지나면 대개 연구에 필요한 분화 과정이 완료되기 때문에 찬성론자들은 영국에서 가결된 법안에서처럼 14일 이전에 폐기 처분하면 사람에게 악영향을 주지 않을 수 있다고 주장한다. 추상적인 위험성 때문에 현재 각종 질병으로 고통 받고 있는 사람들의 호소를 외면할 수 없다는 점을 내세운다.

1) 줄기세포의 생명윤리논란

줄기세포는 220여 가지의 장기 세포로 자랄 수 있는 만능세포다. 신경세포나 심근세포, 근육세포 등 인체를 구성하고 있는 모든 장기의 세포로 클 수 있는 잠재력을 가지고 있다. 줄기세포는 여러 가지 방법으로 만들 수 있다. 그 방법에 따라 성체 줄기세포, 수정란 배아 줄기세포, 복제 배아 줄기세포, 역분화 줄기세포 등으로 이름이 다르다. 국내외에서 줄기세포 임상에 대한 발표는 대부분 성체 줄기세포를 치료에 적용한 것이다.

성체 줄기세포는 자신의 척수에서 뽑아내기 때문에 이식 거부 반응이 없다. 생명을 파괴한다는 등의 윤리적인 문제도 없다. 그러나 아직 줄기세포의 양을 치료에 쓸 만큼 많게 키우는 데 한계가 있다.

생명윤리 논란의 대상은 수정란 배아 줄기세포와 복제 배아 줄기세포다. 천주교 쪽은 두 가지 모두 생명으로 여긴다. 수정란 배아 줄기세포는 '시험관 아기' 시술을 하고 남겨 놓은 냉동 배아를 주로 이용해 만든다. 복제 배아 줄기세포는 체세포 복제 방법으로 만든다. 즉 인간 난자의 핵을 빼낸 뒤 그곳에 줄기세포를 만들려는 사람의 몸에서 뗀 세포 하나를 집어넣어 수정란처럼 분열이 시작되도록 해 배아를 만드는 것이다. 체세포 복제에서는 정자를 사용하지 않는 등 전통적인 수정 방법을 쓰지 않는다. 그러나 천주교 측은 '정자와 난자가 만나 수정된 순간부터, 복제 배아의 경우 세포가 분열 활동을 시작하는 순간부터 생명으

로 간주한다'는 입장이다. 그런데 배아 연구자들은 줄기세포를 만들 때 배아를 파괴해야 한다. 천주교 입장에서 보면 생명을 파괴하는 것이다.

줄기세포는 미래 의학 혁명을 예고하고 있다. 고장 난 장기를 세포 수준에서 치료가 가능할 것으로 보기 때문이다. 치매나 척수마비 등 각종 난치병도 치료가 가능할 것으로 전망하고 있다. 성체 줄기세포는 임상에 활발하게 적용하고 있지만 배아 줄기세포는 기초 연구 단계에 머물고 있다.

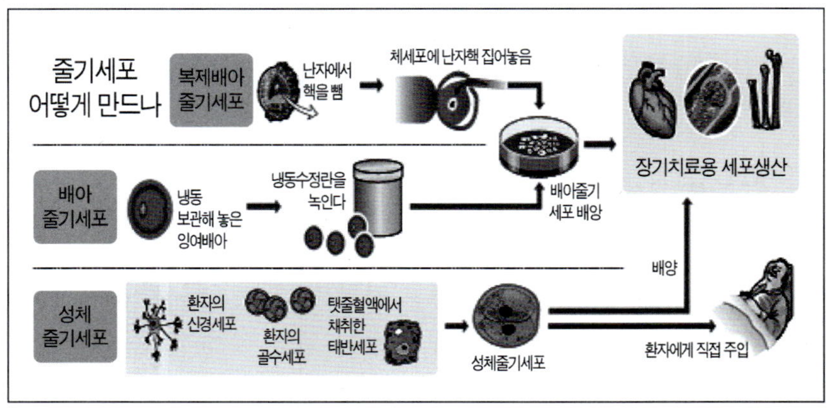

2) 4차 산업혁명 '생명윤리' 문제 선제대응

2016. 9월 세계 최초로 '3명의 유전자'를 물려받은 아이가 태어났다. 아이의 이름은 아브라힘 하산, 법적인 부모는 요르단 출신 마흐모드 하산과 이브티삼 샤반이었다. 엄마인 샤반은 유전성 신경대사장애인 리증후군을 자녀에게 유전시키는 유전자 변이를 지니고 있어 이미 두 아이를 잃은 경험이 있었다. 샤반의 요청을 받은 미국 '새희망출산센터' 연구진은 샤반의 난자에서 핵만 빼내 핵을 제거한 다른 여성의 '정상 난자'에 주입했다. 이어 이 난자를 남편의 정자와 수정시킨 뒤 샤반의 자궁에 착상했다. 윤리 논란 등으로 미국에서는 승인을 받지 못해 관련 규정이 없는 멕시코에서 시술이 이루어졌다.

BBC 등은 미국 캘리포니아대학 파블로 로스 교수 연구팀이 인간과 돼지의 유전형질을 결합한 '키메라 배아'를 돼지 자궁에서 키워 당뇨병 환자에게 필요한 인공췌장을 만드는 연구를 하고 있다고 보도했다. 연구팀은 유전자 편집 기술인 '크리스퍼 가위'를 이용, 돼지 배아에서 췌장을 만드는 유전자 부위를 잘라내고 '틈새'를 만들었다. 여기에 사람에게서 얻어낸 유도만능줄기세포(iPS)를 주입해 인간과 돼지의 형질이 결합된 배아를 만들어 돼지 자궁에 착상시켰다. 이 연구는 인간과 동물의 경계를 흐릿하게 한다는 점에서 윤리적 논쟁에 부딪혔다.

한국에서도 이 같은 논란이 벌어질 가능성에 대비해 보건복지부가 '선제적 대응'에 나섰다. 복지부는 '4차 산업혁명 기술과 생명윤리 민관협의체'를 출범해 첫 회의를 열었다. 협의체는 새로운 생명과학 기술 연구가 시도되는 과정에서 필요한 규정 개선과 윤리적 문제를 논의한다. 현재 한국에서는 '세 부모 아이', '키메라 배아' 연구 등에 관한 세부 규정이 명확하지 않은 상태다.

국가생명윤리정책연구원장을 맡고 있는 복지부 보건의료정책실장이 공동위원장을 맡고, 분야별 전문가 15명이 참여한다. 그리고 유전자 치료 연구를 위한 규정과 개선 방안, 생식세포를 이용한 융합연구에 대한 윤리 문제, 새로운 장기 이식 연구를 위한 가이드라인, 인공지능 기술이 의료에 미치는 영향 등을 논의한다.

제3절 인간복제(human cloning)와 생명윤리

1. 인간복제와 생명윤리

생명 공학이라는 학문적 발전에 대해, 사회 권력의 영향 없이 독립적으로 존재하는가? 이러한 의문에 대해서 푸코는 '지식의 고고학'이라는 저서에서 학문의 모든 발전은 사회 권력과 밀접한 관련을 지닌다는 명제를 밝혀내어 그 답을 내었다. 이것뿐만 아니라 현실적으로 우리가 생명 공학에 있어 윤리적 기준 혹은 윤리학과 많은 밀접한 관련을 지니고 있으며, 니체가 '윤리의 계보학'에서 밝힌 것처럼 사회의 윤리가 어떠한 사회적 권력에 의해서 분명히 영향을 받는다는 사실을 인지할 때, 결코 생명 공학이라는 학문분야가 사회적 권력 혹은 메

커니즘과 결코 무관하게 돌아갈 수 없다는 사실을 알 수 있다. 실제적으로 생명의 특허권 문제와 생명해적행위의 관한 문제는 국가 권력 사이에서 생명공학이 어떠한 영향을 받는지에 대해서 잘 보여준다.

인간복제란 정자와 난자가 수정된 후 태아로 발육되기 전의 세포분열 상태인 인간배자(胚子)를 복제, 동일한 유전자를 가진 인간을 계속 출산해 내는 것을 말한다. 즉 인간복제는 인간의 세포(체세포)를 떼어 내어 이를 착상시키는 방법으로 유전적으로 동일한 또 다른 인간을 만드는 것을 말한다. 뉴욕타임스가 1993년 10월 24일 첫 보도한 것이 전 세계적인 이슈로 확산되었고 인간복제와 관련, 이 신문이 사용한 용어는 'cloning of human embryos(인간 배아의 복제기술)'이다.

복제기술은 '생식세포 복제'와 '체세포 복제'로 나뉜다. 그러나 생식세포 복제 방식이 체세포 복제 방식에 밀려 1990년대 후반부터 거의 사라지는 추세이다. 복제양 돌리가 체세포 복제기술에 의해 지난 1997년 2월 탄생하였고 이후 각국에서 생쥐, 소 등의 체세포 복제가 뒤따랐다. 국내에서도 1999년 이 같은 방법으로 복제 젖소 영롱이와 한우 진이가 탄생되었다. 체세포 복제는 현존하는 생명체의 몸에서 세포를 떼어 내 이를 착상시키는 기술이다. 즉, 다른 몸에서 추출한 난자의 핵을 빼고 그 대신 체세포를 투입하면 똑같은 복제 생물을 만들 수 있는 원리다. 따라서 체세포 복제는 난자와 정자가 결합하는 수정 과정 없이도 생명체를 탄생시킬 수 있다. 난자만 있다면 손톱이나 귀, 머리카락 등 몸에서 떨어진 세포 하나로도 자신과 유전형질이 똑같은 복제인간을 만들 수 있다는 것이다.

인간복제를 시도한 대표적인 단체 및 인물로는 캐나다의 종교집단 '라엘리안 무브먼트(RAELIAN MOVEMENT)'의 클로네이드(Clonaid)사, 이탈리아 인공수정(IVF) 전문의 세베리노 안티노리(Severino Antinori), 미국 켄터키대 생식의학과 교수 출신인 파노스 자보스(Panos Zavos) 박사 등이 있다.

라엘리안 무브먼트는 모든 인간은 다른 행성에서 온 외계인 과학자들로부터 복제된 것이라고 믿으며 최초의 인간복제전문회사인 '클로네이드'를 설립하고, 2001년 2월 불임부부 등을 위해 세계 최초의 인간복제를 시도할 것이라고 밝힌 바 있다. 2002년 4월 아랍에미리트연합에서 열린 한 회의에서 '인간복제 프로젝트에 참여 중인 수천 명의 불임부부 중 한 명의 여성이 임신 8주째를 맞았다'고 밝혔고, 2002년 12월 26일에는 '이브(Eve)'라는 이름을 가진 최초의 복제아기가 출생했다고 언론을 통해 전했다. 그러나 이후 DNA 자료 등 과학적 증거를 제시하지 않아 사실 여부가 여전히 논란인 상태이다. 이탈리아 의사 세베리노 안티노리는 '전 세계 불임부부들의 희망은 인간복제'라며 2001년 1월 28일 미국의 파노스 자보스 박사와 함께 인간복제 계획을 발표하였다. 이후 2004년 1월 파노스 자보스는 복제인간 배아를 35세 여성의 자궁에 성공적으로 이식했다고 주장했으나 역시 확인된 바는 없다.

인간복제 금지에 대한 국제적인 논의는 2005년부터 있었으나 당뇨병이나 알츠하이머병 등 치료 목적의 복제로 알려진 '연구용 복제'의 허용 여부를 둘러싼 이견으로 진전을 보지 못하고 있다.

1) 생식기술의 발전과 윤리적 도전

1978년 인류 최초의 시험관 아기가 탄생했다. 루이스 브라운이라는 여자 아이였다. 1983년 체외 수정한 수정란을 대리모의 자궁에 이식한 아기가 태어났다. 1991년 체외수정한 수정란에 대한 유전자 검사를 거친 아기가 태어났다. 2001년, 드디어 최초의 복제인간이 탄생할지 모른다. 최근 스위스에 본부를 둔 라에리언이라는 종교 단체가 미국의 생명공학 기업인 클로네이드와 손잡고 복제인간을 탄생시킬 계획을 발표했다. 생후 10개월 만에 의료사고로 숨진 한 아기가 대상이다. 아기의 부모는 복제 비용으로 약 20억 원을 이 단체에 제공한 것으로 알려졌다. 복제는 냉동 보관된 아기의 혈액 세포에서 유전자를 추출해 대리모의 난자에 체외 이식하여 배아로 키운 다음 자궁에 이식하는 방식으로 이루어질 전망이다.

생명공학의 눈부신 발전, 특히 생식 기술의 발전을 그동안 자연스럽다고 생각해 온 우리의 삶의 방식, 특히 생식과 관련한 삶의 방식에 커다란 변화와 더불어 여러 가지 도덕적 난제를 가져온다.

수정란은 생명체인가? 성숙한 인간과 어느 정도의 연관성을 갖는가? 생명체라면, 더욱이 성숙한 인간과 밀접한 연관 속에 있다면, 이식하고 남은 수정란을 폐기하는 것은 정당한가? 수정란과 배아에 대한 실험을 허용될 수 있는가? 결함의 치료를 목적으로 수정란의 유전자를 조작하는 행위는 정당한가? 또 부모의 선택에 따라서 그렇게 하는 것은 정당화될 수 있는가? 대리모는 정당화될 수

있는가? 이것은 인간을 하나로 도구로 사용하는 것이 아닌가? 인간 복제는 도덕적으로 옳은가? 인간 복제가 허용된다면, 어떤 도덕적, 사회적, 문화적 결과를 불러올까? 의료적 목적을 위한 인간 복제를 허용할 근거가 있는가? 도대체 인간이란 무엇인가? 생식기술의 발전으로 우리가 직면하는 물음들이다.

증대된 질병 유전자 정보와 발전된 유전자 검사 및 치료, 나아가 대체 기술은 언제 어떻게 사용하고 통제할 것인지에 대하여 중요한 도덕적 논쟁거리를 제공한다.

2) 생명윤리판단과 근거

인권은 살아있는 사람들만의 몫일까. 비록 부모의 동의를 구했다지만 죽은 태아의 뇌 조직을 노인성 치매 환자의 뇌에 주입시킨 시술은 좀 게름직하다. 하지만 그런 시술이 보편화된다면 죽은 태아는 적지 않은 부가가치를 약속할지 모른다. 그렇다고 돈이 태아의 부모에게 돌아가는 것은 절대 아니다. 돈 임자는 제약회사다. 한해 150에서 200만 건 가까이 행해지는 낙태시술로 죽은 우리나라 태아는 어떤 지위를 누릴까. 제약회사 대형 냉동고에 켜켜이 얼려두어야 할 유용한 약품 원자재이어야 할까. 기록 관리가 허술한 우리나라 실정에서 대부분의 냉동 태아는 부모의 동의 없이 얼렸을 가능성이 높으므로 인권이야 따질 여건이 아니겠지만, 냉동 태아를 자르고 갈고 원심분리하고 정제해 제조 판매하는 약, 그 출처를 안다면 그리 흔쾌하게 복용할 느낌은 들지 않을 것 같다. 기왕에 죽일 사형수에게 인권은 구차한 것일까. 거부반응이 없는 환자가 나타나는 날, 이식용 장기의 적출을 위해 사형을 서두르는 나라는 사형수의 인권 따위는 한날 군더더기에 불과할지 모른다는 느낌이 든다. 사람에게 인권은 언제부터 시작되는 것일까. 수정 이후부터일까 태어나면서부터 시작일까. 최근 정부당국 주도로 생명윤리에 관한 법제화 절차가 흐름을 타고 있는 가운데, 생명윤리의 개념과 논쟁이 새롭게 부각되고 있다.

생명윤리의 논쟁은 인간배아의 도덕적 지위부터 시작해야 한다. 인간배아는 태어난 인간과 동등한 도덕적 지위를 갖는가 아니면 배아의 소유자 또는 원인제공자인 부모의 의지에 따라 좌우하는가. 1978년 세계 최초의 시험관 아기 '루이스 브라운' 양이 영국에서 태어나기 이전, 나팔관에서 수정되어 자궁에 착상한 배아가 수정란 형성 280일 정도 지나 태어나는 임신과 출산만이 지극히 정상이었던 시절, 인간배아의 도덕적 지위에 대한 논쟁은 거의 불필요했을 것이다. 체외수정 시술의 성공확률을 높이기 위해 필요 이상의 난자를 적출하고, 착상 후 남은 여분의 수정란을 냉동하면서, 냉동된 배아를 연구 재료로 이용하고 싶은 생명공학자들의 관심이 고조되면서, 새로운 논쟁이 비롯되었을 것이다.

인간배아의 도덕적 지위에 대한 전문가들의 3가지 상이한 의견을 우선 들어보자. 첫째, 인간배아는 창출되는 그 순간부터 완전한 인간의 지위가 부여되므로 배아를 대상으로 하는 어떠한 연구도 절대 허용할 수 없다는 주장으로, 배아연구의 전면 규제를 정당화하는 한 극단의 비교적 소수 집단과, 둘째, 단순한 세포 덩어리에 불과한 인간배아는 도덕적으로 특별한 주의를 기울일 필요가 없으므로 배아를 대상으로 하는 모든 연구가 가능하다는 주장으로, 겉으로 드러내놓는 사람이 없는 배아연구의 자유방임을 천명하는 또 하나의 극단적 집단이 있고, 마지막으로 셋째, 인간배아는 '잠재적 인간 존재'로서 출생 이후의 인간보다 낮은 특수한 지위를 가지는 까닭에 배아를 대상으로 한 연구로부터 얻는 잠재적 이익이 배아의 도덕적 지위에 비해 높을 경우 까다로운 규제를 통해 공개적인 연구를 제한적으로 허용할 수 있다고 주장하는 양극단의 중간 자세를 취하는 가장 큰 집단이 그것이다.

가톨릭이나 개신교의 주요 교파는 인간배아의 완전한 인간 지위를 주장하고, 독일과 오스트리아는 유사한 맥락에서 배아 연구를 국가 차원에서 전면금지하고 있지만 그 밖의 나라와 나머지 종교들까지 그렇게 엄격한 것은 아니다. 배아를 단순한 세포 덩어리로 보고 연구의 자유방임을 명문화하여 적극 허용하는 나라는 거의 없으나, 전문가의 세 번째 주장과 같이 중간 정도의 도덕적 지위를 부여하고 명문화된 제도의 엄격한 규제 또는 그에 준하는 연구 집단 내부의 자율규제를 통한 공개적 연구를 허용하는 나라가 오히려 많은 실정이다. 물론 명문화되지 않은 틈을 이용하여 자율규제를 거부하고 독단적으로 인간배아를 다루고 싶어 하는 은밀한 연구자와 기업이 없는 것은 아니다.

배아에게 세 번째 도덕적 지위를 부여한다 하더라도 범위가 넓은 배아 모두에게 똑같은 정도로 적용할 수는 없을 것이다. 수정 직후부터 출생 직전까지 배아에 따라 다른 지위를 부여하려 할 것이다. 여기에, 연구자와 윤리학자 사이의 교묘한 합의가 요구된다. '원시생식선'이 나타나는 수정 후 14일 이후의 배아는

인간에 가까운 지위를 부여하지만 14일 이전은 세포 덩어리에 가까운 지위로 규정하자는 협상이 그것이다. 발생학자들이 원시생식선이라고 규정한 발생단계가 지나면 배아는 하나의 개체로 태어날 운명이 결정돼 배아의 각 세포는 장차 태어날 아기의 몸을 향해 거듭 분열하게 되지만, 원시생식선이 나타나기 이전 배아의 각 세포는 하나하나 분리해도 모두 한 명의 아기로 다시 태어날 능력, 즉 '전능성'을 잃지 않는다. 따라서 원시생식선이 나타나지 않는 14일 이전의 배아는 한 덩어리의 살점과 다르지 않는 단순한 세포 덩어리로 취급하자는 발상인 것이다. 물론 살점의 각 세포는 현재 기술로 아무리 지성을 다 드려도 아기로 태어날 징후를 보이지 못하고 있다.

그런데 모든 배아는 수정 후 14일에 원시생식선이 나타날까. 학자들은 아니라고 한다. 배아에 따라서 12일 만에 원시생식선이 나타나는 경우가 있고 16일에 나타나는 경우도 있다고 한다. 온도, 습도, 영양분, 약품처리와 같은 연구조건에 따라 그 기간은 얼마든지 단축시킬 수도 늘일 수도 있다고 한다. 그렇다면 원시생식선이 나타난 배아는 전문가의 눈으로 명확하게 구별할 수 있을까. 그렇지도 못하다. 원시생식선 출현 전후의 배아들은 서로 형태적 차이를 거의 드러내지 않는다. 따라서 연구 감시자는 원시생식선이 나타나기 이전의 배아를 대상으로 연구를 실시했는지 많은 연구기관에서 동시 다발적으로 진행하는 연구 과정들을 일일이 감독할 현실적 방안은 없다고 보아야 한다. 원시생식선 출연여부를 근거로 배아의 도덕적 지위를 차등 부여하는 것이 일면 과학적으로 정당한 것으로 보이지만 전혀 현실적이지 못한 까닭에 원시생식선이 보편적으로 나타나는 14일을 기준으로 배아의 지위를 결정하고자 하는 편의적 발상으로 연구자는 생명윤리학자의 이해를 구하게 된다. 하지만 인간배아의 경우 8세포기 배아가 되면 8개 세포 사이가 서로 연결되는 모습이 나타나 세포 사이의 분리는 실질적인 거의 형성되지 않는다고 산부인과 전문인은 주장한다. 이 말은 사람의 일란성 쌍생아는 4세포기 이전에 결정된다는 뜻이다. 일단 8세포기까지 분열한 배아는 원시생식선이 생기는 14일 이상 한 개체인 상태로 분열을 계속할 터이고 그 사이에 자궁에 착상되면 마땅히 한 명의 아기로 태어날 것이다. 그렇다면 원시생식선이나 14일을 기준으로 삼는 배아의 도덕적 지위는 바뀌어야 한다. 편의적 기준보다 윤리적 저항이 적은 실증적 기준에 따르자면 배아의 도덕적 지위는 8세포기를 기준으로 결정해야 생명윤리적 견해로 합리적으로 보인다. 하지만 4세포기 이전의 배아 연구는 연구자가 강력히 기피할 것이다. 연구를 시도할 시간적 여유가 짧고, 4세포기 배아로 수행할 연구 분야가 상대적으로 협소할 것이기 때문이다. 그렇다면, 배아를 대상으로 한 연구로부터 얻은 잠재적 이익이 배아의 도덕적 지위에 비해 높은지 아니면 낮은지 어떻게 판단할 수 있을까. 역시 편의적인 공리주의적 판단을 기준으로 하지 않을까.

최근 생명윤리에 관한 입법안을 재빨리 마련한 보건복지부에서 시민단체가 참여한 가운데 공청회를 시도하는 와중에 과학기술부는 장관 직속 '생명윤리자문위원회'를 계속 가동시키고 있다. 정부기구가 거듭 축소되는 마당에 기구 확대라는 호기를 노린 부처이기주의가 아닌 선의의 경쟁이기를 바라는 마음이다. 과학기술부 생명윤리자문위원회에 외부 발제자로 참여한 여성단체 대표는 남성을 위한 대상화 도구화로 전락한 생명공학으로 필시 감당하기 어렵게 억압당할 여성의 삶을 조목조목 제시하고, 생명윤리를 자문하는 위원회 안에 여성단체의 목소리를 대변할 자리가 단 한 자리도 배려되어 있지 않은데 크게 개탄하는 한편, 개발 취향의 과학기술부에서 생명안전을 운운하는 근본 모순을 정면으로 문제삼았다. 이미 발표된 보건복지부의 법안에 담긴 긍정적인 측면을 지지하면서 "임신 이외 목적의 배아, 인간복제 목적의 배아, 동물과 사람의 수정란을 융합하는 이른바 키메라, 죽은 자의 배아, 성별 선택을 위한 배아, 배아 상품화, 배아 우생학 처리들"을 금지해야 한다는 여성계의 목소리를 분명히 전달했다.

성인 간세포 시술이 확보되면 많은 문제가 해결될까. 생명공학자가 장담해온 노인성 질환을 비롯하여 불치병이나 난치병이 산뜻하게 해소될까. 그렇지 못할 것으로 생각한다. 핵융합 성공이 에너지 부족 현상을 없앴다고 모든 문제가 해결되는 게 아니다. 에너지 욕구는 그만큼 더 거세지고 소비는 촉진되는 한편 소외되는 계층은 늘어나지만, 에너지 불평등 구조로 인한 문제는 더욱 확산될 것이고, 식량 의료 윤리 사회정의 가족 민족 등과 같은 그 밖의 문제는 곪아터지고 말 것이다. 윤리적 문제가 삭제된 듯 보이는 성인 간세포 역시 문제의 다른 출발일 수 있다. 진정 중요한 것은 하나의 말초적 문제를 또 다른 하나의 말초적 문제로 서둘러 덮으려는 표피적이고 한시적 대응이 아니라는 것이다. 질병의 원인을 찾아 그 근본 문제를 제거하려는 노력을 적어도 치료제 개발과 같은 정도로 선행 또는 병행하지 않는 한, 질병은 결코 사라지지도 줄어들지도 않을 것이다. 더구나 유전자 조작으로 돌연변이 유전자를 환경에 더욱 우포시킬 것이

뻔한 생명공학기술이 질병을 치료할 것으로 확신할 수 있을까. 실로 엄청난 모순이다. 인간의 행위로 교란된 환경으로 인해 악화된 인간 질병의 말초적 치료를 위해 환경을 더욱 교란시키고 돌연변이 유전자까지 만연시킬 생명공학이 과연 대안일 수 있을까.

체외수정이란 판도라상자가 열린 이후, 생명윤리의 근간이 위협받고 있다. 어쩌면 체외수정 이전의 낙태가 더욱 근원적인 원죄일지 모른다. 모두 여성들을 소외한 역사적 판도라 상자 사건들이다. 여성이 없는 생명공학이 완전한 아기나 완벽한 치료를 장담할 수 있을까. 모성이 사라진 과학은 미래를 올바르게 내다볼 수 없지 않을까. 완전한 과학은 자연과 사람이 공존하고 후손과 나눌 수 있는 안정된 생태환경에서 싹틀 수 있다고 생각한다. 인간 사회의 생명윤리 원죄를 14일 배아에게 뒤집어씌울 수 없듯이, 좋고 나쁘다는 언사는 과학자가 함부로 독점할 수 없는 개념이요 현세대의 상업적 이해로 환산할 수 없는 절대 가치다. 발전의 개념을 후손의 기존에서 바로 잡아야 하겠으나 그 작업 역시 생명공학자의 몫일 수 없다. 후손의 건강한 가치를 제대로 대변할 수 있는 이 땅의 어머니가 절대 다수 포함된 보통 시민의 몫이어야 한다(지구촌, 2001년 2월호).

2. 체외수정술

현대사회에서는 인공수정(artifical insemination), 특히 체외수정(In Vitro Fertilization, IVF)을 이용한 대리모에 의한 출산을 시도하는 경우가 많다. 그런데 체외 수정술은 필연은 아니지만, 실제에 있어서 '배아의 죽임'을 동반한다. 즉 실제적으로 체외 수정은 기술적인 불확실성으로 인해 잉여배아를 만들어내지 않을 수 없기 때문이다. 김상득은 잉여배아가 죽임을 당하는 문제에 대해 이렇게 설명하고 있다. "그런데 배아의 죽임은 체외수정술에서만 발생하는 것이 아니라 자연적인 임신과정에서도 발생함을 고려할 필요가 있다. 자연 임신의 경우 수정란 중 약 25% 정도는 월경 시에 자연적으로 자궁 밖으로 배출되며, 수정란 중 약 30% 정도만 아이로 출산한다는 보고가 있기 때문이다. 하지만 자연유산의 경우 수정란의 폐기는 인간의 의도와 상관없이 일어나는 불가피한 현상이다. 그러나 체외수정시 잉여 배아는 다분히 인위적으로 파기되거나, 실험재료로 이용되고 있다.

'배아의 죽임'과 관련된 문제가 있음에도 불구하고 배우자간 체외수정에 반대하는 기독교 의사들이나 신학자들은 그리 흔하지 않다. 그 이유는 기독교 의사들도 적어도 배우자간 체외수정을 시행하는 일은 '선행의 원칙'에 기여한다고 보고 있기 때문이다. 또한 배우자간 체외수정이 기독교적으로 허용될 수 이유는 바로 '이중효과의 원리'(the principle of double effect)가 있기 때문이다. 이 원리를 받아들일 경우, '잉여 배아'의 문제를 예견할 수는 있지만, 이는 의도하지 않은 결과로 간주할 수 있기 때문이다. 그런데 '이중효과의 원리'에 의해보더라도 단순히 연구를 목적으로 한 배아 실험은 윤리적으로 허용될 수 없다. 단지 체외수정 과정에서 불가피하게 발생하는 배아 파괴만이 허용될 수 있다는 것이다. 하지만 수정란을 완전한 인간 생명체의 시작으로 보면 하나의 딜레마에 봉착하게 된다. 즉, 수정란을 인간 생명체로 보면 '대리모'를 이용하는 경우도 도덕적으로 지지해야 한다는 결론에 귀결될 수 있기 때문이다. 일반적으로 이미 태어난 인간 생명체는 생명권을 지니기 때문에 필요한 경우 입양이 적극적으로 권장된다. 마찬가지로 수정란이 '인간 생명체'로 인정받게 되면 대리모는 새로운 생명을 만드는 자가 아니라 이미 형성된 인간을 양육하는 특수한 형태의 보모에 해당되기 때문이다. 그러나 직관적으로 볼 때 이런 주장은 설득력이 부족하다.

여기서 우리는 기존 윤리설의 한계를 파악하게 된다. 사실 공리주의나 칸트주의 윤리설 등 기존의 윤리는 이미 주어진 생명체들 상호간의 관계에 적용되는 윤리이다. 따라서 기존의 윤리설을 그대로 생명공학이나 유전공학관련 문제에 적용하여 배아를 이용한 연구에 찬성하거나 반대하는 것은 적절하지 못하다. 아울러 생명체 관련 윤리적 물음들은 단지 개인의 취사선택에 내버려둘 수 없는 특징이 있다. 인간은 개인적 존재일 뿐만 아니라 '생태계'의 일원으로 존재하는 것이기 때문이다. "태어난 생명체는 그 발생과 상관없이 생명권을 지니며, 또 개인의 행위는 사적 영역에 머무는 것이 아니라 공적으로 모든 인간에게 영향을 미치기 때문이다. 동물복제의 경우, 복제술은 동물의 권리, 생태계에 미치는 영향, 자연의 질서 등에 관한 윤리 물음을 제기한다."

생명의료윤리에 있어서 여러 원칙을 언급할 수 있지만, 기본적인 것은 정의의 원칙이다. 그런데 정의는 다양한 방식으로 설명되는데, 네 가지 이론의 입장에서 살펴본다. 인간이란 기본적인 삶을 누릴 인격적인 존재라는 측면에서 또 다른 설득력 있는 기준이 있을 수 있는 것은 물론이다.

첫째는, 공리주의적 이론(utilitarian theories)이 있다. 공리주의는 행위의 옳고

그름을 유용성 원칙(principle of utility)에 의해 결정하는 윤리 이론을 말한다. 공리주의에서는 이 유용성의 원칙이 모든 행위나 제도의 궁극적인 판단 기준이 되므로, 정의의 이념도 하나의 독자적인 원칙으로 기능할 수 없고, '유용성 원칙'에 의해서 정당화되는 것이다. 즉 사회 전체의 유용성이 극대화되는 방향으로 의료 서비스가 분배될 때 정의가 실현된다.

둘째로, 자유지상주의 이론(libertarian theories)이 있다. 이 이론에 따르면 정의는 자유시장에서 개인의 자유로운 거래에 의해 얻어진다. 자유 지상주의자들은 외부적 강제 없이 자유시장에 의해 거래가 이루어지면 그것은 모두 정의롭다고 주장한다. 이론의 밑바탕에는 인간은 합리적이기 때문에 모든 거래는 아담 스미스가 말한 대로, 보이지 않는 손(invisible hand)에 의해 공정성을 유지하게 된다는 생각이 있다. 이런 관점에서 정의는 분배된 결과가 공정한가의 문제라기보다는 오히려 분배가 이루어지는 과정이 공정한가에 달려 있게 된다.

셋째로, 공동체주의 이론(communitarian theories)이 있다. 공동체주의자들은 인간관계를 권리와 계약에 근거하여 단일의 정의 이론을 구성하려고 하는 입장에 반대한다. 이들은 근본적으로 도덕 공동체의 다양성을 인정하므로 선(the good)에 대한 입장도 공동체에 따라 달라질 수밖에 없다고 본다. 따라서 공동체주의자는 보건의료 서비스나 의료자원이 개인의 자유 계약에 의해 분배되어야 한다는 입장에 반대할 수도 있다.

넷째로, 평등주의 이론(egalitarian theories)이 있는데, 존 롤스(J. Rawls)의 정의론이라고 할 수 있다. 사회정의론에서 존 롤스는 기존의 자유지상주의나 공리주의적 정의론을 비판하면서, 새로운 정의론을 제시하고 있다. 한 마디로 기존의 정의론은 정의를 정의로운 결과에서 찾는데, 롤스는 순수 절차적 정의론을 내세운다. 즉 롤스는 분배 기준을 정하는 절차에서 정의로운 절차를 찾고자 하였다. 그는 원초적 입장(original position)이란 개념을 도입한다. 자신의 개인적 상황에 대해서는 아무것도 모르면서, 사회나 경제의 일반적 지식을 갖춘 당사자들이 놓인 상황을 그는 원초적 입장이라고 부른다. 응분의 몫을 결정하는 기분 내지 원칙은 바로 이러한 무지의 베일(veil of ignorance)을 쓴 당사자들이 원초적 입장에서 구성해 낸다고 롤스는 본다. 또한 가능한 한 가장 불리한 처지에 있는 자에게 가장 큰 이득이 되도록 한다는 '최소 극대화 원칙'에 분배가 합의되어야 한다고 주장한다.

롤스의 정의론은 희귀 자원이나 치료를 어느 환자에게 할당할 것인가의 물음과 관련된다. 건강하고 싶은 욕구는 무한하나, 진료나 의료자원은 수요에 비해 공급이 풍부한 경우도 있지만 많은 경우 공급이 부족한 상태이다. 특히 질병이 심각하고 그 희귀 자원이 환자들의 생명 연장에 결정적으로 중요한 경우에는, 이러한 결정은 상당히 어렵다. 한 가지 예로 보건의료 예산 내에서의 우선성 물음과 관련하여 미국 오레곤 주 정부에는 모든 주민으로 하여금 최소한의 인간다운 의료에 보편적으로 접근할 수 있도록 해줄 사회적 의미가 존재한다는 원칙을 실현한 바 있다.

이런 접근은 평균 환자에게 특정 치료가 제공하는 건강 상태의 변화와 이와 연관된 삶의 질에 미친 영향의 두 요소를 고려하여 치료의 우선순위를 결정하는 방법이다. 이런 접근에 따르면 중환자도 차별받지 않으며, 건강한 사람과 동등한 출발점에 서 있게 된다. 그래서 Medicaid 기금은 정해진 우선성 원칙에 따라 제공되는 것이다. 이에 대해 비판가들은 오레곤 주의 계획은 생명유지 치료보다는 비교적 사소한 치료를 선호하고, 가난한 자에게 돌아가는 혜택에 초점을 맞춤으로 보건의료를 다분히 '우리 대 남'이라는 접근법을 채택하고 있으며, 특수한 상황이라든가 포함된 치료와 포함되지 않은 치료를 정확하게 밝혀주지는 못한다고 비판한다. 미국의 경우 65세 이상의 노인인구가 3천만 명 정도인데 이들은 전인구의 12%에 불과하면서 국가 보건 예산의 1/3 이상을 사용하고 있으며, 노령 인구의 수는 계속 늘어날 전망이다. 한국은 세계초유의 노령화현상을 경험하고 있기에 심각하게 고려해야 할 것이다.

배아의 연구와 관련하여 재고해 보아야 할 문제는 체외수정(體外受精, in vitro fertilization)에 관한 것이다. 즉 난자가 벌거숭이가 되어 몸 밖으로 나와 어떻게 이용되는가에 대한 문제가 생길 수 있는데, 목적대로 불임치료에만 사용되면 좋지만 최근 발달된 유전자 조작의 기술은 인구의 질적 향상이라는 것을 생각하기에 이르렀다.

체외수정이 처음 시작될 때는 그 적응증을 자발적으로 제한하여 놓았는데, 그 수행과정에서 부가적으로 향상된 기술은 그 범위를 점차 넓혀 결국 인구의 질적 향상이라는 방향으로 몰고 갈 여지를 내포하고 있는 것이다.

한 쌍의 부부에서 5~6개의 배(胚)를 이용할 수 있으나, 대개 2~3개가 환자 자궁에 도입되어 착상의 기회를 증가시키게 된다. 만일 잉여수정란이 생기면 시험

관내에서의 계속배양으로 태아배양이라는 기술이 개발될 수 있을 것이며 특히 연구목적을 위한 사람 태아의 이용이 증가될 가능성이 농후하다. 또 수정란 또는 태아의 냉동보존 기술의 발달로 장소의 여하를 막론하고 수정란 또는 태아의 공급이 가능해질 수 있을 것이다. 분배와 관련된 의료적 사회 정의는 다음과 같다.

분배와 관련된 의료적 사회 정의라는 측면에서 고려할 필요가 있다. 특히 우리나라 및 지구촌 상황을 놓고 볼 때, 현재의 상황 가운데 배아줄기세포의 연구가 꼭 필요한가에 대한 근원적인 질문을 던져보게 된다. 물론 소수라고 하더라도 난치병 환자들을 치료하기 위한 지속적인 연구는 필요하다. 그러나 이미 밝혀진 의료적 연구 및 성과에 대한 기본적인 시혜를 받고 있지 못한 사람들도 많다는 점을 고려할 필요가 있으며, 이를 분배와 관련된 의료적 사회 정의라는 측면에서 고려할 필요가 있다. 특히 줄기세포 등의 효능 등이 관련 산업 경영자들에 의해서 과장되고, 이를 상품화하기 위한 지속적인 의도가 있음을 간과해서는 안 될 것이다. 특히 '손해무 입장'에서 보더라도 분명한 답을 내기에는 아직 이르다고 보아야 할 것이다.

정의가 각자의 몫을 돌려주는 것이라면, 그것을 결정하는 방법은 무엇인가? 이에 대해 우리는 "같은 것은 같게 취급하고 다른 것은 다르게 취급하라(Equal must be treated equally, and unequal must be treated unequally)"고 일단 말할 수 있을 것이다. 이것이 바로 아리스토텔레스(Aristoteles)가 말하는 형식적 정의 원칙(principle of formal justice)이다. 그런데 각자에게 적당한 몫을 나누어주는 실질적인 기준이 제시되지 않는 한, 이런 형식적 정의는 아무런 쓸모가 없다. 따라서 불평등을 정당화해주는 실질적인 분배 기준, 즉 정의의 실질적 원칙들(material principle of justice)이 요구된다.

우리나라는 사회보험 성격의 의료보험을 채택하고 있으며 2000년부터는 직장의료보험까지 통합하여 국민건강보험관리공단으로 운영되고 있다. 치료비 청구심사는 신설된 건강보험심사평가원에서 담당하고 있다. 의료보험의 급여는 피보험자 및 피부양자의 질병, 부상, 분만 또는 사망에 대하여 의료보험자가 의료서비스 또는 현금(분만비, 요양비, 장제비 등)을 제공하는 것이다. 그러나 의료자원의 공정한 분배라는 측면에서 몇 가지 개선되어야 할 점들이 남아 있다.

첫째로, 의료보험제도는 국민의 욕구 충족뿐만 아니라 의료인 측면에서도 만족해야 하는데 현재 여건은 의료 산업을 위축시키는 부분도 있다. 의료기관에 대한 적절한 보상은 확대 재생산을 꾀하고 의료의 향상을 가져오는 지름길임을 잊어서는 안 될 것이다. 부유층은 고급 의료혜택을 기대하고 있기에 공공성에만 치중할 경우 의료관련 경비로 상당액의 외화낭비를 초래할 수 있다.

둘째로, 의료기관수의 절대적인 증가와 취약지에 대한 공공 보건조직의 확충으로 접근도가 많이 향상되었다고는 하나 아직도 시설과 인력에 대한 지역 간 불균형이 존재한다. 중요한 점은 현재 실시되고 있는 의료전달체계는 환자의뢰 계체의 구실을 하고 있을 뿐 실제적으로 진료권별 의료공급체계 구축의 장기적 구상 하에서 보건의료 시설이 확충되지 못하고 있다는 것이다. 그 원인을 파악하여 고급의료인력 및 장비의 중앙 집중화로 인한 부작용을 최소화하여야 한다.

결론적으로, 배아 줄기세포 연구에 대해 분명한 입장의 정리가 필요하다. 윤리에 있어서 '현실주의적(realistic)' 판단이란 고려할 모든 요소들을 고려하여 종합적 판단을 하는 것이지 결코 현실과의 타협을 의미하는 것이 아니다. 여러 가지 유용성이 있음에도 불구하고, 생명의 존엄성과 기독교적인 가치를 강조할 때는 반대의 입장을 갖게 된다. 이런 면에서 오히려 배아 줄기세포 연구와 관련된 윤리적 논의는 '14일 이전의 배아' 연구에 대해서는 필요성에 의해 현실적으로 인정하는 입장에 서든지, 아니면 전통적인 기독교 가치관에 입각하여 원칙적으로 반대하는 입장에 서는 것이 보다 일관성 있는 논리적 결정일 것이다.

최근 성체 줄기세포를 이용한 연구를 하나의 대안으로 제시하는 이들이 있으나, 이 역시 상당한 윤리적 문제를 함축하고 있는 것도 사실이다. 현대우리 사회는 윌리엄 슈바이커(William Schweiker)의 지적대로 "도덕적 관심과 영성에 관한 많은 말들이 큰소리로 들려옴에도 불구하고, 선의 실재를 부정하기 쉽고, 인간의 힘이 우리의 삶을 의미 있고 목적 가득한 것으로 만들어 가리라는 기대가 팽배해 있는 '실천적 무신론'(practical atheism)에 빠져들고 있음"을 새겨볼 필요가 있다. 이런 현대 사회를 위한 윤리적 충고라는 차원에서 기독교는 인간 배아를 이용한 연구에 대해서 반대의 입장에 서면서, 다른 차원에서의 의료, 생명공학적 보완책을 찾는 것이 바람직한 길일 것이다.

3. 생명윤리법의 주요 내용

생명윤리법(생명윤리 및 안전에 관한 법률) 제정과 관련된 논의가 사회적 이슈로 등장한 것은 최근의 일이지만, 이미 오래전부터 논란이 있어왔던 문제라고 볼 수 있다. 지난 1983년 생명공학육성법을 제정할 당시부터 이미 논쟁의 씨앗은 시작되었다고 볼 수 있다.

생명공학육성법은 생명공학기술을 지원하기 위한 제도로 그간에는 우리 생명공학의 기술수준이 미약하여 관련한 윤리·사회적 문제가 크게 대두되지 않았지만, 생명공학이 급격하게 발달함으로써 이로 인한 여러 가지 문제점이 국내외적으로 논란이 되고 있는 실정이다.

이와 관련 된 법으로는 생명윤리 및 안전에 관한 법률(생명윤리법)이 있다. 이 법은 인간과 인체유래물 등을 연구하거나, 배아나 유전자 등을 취급할 때 인간의 존엄과 가치를 침해하거나 인체에 위해(危害)를 끼치는 것을 방지함으로써 생명윤리 및 안전을 확보하고 국민의 건강과 삶의 질 향상에 이바지함을 목적으로 한다.

"연구대상자"란 인간 대상연구의 대상이 되는 사람을 말하며, 인간 대상 연구란 사람을 대상으로 물리적으로 개입하거나 의사소통, 대인 접촉 등의 상호작용을 통하여 수행하는 연구 또는 개인을 식별할 수 있는 정보를 이용하는 연구로서 보건복지부령으로 정하는 연구를 말한다.

"인체유래물"(人體由來物)이란 인체로부터 수집하거나 채취한 조직·세포·혈액·체액 등 인체구성물 또는 이들로부터 분리된 혈청, 혈장, 염색체, DNA (Deoxyribonucleic acid), RNA(Ribonucleic acid), 단백질 등을 말한다.

"인체유래물연구"란 인체유래물을 직접 조사·분석하는 연구를 말하며, "인체유래물 은행"이란 인체 유래물 또는 유전정보와 그에 관련된 역학정보(疫學情報), 임상정보 등을 수집·보존하여 이를 직접 이용하거나 타인에게 제공하는 기관을 말한다.

여기서 "유전정보"란 인체 유래물을 분석하여 얻은 개인의 유전적 특징에 관한 정보를 말하며, "유전자검사"란 인체 유래물로 부터 유전정보를 얻는 행위로서 개인의 식별 또는 질병의 예방·진단·치료 등을 위하여 하는 검사를 말하고, "유전자치료"란 질병의 예방 또는 치료를 목적으로 인체 내에서 유전적 변이를 일으키거나, 유전물질 또는 유전물질이 도입된 세포를 인체로 전달하는 일련의 행위를 말한다. 그리고 "개인 식별정보"란 연구대상자와 배아·난자·정자 또는 인체유래물의 기증자의 성명·주민등록번호 등 개인을 식별할 수 있는 정보를 말한다.

"배아"(胚芽)란 인간의 수정란 및 수정된 때부터 발생학적(發生學的)으로 모든 기관(器官)이 형성되기 전까지의 분열된 세포군(細胞群)을 말한다. 그리고 "잔여배아"란 체외수정(體外受精)으로 생성된 배아 중 임신의 목적으로 이용하고 남은 배아이고, "잔여난자"란 체외수정에 이용하고 남은 인간의 난자를 말한다.

"체세포핵이식행위"란 핵이 제거된 인간의 난자에 인간의 체세포 핵을 이식하는 것을 말하고 "단성생식행위"란 인간의 난자가 수정 과정 없이 세포분열하여 발생하도록 하는 것을 말하며, "체세포복제배아"(體細胞複製胚芽)란 체세포핵이식행위에 의하여 생성된 세포군을 말한다.

"배아줄기 세포주"(Embryonic stem cell lines)란 배아, 체세포복제배아, 단성생식배아 등으로부터 유래한 것으로서, 배양 가능한 조건에서 지속적으로 증식(增殖)할 수 있고 다양한 세포로 분화(分化)할 수 있는 세포주(細胞株)를 말한다.

생명윤리법의 기본 원칙은 다음과 같다.

① 이 법에서 규율하는 행위들은 인간의 존엄과 가치를 침해하는 방식으로 하여서는 아니 되며, 연구대상자 등의 인권과 복지는 우선적으로 고려되어야 한다.

② 연구대상자 등의 자율성은 존중되어야 하며, 자발적인 동의는 충분한 정보에 근거하여야 한다.

③ 연구대상자 등의 사생활은 보호되어야 하며, 사생활을 침해할 수 있는 개인정보는 당사자가 동의하거나 법률에 특별한 규정이 있는 경우를 제외하고는 비밀로서 보호되어야 한다.

④ 연구대상자 등의 안전은 충분히 고려되어야 하며, 위험은 최소화되어야 한다.

⑤ 취약한 환경에 있는 개인이나 집단은 특별히 보호되어야 한다.

⑥ 생명윤리와 안전을 확보하기 위하여 필요한 국제 협력을 모색하여야 하고, 보편적인 국제 기준을 수용하기 위하여 노력하여야 한다.

우리의 경우 생명윤리 및 안전에 관하여 대통령 소속으로 국가생명윤리심의위원회를 두고 있으며, 다음 사항을 심의한다.

① 국가의 생명윤리 및 안전에 관한 기본 정책의 수립에 관한 사항
② 공용기관생명윤리위원회의 업무에 관한 사항
③ 인간 대상연구의 심의 면제에 관한 사항
④ 기록·보관 및 정보 공개에 관한 사항
⑤ 잔여배아를 이용할 수 있는 연구에 관한 사항
⑥ 연구의 종류·대상 및 범위에 관한 사항
⑦ 배아줄기세포주를 이용할 수 있는 연구에 관한 사항
⑧ 인체 유래물 연구의 심의 면제에 관한 사항
⑨ 유전자검사의 제한에 관한 사항

그 밖에 생명윤리 및 안전에 관하여 사회적으로 심각한 영향을 미칠 수 있다고 판단하여 국가위원회의 위원장이 회의에 부치는 사항을 들 수 있다.

CHAPTER 10

낙태와 안락사의 윤리

제1절 낙태의 개요

1. 낙태의 의의와 실태

안락사라는 용어는 '편안한 죽음'을 의미하는 그리스어 'euthanatos' 로부터 나왔으며, 그것은 심하게 아픈 환자의 고통으로부터 그들을 해방시켜주기 위해 그들 삶을 종료시키는 것이다.

안락사를 뜻하는 영어인 euthanasia는 '좋은'을 뜻하는 그리스어 eu와 '죽음'을 뜻하는 그리스어 thanatos의 합성어이다. 이 말은 17세기 초 영국의 학자이자 정치가인 베이컨(Francis Bacon)이 처음 만들어 사용하였는데, 글자 그대로 풀이하면 '편안한 죽음(good death)' 또는 '수월한 죽음(easy death)'을 유발시키는 것을 의미한다. 그러나 이와 같은 어원적 의미는 안락사를 다른 형태의 죽음과 분명하게 구별시켜주지 못하는 한계가 있다.

이 용어는 문자적으로 "좋은 죽음"을 의미한다. 최근에는 "위엄 있는 죽음"과 동의어로 사용된다. 또 이러한 용어가 얼마나 우리에게 이해될 수 있을지 의문이지만 안락사는 "자비로운 살인"(mercy killing)이라고도 한다.

안락사는 고통스러운 불치병이나 신체질환으로 고통을 당하는 사람들을 고통

없이 죽음에 이르게 하는 행위나 처치를 말한다. 대부분의 법적 체계에는 이에 대한 특별한 조항이 없기 때문에 환자 자신에 의해 행해진 경우는 자살로, 타인에 의한 경우는 타살로 간주된다. 그러나 최근에는 합법적으로 안락사를 인정하는 국가가 늘고 있다.

세계 여러 나라에서는 오래 전부터 낙태에 대한 언급이 수시로 나오고 있다. 최근 한국에도 낙태에 관한 이야기가 여러 사람들로부터 조명을 받고 있다. 낙태(落胎)란 태아를 자연의 분만기 이전에 모체 외로 배출하는 행위 또는 태아를 모체 내에서 살해하는 행위를 뜻한다. 낙태와 유사한 개념으로 인공유산, 인공임신중절 등을 들 수 있으며 인공유산은 주로 의학적 용어로 많이 쓰이고 인공임신중절은 법학적 용어로 많이 쓰인다. 낙태란 임신중절술을 말하며, 보통 임신 중인 태아를 자궁에서 제거하는 시술이다. 자연 유산으로도 발생하지만, 보통 낙태라 함은 인공적인 수술, 혹은 약품 등을 사용하여 약 20주 이전의 태아를 자궁내에서 제거함을 의미한다. 이때, 태아는 아무 힘이 없기에 인위적 혹은 자연적으로 제거가 된다. 그런데 힘없는 태아이지만 이 태아에도 생명이 있다. 그렇기에 우리는 낙태가 합법이냐 아니면 불법이냐를 두고 논쟁을 한다. 그런데 어디에도 정답은 없다.

이러한 문제를 발생시키지 않으면 되지 않을까? 남성과 여성의 욕구와 사랑의 결정체로 임신이라는 산물이 생긴다. 그런데, 서로 원치 않아 그것을 제거하기를 원하는 것이 현재 대부분의 실정이다. 서로의 원치 않는 임신을 해결하기 위해서 어떠한 상황에서든 피임도구를 챙기며, 그것이 준비되지 않았다면 사전 피임약으로 하여 임신을 예방하기 위한 자세를 갖추어야 하지 않을까 한다.

그런데 학교의 교육이 제대로 이뤄지지 않아 사전 피임약에 대한 정의와 방법을 모르고, 사후피임 그리고, 콘돔(페미돔)을 활용한 피임법도 제대로 숙지하지 못하여 피임이란 것이 사실상 잘 이뤄지지 않는다.

일부층에서는 피임이란 것을 확실히 하지만 아직 사회에서 좋지 않게 바라보는 면이 있어 피임도구를 꺼려하는 이들도 상당히 많다. 하지만, 서로를 위한다면 일단 낙태란 무엇이고 그것으로 하여금 어떠한 문제가 생기는지를 알아야 할 것이라 본다.

우선, 낙태의 방법은 어렵고도 간단하다. 약물을 주입하여 태아를 제거하거나, 혹은 끄집어내는 것이다. 보통 임신사실을 알게 되는 3~4개월 사이에서는 아이가 어느정도 성장한 상태이기 때문에 아이를 끄집어내는 것이 낙태의 방법에 해당된다.

어느 정도 시기가 되면 아이에게 신경이란 것이 생기고 아이도 느끼고 받아들인다. 그런데 그러한 아이들에 대한 낙태시술은 참으로 살인적인 행위라고도 할 수 있다.

이렇듯 낙태란 것은 간단히 생각하면 그냥 아이를 지우는 것이지만 깊이 생각한다면 여성을 망치는 행위라고 할 수 있다. 한해 37만 여건 시술되고 낙태시술의 95.6%가 불법이라는 비공식통계가 있다.

요즘 젊은 여성들의 생각은 1960~70년대 낙태는 여성의 선택권이라고 주장하던 시절 여성들이 가졌던 가치관이나 소신과 상당히 다르다. 이제 많은 여성들이 모성의 소중함을 느끼고 낙태 반대 운동에 동참하고 있다.

크리스토퍼 스미스 미국 연방 하원의원(공화당·뉴저지주)이 가톨릭 서울대교구 생명위원회가 수여하는 제4회 '생명의 신비상' 수상자로 선정되어 우리나라를 찾았다. 그는 1981년 하원의원이 된 이후 낙태를 반대하는 프로라이프(pro-life·태아의 생명과 모성을 존중한다는 의미) 운동을 이끌어 왔으며, 그 공로로 이 상을 받게 됐다. 스미스 의원은 "우리는 한국의 젊은 산부인과 의사들이 벌이는 낙태 반대 운동을 적극적으로 지지한다."고 밝혔다.

미국은 1973년 대법원이 낙태를 인정한 이후 법적으로 허용됐다. 이 때문에 미국에서는 낙태가 어디서나 자유롭게 이뤄지는 걸로 알지만, 실제로 낙태 시술을 하는 클리닉은 매우 적은 수다. 전체 카운티(county·구 개념의 행정구역) 중 20%에서만 낙태 시술 클리닉을 찾을 수 있고, 그것도 개인 클리닉뿐이다. 낙태가 허용돼도 대부분의 의사는 자기 소신에 따라 하지 않는다.

환자들로부터 '낙태 의사'로 규정되면 모성과 태아의 생명을 존중하지 않는 의사로 여겨지기 때문이다. 아기 낳길 원하는 산모들은 낙태 시술 의사에게 가려 하지 않는다. 이 때문에 낙태 클리닉은 낙태만 전문적으로 하는 의원 형태로 운영된다.

한국에서는 낙태 허용 범위를 넓혀야 한다는 주장이 나온다. 일부 여성계는 낙태가 여성의 선택권(pro-choice)에 속한다고 한다. 우리가 낙태를 반대하는 것은 태아 생명을 보호하는 것도 있지만 여성을 위한 면도 크다. 수많은 연구 결과에 따르면, 낙태를 경험한 여성은 정신적으로 심각한 후유증을 앓는다. 알코

올 중독에 빠지기도 하고, 우울증에 잘 걸린다. 하지만 미성년자 임신처럼 낙태가 불가피한 경우도 있다고 생각하는 사람도 있다.

임신부의 건강을 해치지 않는다면 출산을 권장하고, 입양이나 대리 양육을 권하는 것이 우리의 입장이다. 그게 여성의 인생 전체를 보면 더 안전하고 이로운 일이다.

우리나라는 낙태 금지 국가이기 때문에 정확한 낙태실태가 현실적으로는 불가능하다. 따라서 여러 가지 방법으로 추산을 해 본다. 우리나라에서 낙태되는 아기의 수는 1년에 최소한 150만 명으로 추산한다. 학자에 따라서는 200만 명까지 추산하는 사람도 있다. 적게 잡더라도 1년에 출산되는 아기 60~80만 명의 두 배에 이른다. 하루에 4천 명, 초단위로 본다면, 20초에 한 명 꼴로 생명을 잃고 있다. 이렇게 보면 세 명의 아기가 임신되면 한 명만 남고 두 명이 죽는다.

2000년대 초반 자료를 정리해 보면, 기혼 여성의 59.3%가 1회 이상의 낙태를 하고, 미혼 여성의 30%가 낙태를 해 본 경험이 있다고 한다. 특히, 임산부(첫 임신) 낙태 경험도가 46.6%나 되고 있다. 어떤 기관조사에 의하면 첫 낙태 당시 나이는 25세~29세의 나이군이 48.6%로 가장 많았으며, 다음으로는 30세~34세가 20.8%, 20세~24세가 19.1%를 나타내고 있으며, 15세~19세의 나이군에서도 1.3%를 차지하는 것으로 나타났다. 이처럼 첫 낙태의 평균나이는 약 27~28세이며, 10대의 낙태 비율도 우리가 생각해 보아야 할 문제로 나타났다.

1) 외국의 실태

다음은 외국의 경우에 낙태가 어떻게 이루어지고 있는지 일부 자료를 인용하면 다음과 같다. 1990년 미국에서는 개인 낙태 시술소에서 행한 낙태 비용이 매년 5억 달러인 것으로 추정된다. 그 당시 미국에서는 158만 9천6백 건의 낙태가 시행되었고, 한 연구소의 통계자료를 보면, 낙태의 10%가 후기 낙태(12주 이후)를 했다고 한다. 또한 세금포탈, 사생활 보호 등을 이유로 보고되지 않은 낙태를 포함시킨다면 190만 건으로 추정하고 있다. 다시 말해서 살아서 출생하는 아이의 수는 일 년에 3백 60만 명을 맴돌고 있다. 그러므로 미국에서는 임신된 거의 모든 세 번째 아이가 낙태에 의해 죽고 있다고 한다. 이는 전체의 약 40%정도는 반복적인 낙태라고 한다.

캐나다의 경우에는 1984년 6만 2천 2백 91건의 낙태가 있었다고 하며, 이것은 출생률의 17.5%에 해당되는 것이라고 하였다. 이 중 11.7%가 후기 낙태라고 한다.

1985년, 잉글랜드와 웨일스에서는 그 전의 어느 해보다 더 많은 낙태가 이루어졌다. 전체 숫자는 17만 2천 건 가량인데, 그 중에서 3만 7백 72건은 단지 낙태를 하기 위해 영국에 온 외국인들에 의해 행해졌다고 한다. 영국에 거주하는 외국인들에게 행해진 낙태 건수는 14만 1천 1백 1건으로 1984년에 비해 4천 7백 13건이 늘어났다. 특히 연령별 낙태보고를 보면, 20세~24세에 이르는 연령층이 가장 낙태를 많이 했으며, 십대들의 낙태 역시 증가하고 있다. 20세 미만의 여성이 임신을 할 경우에는 세 아이 중 두 명이 낙태되었으며, 잉글랜드에서는 전체 임신의 18%가 고의적으로 낙태되었다. 개인병원이 많이 있는 곳에서는 국가의료제도(National Health Service)의 혜택을 입을 수 있기 때문에 자유롭게 낙태가 이루어지고 있으며, 전체 임신의 40%가 낙태되고 있다. 개인 병원이 많지 않고 국가의료제도 혜택이 제한되어 있는 곳에서는 낙태의 비율이 10% 정도이다. 1984년에는 전체 낙태의 거의 반 정도의 수가 국가의료제도의 혜택 아래 이루어졌다.

러시아에서도 매년 약 1천만 건의 낙태가 이루어지고 있으며(출산 1건당 낙태는 2~4건), 가임기에 있는 여성들은 평균 4~8번의 낙태 경험을 했고, 낙태를 15번이나 경험한 여성들도 있다.

중국은 특별히 낙태를 규제하는 법이 없다. 넘쳐나는 인구로 인하여 인구 조절 정책으로 인해 낙태도 자연스러운 일이다. 중국은 인구 과다원인으로 한 쌍의 한족(소수민족 제외)부부는 한명의 아기를 낳도록 허락한다. 오히려 아기를 추가적으로 더 가지는 경우는 인구조절 프로그램을 위반함으로써 그에 해당한 벌금을 납부해야 한다.

매년 중국에서는 4,000~6,000만 건의 인공 임신중절수술이 진행되고 있다, 임신의 26%는 낙태를 선택한다. 중국의 가임 여성 중 273% 임신중절수술을 해봤다고 한다, 결국 평균적으로 1인당 2번 이상 낙태를 선택했다.

중국에서는 모든 핵가족에게 공식적으로 오직 1명의 자녀, 즉 '하나만 낳기'라는 정책으로 낙태가 강요되고 있다. 이는 중국의 지나친 인구 밀도와 인구 팽창률 때문이다. 인구 증가율이 중국 국민의 삶과 질을 위협하고 있는 실정이므

로, 중국에서는 정책적으로 낙태가 강요되고 있다. 이렇게 우리나라를 비롯한 외국의 경우에도 낙태가 많이 이루어지고 있는 것을 알 수 있다. 그러나 여기서 특히 더 관심을 가져야 하는 것은 젊은 연령층에서의 낙태 비율의 증가라고 할 수 있다. 낙태실태 조사결과, 미혼여성의 피임에 대한 문제를 제기하고 있다. 즉, 낙태경험 미혼여성의 90.3%가 첫 낙태를 하게 된 당시의 임신에서 피임을 사용하지 않는다는 것이다. 이것은 충동적인 성관계 내지 피임에 대한 지식의 결여를 보여주고 있다. 그리고 혼전 성관계와 10대 청소년의 성관계가 증가되고 있는 현실을 볼 때, 미혼여성에 대한 성교육이 필요하다. 성교육이 단순한 성지식에 관한 교육으로 끝이 나서는 안 되고, 생명을 사랑할 줄 아는 마음을 키우도록 하고, 성에 대한 가치관을 잘 부여해야 한다. 생명의 소중함을 알 때, 낙태를 방지할 수 있는 것이다.

2) 낙태의 후유증

낙태의 후유증은 낙태를 하는 이들 대부분이 신경쓰지 않고 무심히 지나가거나 모르는 경우가 허다하다. 낙태의 문제가 우리에게 조금 더 심각하게 받아들여야 할 부분은 무엇인가를 고려하면 다음과 같다.

첫 번째, 자궁경부 무력증이 있다. 자궁경부 무력증이란 임신 시 태아의 생명을 보호하기 위해 굳게 닫혀 있어야할 자궁경부가 무리한 낙태시술로 인하여 자궁 경부에 열상, 출혈이 생겨 자궁 경부가 무력해지는 것으로, 후 임신 시 조산, 유산을 초래할 수 있는 확률이 높다.

두 번째, 자궁 천공으로 이는 낙태 시술시 자궁의 크기가 경관 방향을 알려주는 쇠막대기 같은 자궁소식자를 사용하는데 이를 너무 깊이 삽입하거나 자궁개대기로 자궁을 개대하여 큐렛으로 태아를 긁어낼 때 사고로 인하여 자궁이 뚫어지는 문제이다.

세 번째, 염증성질환으로 낙태 후 자궁나팔관에 염증이 생겨 난관을 막아 불임 혹은 자궁 외 임신을 발생시키는 것이다. 이 질환은 낙태를 경험한 여성 11% 정도가 겪는다고 한다. 이 질환의 재발률은 25%이다. 이와 같이 불완전한 유산이 행해질 경우 태아의 일부가 자궁에 남아 부패하여 그로 인한 패혈증이 발생하기도 하므로 주의해야 한다.

네 번째, 자궁 외 임신은 위의 여러 가지를 종합적으로 하여 나타나는 주된 증상으로 이러한 자궁 외 임신이 잘 이뤄지는 이유는 수정란이 손상되거나 자궁내벽에 감염이 이뤄져서이다.

다섯 번째, 약물 주입 후유증, 약물 후유증(특히 프로스타그란딘)은 약물 주입 낙태를 할 경우 생기는 질환으로 정맥염, 정맥내 혈전, 색전증, 설사, 구토, 호흡곤란 등이 일어날 수 있다. 약물과 수술로 인한 손상 외에도 잘못된 마취로 인한 마취사고도 있다.

여섯 번째, 정서적 후유증이다. 정서적 후유증은 낙태의 교육에도 잘 이뤄지지 않으며 많은 이들이 잘 알지 못하는 부분이다. 이러한 정서적 후유증에는 낙태로 인하여 아이를 잃었다는 일종의 상실감과 슬픔, 공허함, 가장된 행복함, 지나친 바쁜 체감, 성적 장애, 관계 장애, 분노감 등의 정서장애가 있다. 또, 아이에 대한 아련함으로 인하여 두려움, 후회 우울증, 자살충동 등이 있다. 그리고 마지막에는 이 모든 것이 종합적으로 작용된 결과 다음 임신의 악영향이 있다. 낙태시술 후 다음 임신이 되면 자궁내막 손상으로 인하여 자궁기능 저하, 유산, 조산, 저체중아 분만가능성이 상당히 높아진다. 자궁경부손상이 중반기 유산의 50% 정도라고 하니 자궁경부의 손상을 상당히 유의해야 한다.

2. 낙태의 허용과 윤리

1) 낙태의 허용과 한계

우리나라의 경우 낙태죄를 정하여 낙태를 전면적으로 금지하고 있다. 하지만 모자보건법이라는 특별법을 적용하여 경우에 따라 낙태의 허용과 한계를 정하고 있다.

의사는 다음 어느 하나에 해당되는 경우에만 본인과 배우자(사실상의 혼인관계에 있는 사람을 포함)의 동의를 받아 인공임신중절수술을 할 수 있다.

첫째, 본인이나 배우자가 대통령령으로 정하는 우생학적(優生學的) 또는 유전학적 정신장애나 신체질환이 있는 경우

둘째, 본인이나 배우자가 대통령령으로 정하는 전염성 질환이 있는 경우

셋째, 강간 또는 준강간(準强姦)에 의하여 임신된 경우

넷째, 법률상 혼인할 수 없는 혈족 또는 인척간에 임신된 경우

다섯째, 임신의 지속이 보건의학적 이유로 모체의 건강을 심각하게 해치고 있거나 해칠 우려가 있는 경우

위에서 인공임신중절수술경우에 배우자의 사망·실종·행방불명, 그 밖에 부득이한 사유로 동의를 받을 수 없으면 본인의 동의만으로 그 수술을 할 수 있다. 또한 본인이나 배우자가 심신장애로 의사표시를 할 수 없을 때에는 그 친권자나 후견인의 동의로, 친권자나 후견인이 없을 때에는 부양의무자의 동의로 각각 그 동의를 갈음할 수 있다.

모자보건법에 따른 인공임신중절수술은 임신 24주일 이내인 사람만 할 수 있다. 그리고 인공임신중절수술을 할 수 있는 우생학적 또는 유전학적 정신장애나 신체질환은 연골무형성증, 낭성섬유증 및 그 밖의 유전성 질환으로서 그 질환이 태아에 미치는 위험성이 높은 질환으로 한다. 그리고 인공임신중절수술을 할 수 있는 전염성 질환은 풍진, 톡소플라즈마증 및 그 밖에 의학적으로 태아에 미치는 위험성이 높은 전염성 질환으로 한다.

2) 낙태 논쟁과 윤리

낙태 논쟁은 전형적인 분만에 앞서 고의적으로 임신을 중단하는 것이 도덕적으로 옳은가를 묻는 것이다. 낙태에 관한 도덕적 논쟁은 두 가지 분리된 문제들을 다룬다.

첫째, 낙태는 도덕적으로 그른가?

둘째, 낙태는 합법 혹은 불법이 되어야만 하는가? 이다.

낙태에 반대하는 입장은 다음과 같다.

첫째, 존엄성 논거인데 모든 인간 생명은 존엄하며, 태아 역시 생명이 있는 인간이므로 보호해야 한다.

둘째, 무고한 인간의 신성불가침 논거로 잘못이 없는 인간을 해치는 것은 도덕적으로 옳은 일이 아니다. 태아는 잘못이 없는 인간이라고 하는 점이다.

셋째, 낙태는 태아에 대한 고의적 살인이다.

넷째, 낙태는 무고한 인간 존재에 대한 고의적 살인이다.

다섯째, 자유, 평등 보다 앞서는 삶의 권리이다.

여섯째, 낙태로 인한 여성의 상처는 여성들의 육체적 그리고 정신적 건강을 해칠 수 있다.

일곱째, 남녀 평등주의적 원칙의 위반하는 것으로 낙태는 남녀평등 주의를 위반한다. 평등주의자들은 모든 형식의 폭력반대이다.

여덟째, 잠재성 논거로서 태아는 임신 순간부터 한 인간으로 성장할 잠재성을 갖고 있으므로 태아도 인간으로서의 지위를 가지고 있다고 보는 것이다.

낙태의 찬성 논증은 다음과 같다.

첫째, 소유권 논거로서 여성은 자기 몸에 대한 소유권을 지니며, 태아는 여성의 몸의 일부라는 것이다.

둘째, 생산 논거로 여성은 태아를 생산하므로, 태아를 마음대로 할 수 있는 근거가 된다.

셋째, 자율권 논거로서 여성은 자신의 삶을 자율적으로 결정할 수 있다는 것이다.

넷째, 정당방위 논거로 여성은 자기방어와 정당방위의 권리를 지니기 때문에 일정한 조건하에서는 낙태를 할 권리가 있으며,

다섯째, 프라이버시권 논거로서 낙태는 여성의 사생활 문제이므로 개인이 자유롭게 선택할 수 있다는 점이다.

여섯째, 낙태 금지의 위험성(불법적인 낙태시술의 접근 가능성)이다.

강간으로 인한 임신이 된 여성들의 문제는 그들이 강간을 당했다는 것이지 그들이 임신했다는 것이 아니다. 임신해서 굶주리고 있는 여성들이 있다. 문제는 그들이 굶주리고 있다는 것이지 그들이 임신했다는 것이 아니다. 폭력적인 관계에서 임신이 된 여성들의 문제는 그들이 폭력적인 관계에 놓여있다는 것이지 그들이 임신했다는 것이 아니다.

태아의 도덕적 지위에 관한 물음들은 다음과 같이 고려해 볼 수 있을 것이다.

첫째, 인간 개인의 발전과정에서 언제부터 인간은 완전하고 동등한 생명권을 갖기 시작하는가?

둘째, 도덕적 지위에 관한 일반적인 기준으로서 생명, 감수성(고통에 대한 경험을 포함해서, 경험 할 수 있는 능력), 유전적인 인간적인 특성, 그리고 인격성은?

셋째, 유전적인 인간적 특성으로 이성, 자기 인식, 사회적 접촉, 도덕적 상호관계 같은 능력을 갖춘 존재에 대하여?

넷째, 감수성에 관한 관점으로 경험을 할 수 있는 능력(예를 들어, 시각, 청각, 후각, 또는 그 밖의 지각 경험들), 이것은 다른 사정이 동일하다면, 감수성이 없는 유기체를 죽이는 것보다 감수성이 있는 유기체를 죽이는 것이 도덕적으로 더 나쁘다는 것인가?

다섯째, 인격성으로 개인의 기본적인 도덕적 권리인 생명권, 자유권, 자기 결정권, 신체적인 위해를 가하는 것으로부터 자유로울 권리 등, 만약 낙태를 부정하게 되면 자유, 자기 결정, 신체의 보전에 대한 여성의 권리 침해하는 것은 아닌지?

사회적 무관심 속에 연간 150~200만 건의 낙태가 행해지고 있으며 최근에는 더 심각한 사회적인 문제가 되고 있다. 이는 비단 태아의 생명에만 국한된 문제가 아니다. 20초에 1건, 하루에 6,000건이 행해지는 낙태는 임산모나 그 가족에게도 부정적 영향을 끼칠 뿐만 아니라, 나아가 사회 전반에 심각한 문제의 근원이 되고 있다. 낙태의 양상도 많이 달라진다. 의학이 발달하기 전에는 자연적 유산이 가장 많았으나 의학이 발달한 후 태아에 성별에 따라 낙태를 결정하게 되었다. 최근에는 원치 않은 임신이 낙태의 가장 큰 원인이 되고 있다. 그러므로 원치 않은 임신을 예방하는 것이 낙태를 예방하는 최선의 방안이라 해도 과언이 아니다.

낙태는 많은 정신적, 육체적 부작용을 일으킨다. 그러나 부작용에도 불구하고 미혼모는 사회적 비난, 본인의 장래계획 등을 이유로 낙태한다. 기혼모는 단산, 건강, 경제, 터울조정 등을 이유로 낙태를 선택하는 경우가 많다. 이는 현대의 우리 사회에 만연해 가는 이기적인 사고방식과 정신적 황폐의 근원적 원인이 되고 있다.

미혼모에 의한 출산은 매년 만 명 이상인 것으로 추정되며, 조사 대상의 85.1%는 이들 역시 낙태를 고려한 적이 있는 것으로 나타났다. 이들 미혼모에 의해 출산되는 100명의 신생아 가운데 30명이 장애아 또는 기형아라고 하는 사실은 이들이 낙태약 복용으로 인한 부작용, 무지로 인한 신체적 압박, 경제적 빈곤 등으로 발생하는 현상이라고 할 수 있다. 출산되는 아이들은 대개 해외입양을 하게 된다. 우리나라는 세계적 비난으로 1982년에 종결하고자 했던 해외입양은 몇 차례의 유보로 현재까지 이어지고 있다.

어떠한 경우라도 낙태는 정당화 될 수 없다. 물론 성폭행을 당해 원치 않는 임신을 했을 경우 감히 출산을 감행할 사람은 드물 것이다. 설혹 본인이 원한다 해도 그 가족이 원치 않을 것이다. 성폭행을 당한 사람의 낙태 문제는 여전히 어려운 것이다. 낙태에 대한 여러 가지 정당한 이유가 있음에도 불구하고 낙태는 살인이다. 그 이유는 다음과 같다.

첫째, 태아는 생명체이기 때문이다.

둘째, 아무도 태아 자신에게는 낙태에 대한 의견을 묻지 않는다.

셋째, 태아는 가장 연약한 존재이다. 가장 힘없는 존재의 생명을 앗는 것은 가장 나쁜 살인 행위이다.

넷째, 낙태는 부모가 자식을 해하는 것이기에 가장 나쁜 살인이다.

다섯째, 낙태가 진심으로 태어날 태아를 위한 것인가를 장담할 수 없다. 설혹 태아를 위한 정당한 낙태라 할지라도 낙태는 여전히 살인임을 회피할 수 없다.

낙태를 찬성할 수밖에 없는 이유가 있을 것이다. 아니 어쩌면 당사자가 아니기에 쉽게 낙태를 반대할 수도 있다. 그러나 설혹 태아가 기형아라 할지라도 그 생명은 생명을 주신 창조자에게 있는 것이다. 최소한 우리는 생명의 모체가 되는 부모라 할지라도 다른 사람의 생명을 마음대로 결정할 권리는 없다. 그래서 어떤 경우라도 낙태는 정당화될 수 없다. 낙태를 예방할 수 있는 최선의 방법은 원치 않는 임신을 피하는 것이다.

이와는 달리 불임 부부를 위한 인공 임신에서 제기되는 윤리적 문제들은 무엇일까?

인공 수정은 남성과 여성의 성행위를 통한 자연적인 과정을 거치지 않고 수정시키기 위해 행하는 인위적 기술들을 통틀어 말한다. 자녀가 없는 부부 중 한쪽이 생식 기능에 결함이 있어 정상적으로 임신이 불가능할 때 선택하는 방법으로 알려져 있다. 인공 수정 방법에는 부부의 생식 세포를 이용하는 배우자 간 인공 수정이 있고, 부부 중 한 사람 또는 양쪽 생식 세포가 외부 공여자로부터 유래하는 경우도 있다. 남편의 정액을 주입하는 배우자 간 인공 정액 주입과 다

른 기증자 정액을 주입하는 비배우자 간 인공 정액 주입이 있다.

남성과 여성 중 적어도 한쪽의 생식 세포는 외부 공여자의 것을 이용하여 난자와 정자를 여성 생식기에 주입하는 것이 비배우자 간 체내 인공 수정이며, 남성과 여성 중 적어도 한쪽의 생식 세포는 외부 공여자의 것을 이용하여 난자와 정자의 결합을 시험관에서 유도하는 기술이 비배우자 간 체외 인공 수정이다. 또한 여성의 몸 밖에서 이뤄지는 체외 수정의 한 형태로 하나의 정자를 난자의 원형질 내로 직접 주입시키는 방법도 있으며 정자는 고환에서 직접 추출하거나 사정된 정액에서 추출한다. 배우자 간, 비배우자 간 인공 수정에도 모두 이용한다. 체외 수정의 경우에는 배아를 대리모 자궁에 착상시키는 경우와 정자를 정자 은행에 냉동 보관하는 경우, 배아를 냉동 보관하는 경우, 냉동 배아를 자궁에 착상시키는 경우 등 여러 가지 상황들을 고려해야만 한다. 인공 수정에 대한 윤리적 판단은 인간 생명이 부부 사랑과 부부 행위라는 토대에서 탄생했는가에 달려 있다. 교회 가르침에 의하면 체외 인공 수정에 의한 출산은 부부 일치 행위에서 분리되기 때문에 비윤리적이다.

인공 수정을 통해 태어난 자녀는 주문에 따라 생산된 것이다. 생산품으로서 자녀는 주문한 고객의 요구를 충족시켜야 한다. 제품 공장이라고 볼 수 있는 불임클리닉은 이런 생산 과정을 통해 최대 이익을 추구할 것이다. 이러한 생산과정은 출산의 고유한 가치를 떨어뜨리고 단순한 기술적 작업으로 변질시킨다. 자녀는 단순히 의료적 생물학적 작업에 의해 만들어지는 생산물로 전락하여 인간으로서 존엄성에 손상을 입게 된다. 부모는 자녀를 탄생시키는 데 필요한 재료의 공급자 수준으로 추락하고 왜곡된다.

인간의 탄생 순간은 영적 차원과 생물학적 차원이 본질적으로 결합되는 유일한 순간이다. 자녀 출산은 육체와 영혼의 합일체인 한 인간이 태어나는 과정이다. 인공 수정은 부부 행위가 담고 있는 의미, 즉 부부 일치와 출산이 분리되기에 비윤리적이다. 출산은 단순한 생물학적 행위가 아니라, 인간 전체와 관련된 행위이다. 자녀는 기술에 의한 생산물이 아니라, 부부 행위를 통해 서로에게 표현하는 사랑의 열매여야 한다. 사용하는 기술이 부부 행위를 대체하지 않을 때, 즉 장애를 넘어 부부 행위의 자연적 목적에 도달할 수 있도록 돕는 것일 때만 윤리적으로 정당하다. 배우자 간 인공 정액 주입이 이에 해당한다.

제2절 안락사(Euthanasia)의 윤리

1. 안락사의 의의

안락사가 도덕적으로 허용될 수 있다는 견해는 소크라테스·플라톤·스토아 학파로 거슬러 올라간다. 전통적인 그리스도교 신앙에서는 살인을 금지하는 6번째 계명에 위배되기 때문에 이를 반대한다. 안락사를 합법화하기 위한 조직적인 운동은 영국에서 1935년 C. K. 밀라드가 후에 안락사협회로 불리게 된 "안락사 합법화를 위한 자발적인 모임"을 만들면서 시작되었다. 이 모임의 법안은 1936년 상원에서 부결되었으며, 1950년 같은 논제에 대해 상원에서 재차 제안되었다. 미국에서는 1938년 미국안락사협회가 설립되었다. 현대의학의 발달로 점차 다양한 기술적 수단을 통하여 생명을 연장시킬 수 있게 되자, 특히 환자가 선택을 할 수 없는 경우에 극단적인 정신적·신체적 고통을 당하고 있는 환자의 가족과 주치의가 무엇을 결정해야 하는가라는 문제가 제기되었다. 수동적으로 생명을 연장시킬 수 있는 아무런 조치도 하지 않거나 생명을 보조해주는 기구들을 제거하면 의사들은 범죄행위로 고소를 당했고, 반면에 의식이 없는 분명한 말기 환자의 가족들은 생명 유지를 위한 특별한 기구들의 사용을 중단시키게 만드는 의학제도에 반대하여 법적인 행동을 시작하고 있다. 한국의 경우 의료계는 물론이고 법의 해석 및 윤리·종교상 견지에서 해결해야 할 문제로 남아 있는 실정이다. 최근 많은 국가에서는 환자와 가족의 고통을 감소시키기 위해 안락사의 합법화를 꾸준하게 검토 중에 있다.

안락사가 비록 환자나 그 가족의 고통을 감소시키는 효과는 있지만 여전히 윤리적 차원에서 어떤 도덕적 결론에 도달하기 위한 몇 가지 질문들이 있다. 우선, 어떤 개인이나 그의 가족들은 환자의 죽음과 시기와 죽음의 방법에 대하여 선택할 권리가 있는가? 하는 문제이다. 둘째, 어떤 개인이나 환자의 가족들은 환자의 생명을 어느 정도 유지한 후 안락사를 시켜야 하는가? 셋째, 과연 개인의 죽음의 문제를 다른 사람이 판단할 수 있는가?하는 문제 등이다.

임종을 앞둔 환자의 고통은 환자에게도 가족에게도 감당하기 힘든 것이다. 고통당하는 환자나 가족을 도울 수 있는 다른 방편이 없다는 것이 명백한 사실로

받아들여졌을 때 안락사는 환자나 가족에게 엄청난 유혹이다. 그러나 안락사는 명백한 살인임을 알아야 한다. 어떠한 경우라도 사람은 다른 사람의 생명을 중단시킬 권한이 없기 때문이다. 다만 이 살인이 정당한 살인인지에 대해서는 좀 더 깊이 생각해야 한다.

안락사는 불치의 병으로 고통 받는 말기 환자의 최선의 이익을 위하여 의사가 고의적으로 환자를 죽이거나 죽도록 돕는 작위 또는 부작위 행위이다. 안락사는 '고의적' 죽음, '타자에 의한' 죽음, '이타적' 죽음, '의료적으로 도움 받는 죽음'이다.

안락사의 개념적 종차 가운데 하나인 이타성을 기준으로 볼 때, 반자의적 안락사와 자의와 무관한 안락사는 진정한 이타행이라고 할 수 없다. 따라서 이 두 유형의 안락사는 모순적 개념으로서 진정한 안락사라고 할 수 없다. 반자의적 안락사는 모살에 가깝고, 자의와 무관한 안락사는 미필적 고의에 의한 살인에 가깝다. 따라서 양자는 도덕적으로 허용될 수 없다. 이타성의 기준을 충족시킬 수 있는 안락사는 자의적 안락사이다.

자의적 안락사의 도덕적 허용 가능성에 대해서는 찬·반 양론이 팽팽히 맞서고 있으나, 대체로 찬성 논변이 우세하다. 자의적 안락사에 반대하는 종교적 논변은 윤리학적 논변으로는 한계가 있고, 결과주의적 반대론은 신빙성 있는 경험적 증거가 불충분하다. 안락사 반대론 가운데 가장 설득력 있는 전통적 논변은 작위와 부작위, 의도하는 것과 예견하는 것, 일반 치료와 특수 치료의 도덕적 비대칭성이라는 의심스러운 가정에 기초하고 있다. 그러나 그와 같은 차이는 본질적인 도덕적 차이도 아니고, 모든 경우에 항상 그와 같은 도덕적 비대칭성을 가지는 것도 아니다. 우리는 작위, 의도하는 것, 일반 치료에 대해서 뿐만 아니라 부작위, 예견하는 것, 특수 치료에 대해서도 책임이 있다. 그러므로 직접적으로 죽음을 의도하고 작위적 행위에 의해 수행되는 능동적 안락사와 간접적으로 죽음을 예견하면서 부작위적 행위를 통해 수행되는 수동적 안락사 사이에는 본래적인 도덕적 차이가 존재한다고 보기 어렵다.

이에 비해 안락사에 찬성하는 자유주의 논변은 환자의 치료 거부권과 그것의 연장 선상에 있는 PVE를 정당화해주며, 이타주의적 논변의 자비 논증과 의사의 특수한 책무 논증은 PVE뿐만 아니라 AVE도 정당화해준다. 아울러 이 두 논변은 공리주의적 결과주의 논변에 의해 부가적 지지를 받을 수 있다.

안락사의 유형은 보통 두 가지 기준에 의해서 구분된다. 하나는 안락사에 대한 환자 본인의 자발적 동의 여부에 따른 구분이고, 다른 하나는 안락사가 능동적인 행위에 의해 이루어지냐 아니면 수동적으로 무엇을 하지 않음으로써 이루어지느냐에 따른 구분이다. 안락사는 전자의 기준에 따라 자의적 안락사(voluntary euthanasia), 자의와 무관한 안락사(non-voluntary euthanasia), 반자의적 안락사(involuntary euthanasia)로 구분되고, 후자의 기준에 따라 능동적 안락사(active euthanasia)와 수동적 안락사(passive euthanasia)로 구분된다.

미국의 오레곤 주에서 존엄사 법안이 통과되고, 네덜란드가 세계 최초로 능동적 안락사를 합법화한데 이어서, 우리나라에서도 대한의사협회가 '수동적 안락사'를 윤리적으로 긍정하는 내용을 담은 의사 윤리 지침을 제정키로 함에 따라 안락사가 법적으로 엄격히 금지되어 있는 우리나라에서도 안락사를 둘러싼 사회적 논란이 가열되고 있다.

안락사 문제는 의과학의 눈부신 발전이 낳은 부산물이다. 의과학의 발전은 과거에는 '운명'으로 인식되던 삶과 죽음의 많은 문제들을 '선택'의 문제로 바꾸어 놓았다. 안락사도 이런 문제들 가운데 하나이다. 의과학의 발달은 말기 환자의 생명을 연장하는 다양한 기술들을 발달시켰고, 이에 따라 죽음에 이르는 기간이 길어지게 되었다. 죽음에 이르는 지루하고 고통스러운 기간이 길어짐에 따라 고통 없는 편안한 죽음에 대한 요구가 생겨나고 되고, 이러한 요구에 대한 반응으로 나타난 것이 안락사이다.

안락사가 제기하는 윤리적 문제는 크게 두 가지이다. 하나는 안락사가 생명과 죽음에 관한 우리의 뿌리 깊은 도덕적 직관과 상충된다는 것이다. 인간은 살고자 하고 죽음을 두려워하는 자연적 성향을 가지고 있으며, 이로부터 생명에 대한 존중심과 살인에 대한 혐오감과 같은 도덕적 감정이 생겨난다. 생명의 존엄성에 대한 확신과 살인에 대한 금기는 이러한 자연스러운 도덕적 감정에 뿌리박고 있는 우리의 확고한 도덕적 직관이다. 그런데 안락사는 그것이 고통당하는 말기 환자의 고통을 덜어주기 위한 것이라고 할지라도, 명백히 타인의 생명을 고의로 빼앗는 경우에 해당하기 때문에 살인을 금지하는 우리의 도덕적 감정에 저항감과 당혹감을 불러일으킨다. 요컨대, 안락사는 살인 금지의 규범과 고통당하는 사람을 고통에서 구해주어야 한다는 규범이 상충하는 도덕적 갈등 사태인 것이다. 여기서 '말기 환자의 고통을 종식시키기 위한 고의적 살인이 도덕적일

수 있는가'라는 중대한 윤리적 문제가 제기된다.

다른 한 가지 문제는 안락사가 의사와 의료직에 대한 전통적인 도덕적 직관과 상충된다는 것이다. 케보키안(Jack Kevorkian)과 같은 안락사 전문 의사의 등장은 '살리는 의사'가 아니라 '죽이는 의사'의 시대를 열어 놓았다. 죽어가는 사람들이 편안하고 조용하게 생을 마감할 수 있도록 도와주는 '죽이는 의사'라는 개념은 의사와 의료직에 대한 전통적 견해와 정면으로 배치되는 것이다. 전통적으로 의사의 임무는 질병을 치료하고 생명을 살리는 것, 즉 죽이는 일과는 반대되는 것으로 인식되어 왔다. 안락사는 이러한 전통적 견해에 본질적인 도전을 제기한다. 의사는 생명을 살리는 사람이지 죽이는 일을 하는 사람이 아니라고 믿는 사람들에게 안락사는 의료직과 의사의 의무에 반하는 비윤리적인 것이다. 반면에 환자가 고통에서 벗어날 수 있도록 도와주는 것을 의사의 의무라고 생각하는 사람들에게 안락사는 의사의 새로운 책무로 인식되고 있다. 여기서 '고의적으로 환자를 죽이거나 죽도록 돕는 것이 과연 의사의 책무가 될 수 있는가'라는 윤리적 문제가 제기된다.

이 두 문제 가운데 논리적으로 먼저 해결되어야 할 문제는 첫 번째 문제이다. 왜냐하면 안락사의 도덕적 허용 가능성이 전제되고 난 다음에야, 그것이 의사의 책무일 수 있는가라는 물음이 의미 있게 제기되기 때문이다. 안락사가 도덕적으로 허용 불가능하다면, 그것은 어떤 경우에도 의사의 책무가 될 수 없다. 안락사가 도덕적으로 허용 가능할 경우에 한해서, 우리는 그것을 의사의 책무로 삼는 것이 도덕적으로 옳은지에 대해 의미 있게 물을 수 있다.

2. 안락사의 윤리적 논쟁

일반적으로 윤리적 논쟁은 도덕적 불일치(moral disagreements), 사실의 불일치(factual disagreements), 개념의 불일치(conceptual disagreements)에서 비롯된다. 이 가운데 진정한 윤리적 쟁점은 도덕적 불일치라고 할 수 있는데, 이 같은 도덕적 불일치에 대해 합리적인 논의를 하기 위해서는 무엇보다도 먼저 개념의 명료화를 통해 개념의 불일치가 해소되어야 한다. 개념의 명료화가 선행되지 않으면, 윤리적 논쟁은 개념의 늪(conceptual swamp)에 빠져서 논의의 혼란을 가중시키고 감정적 대립을 격화시키게 된다. 동일한 개념에 대해 같은 정의(definition)를 사용하지 않는다면, 합리적인 담론은 고사하고 실질적인 윤리적 논쟁 자체가 성립할 수 없다. 개념의 정의가 일치하지 않는다면 실질적인 도덕적 불일치도 없기 때문이다. 정의의 일치(agreement in definitions)는 윤리적 논쟁이 가능하기 위한 전제조건일 뿐만 아니라, 사고의 혼란을 막고 생산적 논의를 하기 위한 필수조건이다. 그러므로 안락사 문제에 대한 생산적 논의를 위해서는 먼저 안락사의 개념을 명료화하는 작업이 선행되어야 한다.

안락사의 의미는 '편안한 죽음(good death)' 또는 '수월한 죽음(easy death)'을 유발시키는 것을 의미한다. 그러나 이와 같은 어원적 의미는 안락사를 다른 형태의 죽음과 분명하게 구별시켜주지 못하는 한계가 있다. 편안하고 수월한 죽음은 자연사에서도 생길 수 있고, 자살에서도 있을 수 있으며, 자비사(mercy killing)에서도 발생할 수 있다. 심지어 사고사 가운데서도 일어날 수 있다. 따라서 안락사 논쟁의 논점을 분명히 하기 위해서는 무엇보다도 먼저 다른 형태의 죽음과 구별되는 안락사의 종차(differentia)를 분명히 할 필요가 있다.

안락사의 유(genus) 개념은 죽음이다. 죽음은 일차적으로 죽음의 원인이 자연의 과정에 있는가, 그렇지 않은가에 따라 자연사와 비자연사로 나눌 수 있다. 비자연사는 다시 인간의 의도가 개입된 '고의적 죽음(고의사)'과 인간의 의도와 관계없이 우연히 발생하는 사고사와 같은 '비고의사'로 나눌 수 있다. 그리고 고의사는 죽음을 야기하는 행위 주체가 누구인가에 따라 '자살'과 '타살'로 나눌 수 있으며, 자살은 다시 '자력에 의한 자살'과 타인의 '조력에 의한 자살'로 나눌 수 있다. 조력 자살은 다시 도움을 주는 주체가 누구이냐에 따라 '일반 조력 자살'과 '의사 조력 자살(physician assisted suicide)'로 나눌 수 있다. 일반 조력 자살은 비의료적 맥락에서 의료직에 종사하지 않는 사람이 자살을 돕는 것이고, 의사 조력 자살은 의료직 종사자가 의료적 맥락에서 환자의 자살을 돕는 것이다. 타살의 경우는 죽음을 야기하는 행위 주체의 동기에 따라 범죄적 동기에서 자행되는 '모살(murder)'과 이타적 동기에서 이루어지는 '이타적 살인'으로 구분할 수 있다.

안락사의 전형적 사례, 즉 불치의 병으로 고통 받고 있는 말기 환자를 위하여 의사가 환자를 고통 없이 죽음에 이르게 하는 사례에 비추어 볼 때, 안락사는 위의 죽음의 유형 가운데 이타적 살인에 속하는 것으로 볼 수 있다. 요컨대, 안락사는 어떤 사람 A가 다른 사람 B를 위하여 B를 고의적으로 죽이는 일이다.

따라서 안락사는 '고의적인 죽음(고의사)'이자 타자에 의해 시행되는 '타살'이다. 이 점에서 안락사는 자연사나 사고사와 같은 '비고의사'와 구별되며, '자살'과도 구별된다. 그리고 안락사는 고의적으로 사람을 죽이는 것임에도 불구하고, 그 행위가 죽는 사람의 최선의 이익을 위한 '이타적 행위'라는 점에서 범죄적 동기에서 비롯된 고의적 살인, 즉 '모살'(謀殺)과 구분된다. 한마디로 안락사는 이타적 살인이다. 그러나 이타적 살인이라는 특징만으로는 안락사의 특징적 종차를 해명하는데 한계가 있다. 왜냐하면 '이타적 동기'에서 사람을 죽이는 것에는 안락사 외에도 자비사가 있기 때문이다. 안락사와 자비사는 두 가지 모두 이타적 동기에서 사람을 죽인다는 점에서 간혹 안락사와 자비사를 동일시하기도 한다. 가령, 동물에 대한 안락사를 언급하는 경우에 안락사와 자비사는 동일한 개념으로 사용된다. 그러나 안락사와 자비사를 동일시 할 경우, 논의의 범위가 불필요하게 확대되어 안락사 논쟁에 혼란을 일으킬 우려가 있다. 논점을 분명히 하기 위해서는 안락사와 자비사의 개념을 구분할 필요가 있다.

일반적으로 자비사는 행위의 주체나 행위의 대상에 제한이 없다. 자비사를 시행하는 주체는 의사나 가족 또는 제3자 누구나 가능하며, 자비사의 대상도 이타성의 기준을 만족시키는 한 특정한 제한이 없다. 이에 비해 현재 윤리적 논쟁의 중심에 서있는 안락사는 전형적으로 의료적 맥락에서 특정한 병리적 상태에 있는 환자를 대상으로 시행되는 이타적 죽음이다. 이점을 안락사의 종차로 받아들일 경우, 안락사와 자비사는 행위의 주체와 행위의 대상에서 분명한 차이를 보인다. 즉, 안락사가 전형적으로 의료 현장에서 의사와 환자 사이에 발생하는 이타적 죽임인데 비해서, 자비사는 행위의 주체가 반드시 의사일 필요도 없으며, 죽는 사람이 반드시 환자일 필요도 없다. 그리고 이러한 차이는 안락사의 윤리적 허용 가능성에 대한 논의에서 매우 중요한 의의를 가질 수 있기 때문에, 안락사의 특징적 종차로서 안락사 개념 안에 포함될 필요가 있다. 요컨대, 자비사가 의료와 무관하게 이타적 동기에서 시행되는 죽음인데 비해, 안락사는 전형적으로 불치병으로 고통받는 말기 환자를 대상으로 의사에 의해서 시행되는 '의료적으로 도움받는 죽음(medically assisted death)'이다. 이점이 안락사와 자비사를 구별하는 종차이다. 안락사를 의료적으로 도움받는 죽음으로 한정하여 자비사와 구별하는 것은 안락사라는 신조어를 만든 베이컨의 의도와도 상통한다. 그는 이 말을 "죽어 가는 사람들이 편안하고 조용하게 죽을 수 있도록 도와주는 기술의 습득해야 할" 의사의 책임을 강조하기 위하여 사용하였다.

이처럼 안락사는 '고의적' 죽음, '타자에 의한' 죽음, '이타적' 죽음, 특정한 병리적 상태에 있는 환자를 대상으로 하는 '의료적으로 도움 받는' 죽음이라는 점에서 다른 형태의 죽음과 구별된다. 그러므로 안락사는 '불치의 병 혹은 회복 불가능한 병으로 고통받는 말기 환자 또는 회복 불가능한 혼수상태에 있는 환자의 최선 이익을 위하여 의사가 고의로 환자를 고통 없이 죽음에 이르게 하는 작위(action commission) 또는 부작위 행위(inaction comission)'로 정의될 수 있다.

3. 안락사의 유형

1) 안락사의 유형

안락사의 유형은 보통 두 가지 기준에 의해서 구분된다. 하나는 안락사에 대한 환자 본인의 자발적 동의 여부에 따른 구분이고, 다른 하나는 안락사가 능동적인 행위에 의해 이루어지냐 아니면 수동적으로 무엇을 하지 않음으로써 이루어지느냐에 따른 구분이다. 안락사는 전자의 기준에 따라 자의적 안락사(voluntary euthanasia), 자의와 무관한 안락사(non-voluntary euthanasia), 반자의적 안락사(involuntary euthanasia)로 구분되고, 후자의 기준에 따라 능동적 안락사(active euthanasia)와 수동적 안락사(passive euthanasia)로 구분된다.

'자의적 안락사'는 환자 자신을 위하여 환자 자신의 요구에 의해서 시행되는 안락사를 말한다. 전형적인 자의적 안락사는 환자 자신이 자발적으로 의사에게 죽음을 요청하는 경우이다. 그러나 환자가 현재 자신의 삶과 죽음을 결정하고 표현할 능력이 결여되어 있는 경우에도, 환자가 질병이나 사고로 정신 능력을 완전히 상실하기 전에 미리 안락사 수용 의사를 분명히 표현한 경우, 즉 안락사에 대한 사전 유언을 한 경우는 자의적 안락사로 간주될 수 있다.

'자의와 무관한 안락사'는 자신을 위해 삶과 죽음을 결정할 능력이 없는 사람들에게 시행되는 안락사이다. 자의와 무관한 안락사에는 두 가지 유형이 있다. 하나는 처음부터 의사결정 능력을 결여하고 있는 중증의 결함아나 기형아에게 시행되는 안락사이고, 다른 하나는 과거에는 의사 결정 능력을 가지고 있었지만 현재는 사고와 질병, 노령으로 인해 의사 결정 능력을 영구히 상실한 성인에게

시행되는 안락사이다. 물론 후자의 경우는 미리 안락사에 대해 아무런 지시도 하지 않은 성인들로 한정된다. 사전 유언으로 안락사를 요청한 경우는 자의적 안락사로 간주된다.

'반자의적 안락사'는 자신의 죽음에 대해 의사결정을 할 능력이 있는 사람이 계속 살기를 원함에도 불구하고 그 사람의 의지에 반하여 시행되는 안락사이다. 반자의적 안락사의 경우는 상대적으로 희소하다. 전형적인 반자의적 안락사는 환자가 동의하지 않음에도 불구하고, 의사가 환자의 생명 유지 치료를 거부하는 경우나 환자 몰래 죽음을 유발하는 진통제의 양을 과도하게 주사하는 경우이다.

또 안락사는 행위 형태에 따라 능동적 안락사와 수동적 안락사로 구분할 수 있다. 전자는 작위적 행위(action/commission)를 통한 안락사이고, 후자는 부작위적 행위(inaction/omission)를 통한 안락사이다. 능동적 안락사는 독약을 주사하는 등의 방법으로 환자의 '죽음을 직접적으로 유발하는 안락사'를 말한다. 이 경우 안락사는 행위자가 환자의 죽음을 직접적으로 의도하고 환자를 직접적으로 '죽이는(killing) 것'이다. 이는 달리 '적극적 안락사(positive euthanasia)'라고 부른다.

반면에 수동적 안락사는 환자에게 어떤 필요한 의학적 조치나 기대되는 의학적 조치를 하지 않거나 또는 생명 유지 장치를 제거함으로써 환자가 자연의 경과에 따라 죽음에 이르도록 환자를 '죽도록 방치하는(letting die) 것'이다. 수동적 안락사는 환자를 직접적으로 죽이는 것이 아니라, 인위적인 죽음의 지연을 철회하여 죽음을 자연적 과정에 맡기는 경우이다. 이는 달리 '소극적 안락사(negative euthanasia)'라고 부른다.

안락사의 유형을 분류하는 두 기준을 결합시켜보면, 안락사는 최종적으로 '능동적 자의적 안락사(AVE)', '능동적 자의와 무관한 안락사(ANE)', '능동적 반자의적 안락사(AIE)', '수동적 자의적 안락사(PVE)', '수동적 자위와 무관한 안락사(PNE)', '수동적 반자의적 안락사(PIE)' 6가지 유형으로 구분된다.

2) 안락사의 이타성

안락사는 명백한 고의적 살인임에도 불구하고 그것의 정당성 여부가 윤리적 논란이 되는 것은 안락사의 이타성 때문이다. 이타적이지 않은 고의적 살인이 도덕적으로 옳지 못하다는 것은 자명하다. 왜냐하면 그것은 소중한 생명 가치를 파괴할 뿐, 그에 상응하는 선을 산출하지 못하기 때문이다. 그러면 이타적인 살인은 도덕적으로 허용 가능한가? 살인은 비록 그것이 이타적 동기에서 비롯된 것이라고 할지라도 살인의 도덕적 정당성에 대해서는 도덕적 의구심이 남는다. 왜냐하면 이타적 동기에서 비롯된 살인이라고 할지라도 그것 역시 생명 가치를 파괴한다는 점에서는 다른 살인과 같기 때문이며, 그것이 과연 생명 가치를 능가하는 선을 산출할지도 의심스럽기 때문이다. 여기서 '고의적 살인이 과연 이타적일 수 있는가'라는 근원적 물음이 제기된다. 이것은 앞서 정의한 안락사의 개념적 성립 가능성을 묻는 근본적 물음으로서 이 물음에 대해 부정적 답이 내려진다면, 사실상 안락사라는 개념은 잘못된 개념이며, 이 개념에 포괄되는 일체의 행위는 범죄적 살인으로 정당화될 수 없다. 비록 이타적 동기에서 비롯되는 살인이라고 하더라도 그것이 진정으로 이타적인 것이 아니라면, 즉 죽음의 악을 상쇄할 만한 선을 산출하지 못한다면, 그것은 도덕적으로 허용될 수 없는 것이다. 따라서 안락사의 도덕성 여부를 판단하는 데 있어서 먼저 해야 할 것은 과연 고의적 살인이 '이타적' 일 수 있는지, 그리고 이타적인 고의적 살인이 가능하다면 어떤 조건에서 가능한지를 밝히는 것이다. 이러한 작업을 통해 안락사의 개념에 포괄될 수 없는 안락사의 유형이 분명히 밝혀지며, 이런 유형의 안락사를 논쟁에서 제외함으로써 안락사의 윤리적 쟁점을 보다 분명히 할 수 있다.

그러면 어떤 행위가 이타적 행위이기 위한 조건은 무엇인가? 전형적으로 이타적 행위는 상대의 선을 위해 행위하고자 하는 '이타적 동기'에서 수행되는 행위일 뿐만 아니라, 그 행위가 상대방에게 좋을 것이라는 '객관적 근거'(외재적 이유: external reason)와 그 행위를 상대방이 바라고 원한다는 '주관적 동의'(내재적 이유: internal reason)에 의해 뒷받침되는 행위이다. 예를 들어 물에 빠진 사람을 구해주는 경우가 이타적 행동인 이유는 우선 행위자의 동기가 이타적일 뿐만 아니라, 그 행위가 객관적으로 상대의 처지를 더 좋은 상태로 개선시킨다는 외재적 이유가 있기 때문이며, 다음으로 상대방이 그 행위가 일어나기를 바라는 내재적 이유를 가지기 때문이다. 요컨대, 전형적인 이타적 행위는 상대가 바라고 원하는, 상대에게 좋은 것을 이타적 동기에서 행하는 것이다. 그러나 이 같은 전형적인 이타적 행위 외에도 이타적 행위로 볼 수 있는 경우가 있다. 가령, 상대의 주관적 동의가 없거나 오히려 상대가 반대함에도 불구하고 상대의 선을 위해 행해지는 행위들 가운데 이타적 행위들이 있을 수 있다. 예를 들어 약을

먹기 싫어하는 아이에게 부모가 약을 먹이는 행위는 이타적 행위로 볼 수 있다. 그러나 이런 행위가 이타성을 획득하기 위해서는 부가적 조건들을 충족시켜야만 한다. 예컨대, 어떤 행위가 상대에게 객관적으로 좋은 것처럼 보임에도 불구하고 그가 그 행위가 일어나는 것을 바라지 않는 경우에, 그에게 그 행위를 하는 것이 이타적 행위가 되기 위해서는 그 행위가 좋은 것이라는 객관적 근거가 충분한 것이어야 할 뿐만 아니라, 그가 인지적, 심리적 제약으로 인해 비합리적 선택을 했다는 충분한 근거가 있어야 한다. 또는 역으로 어떤 행위가 상대에게 객관적으로 나쁜 것처럼 보임에도 불구하고 그가 그 행위가 일어나는 것을 바라는 경우에, 그 행위를 하지 않는 것이 이타적 행위가 되기 위해서는 그 행위가 나쁜 것이라는 객관적 근거가 충분한 것이어야 할 뿐만 아니라, 그 사람이 인지적, 심리적 제약으로 인해 비합리적 선택을 했다는 충분한 근거가 있어야 한다. 이런 경우, 전자는 강한 선의의 간섭주의(paternalism)에 의해서, 즉 상대의 선을 증진한다는 점에서 이타적 행위라고 할 수 있으며, 후자는 약한 선의의 간섭주의에 의해서, 즉 상대의 해악을 방지한다는 점에서 이타적 행위라고 할 수 있다.

이것을 살인에 적용시키면, 살인이 이타적 행위가 되기 위해서는 먼저 그것이 상대의 선을 위하는 이타적 동기에서 동기 유발된 것이어야 하며, 다음으로 살인이 초래하는 죽음이 죽는 사람에게 사는 것보다 좋은 것이라는 객관적 근거가 있어야 하고, 마지막으로 죽는 사람이 자신의 죽음에 대해 자발적으로 동의해야 한다. 혹은 만약 죽는 사람이 동의 능력이 없거나 자신의 죽음에 반대하는 경우에는 선의의 간섭주의 원리에 의해 정당화되어야 한다.

3) 고의적 살인

그러면 이러한 기준을 만족시키는 고의적 살인이 있는가? 이 기준을 안락사에 적용해보자. 환자를 죽이고자 하는 의사의 동기가 일반적으로 이타적이라고 가정할 경우, 이타성과 관련하여 안락사 문제에서 중요한 의미를 가지는 것은 '환자의 병리적 상태'와 '동의의 자의성' 여부이다. 전자는 안락사의 이타성의 객관적 근거(외재적 이유)와 관계되고, 후자는 환자의 주관적 동의(내재적 이유)와 관계된다. 안락사 개념 안에 정의된 환자의 특정한 병리적 상태는 환자를 죽이는 고의적 살인이 환자에게 좋을 것이라는 객관적 근거를 제공한다. 일반적으로 죽음은 선이 아니라 악이다. 그러나 삶의 질을 고려할 경우 문제는 그리 간단하지 않다. 특히 안락사의 대상이 되고 있는 것과 같은 절박한 상태, 즉 불치의 병으로 죽음이 임박하여 고통받는 상태에서는 삶보다 죽음이 환자의 고통을 덜어주고 잔인한 죽음의 과정을 단축시켜준다는 점에서 환자에게 좋다고 볼 수 있는 충분한 근거가 있다. 이런 상황에서 삶은 죽어 가는 고통스러운 과정의 연장이라는 의미밖에 가지지 못한다. 이 경우 삶은 축복이 아니라 재앙에 가깝고, 오히려 죽음이 축복에 가깝다고 할 수 있다. 이런 상황에서 죽음은 피해야 할 것이 아니라 기다려지는 것일 수 있다. 따라서 안락사는 죽음을 상쇄할 수 있는 선을 산출한다고 볼 수 있는 근거가 충분하다고 할 수 있다.

그러나 환자가 특정한 병리적 상태, 즉 고의적 살인이 오히려 그의 상태를 좋게 만드는 그러한 병리적 상태에 처해있다는 사실은 그러한 행위가 진정으로 이타적 행위이기 위한 필요조건일 뿐, 충분조건은 아니다. 안락사의 개념 안에 정의된 병리적 상태에 있는 환자를 죽이는 것이 확실한 이타적 행위가 되기 위해서는 환자가 자신의 죽음에 동의하고 그것을 원해야 한다. 즉, 환자 본인의 '자발적 동의'가 있어야만 한다. 그러므로 만약 안락사의 정의 안에 규정된 특정한 병리적 상태에 있는 환자 본인이 죽음에 자발적으로 동의하고 그것을 요청한다면, 그를 죽이는 행위는 고의적 살인임에도 불구하고 이타적 행위라고 할 수 있다. 요컨대, 환자의 자발적 동의와 요청에 따라 시행되는 자의적 안락사는 이타성 기준을 충족시키며, 안락사의 개념에 부합하는 전형적인 이타적 살인이라고 할 수 있다.

그러면 환자의 자발적 동의가 없거나 환자의 의사에 반해서 환자를 위해 환자를 죽도록 돕는 경우는 어떤가? 이런 경우도 이타적인 고의적 살인이라고 할 수 있는가? 이런 형태의 고의적 살인이 이타적이기 위해서는 그것이 선의의 간섭주의의 원리에 의해 정당화되어야만 한다.

먼저 환자의 의사에 반하여 환자를 죽이거나 죽도록 돕는 것이 선의의 간섭주의의 원리에 의해 이타적 행위가 될 수 있는지 살펴보자. 환자의 자의에 반하는 행위가 이타적 행위가 되기 위해서는 그 행위가 환자에게 좋다는 객관적 근거와 함께 죽음에 대한 환자의 반대가 인지적, 심리적 제약으로 인해 실질적으로 비자의적인 선택의 결과라는 확실한 근거가 있어야 한다. 즉, 환자가 죽음에

대해 내재적 이유를 가지지 못하는 것이 그의 허위 신념(false belief)에 근거한 것임을 밝혀야 한다. 이럴 경우에만 환자의 의사에 반하여 시행되는 고의적 살인은 선의의 간섭주의적 근거에서 정당화될 수 있다. 이 기준에 비추어 볼 때, 반자의적 안락사에는 선의의 간섭주의의 원리가 적용된다고 보기 어렵다. 왜냐하면 환자의 삶이 객관적으로 아무리 살만한 가치가 없는 것처럼 보인다고 할지라도, 환자 본인이 자신의 질병의 예후에 관해 충분히 알고 있으면서도 계속 살기를 원할 경우, 그의 선택이 허위 신념에서 비롯된 비자의적인 선택이라는 것을 보여주는 근거가 희박하기 때문이다. 누구도 자의식을 가진 어떤 합리적 존재의 생명이 살 만한 가치가 있는지 없는지를 그를 대신해서 판정할 권리를 가지고 있지 않다. 객관적으로 보아서 아무리 살만한 가치가 없는 삶인 것처럼 보인다고 할지라도, 본인이 계속해서 살기를 원한다면 바로 그 사실 어떤 타인의 판단보다도 그의 생명이 살 만한 가치가 있음을 입증해 줄 수 있는 확실한 근거인 것이다. 그것이 허위 신념에서 비롯된 것이라는 증거는 없다. 그러므로 적어도 안락사 반대 의사를 표현하는 환자가 합리적인 존재인 한, 그 사람의 의사에 반하여 그를 죽이거나 죽도록 돕는 행위는 이타적 행위가 될 수 없다. 진정한 이타행이란 타인이 바라고 원하는 것이 이루어질 수 있도록 돕는 것이다.

환자 본인의 의사에 반하여 시행되는 안락사는 그것의 반자의성이 안락사의 개념적 종차 가운데 하나인 이타성을 배제시키기 때문에 반자의적 안락사라는 개념은 상호 양립 불가능한 두 기준을 결합시킨 모순적 개념이다. 반자의적 안락사라는 말은 그 자체가 일종의 형용 모순이다. 반자의적 안락사라는 개념은 둥근 사각형처럼 논리적으로 성립하기 어렵다. 이타성의 기준을 만족시키는 반자의적 안락사는 '개념적으로' 존재할 수 없고, 설혹 그와 같은 개념이 존재할 수 있다고 해도 반자의적 안락사는 '현실적으로' 거의 없다고 보아도 무방할 것이다. 환자 본인의 의사에 반하여 환자를 죽이거나 죽도록 돕는 것은 이타적 살인이라기보다는 모살(謀殺)에 가까운 것이다. 반자의적 안락사는 모살이 그런 것과 마찬가지로 도덕적으로 정당화될 수 없다.

다음으로 불치의 병으로 고통 받는 말기 환자가 의사 결정 능력이 없는 경우에 그를 죽이는 것도 이타적인 살인이라고 할 수 있는가? 이 경우도 선의의 간섭주의 원리에 의해 이타행으로 여겨질 수 있는가? 이 경우는 환자 본인의 의사를 확인할 수 없기 때문에 행위의 이타성 여부는 그 행위가 환자의 최선 이익에 부합한다는 객관적 근거가 있는가에 의해 결정된다.

먼저, 본래부터 의사 결정 능력을 결여하고 있는 죽음이 임박한 중증의 결함이나 기형아를 죽이거나 죽도록 돕는 경우를 살펴보자. 자의와 무관한 안락사의 대상이 되는 결함아는 생존의 희망이 없고 장애의 정도가 치명적인 경우로 한정되기 때문에, 결함아의 생존을 연장시키는 치료는 오히려 그들의 고통을 증대시키는 의미밖에 가지지 못한다고 볼 수 있다. 유아의 삶이 너무 비참해서 그 삶을 살아갈 존재의 내적인 관점에서 볼 때, 살 가치가 없다면, 그리고 유아를 살아있게 해야 할 '외적인 이유', 예를 들어, 부모의 감정 같은 것도 없다면, 아이가 더 이상의 고통 없이 죽도록 도와야 할 이유가 충분하다고 할 수 있다. 따라서 중증의 결함아를 대상으로 하는 자의와 무관한 안락사는 이타성 기준을 만족시킨다고 할 수 있으며, 그것에 대한 도덕적 평가는 자의적 안락사에 대한 도덕적 평가와 동일하다고 할 수 있다.

이에 반해 과거에는 의사 결정 능력이 있었으나 현재는 의사 결정 능력을 상실한 고통 받는 말기 환자를 죽이거나 죽도록 돕는 행위는 이타적 행위로 보기 어렵다. 이 경우에 환자를 죽이거나 죽도록 돕는다면, 기대되는 최선의 결과는 환자의 고통의 종식인 데 비해, 예견되는 가능한 최악의 결과는 반자의적 살인이기 때문이다. 이런 경우는 행위의 기대되는 선에 비해 예견되는 악이 더 큰 경우이다. 이것은 선악의 비례성의 원리에 위반된다. 요컨대, 성인에게 실시되는 자의와 무관한 안락사는 반자의적 살인의 위험성이 포함되어 있기 때문에 그것이 환자 본인에게 좋다는 객관적 근거가 부족하다. 따라서 이런 경우에 환자를 죽이거나 죽도록 돕는 것은 이타적 살인이라기보다는 미필적 고의(未必的 故意)에 의한 살인에 가깝다고 볼 수 있다. 그러므로 의사 결정 능력을 상실한 성인을 대상으로 하는 자의와 무관한 안락사에 대한 도덕적 평가는 반자의적 안락사에 대한 도덕적 평가와 동일하다고 할 수 있다. 이런 유형의 자의와 무관한 안락사는 이타행이라고 할 수 없기 때문에, 안락사의 개념 정의에 비추어볼 때 사실상 안락사라고 할 수 없다. 뿐만 아니라 의사 결정 능력을 결여하고 있는 환자에 대한 안락사는 환자 이외의 다른 사람들의 이해관계에 따라 환자의 권리가 유린될 위험성이 존재한다. 따라서 대부분의 논자들은 이런 경우에 자의와 무관한 안락사는 '의심의 이득(the benefit of doubt)'의 논리에 의해 허용될 수 없는 것으로 본다.

이상에서 논의한 바와 같이 안락사의 유형 가운데 반자의적 안락사와 의사결정 능력을 상실한 성인에 대한 자의와 무관한 안락사는 그 행위 형태의 능동성 및 수동성과 무관하게 이타성 기준을 충족시키지 못하기 때문에 진정한 의미의 안락사라기보다는 모살(범죄적 살인)에 가깝다고 할 수 있다. 그것은 이타적 살인이 아니다. 이런 유형의 안락사는 사실상 안락사를 가장한 모살에 불과하다. 따라서 이 유형의 안락사는 도덕적으로 허용될 수 없다. 그리고 중증의 결함아에 대한 안락사는 선의의 간섭주의의 원리를 만족시키기 때문에 이타적 살인으로 볼 수 있으며, 그것에 대한 도덕적 평가는, 비록 그것이 자의와 무관한 안락사의 유형에 속한다고 할지라도 자의적 안락사에 대한 도덕적 평가와 동일하다. 이 유형의 자의와 무관한 안락사는 자의적 안락사로 환원하여 다룰 수 있다. 이렇게 볼 때, 안락사의 6가지 유형 가운데 안락사라고 불릴 수 있는 것은 '능동적 자의적 안락사(AVE)'와 '수동적 자의적 안락사(PVE)' 그리고 '결함아에 대한 자의와 무관한 안락사' 세 가지이다. 이 중 결함아에 대한 자의와 무관한 안락사의 도덕성은 자의적 안락사로 환원하여 다룰 수 있으므로 안락사 논쟁의 핵심 쟁점이 되고 있는 것은 자의적 안락사라고 할 수 있다.

안락사의 개념적 종차 가운데 하나인 이타성을 기준으로 볼 때, 반자의적 안락사와 의사결정 능력을 상실한 성인을 대상으로 하는 자의와 무관한 안락사는 진정한 이타행이라고 할 수 없기 때문에 개념적으로 안락사라고 할 수 없다. 반자의적 안락사는 안락사라기보다는 모살에 가깝고, 의사결정 능력을 상실한 성인에 대한 안락사는 미필적 고의에 의한 살인에 가깝다. 따라서 양자는 도덕적으로 허용될 수 없다. 이타성의 기준을 충족시킬 수 있는 안락사는 자의적 안락사와 중증의 결함아를 대상으로 하는 자의와 무관한 안락사이다. 이 중 중증의 결함아를 대상으로 하는 자의와 무관한 안락사의 도덕적 가치는 사실상 자의적 안락사와 동일하다.

자의적 안락사의 도덕적 허용 가능성에 대해서는 찬·반 양론이 팽팽히 맞서고 있으나, 대체로 반대 논변에 비해 찬성 논변이 우세하다고 볼 수 있다. 자의적 안락사에 반대하는 종교적 논변은 윤리학적 논변으로는 한계가 있고, 결과주의적 반대론은 신빙성 있는 경험적 증거가 불충분하다. 이에 비해 안락사에 찬성하는 자유주의 논변은 환자의 치료 거부권과 그것의 연장 선상에 있는 PVE를 정당화해주며, 이타주의적 논변의 자비 논증과 의사의 특수한 책무 논증은

PVE뿐만 아니라 AVE도 정당화해준다. 그리고 자유주의 논변과 이타주의 논변을 결합시키면 안락사에 대한 지지 논증은 더욱 강화된다. 아울러 이 두 논변은 결과주의적 논변에 의해 부가적 지지를 받을 수 있다.

안락사 반대론 가운데 가장 설득력 있는 전통적 논변도 작위와 부작위, 의도하는 것과 예견하는 것, 일반 치료와 특수 치료의 도덕적 비대칭성이라는 의심스러운 가정에 기초하고 있다. 그러나 그와 같은 차이는 본질적인 도덕적 차이도 아니고, 모든 경우에 항상 그와 같은 도덕적 비대칭성을 가지는 것도 아니다. 우리는 작위, 의도하는 것, 일반 치료에 대해서 뿐만 아니라 부작위, 예견하는 것, 특수 치료에 대해서도 책임이 있다. 그러므로 직접적으로 죽음을 의도하고 작위적 행위에 의해 수행되는 능동적 안락사와 간접적으로 죽음을 예견하면서 부작위적 행위를 통해 수행되는 수동적 안락사 사이에는 본래적인 도덕적 차이가 존재한다고 보기 어렵다.

결론적으로, 자의적 안락사, 특히 AVE에 반대하는 논변은 설득력을 가지기 어려운 것으로 보인다. PVE뿐만 아니라 AVE도 도덕적으로 허용될 수 있다. 적어도 현 시점에서는 AVE에 찬성하는 논증에 비해 그것에 반대하는 논증은 윤리학적으로 타당한 논거가 부족한 것으로 보인다. AVE에 반대할 또 다른 이유가 제시되지 않는 한, AVE는 도덕적으로 허용될 수 있다.

제3절 죽음과 책임윤리

1. 자살

자살 증가의 한계점은 사회적 자정 기능의 상실에 있다. 프랑스 사회학자 뒤르켐의 자살 연구는 사회적 문제와 연관시키며 자살 유형을 분류했다. 뒤르켐에 의하면 자살의 유형은 네 가지가 구분 할 수 있다. 첫 번째, 이기적 자살로 사회적 통합 수준이 낮고 개인이 고립되어 있을 때이며 이를 독신 생활자의 자살로 명명한다. 둘째는 이타적 자살로 개인에 대한 사회적 결속이 과도하게 강하고

사회의 가치가 개인의 가치보다 클 때이며 순교자의 자살이 대표적이다. 세 번째로는 아노미적 자살로 사회가 급격히 변하면서 안정적인 사회 규제가 부족할 때, 경제 불황이나 가정 불안에 의한 자살이다. 마지막은 숙명론적 자살이며 개인이 사회에 의해 과도하게 규제를 당해 운명이나 사회 앞에 무력할 때이며 수험생의 자살이라 할 수 있다.

두 번째 이타적 자살인 순교자의 자살을 제외한 세 가지 자살 유형은 사회에 속한 개인이 사회로부터 보호를 받을 수 없을 때 나타난다. 이렇게 사회로부터 보호 받을 수 없을 때의 개인은 삶의 불안정해지고 사회적 수치심에 빠지게 된다. 사회에 기여하지 못한다는 수치심, 자본주의 도덕 기준에 의한 무능이라는 수치심이 그것이다. 수치심은 개인의 삶의 불안정 속에서 자신을 끊임없이 감시하면서 형성 되는 사회적 감정이다. 이러한 수치심은 사회로부터 강제되는 복종에서 기인한다. 그렇기 때문에 복종은 감정체계의 일부이고 개인의 수치심에 의한 사회적 불안(Social anxiety)을 먹이로 삼는 괴물이다. 복종을 유지하기 위한 불안, 억압, 우울, 폭력은 끊임없이 수치심을 양산한다. 자본주의의 탐욕이라는 도덕 기반에 둔 수치심은 사회적 자정 기능까지 상실 시킨다. 왜냐하면 사회적 자정 기능은 윤리적 기준의 토대로부터 나오기 때문이다. 윤리적 토대란 강제되는 복종에 의한 무조건적 도덕 기준이 아닌 개인의 윤리 기준이 사회로 옮겨야 하는 즉, 개인들로부터 사회로 확장하는 윤리적 흐름이다.

자유에는 책임이 따른다. 개인의 자유에 의한 책임들이 모여 사회적 윤리를 형성한다. 개인의 윤리 기준이 사회로 확장되어야 하는 이유는 집단은 책임을 지지 않고 회피하려는 특성 때문이다. 집단은 책임을 회피하고 오히려 앞에서 언급한 것처럼 개인에게 도덕이라는 명분을 내세워 복종을 강요한다.

이렇게 사회적 윤리 개념을 강조한 이유는 자살 방지를 위한 사회적 자정 기능을 위해 윤리적 토대가 중요한 역할을 하기 때문이다. 사회적 자정 기능이 작동할 때와 작동하지 않을 때의 개개인의 주체와 자살은 밀접한 관계가 있다.

사회적 자정 기능이 상실된 극단적인 상황 일 때는 개인은 외부의 스트레스로 인해 내면의 낭떠러지로 몰린다. 개인의 주체 내면은 외부를 스스로 차단하고 우울증에 걸린다. 이때 사회는 무관심하고, 모든 책임을 개인으로 전가 시킨다. 주체는 고통과 수치심으로 인해 극단적인 윤리를 생성시킨다. 우울증은 폐제된 윤리이다. 그리고 주체는 폐제된 윤리 아래 자기 책임의 덫에 빠져 더욱 더 자폐적 상황으로 침착한다. 일방향성의 도덕 인식이 팽배한 사회에서 타자는 주체를 향해 개인의 의지가 부족하다라고 명명해 버린다. 결국 개인은 내부의 강제된 자기 책임 작동 논리로 자살을 선택한다. 자살을 통한 자기 증명은 폐제된 윤리적 선택이라는 주체의 항명이다. 이러한 자살은 개인의 선택으로 존중되어야 한다는 계몽주의적 관점에서 비롯된다. 중세 시대 종교에 의해 금지된 자살은 계몽주의에 이르러 개인의 자유는 존중되어야 한다는 자유주의 사상에 따라 자살은 옹호됐다. 자유주의 철학에 의하면 인간은 천성적으로 모든 자연과 자신의 고유한 본성에 맞설 수 있는 힘을 지니고 있기에 스스로 생명을 끊을 수 있는 자유를 지닌다. 그러나 자유주의는 철저히 공리적 자유에만 기반했기 때문에 사회적 윤리 기능은 철저히 배제됐다.

만약 사회적 자정 기능이 작동하고 있다면 어떨까? 이를 개인적인 바람으로 꼭 '정상 사회'로 정의하고 싶다. 개인은 외부로 향하는 주체 발현으로 끊임없이 타인과 관계를 맺는다. 주체는 책임을 통해 사회로부터 응시된다. 이러한 응시는 바로 주체와 대타자인 사회와의 관계로 본다면 대상으로부터의 '바라보아지는'이다. '바라보아지는' 다른 말로 '돌보아지는'으로 명명할 수 있다. 사회적 자정 기능이 없는 경우 일방향성의 도덕이 작용한다고 했는데, 사회적 자정 기능이 작동한다면 이와는 반대로 외부로 지향하는 개인의 윤리로 인해 사회적 도덕은 사회적 윤리와 일치한다. 사회는 주체의 외부 지향에 대해 단단한 내부 결속으로 관계들을 만들며 뻗어 나간다. 이는 곧 타자에 대한 관심, 대상으로부터 주체의 관심이다. 근대 이후 자살은 윤리적 선택의 행동이었다. 즉, 자살의 선택 기준은 윤리에 의해서야만 했다. 반면에 현대 사회에서 자살은 윤리적 지향을 위한 자기 의지의 표상이다. 자살은 개인의 자유의지 선택이기도 하지만 사회적인 자살이기도 하다. 그러나 이러한 주체의 의지에도 불구하고 자본주의에 의해 극렬하게 기능적이 된 사회는 여전히 개인으로 부터의 윤리 수용을 상실 중이다.

인간은 자신의 생명을 긍정하거나 부정할 수 있는 자유를 가지고 있다. 인간은 동물이 할 수 없는 것을 할 수 있다. 자유의지를 통해 자기 자신을 죽음에 던질 수 있다. 인간은 자신의 신체적 생명을 보존되어야 할 선물로 이해할 뿐만 아니라, 그가 바쳐야 할 제물로도 이해한다. 인간이 더 높은 선을 위해 자신의 신체적 생명을 바칠 수 있는 것은 오직 그가 죽을 수 있는 자유를 가지고 있기

때문이다.

희생의 의미에서 인간은 죽을 수 있는 자유와 권리를 갖고 있다. 하지만 자신의 생명을 죽이는 것이 아니라 오직 희생을 통해 선을 달성하는 것만이 생명을 바치는 목적이 될 수 있다. 죽을 수 있는 자유와 함께 인간은 쉽게 오용될 수 있는 놀라운 힘을 가지게 되었다. 자살은 범죄다. 자살은 회개를 불가능하게 만들고 따라서 용서를 불가능하게 만든다는 근거는 불충분하다. 성서는 자살을 명확하게 금지하지 않는다. 하지만 자살은 항상 심각한 죄의 결과로 나타난다. 자살은 고독한 행위이기 때문에 최종적이고 결정적인 동기는 항상 거의 숨겨져 있다. 자살의 은밀하고 깊은 동기를 다른 사람은 이해할 수 없다.

모든 형태의 자살을 무턱대고 자기 살해와 비교하는 것은 짧은 생각이다. 다른 사람을 위해 의식적으로 자신의 생명을 희생한 자살에 대해서는 판단을 보류(판단을 결정하지 않고 멈춘다)해야 한다.

① 만약 한 죄수가 고문 때문에 자기 민족, 자기 가족, 자기 친구를 배반할 것을 두려워한 나머지 자신의 생명을 끊는다면, 적이 국민에 대한 보복을 위협하면서 한 정치인을 넘겨줄 것을 요구할 때, 만약 그 정치인이 오직 자신의 자유로운 죽음을 통해서만 국민의 심각한 피해를 막을 수 있다면, 이러한 자기 살해는 희생의 동기를 강하게 지니고 있기 때문에 비난할 수 없다.

② 만약 불치병을 앓는 환자가 자신을 돌보는 가족이 물질적으로, 정신적으로 파탄하게 된다는 사실을 알고서, 자신의 결단을 통해 자신의 가족에게 부담을 덜어준다면, 그 환자를 비난할 수는 없게 될 것이다.

③ 침몰하는 배 안에서 그리스도인이 구명선의 마지막 자리를 다른 사람에게 양보하고 죽음에 뛰어드는 경우, 혹은 총알이 날아오는 상황에서 어떤 사람이 자신의 몸으로 친구의 몸을 보호하는 경우는 자신의 결단이 자신의 죽음의 원인이 된다.

순전히 개인적인 불행, 명예 훼손, 성적 열정, 경제적 파산, 도박으로 인한 부채, 중대한 개인적 과실이 자살로 이어지는 경우는 사정이 다르다. 이것은 불신앙이 행위의 최종적 동기이다.

2. 법률상의 사망

민법은 "사람은 생존한 동안 권리와 의무의 주체가 된다."(제3조)고 규정하고 있다. 그래서 사람은 사망으로 인해 모든 권리능력을 상실하게 된다. 즉 사망은 사람의 일반적 권리의 유일한 소멸원인이다.

죽음은 2가지 경우가 있다. 하나는 사람의 생명현상으로서의 사망이라는 자연적, 생물적 사실이다. 두 번째는 실제적인 죽음이 아닌 사망 신고에 의한 사망이다. 양자간에는 다음과 같은 여러 가지 의미가 포함되어 있다.

첫째, 사람의 사망이라는 구체적 사실이 있으면 그 자체로 법적인 사람의 사망이 된다. 둘째, 사망은 인간의 의사나 정신작용과는 관계없이 법적 요건이 될 수 있다. 그러나 호적 기재를 위한 사망신고(호적법 제87·88조 참조)는 이미 발생한 사실을 보고하는 신고행위에 불과하며, 자연적인 사망일시가 진실한 법적 사망일시가 된다. 즉 호적법의 기재는 사망의 유무나 사망 시기에 관한 실체적인 사실을 좌우하지 못하며, 출생의 경우와 마찬가지로 반증으로써 뒤집을 수 있고 정정할 수 있다. 이렇게 볼 때 법률상의 사망은 실제적인 사망만을 요건으로 하고 있다. 그러나 양자는 아직 많은 문제점을 가진다. 그러나 개념상으로 양자는 별개의 차원에 속하는 것으로서, 법률상의 사망은 인위적인 평가개념이라고 할 수 있다. 자연적으로 사망했는지 여부가 불분명한 경우에도 법적으로는 사망한 것으로 경우가 있다. 실종선고(민법 제28조), 인정사망(認定死亡 : 호적법 제90조) 등이다. 이는 생사불명한 상태에서 "사망한 것"으로 처리하는 법의 필요성에 의한 것이다.

3. 뇌사

뇌사는 의학적 사망이라고 할 수 있다. 그러나 지금까지 관습적으로 인정되어 왔던 죽음의 3징후, 즉 심장박동의 정지, 수의근 운동의 정지, 호흡 정지라는 기준은 의학이 발달하면서 무너지게 되었다. 그것은 인공호흡기와 심폐기기의 개발로 인공적 생명유지 장치가 발달하게 되면서부터이다. 즉 '뇌는 죽었는데 심장은 살아 있는 상태'가 생겨난 것이다. 일부 의사들은 이미 뇌가 죽은 상태에서 다시 소생하는 것은 불가능하다고 판단하여 뇌사를 죽음으로 인정하자고 주

장한다. 그러나 아직 이것은 실현되지 않고 있다. 의료 관계자들은 뇌사를 죽음으로 인정할 경우 뇌사자에게서 많은 장기를 이식하여 다른 사람에게 새로운 생명을 줄 수 있다고 말한다. 그러나 여기에 따른 많은 부작용이 있다. 그래서 우리는 이 문제에 대하여 좀 더 심각하게 생각해야 하며 몇 가지 고려할 점이 있다.

첫째, 사람의 생과 사는 전적으로 하나님께 달려있다는 것이다. 둘째, 뇌사를 인정할 때 장기 이식의 장점도 있으나 이것을 악용하여 의료 관계자들이 뇌사를 유도하는 경우도 있을 수 있다. 셋째, 의학이 발달했을 때 뇌사자가 회복할 수 있는 가능성을 열어두어야 한다. 물론 지금 의학에서는 뇌사자가 소생할 수 있는 경우는 전혀 없다고 한다. 물론 뇌사자는 소위 우리가 식물인간이라고 말하는 환자와는 달리 의료 행위를 지속하더라도 생명을 연장할 수 있는 시간이 지극히 짧다. 그러나 세월이 흐르고 의학이 발달했을 때의 일을 누가 감히 장담할 수 있겠는가?

4. 사형

크게 두 가지 종류가 있다. 사형(私刑, lynching)과 법적 사형(死刑, capital punishment)다. 전자인 사형(私刑, lynching)은 흔히 우리가 이해하는 법적 사형(死刑, capital punishment)과는 다른 것이다. 이것은 군중폭력의 한 형태로서 군중이 법을 집행한다는 구실 하에 재판 없이 범법혐의자에게 고문이나 신체절단 등의 제재를 가하는 것을 말한다. 이것은 미국 독립혁명기에 국왕파(영국지지파)를 처벌하기 위해 구성된 비정규적 법원을 이끌었던 버지니아의 대농장주이자 애국자인 찰스 린치의 이름에서 유래한 것이다.

약식재판 및 비정규재판은 비공식적으로 결성된 집단들이 법적 절차의 보충이나 대체를 기도하는 불안정한 상황 하에 있던 많은 나라에서 행해져왔다. 중세 독일의 비밀재판, 영국 국경지역의 교수형법과 쿠퍼 재판(Cowper justice)은 어느 정도 사형의 요소를 지니고 있었다. 미국에서 보고된 사형에 대한 통계에 따르면 1882~1951년에 4,730명이 사형을 당했는데, 그중 1,293명이 백인이고 3,437명이 흑인이었다.

1950, 1960년대에는 인종분규와 관련하여 사형이 계속 행해졌는데, 당시 민

권운동가들과 그 지지자들은 위협에 처해 있었으며 군중에 의해 살해당한 사례도 있다. 우리가 다루고자 하는 것은 후자의 사형(死刑, capital punishment)이다. 이것은 일정한 범죄로 유죄판결을 받은 자에 대한 처형으로 한대는 수많은 범죄에 사형이 적용되었다. 그러나 지금은 사람이 사람을 죽일 수 없다는 논리로 많은 국가에서 사형제도를 반대한다. 실제적으로 1970년대에 포르투갈·덴마크·베네수엘라·오스트리아·브라질·스위스·영국 등의 많은 나라에서 반역죄와 해적행위를 제외하고는 법정형으로서의 사형이 폐지되었다. 일부 국가에서는 사형판결이 거의 혹은 전혀 내려지지 않았다. 미국의 경우에는 사형을 규정하고 있는 주도 있고 그렇지 않은 주도 있다. 1972년에 연방대법원은 당시 사형을 규정한 법률들이 위헌이라고 결정했으나 나중에 사형 자체의 합헌성을 지지했는데, 그 후 많은 주가 사형에 해당되는 범죄 혹은 사건정황에 대해 열거하라는 법원의 요구에 부응하는 법을 통과시켰다.

한국의 현행 형법은 법정형으로 사형을 규정하고 있다(제41조). 절대적 법정형으로서 사형을 과할 수 있는 죄는 여적죄(與敵罪)뿐이며, 내란죄·외환죄·폭발물사용죄·방화치사상죄·음용수혼독치사상죄(飮用水混毒致死傷罪)·살인죄 등은 상대적 법정형으로서 법관의 재량에 따라 선택적으로 자유형을 과할 수 있다. 그 밖에 "특정범죄가중처벌 등에 관한 법률"과 "국가보안법", "군형법" 등의 특별법에서도 일정 유형의 범죄에 사형을 인정하고 있다.

사형은 교도소 내에서 교수하여 집행하며 집행시기는 법무부장관의 집행명령일부터 5일 이내이다. 심신장애자 및 임부에 대해서는 법무부장관의 명령에 의해서 사형의 집행을 정지하고 심신장애의 회복 또는 출산 후 법무부장관의 명령을 기다려 집행한다. 한편 범행 당시 18세 미만인 소년에 대하여는 사형이 인정되지 않는다(소년법 제59조).

사형제도에 대해서는 많은 비판과 반성이 가해져왔다. 이탈리아의 형법학자인 체사레 베카리아가 그의 저서 『범죄와 형벌 Dei delitti e delle pene』에서 사회계약설에 근거하여 앙시앵 레짐의 잔혹한 형벌을 비난하고 사형폐지론을 이론적으로 전개한 이래, 많은 학자들이 사형의 폐지를 주장했으며, 프랑스·독일 등 사형을 폐지한 나라도 상당수에 이르고 있다.

사형폐지론의 논거는 다음과 같다.

① 사형은 야만적이고 잔혹하여 인도주의적 견지에서 허용될 수 없으며, 인

간에게서 생명을 박탈할 수는 없다. 사형은 범인에 대한 응보일 뿐 범인의 생명을 박탈해도 피해자가 다시 살아서 돌아올 수 없다.

② 사형은 일반인이 기대하는 것보다 그 효력이 적다. 사형 집행 후에도 사형에 처할 범죄가 계속 발생하며, 사형을 폐지한 국가에서 범죄가 그 전보다 더 증가하는 현상은 나타나지 않는다.

③ 국가가 살인 행위를 비난하면서 국가 스스로가 사람의 생명을 박탈하는 것은 응보 이외의 다른 의미를 갖지 않는다.

④ 재판은 인간이 행하는 것이고 하나의 제도에 불과하기 때문에 오판의 가능성은 배제할 수 없다. 오판에 의한 사형의 집행은 영원히 구제될 수 없는 결과를 초래한다.

⑤ 사형제도는 범인의 생명을 박탈하는 것에 중점이 있고 피해자의 구제를 고려하지 않는다.

⑥ 범죄의 원인은 범인의 악성뿐만 아니라 환경적 요인이 차지하는 비중이 적지 않은데도 사형은 범죄의 원인을 모두 범인에게만 책임 지우고 있다.

물론 사형을 찬성하는 사람들도 있다. 사형 제도가 없을 경우 범죄자들은 죽음에 대한 공포가 없기 때문에 범죄 행위를 가볍게 생각할 수도 있다. 성경에서도 사형 제도가 있다. 아니 성경은 사형 제도에 있어서 후자의 사형 제도를 따르기보다는 전자의 경우를 따르기도 한다. 그래서 예수님 당시에 스데반이라는 사람을 죽일 때도 군중들은 재판을 거치지 않고 그 자리에서 돌로 쳐 죽인다. 물론 이 사건은 기독교적이라 할 수 없는 유대인의 법률에 관한 것이다. 그러나 구약 성경에서도 간통한 자의 경우 "돌로 쳐 죽여라"는 구절이 있는 것을 볼 때 성경이 사형 제도를 반대하지는 않은 것 같다.

그러면 왜 성경이 이 사형제도를 반대하지 않았는가? 첫째 그 당시의 법은 지금처럼 성문화되고 체계화 된 것은 아니다. 아니 성문화되기는 했어도 그 당시의 재판 제도는 지금의 제도와는 달랐다. 둘째, 성경의 법 제도도 재해석된다는 것이다. 구약에서는 간음한 여자를 돌로 쳐 죽이라고 한다. 그러나 예수님은 그렇게 하지 않으셨다. 군중들이 간음하다가 잡힌 여인을 예수님께 끌고 왔다. 군중들은 "당신이 하나님이라면 이 여인을 어떻게 할까? 구약에서는 돌로 쳐 죽이라고 하지 않았는가? 기독교가 사랑이라고 말하는 당신은 이 경우 어떻게 할 것인가?"라고 외치며 예수님을 벼랑 끝으로 몰아 세웠다. 그 때 예수님은 허리를 굽혀 땅에다 무엇을 쓰기 시작하셨다. 그리고 말씀하시기를 "너희 중에 죄 없는 자가 먼저 돌로 쳐라"고 하셨다. 무리들은 아무 소리도 못하고 그 자리를 벗어나야 했다.

여기서 예수님께서 땅에다 어떤 글자를 쓰셨는지는 아무도 모른다. 그러나 분명한 사실은 사형에 해당하는 죄를 예수님은 용서하셨다는 것이다. 그리고 그 여인에게 "다시는 범죄치 말라"고 말씀하신다. 기독교는 사랑의 종교이다. 어떤 경우라도 사람이 사람을 죽여서는 안 된다. 물론 법적 사형이 폐지될 경우 더 심각한 범죄가 이루어질 수 있다. 그러면 사형이 범죄예방의 최선책인가? 정말 사형제도가 범죄 예방에 대한 대안인가? 그렇지 않다. 범죄 예방의 대안은 끊임없는 사랑이다. 자신의 목숨을 내어주기까지 사랑하고 용서하는 사람이다.

사형, 어쩌면 필요한 제도이다. 그러나 대안은 아니다. 우리 사회에 참 평안을 가져올 수 있는 영원한 제도는 사랑이라는 두 글자다. 그리고 용서라는 심판이다.

사회복지 실천은 항상 윤리적 의사결정을 요구한다. 도덕과 가치에 대한 전제는 사회복지사들의 이론, 정책, 실천결정에 기본적인 것이다. 클라이언트가 자신이 겪는 도덕적 갈등을 사회복지사가 대신 해결해 주기를 기대할 때 딜레마가 발생한다. 최근의 가치 또는 윤리논쟁에는 낙태는 살인인가?, 샴쌍둥이 누가 살아야 하는가?, 안락사는 환자의 권리인가?, 장애인에 대한 불임수술 등이 있다. 최근에는 우리사회에서 강릉 여중생 부친살인사건에서 여중생에 대한 '처벌' 문제를 두고 전국적으로 윤리적·법률적 이슈가 된 사례가 있다. 이러한 딜레마에 봉착했을 때, 사회복지사들은 사회복지윤리강령을 준수하고, 윤리적 의사결정과정을 통해 문제를 원만하게 해결하려는 노력이 필요하다. 가정폭력의 문제만 해도 법률적, 제도적 차원의 노력만으로는 그 근본적인 해결이 어려우며, 폭력은 인간과 인간 상호관계에서 발생하는 부작용 측면이 강하므로, '인간관계의 도리나 입법'으로서의 윤리적 해결이 가장 바람직하다는 것을 강조한다.

CHAPTER 11

사회복지실천현장의 윤리문제

제1절 사회복지사업의 윤리원칙

1. 사회복지사업

사회복지사업은 주로 사회보장제도를 통하여 이루어지며 사회보장은 출산, 양육, 실업, 노령, 장애, 질병, 빈곤 및 사망 등 사회적 위험으로부터 모든 국민을 보호하고, 국민 삶의 질을 향상 시키는데 필요한 소득과 서비스를 보장하는 사회보험, 공공부조, 사회서비스를 말한다. 사회복지실천의 영역은 사회보험, 공공부조, 사회복지서비스 제도의 3영역 이지만 사회복지실천의 주요 영역은 사회보험을 제외한 공공부조, 사회복지서비스 2영역이 해당한다. 사회복지사는 사회복지실천 과정에서 복잡한 윤리적 이슈와 관련된 의사결정을 해야 한다.

1) 전문적 관계

사회복지사업에 있어서 관계란 사회복지사와 클라이언트 사이에서 성장, 발전하는 정서적 힘으로서 관계를 통해서 클라이언트는 변화, 성장, 발전하게 될 뿐 아니라 자신이 처한 고통이나 문제를 극복할 수 있는 힘을 얻게 된다. 그러

나 이런 관계가 어떻게 형성, 작용함으로써 클라이언트에게 발전적 변화를 가져올 수 있게 하는가에 대해서는 구체적인 이해가 필요하다. 사회복지사와 클라이언트 사이에는 제한된 시간과 범위 내에서 전문기술로서 상호 합의한 의식적인 목적을 달성하기 위한 전문적 관계이므로 권위의 요소인 힘의 불균형이 상존하고 있어서 사회복지사의 객관성과 자아인식에 기초한 관계를 필요로 하고 있다. 그러나 목표달성을 위해서는 클라이언트의 가치와 권리는 무시되고 사회복지사의 임의성이 우세해져서 클라이언트를 조종할 위험성도 내재돼 있다. 서비스의 효율성, 이익, 가치 사이에서 사회복지사가 어디에 초점을 두어야 하는 딜레마를 항상 갖게 된다. 이런 윤리적 딜레마에 빠지지 않도록 윤리에 관한 교육제도를 확실히 하고 구체적인 지침이나 강령이 있어야 할 것이다.

2) 사회복지사의 기본적인 윤리기준

사회복지사는 인본주의·평등주의 사상에 기초하여, 모든 인간의 존엄성과 가치를 존중하고 천부의 자유권과 생존권의 보장활동에 헌신한다. 특히 사회적·경제적 약자들의 편에 서서 사회정의와 평등·자유와 민주주의 가치를 실현하는 데 앞장선다. 또한 도움을 필요로 하는 사람들의 사회적 지위와 기능을 향상시키기 위해 저들과 함께 일하며, 사회제도 개선과 관련된 제반 활동에 주도적으로 참여한다. 사회복지사는 개인의 주체성과 자기결정권을 보장하는 데 최선을 다하고, 어떠한 여건 에서도 개인이 부당하게 희생되는 일이 없도록 한다. 이러한 사명을 실천하기 위하여 전문적 지식과 기술을 개발하고, 사회적 가치를 실현하는 전문가로서의 능력과 품위를 유지하기 위해 노력한다.

이에 우리는 클라이언트·동료·기관 그리고 지역사회 및 전체사회와 관련된 사회복지사의 행위와 활동을 판단·평가하며 인도하는 윤리기준을 다음과 같이 선언하고 이를 준수할 것을 다짐한다.

(1) 전문가로서의 자세

① 사회복지사는 전문가로서의 품위와 자질을 유지하고, 자신이 맡고 있는 업무에 대해 책임을 진다.

② 사회복지사는 클라이언트의 종교·인종·성·연령·국적·결혼상태·성 취향

·경제적 지위·정치적 신념·정신, 신체적 장애·기타 개인적 선호, 특징, 조건, 지위를 이유로 차별 대우를 하지 않는다.

③ 사회복지사는 전문가로서 성실하고 공정하게 업무를 수행하며, 이 과정에서 어떠한 부당한 압력에도 타협하지 않는다.

④ 사회복지사는 사회정의 실현과 클라이언트의 복지 증진에 헌신하며, 이를 위한 환경 조성을 국가와 사회에 요구해야 한다.

⑤ 사회복지사는 전문적 가치와 판단에 따라 업무를 수행함에 있어, 기관 내외로부터 부당한 간섭이나 압력을 받지 않는다.

⑥ 사회복지사는 자신의 이익을 위해 사회복지 전문직의 가치와 권위를 훼손해서는 안 된다.

⑦ 사회복지사는 한국사회복지사협회 등 전문가단체 활동에 적극 참여하여, 사회정의 실현과 사회복지사의 권익옹호를 위해 노력해야 한다.

(2) 전문성 개발을 위한 노력

① 사회복지사는 클라이언트에게 최상의 서비스를 제공하기 위해, 지식과 기술을 개발하는데 최선을 다하며 이를 활용하고 전파할 책임이 있다.

② 클라이언트를 대상으로 연구하는 사회복지사는 저들의 권리를 보장하기 위해, 자발적이고 고지된 동의를 얻어야 한다.

③ 연구과정에서 얻은 정보는 비밀보장의 원칙에서 다루어져야 하고, 이 과정에서 클라이언트는 신체적, 정신적 불편이나 위험·위해 등으로부터 보호되어야 한다.

④ 사회복지사는 전문성을 개발하기 위해 노력하되, 이를 이유로 서비스의 제공을 소홀히 해서는 안 된다.

⑤ 사회복지사는 한국사회복지사협회 등이 실시하는 제반교육에 적극 참여하여야 한다.

(3) 경제적 이득에 대한 태도

① 사회복지사는 클라이언트의 지불능력에 상관없이 서비스를 제공해야 하며, 이를 이유로 차별대우를 해서는 안 된다.

② 사회복지사는 필요한 경우에 제공된 서비스에 대해, 공정하고 합리적으로 이용료를 책정해야 한다.

③ 사회복지사는 업무와 관련하여 정당하지 않은 방법으로 경제적 이득을 취하여서는 안 된다.

2. 사회복지사의 클라이언트에 대한 윤리기준

1) 클라이언트와의 관계

① 사회복지사는 클라이언트의 권익옹호를 최우선의 가치로 삼고 행동한다.

② 사회복지사는 클라이언트에 대하여 인간으로서의 존엄성을 존중해야 하며, 전문적 기술과 능력을 최대한 발휘한다.

③ 사회복지사는 클라이언트가 자기결정권을 최대한 행사할 수 있도록 도와야 하며, 저들의 이익을 최대한 대변해야 한다.

④ 사회복지사는 클라이언트의 사생활을 존중하고 보호하며, 직무 수행과정에서 얻은 정보에 대해 철저하게 비밀을 유지해야 한다.

⑤ 사회복지사는 클라이언트가 받는 서비스의 범위와 내용에 대해, 정확하고 충분한 정보를 제공함으로써 알 권리를 인정하고 존중해야 한다.

⑥ 사회복지사는 문서·사진·컴퓨터 파일 등의 형태로 된 클라이언트의 정보에 대해 비밀보장의 한계·정보를 얻어야 하는 목적 및 활용에 대해 구체적으로 알려야 하며, 정보 공개시에는 동의를 얻어야 한다.

⑦ 사회복지사는 개인적 이익을 위해 클라이언트와의 전문적 관계를 이용하여서는 안 된다.

⑧ 사회복지사는 어떠한 상황에서도 클라이언트와 부적절한 성적관계를 가져서는 안 된다.

⑨ 사회복지사는 사회복지 증진을 위한 환경조성에 클라이언트를 동반자로 인정하고 함께 일해야 한다.

2) 동료의 클라이언트와의 관계

① 사회복지사는 적법하고도 적절한 논의 없이 동료 혹은, 다른 기관의 클라

이언트와 전문적 관계를 맺어서는 안 된다.

② 사회복지사는 긴급한 사정으로 인해 동료의 클라이언트를 맡게 된 경우, 자신의 의뢰인처럼 관심을 갖고 서비스를 제공한다.

3. 사회복지사의 동료에 대한 윤리기준

1) 동료

① 사회복지사는 존중과 신뢰로서 동료를 대하며, 전문가로서의 지위와 인격을 훼손하는 언행을 하지 않는다.

② 사회복지사는 사회복지 전문직의 이익과 권익을 증진시키기 위해 동료와 협력해야 한다.

③ 사회복지사는 동료의 윤리적이고 전문적인 행위를 촉진시켜야 하며, 이에 반하는 경우에는 제반 법률규정이나 윤리기준에 따라 대처해야 한다.

④ 사회복지사가 전문적인 판단과 실천이 미흡하여 문제를 야기시켰을 때에는, 적절한 조치를 취하여 클라이언트의 이익을 보호해야 한다.

⑤ 사회복지사는 전문직 내 다른 구성원이 행한 비윤리적 행위에 대해, 제반 법률규정이나 윤리기준에 따라 조치를 취해야 한다.

⑥ 사회복지사는 동료 및 타 전문직 동료의 직무 가치와 내용을 인정·이해하며, 상호간에 민주적인 직무관계를 이루도록 노력해야 한다.

2) 수퍼바이저

① 수퍼바이저는 개인적인 이익의 추구를 위해 자신의 지위를 이용해서는 안 된다.

② 수퍼바이저는 전문적 기준에 의해 공정하게 책임을 수행하며, 사회복지사·수련생 및 실습생에 대한 평가는 저들과 공유해야 한다.

③ 사회복지사는 수퍼바이저의 전문적 지도와 조언을 존중해야 하며, 수퍼바이저는 사회복지사의 전문적 업무수행을 도와야 한다.

④ 수퍼바이저는 사회복지사·수련생 및 실습생에 대해 인격적·성적으로 수치심을 주는 행위를 해서는 안 된다.

4. 사회복지사의 사회에 대한 윤리기준

① 사회복지사는 인권존중과 인간평등을 위해 헌신해야 하며, 사회적 약자를 옹호하고 대변하는 일을 주도해야 한다.
② 사회복지사는 필요한 사회서비스를 개발하기 위한 사회정책의 수립·발전·입법·집행에 적극적으로 참여하고 지원해야 한다.
③ 사회복지사는 사회 환경을 개선하고 사회정의를 증진시키기 위한 사회정책의 수립·발전·입법·집행을 요구하고 옹호해야 한다.
④ 사회복지사는 자신이 일하는 지역사회의 문제를 이해하고, 그것을 해결하는 일에 적극적으로 참여해야 한다.

5. 사회복지사의 기관에 대한 윤리기준

① 사회복지사는 기관의 정책과 사업 목표의 달성·서비스의 효율성과 효과성의 증진을 위해 노력함으로써, 클라이언트에게 이익이 되도록 해야 한다.
② 사회복지사는 기관의 부당한 정책이나 요구에 대하여, 전문직의 가치와 지식을 근거로 이에 대응하고 즉시 사회복지윤리위원회에 보고해야 한다.
③ 사회복지사는 소속기관 활동에 적극 참여함으로써, 기관의 성장발전을 위해 노력해야 한다.

6. 사회복지윤리위원회의 구성과 운영

① 한국사회복지사협회는 사회복지윤리위원회를 구성하여, 사회복지윤리실천의 질적인 향상을 도모하여야 한다.
② 사회복지윤리위원회는 윤리강령을 위배하거나 침해하는 행위를 접수받아 공식적인 절차를 통해 대처하여야 한다.
③ 사회복지사는 한국사회복사협회의 윤리적 권고와 결정을 존중하여야 한다.

제2절 윤리적 범주와 의사결정

1. 직·간접적 서비스와 윤리적 문제

1) 직접적 서비스영역

개인, 가족, 소집단을 대상으로 하는 직접적 서비스 영역에서는 비밀보장, 자기결정, 전문적 관계, 전문적 가치 등의 윤리를 고려해야 한다.

(1) 비밀보장

① 사회복지사는 클라이언트의 사생활에 대한 권리를 존중해야 한다.
② 불가피한 전문적 사유를 제외하고는 서비스 과정에서 획득한 정보에 관한 비밀을 지켜야 한다.
③ 제3자를 보호하기 위하여, 법적 명령을 따르기 위하여 비밀정보를 개방해야 하는 경우 윤리적 딜레마에 직면하게 된다.

(2) 자기결정

① 사회복지사는 클라이언트의 자기결정의 원리를 존중하고,
② 클라이언트 스스로 목표를 수립하도록 도움을 제공해야 한다.

(3) 전문적 관계

① 사회복지사를 전문적 관계를 활용하여 클라이언트가 변화 가능성에 대하여 개방적이 되도록 하고,
② 변화과정에 적극적으로 참여하도록 돕는다.
③ 개인적인 편견이나 감정문제로 업무수행에 방해를 받지 않도록 해야 한다.
④ 클라이언트의 이익에 최우선 순위를 두며,
⑤ 너무 친밀한 관계가 되지 않도록 해야 한다.

(4) 전문적 가치

개인적 가치와 전문적 가치 충돌이 딜레마를 가져 온다.

2) 간접적 서비스와 윤리적 문제

서비스의 윤리적 문제들은 제한된 자원의 배분, 규칙이나 법률의 준수, 사회복지사업에 대한 국가와 민간의 책임, 조직의 내부갈등, 조사와 평가의 윤리 등이 제기된다.

(1) 제한된 자원의 배분

① 제한된 자원을 배분하는 분배의 정의의 기준은 평등, 욕구, 보상, 기여와 같은 몇 가지 원칙에 기초하여 마련된다.
② 자원을 배분하는 기준은 대체로 행정가의 개인적 가치, 정치적 압력 또는 기관의 전통에 따른다.
③ 그러나 이러한 결정은 사회적 정의나 공평성이라는 복잡한 쟁점과 관련되어 있는 윤리적인 문제이다.

(2) 결과의 평등

① 결과의 평등은 기회의 평등의 한계를 보완하기 위한 것이다.
② 개인의 기여와 상관없이 자원이 모두에게 똑같이 나누어진 상태
③ 실현가능성을 보장할 수가 없다.
④ 실질적인 목표라기보다는 상징적인 목표로 여기는 경향이 많다.
⑤ 프리드먼(신자유주의): '결과의 평등은 모든 사람이 똑같은 생활수준을 누리거나 똑같은 결승선을 통과해야 한다는 주장'이라고 하면서 '자유와 상충한다.'고 하였다.

(3) 공평

① 공평은 똑 같이 나누는 게 아니라 필요한 사람에게 더 주는 것

② 자격과 기여도를 고려하여 다르게 대우하는 것
③ 즉, 일을 많이 한 사람에게는 많이, 적게 한 사람에게는 적게 준다.
④ 비례적 평등과 유사한데, 비례적 평등이라 함은 '같은 사람은 같게, 다른 사람은 다르게' 대우하는 것이다.
⑤ 문제는 사회적 자원이 개인별로 차등화 되는 문제가 나타나게 된다.

(4) 기회의 평등

① 기회는 주어야 하고, 기회는 놓치지 말아야 하고, 기회는 모두에게 평등하여야 한다.
② 결과의 평등과는 달리 분배에는 관심이 없다.
③ 사람들이 갖고자 하는 자원에 대해서 동등한 접근원을 줄 뿐이다.
④ 교육을 받을 기회, 일할 기회, 참정권 등
⑤ 그러나 기초 자체가 다르다고 주장하면 할 말이 없어진다. 교육을 받을 기회는 주어지지만 그 교육을 실질적으로 받을 수 있는 사람은 가진 자가 아닌가.

(5) 법률과 규칙의 준수

① 사회복지사는 법률·소속기관의 정책과 절차·고용주에 헌신해야 한다.
② 그러나 때로는 법률준수와 인도주의적 처리라는 사이에서 갈등에 놓이기도 한다.

(6) 사회복지에 대한 정부와 민간의 책임

① 전문직으로 사회복지실천은 정부와 민간기관 또는 시민 간에 밀접한 관계를 가진다.
② 다수의 사회복지기관의 운영과 프로그램은 중앙정부 또는 지방정부의 재정지원을 받으며 일반시민의 참여로 이루어진다.

(7) 조직의 내부 갈등과 윤리

① 사회복지사들은 임상적 실천 뿐 아니라 행정이나 관리직에서 직무를 수행하기도 한다.
② 이런 행정업무 수행에서는 일선 직원, 상위 관리직급, 기관의 이사회 등 다양한 직위 내의 갈등이 있을 수 있다.

(8) 조사와 평가의 윤리

① 사회복지분야의 전문적 성숙에 따라 사회복지 욕구조사 뿐 아니라 기관의 프로그램 평가의 중요성이 증대되었다.
② 1997년 사회복지사업법 개정에 따라 평가제가 도입되면서 조사와 평가에 대한 사회복지사의 책무가 더욱 커졌다.
③ 그러나 이러한 조사는 개별 클라이언트에 대한 인권침해 등 여러 가지 윤리적인 문제가 발생할 수 있다.

2. 윤리적 의사결정 과정

① 의사결정은 매우 정확하게 짜여 있는 과정이 아니다.
② 전형적으로 이것은 지속적으로 발생한다.
③ 개인이나 집단으로 하여금 특정한 방식으로 행동하도록 이끌어 주는 일련의 사고이자 행동이며 과정이다.
④ 의사결정은 단계별로 적용된다.
⑤ 의사결정자 한 사람만이 참여하는 것은 아니다.
⑥ 현재의 선택은 이전의 결정들에 의해 영향을 받는다. 또한 이후의 결정에 영향을 미칠 요인으로 남는다.
⑦ 의사결정의 모델은 사회복지사들에게 윤리적 의사결정에 포함된 것들이 무엇인지 이해하는 데 도움을 줄 것이다.
⑧ 의사결정 모델은 교육도구가 된다.

1) 일반적인 의사결정 모델

① 단계1: 주어진 문제와 그 문제를 일으키는 요인이 무엇인가를 확인한다.
② 단계2: 클라이언트와 피해자, 지지체계와 전문가, 그리고 주어진 문제에 관련되어 있는 사람과 단체를 확인한다.
③ 단계3: 제2단계에서 확인된 주어진 문제와 관련된 다양한 주체들이 가지고 있는 사회적 가치, 전문적 가치, 클라이언트와 개인적 가치 등을 확인한다.
④ 단계4: 주어진 문제를 해결하거나 최소한 문제의 정도를 감소시킬 수 있는 목적과 목표를 확인한다.
⑤ 단계5: 개입전략과 개입목표를 확인한다.
⑥ 단계6: 확인된 목표에 따라 각각의 개입대안의 효과성과 효율성을 사정한다.
⑦ 단계7: 의사결정에 참여할 사람을 결정한다.
⑧ 단계8: 가장 적절한 개입대안을 선택한다.
⑨ 단계9: 선택된 개입대안을 수행한다.
⑩ 단계10: 수행되는 개입대안을 검토하고 예상치 못했던 결과에 대한 주의를 한다.
⑪ 단계11: 결과들을 평가하고 추가적인 문제들을 확인한다.

2) 윤리적 사정 스크리닝

(1) 실천상의 윤리적 측면에 대해 관심이 많은 사회복지사는 관심이 없는 사회복지사들이 비해 실현 가능한 대안들을 면밀히 검토하고 사정할 것이다.

(2) 클라이언트 권리와 복지의 보호, 사회적 관심의 보호, 최소한 손실의 원칙, 효율성과 효과성을 사정할 것이다.

(3) 클라이언트의 권리와 복지의 보호

① 권리와 특권에 대한 정의는 시대마다 다르다.
② 입양하는 사람에 대해서 생부모에 대한 정보를 제공해야 하는가, 그렇지 않은가?

(4) 사회적 관심의 보호

① 사회적 관심과 클라이언트의 관심 사이에서 균형을 유지한다는 것은 때로는 매우 어려운 일이다.
② 클라이언트 보호가 사회질서에 위배될 때 어떻게 해야 할까?

(5) 최소한 손실의 원칙

① 사회복지사들은 때로는 손실만을 안겨줄 선택을 해야 하는 경우에 직면할 때가 있다.
② 비록 손실이 발생한다 할지라도 영구적인 손실이 가장 최소화한 것을 선택한다.
③ 또는 한번 발생한 손실이 가장 빨리 회복될 수 있는 것을 선택한다.

(6) 효율성과 효과성

① 효율성 기준이란, 정해진 목적을 달성하는 데 소요되는 예산, 직원의 개입 시간, 개인과 기관의 관리비용에 관련된 사항을 이야기한다.
② 동일한 결과를 초래한다면 시간, 비용, 투입이 가장 적은 것을 선택한다.
③ 보다 효율적인 가치가 오히려 덜 효과적이고 또는 덜 효과적인 가치가 오히려 보다 효과적일 때 어려운 선택의 문제가 발생한다.
④ 빈민에게 일을 강요하는 게 윤리적으로 옳은가?

3) 로젠버그와 돌고프의 윤리심사원칙

윤리적 딜레마를 해결하기 위한 단 하나의 공식은 존재하지 않는다. 일반적으로 윤리적 결정을 할 때는 윤리적 딜레마와 관련된 것을 빠짐없이 다루기 위해 체계적으로 접근해야 한다. 리머는 사회복지사가 윤리적 딜레마를 해결하고자 할 때 도움이 되는 7단계 과정을 설명하였다. 또한 로웬버그와 돌고프에 따르면 윤리적 딜레마는 일반적으로 가치의 상충, 상충되는 충성심에 의해 발생한다.

로웬버그와 돌고프는 윤리적 원칙들의 스크린을 인용하여 윤리적 원칙들이 지니는 중요성의 정도에 따라 순위를 매겨 이에 따라 윤리적 의사결정을 권장했다. 즉 원칙 1은 원칙 2에 우선하며 원칙 2는 원칙 3에 우선한다는 식으로 의사결정을 이끌어낸다. 총 7가지로 구성되는 윤리적 원칙들은 다음과 같다.

① 윤리원칙1: 생명보호의 원칙(principle of the protection of life)
② 윤리원칙2: 평등과 불평등의 원칙(principle of equality and inequality)
③ 윤리원칙3: 자율성과 자유의 원칙(principle of autonomy and freedom)
④ 윤리원칙4: 최소한의 손해 원칙(principle of least harm)
⑤ 윤리원칙5: 삶의 질 원칙(principle of quality of life)
⑥ 윤리원칙6: 사생활보호와 비밀보장의 원칙(principle of privacy and confidentiality)
⑦ 윤리원칙7: 진실성과 완전공개의 원칙(principle of truthfulness and full disclosure)

4) 리머의 윤리적 결정지침

① 인간행동의 필수 전제조건(생명, 건강, 음식, 주거, 정신적 균형)에 대한 기본적인 위해를 막는 규칙은 거짓말을 하거나 비밀을 누설하거나, 여가, 교육, 재산과 같은 부가재에 대한 위협과 위해를 막는 규칙보다 우선한다.
② 어떤 개인의 기본적인 복지권(인간행위에 필수적인 재화 포함)은 다른 사람의 자기결정권보다 우선한다.
③ 어떤 개인의 자기결정권은 그 자신의 기본적인 복지권에 우선한다.
④ 자신이 자발적으로 동의한 법률, 규칙, 규정을 준수해야 하는 의무는 이들 법률, 규정, 규칙과 상충되는 방식으로 행동할 수 있는 권리보다 우선한다.
⑤ 개인의 복지권은 그와 상충되는 법률, 규칙, 규정 및 자발적인 협정보다 우선한다.
⑥ 기아와 같은 기본적인 위해를 방지하고 주거, 교육, 공공부조와 같은 공공재화를 제공하는 의무는 개인이 자신의 재산관리권에 우선한다.

5) NASW 대의원들은 윤리강령에 다음과 같은 기준을 첨가하였다(1993).

① 사회복지사는 자신의 개인적인 문제, 심리사회적 불안, 약물남용, 정신보건상의 장애가 전문적인 판단과 수행을 방해하거나 전문가로서 책임을 지

고 있는 사람들의 최상의 이익을 위태롭게 하도록 내버려 두어서는 안 된다.

② 전문적 판단과 수행을 방해하는 개인적인 문제, 심리사회적일 불안, 약물남용, 정신보건상의 장애가 있는 사회복지사는 즉시 자문을 구하거나, 전문가의 도움을 요청하고 업무량을 조정하고 혹은 사례를 종결하거나 클라이언트와 다른 사람들을 보호하는데 필요한 절차를 밟아 치료적 조치를 위하여야 한다.

③ 개인적 문제, 심리사회적 불안, 약물남용, 정신보건상의 장애와 같은 동료사회복지사의 결함을 직접적으로 알고 있는 사회복지사는 그 동료에게 조언과 치료적 조치를 취함으로써 그를 도와야 한다.

3. 윤리적 갈등

다른 행동을 취할 훌륭한 이유가 있는 상황과 어떤 선택을 택해야 할지 명확하게 결정하기 어려운 경우, 그리고 전문직에서 두 개 이상의 가치, 원칙, 의무가 상충하며 발생할 때 마지막으로 사회복지사가 두 가지 이상의 윤리적 의무를 갖고 있지만 한 가지를 위반하지 않고는 다른 것을 지킬 수 없는 상황에서 필연적으로 발생한다. 이런 위반되는 윤리를 최소한으로 줄일 수 있는 방법은 클라이언트의 자기 결정권, 비밀 보장, 진실성 고수와 알 권리, 제한된 자원의 공정한 분배, 상충되는 의무와 기대, 클라이언트의 이익과 사회복지사의 이익, 동료 관계, 규칙과 정책 준수 등을 비교해서 어떤 것이 옳은 결정인지 전문적 지식을 통해 문제를 해결해야만 그나마 갈등을 줄일 수 있을 것이다.

사회복지 실천의 윤리적 결정 지침은 다음과 같다.

사회복지를 실천할 때 사회복지사는 사회복지의 기본적인 가치 체계에 입각하여 실천 과정을 진행하게 되는데 각각의 가치 전제가 상호 배타적인 경우 윤리적 결정의 현명한 판단이 필요하게 된다. 여기서는 사회복지사들이 실천 과정 중 윤리적 판단을 내릴 때 고려하여야 할 윤리 원칙을 몇 가지 살펴보고자 한다.

1) 생명 보호의 원칙

사회복지사는 개인이나 사회의 기본적인 생존의 보장을 가장 중요한 것으로 생각하여야 한다. 즉 사람의 생명을 보호하여야 하는 의무가 여기에 해당되는 것으로, 넓게는 의식주의 해결과 의료보장, 소득 보장 등이다. 따라서 생명의 위협을 받는 상황은 모두 여기에 포함되며 자살 및 타살로부터의 보호뿐 아니라 적절한 치료의 제공을 들 수 있다. 또한 빈곤계층의 최저 생계 보장과 최저생활 보장 등 삶의 질을 높이는 역할도 담당해야 한다.

2) 자기 결정의 원칙

사회복지사는 클라이언트의 자율과 자유와 독립성을 최대한으로 조장하는 사회복지를 실천하여야 한다. 인간은 누구나 어떤 결정을 내릴 때 자유로운 분위기에서 자기 뜻에 맞게 자기 스스로 결정할 수 있는 환경이 보장되어야 하며, 다른 클라이언트에게도 예외일 수 없다. 단, 클라이언트가 자유로이 내린 결정이 자신 또는 타인의 생명에 위협을 주는 것일 때는 사회복지사는 우선순위인 생명보호를 먼저 생각해야 할 것이다.

3) 진실성의 원칙

사회복지사는 클라이언트가 진실을 알고자 할 때 그 알고자 하는 권리를 보호해 주어야 한다. 사회복지사는 클라이언트에게 진실만을 이야기해야 하며 그가 원하는 정보는 모두 진실 되게 알려주어야 한다.

4) 최소 손실의 원칙

모든 선택 가능한 대안이 다 유해할 때, 또는 누구에게든지 유해할 때 가장 최소한으로 유해한 것을 선택해야 하며, 가장 덜 영구적이고 쉽게 원상복귀 될 수 있는 대안을 선택해야 한다.

윤리적 딜레마를 벗어 날 수 있는 확실한 정답은 없지만, 그 문제에 대한 합리적이고 올바른 결정을 내리기 위한 지침들은 있다. 세퍼와 호레이시는 윤리적 딜레마를 해결하기 위하여 다음과 같은 질문에 답을 찾도록 권유하고 있다.

① 이 상황이 적용되는 윤리적 원칙과 의무는 무엇인가?

② 이 상황에서 어떤 윤리적 원칙들이 충돌하며 윤리적 딜레마를 가져오는가?
③ 윤리적 딜레마를 해결할 때 어떤 윤리적 의무가 다른 것보다 중요한가?

이 질문에 합리적인 대답을 하기 위해서는 사회복지사가 활용할 수 있는 두 가지 도구가 있다. 사회복지사의 윤리강령에서 관계에서의 윤리적 원칙은 전문적 행동의 일반적 지침에 대한 광의의 테두리를 제공한다. 그러나 그 한계는 상황마다 겪게 되는 딜레마에 대한 구체적인 지침은 제공되지 않으며 현장에서 실제적으로 도움을 주기에는 모호하거나 애매한 선언이 많다.

딜레마 상황에서 가장 직접적으로 적용될 수 있는 사회복지사 윤리 강령들을 나열한 것으로 윤리강령 체크리스트라 한다. 실천 대안들의 윤리적 차원을 고려하는 도구로 사용되지만, 모든 강령이 똑같은 가중치를 가지기 때문에 우선순위를 정하기 어렵다. 그래서 이런 단점을 보완하기 위하여 '윤리적 이슈의 우선순위 체크리스트'를 함께 사용한다. '윤리적 이슈의 우선순위 체크리스트'란 7가지 기본적 윤리 원칙을 중요한 순서대로 서열을 정하는 것이다.

그 원칙을 보면 다음과 같다.

① 생명이나 신체적 안녕, 혹은 생존 기회를 위협하는가?
② 누군가를 부정의, 불공정, 불공평한 방식으로 다루거나 기본적 인권을 위반하는가?
③ 누군가의 자기 결정권이나 자율성을 제한하는가?
④ 개인적 고통이나 경제적 곤란을 야기시키는가?
⑤ 이웃, 지역사회 혹은 사회 전체의 삶의 질을 감소시키는가?
⑥ 사생활과 비밀 보장의 권리를 잃게 하는가?
⑦ 개인, 지역사회의 진실을 왜곡하거나 철회하는가?

위에서 살펴본 원칙들은 '꼭 이렇게 해라'라기보다는 이 원칙들을 통해서 사회복지사가 윤리적 갈등에 빠졌을 때 해결 지침이라고 볼 수 있을 것이다. 이런 원칙을 바탕이 되었을 때 사회복지사는 자신의 결정에 확신을 가질 수 있을 것이다. 사회복지사와 클라이언트간의 관계는 감정적이고 정서적이면서 윤리적인 측면이 강하다. 이런 관계를 더욱 발전시키기 위해서는 사회복지사의 자기 인식이 더욱더 강조된다. '자기 인식'이란 자신의 가치, 신념, 태도, 행동 습관을 깨닫고 이것들이 사회복지 실천에서의 관계와 의사 결정에 어떻게 영향을 미치는지를 정확하게 아는 것을 의미한다. 다시 말해서 자신의 강점과 한계를 명확히 아는 것이다.

그럼 사회복지사가 자기 인식을 어떻게 하면 명확히 할 수 있는가? 그 방법은 다음과 같다.

① 자신의 가치관이 그 존재를 거의 자각할 수 없을 정도로 깊숙이 내면화되어 있음을 깨닫는 것이다.
② 자신의 편견이 무엇인가를 의식하는데 최선을 다한다.
③ 자신의 가치관을 객관적이고 현실적으로 평가하도록 노력한다.
④ 평가 후 변화가 필요한 가치관은 변화시키도록 노력하는 것이다.

사회복지사의 '자기인식'은 단순히 자신의 가치관이나 신념에 그치는 것이 아니라 그것이 클라이언트와의 관계를 통해서 나타나고 개입의 방법과 결론에 중대한 영향을 미치게 된다.

우선 클라이언트가 놓여 있는 윤리적 갈등상황과 윤리적 쟁점이 무엇인지 확인한다. 그 다음으로 이러한 윤리적 갈등상황에 놓여 있는 사람들이 클라이언트 이외에 어떤 사람들이 있으며, 이 상황에서 가장 핵심인 사람이 누구인지를 밝혀낸다. 클라이언트일 수도 있고, 그 외에 다른 사람일수도 있으며, 기관일 수도 있다. 이러한 사항들이 밝혀졌으면 앞에 윤리원칙과 우선순위에 입각하여 다양한 대안들을 생각해 낸다. 포함되어 있는 다양한 사람들의 다양한 쟁점을 고려하면서 잠정적인 대안들로 결정을 내리고 각 대안들을 선택하였을 때 그 결과를 예측해 본다. 즉 어떤 점이 해결되며, 어떤 부분이 미해결로 남게 되는지, 각 대안들을 어떤 장점과 다른 문제점 등을 갖고 있는지 등을 고려한다. 이렇게 생각을 정리한 다음, 가능하다면 이 해결에 도움을 줄 수 있는 동료나 다른 전문직의 전문가에게 자문을 구한다. 마지막으로 대안 중 하나를 선택하여 결정을 내리고, 그에 대한 결과를 모니터링 하면서 평가를 한다.

제3절 사회사업 실천현장의 윤리문제

1. 사회사업의 개념

1) 사회사업실천의 어원적 개념

사회사업 실천(social work practice)은 사회복지실천(social welfare practice) 개념과는 다르게 주로 직접적 사회복지실천영역을 말한다.

2) NASW(전미사회복지사협회, 1977)의 정의

사회복지실천은 사람(클라이언트)들의 삶의 질 향상에 목적을 두고 사람과 그들의 사회단위가 사람들의 심리사회기능이 향상되도록 변화시키는 전문적인 체계이다.

3) 핑크스 & 미나한(1973) 정의

사회복지실천은 사람과 자원체계 간의 연결과 상호관계(interaction)이다.

2. 사회사업실천방법

1) 개별사회사업(Case Work)

케이스 워크는 사회복지실천의 대표적인 영역이다. 아동, 노인, 장애인 등의 대인적 케이스워크, 가족케이스워크, 의료, 정신, 재활, 교도, 학교영역의 케이스워크 등의 개별영역이 있다.

2) 집단사회사업(Group Work)

케이스워크보다 그룹 워크는 늦게 전문 실천 영역으로 인정받은 기법이다. 학교, 기업체, 청소년단체, 지역사회복지관 등의 집단프로그램으로 병원, 집단생활

시설에 거주하는 클라이언트 집단 등에 적용된다.

3) 통합실천론(integrated method)

개별, 집단, 지역사회사업 등의 방법을 구분하지 않고 실천가치, 실천지식기술을 통합된 체계로 실천하고자 하는 방법론을 말한다.

3. 사회사업실천윤리

1) 개별사회사업실천의윤리

① 개업사회복지사의 실천윤리

계약 시에는 개별 클리닉 등에서 경영차원의 개업실천과 전문직으로서 지켜야 할 윤리적 기준이 배치되는 경우의 윤리적 문제이다(예: 과다한 수수료, 잘못된 진단과 치료 등).

진단 시에는 미정신의학협회 정신장애진단 및 통계편람(DSM-IV)을 사용하는 경우가 많으나 잘못 진단했을 경우에는 윤리적 문제뿐만 아니라 법적인 문제 발생의 가능성이 있다.

② 케이스워크 실천모델에서의 윤리

윤리와 가치관을 지나치게 고려하게 되면 전문적 치료목적 달성에 한계가 있으므로 윤리적 의사결정기준이 필요하다.

2) 집단사회사업실천의 윤리

집단사회사업을 수행하는 사회복지사는 직업적이고 전문적인 윤리원칙에 따라 집단을 지도해야 한다.

① 전미집단지도전문가협회(ASGW)의 윤리지침

② 집단지도자가 지켜야 할 윤리적 기준

집단지도자는 집단성원들과 개인적이거나 사회적인 계약을 촉진시키기 위해 전

문적인 지식과 역할을 악용해서는 안 된다. 집단지도자는 클라이언트와의 성적인 친밀감은 비윤리적이므로 사적으로 집단 성원을 응대하는 일을 피해야 한다.

NASW(전미사회복지사협회: National Association of Social Workers) 윤리강령에 있어 사회복지 전문직의 윤리는 사회복지의 핵심에 놓여있다. 사회복지 전문직은 그 기본 가치, 윤리원칙, 윤리기준을 명확히 해야 할 책무를 지닌다. NASW 윤리강령은 사회복지사의 행위를 지도하는 이러한 가치 원칙 기준을 설명한다. 이 강령은 직무, 업무환경 또는 대상 인구집단 따위와 상관없이 모든 사회복지사 및 모든 사회복지 학생들에게 적용된다. NASW 윤리강령의 6가지 목적은 다음과 같다.

첫째, 사회복지의 임무는 핵심 가치를 기반으로 한다.

둘째, 사회복지 전문직의 핵심 가치를 반영하며, 사회복지실천을 이끄는데 사용되는 일련의 특정 윤리기준을 수립하는 총괄적인 윤리원칙을 요약한다.

셋째, 전문직 의무에 갈등이나 윤리적 불확실성이 발생할 때 사회복지사가 적절한 고려 사항을 규정하는 것을 돕기 위한 목적으로 제정되었다.

넷째, 일반대중이 사회복지 전문직의 책임으로 간주할 수 있는 윤리기준을 제공한다.

다섯째, 사회복지에 대한 임무 가치 윤리기준 윤리원칙에 생소한 사회복지사에게 지침을 제공한다.

여섯째, 사회복지 전문직 자체에서 사회복지사가 비윤리적인 행위를 했는지에 대한 여부를 사정하는데 사용되는 기준을 규정한다.

3) 사회복지사의 윤리강령

① 사회복지사는 전문가로서의 품위와 자질을 유지하고 관장하고 있는 업무에 대하여 책임을 진다.

② 사회복지사는 전문직의 가치를 지니고 관련지식과 기술을 습득, 개발, 전달하는 데 최선의 노력을 기울인다.

③ 사회복지사는 업무수행의 과정에서 어떠한 압력에도 타협하지 않으며 전문적 관계를 이용하며 부당한 경제적 이득을 취하지 않는다.

④ 사회복지사는 클라이언트의 권익을 최우선으로 삼는다.

⑤ 사회복지사는 클라이언트가 자기 결정권을 최대한 행사할 수 있도록 원조한다.
⑥ 사회복지사는 클라이언트의 사상, 종교, 인종, 성별, 연령, 지위에 따른 차별을 하지 않는다.
⑦ 사회복지사는 클라이언트의 사생활을 존중하고 직무상 알게 된 정보를 전문적 업무 이외에는 공개하지 않는다.
⑧ 사회복지사는 동료를 존중과 신뢰로써 대하며 동료 간 전문적 지위와 인격을 훼손하는 언행을 하지 않는다.
⑨ 사회복지사는 동료나 사회복지기관 또는 단체의 비윤리적 행위에 대하여 공식적인 절차를 통하여 대처한다.
⑩ 사회복지사는 소속기관과 전문단체 활동에 적극 참여하여 기관의 성장, 발전과 권익옹호에 힘쓰며 기타 관련된 기관과는 협조적 관계를 유지한다.

제4절 사회복지 실천현장의 윤리적 갈등

1. 사회복지실천의 윤리적 쟁점

사회복지를 실천하는 과정에서 고려해야 할 다양한 윤리적 쟁점을 접하게 되고 또 다양한 윤리적 갈등을 경험하게 된다. 여기서는 실천 과정에서 빈번히 접하게 되는 몇 가지 상황을 살펴보기로 하겠다.

1) 클라이언트의 자기 결정권

어떤 특정 문제에 대해 전문적인 도움을 요청하는 클라이언트에게 자기 결정권을 부여한다는 것은 기본적인 인권 존중 원칙에 의거한 것으로 인간 모두에게 있는 자율권과 자유권의 보장을 의미한다. 이것은 어떤 문제를 위해 어떠한 서비스를 어떤 방법으로 받겠다는 것을 결정할 때 문제를 갖고 도움을 요청해

온 클라이언트의 의사를 존중해 주는 것을 의미한다. 클라이언트가 어떤 문제에 대하여 어떠한 서비스를 받고 자기 인생에 있어서 어떤 결정을 내릴 것인지에 대하여 클라이언트가 결정할 권리가 있다. 이때 사회복지사의 강요나 간섭은 안 된다. 단, 클라이언트가 너무 어리거나 정신적 연령이 낮아 스스로 결정할 능력이 없거나(정신지체인에 대한 불임 시술), 클라이언트의 결정이 다른 사람이나 기관 및 사회에 불이익을 가져올 위험성이 높다고 판단될 때, 사회복지사는 클라이언트의 자기 결정의 권리에 제한을 가하게 한다.

사회복지사는 클라이언트의 자기 결정권 행사를 어느 정도 제한하고 간섭해야 할지 윤리적 갈등 상황에 빠지게 된다.

2) 비밀보장

클라이언트와의 전문적 관계에서 비밀보장은 기본적인 윤리 원칙이다. 이 원칙하에 클라이언트는 사회복지사에게 자신의 문제 뿐 아니라, 그와 관련된 사실들에 관하여 이야기하게 된다. 따라서 클라이언트가 말한 내용은 원칙적으로 다른 사람에게 공개되어서는 안 된다. 그러나 예외는 있다. 우선 법 앞에서의 예외이다. 사회복지사는 클라이언트의 비밀보장을 지켜줄 법적 의무를 갖고 있지 못하기 때문에 클라이언트가 범법 행위를 하여 법의 심판을 받게 될 경우 법이 원하는 범위 내에서 클라이언트와의 대화 내용을 공개해야 한다. 그 외 교육의 목적이나 슈퍼비전을 위한 전문가 회의 등 전문적인 이유에서도 클라이언트의 대화 내용이 공개될 수 있다.

(1) 사회복지사가 비밀 정보 공개를 고려하는 경우

① 클라이언트가 자기의 생명이나 타인의 생명을 해칠 위험이 있다고 판단될 경우
② 힘이 약한 가족 성원(아동, 배우자, 노인, 장애인)에 대한 학대가 일어날 때
③ 전염성이 있는 위험한 질병에 걸렸을 경우
④ 클라이언트가 사법 체계에 연루되어 사법체계에서 클라이언트에 관한 정보를 요청 시
⑤ 클라이언트에 대한 충성보다 사회에 대한 충성이 클 때

이러한 경우에는 클라이언트의 사적 권리를 최대한 존중하면서 사전 동의를 받아야 할 것이다.

3) 진실성 고수와 알 권리

진실성 고수와 알권리는 비밀보장과 함께 클라이언트에 관한 정보에 대한 클라이언트의 권리를 말한다. 어떤 사람이 클라이언트를 상대로 한 말이나 행동을 비밀로 하고 있을 때, 그 사실을 클라이언트에게 알려주어야 하는지? 만약 알려준다면 그 사람의 비밀보장에 관한 권리는 어떻게 되는 것인지? 클라이언트의 알 권리와 사회복지사의 진실성 고수라는 면에서 볼 때, 당연히 진실을 클라이언트에게 알려주어야 할 것이다. 그러나 모든 사실을 클라이언트에게 사실대로만 알려준다고 해서 그것이 항상 바람직한 것만은 아닐 것이다.

클라이언트가 자기의 보호, 치료, 복지에 관련된 문제에 관해서 진실한 정보를 얻을 수 있는 권리이다. 그러나 클라이언트를 해로부터 보호할 필요가 있다는 입장에서 정보를 제공하지 않거나 잘못된 정보를 제공하는 것을 용납해야 한다는 주장도 있다.

4) 제한된 자원의 공정한 분배

클라이언트의 문제를 해결하기 위해 사회복지사가 활용할 수 있는 공적 자원은 매우 제한적이어서 모든 클라이언트에게 똑같이 제공할 수 없으면서도 이들에게 공평하게 분배되어야 한다는 원칙은 상호 모순적이다. 따라서 클라이언트에게 자원을 제공하게 될 때는 형평성의 원리에 입각하여야 하는데 이 형평성의 기준을 찾은 것이 어려운 과제이다.

5) 상충되는 의무와 기대

사회복지사에게는 여러 방면에서 다양한 역할이 기대된다. 클라이언트, 동료, 상사, 기관, 사회 등이 서로 상충되는 기대를 갖게 될 때, 사회복지사는 누구를 대상으로 어떤 기대에 맞는 의무를 행사하여야 하는지 갈등 상황에 놓이게 된다.

6) 전문적 동료 관계

사회복지사는 혼자 일하는 것이 아니기 때문에 같이 일하는 동료 사회복지사 및 다른 전문가들을 존중하여야 한다. 반면에 동료 사회복지사가 전문가로서의 권위를 남용하여 클라이언트나 전문직에 해를 끼치는 행동을 했을 때, 사회복지사는 동료의 존중과 클라이언트 및 전문직의 보호 사이에서 갈등적 상황에 놓이게 될 것이다.

7) 규칙과 정책 준수

사회복지사는 고용되어 있는 기관의 정책이나 규칙에 준수하는 행동을 해야 한다. 그러나 클라이언트의 문제 해결을 위해 내린 결정 사항이 기관의 정책에 벗어날 때 사회복지사는 갈등을 겪게 된다.

2. 사회복지실천상의 윤리적 갈등

사회복지 실천에서 윤리적 문제는 주로 현대사회의 특징인 가치의 중복성과 모순성에서 기인한다. 윤리적 문제를 거론하면 할수록 사회복지 실천상의 윤리적 딜레마 혹은 윤리적 측면을 보다 정확하게 인식할 수 있을 것이다. 과거에는 윤리적 이슈들이 단지 사회복지사와 클라이언트간의 양자관계에서 비롯되거나 혹은 그 관계에 국한하는 것으로 생각하였다. 최근의 윤리적 관심은 사회복지사와 클라이언트의 양자관계를 기반으로 하지만 그 이외의 다른 관계들을 포함하는 발전된 실천모형도 중요하게 다루고 있다. 사회적 목표에 대한 합의 도출의 어려움, 사회복지 자원의 고갈, 새로운 테크놀로지의 발전은 전통적인 윤리적 딜레마를 심화시켰을 뿐만 아니라 기존에 없던 새로운 윤리적 이슈를 만들어 냈다.

1) 일반적 발생원인

(1) 상충되는 가치

실천가들이 두 가지 이상의 상충되는 가치, 예를 들면 정의와 평등 혹은 비밀

보장과 사생활 보장에 직면하게 되면 윤리적 딜레마가 발생하게 된다. 또한 예산감소로 파생된 재정적인 어려움은 클라이언트를 위해 최선을 다해야하는 사회복지사의 원칙과 상충될 수 있다. 실천가들은 이러한 상황에서 효율성과 효과성의 문제를 생각하게 된다. 어떤 사회복지사들은 그것이 비록 현실적인 대안이 될 수 없다고 하더라도 두 가지 가치 모두에 똑같은 책임을 느끼기도 한다.

(2) 상충되는 충성심

경쟁과 갈등상태에 있는 집단들이 제각기 사회복지사들의 충성심을 요구하는 경우에 윤리적 딜레마가 발생한다. 그 예로는 각기 상이한 요구를 하는 기관과 클라이언트 모두에 대해 사회복지사가 대표해야 하는 경우이다. 또 다른 예로는 사회복지사가 친척과 친구로부터 각각 우선적 처우를 해달라는 요청을 받는 경우이다. 또한 사회복지사가 여러 클라이언트 체계와 일할 때 상충되는 충성심으로 인해 윤리적인 문제가 발생하기도 한다. 이러한 상황에서 누구에게 혹은 어떤 대상에게 우선적인 관심을 두어야 하는지를 밝히는 것은 매우 중요한 윤리적 이슈가 된다.

2) 윤리적 문제

① 윤리적 문제가 발생하는 상황: 문제정의, 목표설정, 기관에 대한 우선순위, 수단, 전략에 대한 결정, 바람직한 결과
② 윤리적 문제가 발생하는 대상: 클라이언트, 실천가, 기관, 지역사회, 전문직, 사회
③ 윤리적 문제에 대한 서로 다른 가정: 인간본성, 가치, 이슈, 체계수준

3. 사회복지 현장 실천에서의 사례

1) 첫 번째 사례

김은 84세의 은퇴한 은사로서 현재 주간보호 프로그램에 참여하면서, 직원의 도움을 받아 그곳의 거주시설에서 지내고 있다. 최근 들어 그녀는 경미한 건망

증을 보이면서 자기관리를 잘하지 못하고 있다. 자주 화를 내고 요구적인 행동을 많이 하여 직원들이 불만스러워 하고 있다. 그 거주 시설에서 일하는 사회복지사는 슈퍼바이저로부터 "G가 요즘 고통스러워하고 거주 프로그램의 비용을 너무 낭비하고 있기 때문에 그녀를 요양원으로 보내는 것이 좋겠다."는 말을 들었다. 사회복지사는 G가 아직 요양원에 갈 정도는 아니라고 믿고 있지만 슈퍼바이저의 요청을 무시할 수 없어 김이 갈 수 있는 요양원을 알아보았다. 한 요양원의 관계자 B는 사회복지사와 통화하면서 김의 건강, 행동, 태도 등을 물어왔다.

이 상황에서 당신은 어떻게 하겠는가?

(1) 목표설정

당신이 사회복지사로서 슈퍼바이저의 요구에 따른다면 당신과 슈퍼바이저는 클라이언트의 자율성을 침해하게 되며 동시에 미래에 대한 또 다른 결정을 해주어야만 한다. 당신의 행동은 윤리적으로 정당한가? 클라이언트는 자신이 처한 생활환경을 결정하는 데 있어서 어떠한 역할을 수행해야 하는가?

(2) 역할갈등

사회복지사가 슈퍼바이저의 요구를 따르지 않는 다면 그것은 무엇을 의미 하는가? 사회복지사는 보편적으로 슈퍼바이저의 제한을 따르는 역할이 요구되는가 아니면 클라이언트를 보호하는 역할이 요구되는가? 누구의 이익이 최우선의 관심이 되어야 하는가? 슈퍼바이저의 이익인가?, 기관의 이익 인가?, 클라이언트의 이익인가?, 아니면 사회복지사의 이익인가?

(3) 가치딜레마

슈퍼바이저는 사회복지사에게 클라이언트의 결정보다는 기관의 결정에 따르도록 요구하고 있다. 더욱이 슈퍼바이저는 사회복지사에게 사실의 일부분을 조작해서라도 G를 다른 기관으로 보내기를 원한다. 그러나 사회복지사는 정직의 가치를 매우 중요하게 생각하고 있다. 이때, 어떤 측면에서 개인의 가치와 전문적인 가치가 상충하는가? 사회복지사는 수퍼바이저의 요청을 G에게 알려야 하는가? 사회복지사는 누구에 대해서 그리고 어떠한 방법으로 정직해야 하는가?

2) 두 번째 사례

와렌스빌이라는 마을에 살고 있는 사회복지사 정수의 집에 아침 7시 35분쯤 전화가 걸려왔다. 남편이 1시간 전에 출근했기 때문에 G는 황급히 전화를 받았다. 남편이 출근한 후 30분이 안되어 라디오와 텔레비전에서는 마을에 폭풍이 불어온다고 경고방송을 하였다. 아이들을 돌보는 아주머니는 오늘 올 수 없다고 하였다. 폭풍이 곧 불어올 듯 사이렌 소리가 요란하였다. 지역 주민들은 대피해야 하는 상황이었다. 그런데 마침 G가 다니고 있는 응급센터에서 전화가 걸려왔는데 그녀에게 지역 피해상황을 살피고 지역에서 발생되는 일들을 시시각각 보고하라고 요청하였다.

(1) 가치상충

정수는 집을 떠나 직장으로 가야 옳은가? 위급한 상황에서 어머니가 아이들만 남겨놓고 어떻게 집을 떠날 수 있는가? 응급센터에서 즉각적인 도움이 필요한 피해가족들을 보살펴야 하는 사회복지사로서 그녀의 의무는 어떻게 되는가? 사회복지사는 즉시 아이들을 데리고 안전한 곳으로 피할 수도 없고, 또한 아이들만 남겨놓고 응급센터로 돌아갈 수 없다.

(2) 모호성

사회복지사인 정수가 아이들만 남겨 두어도 안전할 것이라는 확신이 있거나 혹은 응급센터로 돌아가는 것이 폭풍의 희생자들의 삶에 큰 영향을 미친다는 확신이 있다면 분명하게 결정을 하는데 어려움이 없을 것이다. 어찌 보면 이 상황의 윤리적 측면은 즉각적이며 분명해 보이기도 한다. 사회복지사인 정수는 전문적 의무감이 있으며 이는 특히 응급상황에서 분명히 드러난다. 그러나 그녀는 또한 가족에 대한 의무감도 있는데 이는 아이들이 어리고 위험한 상황에 처해있을 때 더욱 그러하다. 이러한 두 가지 의무감에서 어떤 것이 우선되어야 하는가?

3) 세 번째 사례

갑이라는 시설에 수용되어 있는 정신지체인 을이 어느 연령에 도달하여 비슷한 기능수준의 다른 정신지체인과 좋아하여 결혼을 하게 되었다. 이 시설에서는 수용자들끼리 결혼을 하면 무조건 불임수술을 시켜서 부부들만 사는 작은 시설로 옮겨 살게 한다. 따라서 을도 결혼을 하게 됨과 동시에 불임수술을 받아야 하는데 수술을 받으러 병원에 온 을과 그의 남편은 아기를 갖고 싶어 하며 불임수술을 거부하고 있다. 이 시설에서는 을과 약혼자의 아기를 갖고 싶어 하며 불임수술을 수락하도록 설득시켜 줄 것을 요청하고 있으며 부모들도 불임수술에 동의하고 있다. 그러나 병원에서는 수술을 거부하는 을에게 일방적으로 수술을 행할 수 없다면서 갑 시설에 있는 사회복지사에게 을의 동의를 받아달라고 의뢰를 해왔다.

사회복지가사 겪는 윤리적 딜레마 및 여러 가지 윤리적 문제점들은 여전히 뜨거운 논쟁으로 남아 있고 현대에 이르러서는 그 중요성이 더욱더 부각되고 있다. 윤리적 딜레마 중에서도 자기결정권이나 비밀보장에 있어서의 한계나 지켜야 할 점들의 논쟁들은 개인적 가치관에 의해 그 방향을 달리 할 수 있다. 그러나 이러한 문제들은 자기 인식의 중요성에서 말했듯이 자신의 가치와 사회적 가치, 클라이언트의 가치가 다르다고 하더라도 그것이 클라이언트의 욕구를 충족시킨다면 그 차이를 분별하고 인정할 수 있어야 한다. 또 사회복지사는 다양한 경험을 토대로 여러 부류의 사람을 통해 그들의 사고방식과 생활방식 등 문화 전반에 관한 이해를 넓히도록 노력해야 한다.

우리는 이런 노력들을 통하여 어떤 것이 진정으로 클라이언트를 위하는 것이지 판단하기 위한 올바른 가치관을 가지는 노력을 게을리 해서는 안 된다. 또 시간의 흐름에 따라 변하는 가치관이나 사회적 인식에도 반응할 수 있는 역량을 키워야한다.

CHAPTER 12

대리모의 문제와 윤리

제1절 대리모의 개요

1. 대리모의 개념

어느 시대를 막론하고 인간 및 동물, 모든 생명체에게 있어 자기보존, 종족보존의 욕구는 자신의 자녀를 출산하고 양육하는 행위로 표출되어 왔으며, 예로부터 인간은 이러한 원초적 본능에 따라 자식을 출산하고 양육하며, 오늘날까지 종을 보존해온 것이 사실이다.

이러한 인간의 자기보존 욕구는 특히 자녀를 출산할 수 없는 불임부부들에게서 보다 강하게 나타나게 되는데, 최근의 통계자료에 따르면 현재 국내의 불임부부는 약 100만 쌍에 달하며 그 중 전문적인 불임치료를 받고 있는 부부만 해도 약 11만 쌍이 넘는다고 한다.

국내외로 점점 늘어만 가는 불임부부들은 자신들의 자기보존 욕구 실현의 수단으로써 그 동안 인공수정, 체외수정, 대리모출산, 입양 등을 사용해왔는데, 그 중에서도 대리모를 통한 출산방법은 아직 법적, 사회·윤리적 정당성에 대한 기준이 불분명하고 그에 대한 논의조차 활발하지 못하여 시간이 갈수록 더욱 더 혼란스러운 사태를 유발하고 있다.

해외대리모에 대해 정보를 찾다보면 가장 먼저 접하게 되는 유명인사가 아마 '호날두' 일 것이다. 결혼을 안 한 호날두는 2010년에도 대리모를 통해 아이를 출산하였는데 그 후 대리모를 통한 쌍둥이 출산을 한 바가 있다.

대리모가 출산한 아기에 대한 친권을 놓고 법정공방이 벌어졌던 경우를 비롯하여, 얼마 전 미국의 한 대리모가 자신을 빗대어 "나는 빵을 굽는 오븐과 같다"라고 발언하여 모든 사람들에게 충격을 주었고, 국내에서도 각종 언론 매체들에 의해 경제난을 해소하는 방편으로 일본인의 대리모가 된 한국여성을 보도하며 사회적 파장을 일으킨바 있다.

대리모 출산(임신)은 여러 가지 인공수정의 방법 중 하나로 볼 수 있으며, 일반적으로 넓은 의미의 인공수정이란 남녀 간의 자연적인 성행위에 의하지 않고 특수한 방법에 의하여 이루어진 모든 인위적인 임신형태를 가리킨다. 인공수정의 방법은 불임의 원인이 남편과 아내 중 한 사람에게 있는지 또는 양자 모두에게 있는지에 따라 체내수정(좁은 의미의 인공수정), 체외수정, 대리모 임신 등으로 나누어지며 각각의 특성을 구분해보면 다음과 같다.

첫째, 체내수정(좁은 의미의 인공수정)은 남성의 정자를 여성의 체내에 인공적으로 주입하여 임신케 하는 배우자간 인공수정(AIH: Artificial Insemination by Husband)과 남성에게 불임의 원인이 있을 경우 제3자의 정자를 여성의 자궁에 주입하여 임신케 하는 비배우자간 인공수정(AID: Artificial Insemination by Donor)을 말하며, 이때 여성의 자궁에는 아무런 불임요소가 없다.

둘째, 체외수정시술, 즉 '시험관아기시술'의 첫 번째는 '과배란 유도'이다. 성숙한 난포의 수가 많으면 채취할 수 있는 난자의 수도 많아지고 그래서 더 많은 난자를 얻기 위해 난포 발달을 촉진하는 약물을 투여하여 더 많은 수의 난포를 성장시킨다.

셋째, 대리모임신이란 다른 여성을 대신하여 임신을 해주는 것을 말한다. 즉 다른 여성의 자궁을 빌리는 것을 말하는 데 대리모가 필요한 경우로는 난소 기능은 있지만 자궁이 없거나 자궁이 있어도 기능이 없는 경우를 말한다. 자궁 출혈이나 종양으로 자궁을 들어낸 경우나 수차례의 소파수술로 자궁내막의 유착이 심해 자궁의 기능이 없어진 경우 또는 자궁 기형으로 인해 아기를 못 갖는 경우 등이 대리모의 이용하여 아이를 갖게 된다. 난임은 어느 한 쪽의 잘못이 아니기에 혼자서 걱정하고 고민하기보단 의료기관을 찾아 원인을 발견하고 치료하는 것이 중요하다.

인공수정은 여성의 배란시기를 맞추어 자위행위로 채취된 남편의 정액을 특수 처리하여 좋은 정자만을 모은 후 가느다란 관을 통하여 여성의 자궁강 내로 직접 주입함으로써, 자궁경부를 통과하는 동안 정자의 수와 운동성의 소실을 방지할 수 있도록 도와주어 자연적인 임신을 유도하는 불임치료 방법이자 인공임신의 첫 단계에 해당이 된다. 수정은 자연 임신에서와 마찬가지로 나팔관에서 일어나므로 적어도 한쪽 나팔관은 정상이어야 하고 자연배란을 이용하기도 하나 임신 확률이 낮은 편이므로 대개 생리 3~5일째부터 먹는 배란 촉진제인 클로미펜을 복용하거나 생리 3일째부터 배란촉진 주사를 맞으면서 여러 개의 난자를 배란시켜 과 배란 인공수정을 실시하게 된다. 인공수정은 비교적 간단하고 시술 비용의 부담이 적기 때문에 불임 기간이 짧고 경미한 불임증의 환자에게 효과적인 치료가 될 수 있지만 여성의 나이가 35세 이상, 불임 기간이 긴 경우, 중증 질환의 경우에는 시험관아기 시술을 고려해야 한다.

현대적 맥락에서의 대리모는 정자 제공자와 접촉 없이 임신이 이루어진다는 점에서 과거의 씨받이와는 차이가 있다. 바로 이런 이유에서 대리모는 현실적으로 쉽게 받아들여진다. 과거에는 주로 친인척들이 대리모로 나섰으나, 2~3년 전부터는 중국동포들이 대리모의 역할을 하는 경우가 늘어나고 있다. 국내 대리모에 비해 사례비(1~2천만 원 정도)가 적게 들 뿐 아니라, 친권 및 상속권 분쟁의 가능성이 적고 익명성이 확실히 보장 된다는 점이 중국동포의 상대적 장점으로 부각되고 있다. 이런 가운데, 금전을 대가로 한 대리모 출산과 정자·난자 거래를 금지하는 정부의 '생명과학 보건안전윤리법' 시안이 발표되면서 이 문제는 현실적으로 더욱 심각한 함의를 띠고 있다.

대리모란 보수를 받고 대리로 임신출산을 하여주는 제3의 여성을 뜻한다. 이 같은 임신 및 출산방법은, 남편 혹은 부인의 불임을 위해서 하는 비상수술 단계이다. 특히 부인에게 자궁유착, 자궁적출 등의 문제로 인하여 자신의 자궁에 의한 임신이 불가능한 여성에게 출산한 아이의 유전적 어머니가 될 수 있는 유일한 방법이며 임신시 신체적 ·정신적으로 위험에 노출되어 있기 때문에 임신을 기피하는 여성에게 위험을 극복하는 대안이 될 수 있다. 이러한 이유 때문에 대리출산은 임신의 불편함을 피하기 위한 방안으로도 악용될 가능성이 있다.

대리모임신은 대리출산(surrogate birth)이라고도 하며, 보수를 받고 대리로 임

신 출산을 하여주는 제3의 여성을 대리모(surrogate mother)라고 한다. 대리모임신이란 불임부부의 의뢰에 따라 제3의 여성에게 인공적으로 수정시키거나, 수정란을 이식하여 임신 및 출산하게 하는 방법이다. 대리모 출산은 자궁유착, 자궁적출 등의 자궁기능의 장애로 인하여 자신의 자궁에 의한 임신이 불가능한 여성에게 출산한 아이의 유전적 어머니가 될 수 있는 유일한 방법이다. 생식보조술의 찬반 논쟁에서 생식 보조술은 아기를 갖고 싶어도 자연 임신이 되지 않아 인공적으로 임신을 유도하는 것으로 인공 수정은 여성의 몸 안에서 수정하여 임신에 이르게 하는 방법이며, 시험관 아기 시술은 밖에서 수정란을 만들어서 배양한 후에 배아를 자궁에 넣는 방법이다. 생식 보조술 찬성 입장의 논거는 불임부부의 고통을 덜어주고 행복을 키워 줌으로서 부부의 행복 추구권, 자기 결정권이 배아의 생명권보다 우선이라고 생각한다.

생식 보조술의 반대 입장의 논거는 사용 후 남는 수정란은 폐기, 보관에 관한 문제, 비배우자 간의 시험관 아기 시술, 대리모 문제, 가족의 의미에 대한 문제, 인간 생명·경제적 보상의 문제를 가져올 수 있다.

우리나라 부부 7쌍 중 한 쌍이 겪고 있는 난임은 1년 넘게 아이가 생기지 않거나 만 35세 이상의 여성의 경우 6개월 이상 임신이 되지 않는다면 난임 검사를 받아보는 것이 좋다.

대리모를 통한 대리 임신에 대해서는 전문가들도 의견이 엇갈린다. 불임부부의 고통을 덜어줘야 한다는 점에는 모두 공감하지만 그 실현 방식에 대해서는 일치된 의견을 찾기 어렵다. 다른 나라들의 사정도 일정한 철학 없이 제각각이어서 한국식 해법을 모색해야 한다는 지적이 많다. 우선 정부가 명확한 실태 조사를 하고, 이에 따른 사회적 합의를 추진하는 게 급선무라는 데는 모든 전문가들이 동의하고 있다.

1) 대리모의 유형

대리모의 유형에는 여러 가지 유형이 있다. 하지만 대표적으로는 두 가지 유형으로 나뉜다. 첫 번째 유형은 유전적 대리모가 있다. 유전적 대리모는 가장 전형적인 대리모의 형태로 처에게 불임원인이 있는 경우에 자궁에 이상이 있어 수정란이 착상하지 못하는 부인의 난자와 정상 남편의 정자를 수정시킨 수정란을 대리모의 자궁에 착상시키는, 자궁을 빌려주는 역할의 대리모이다. 이런 경우는 유전적으로 완벽하게 원래 부부의 친자가 된다.

두 번째 유형은 자궁에도 이상이 있고 난자도 문제가 있는 아예 불임인 아내 대신 대리모의 난자에 남편의 정자를 인공수정시키는 형태로 난자까지 제공하는 역할의 대리모이다. 이런 경우는 유전적으로 남편의 유전자만 받은 아이가 되며, 어떻게 보면 과학 기술이 발달한 현대판 씨받이라고도 할 수 있겠다.

첫 번째 경우는 난자를 제공하는 사람은 부인으로 유전적으로는 대리모와 전혀 연관이 없고 단지 임신과 출산의 과정만을 대신해주게 된다.

① 정상적으로 난자는 배출되지만 자궁에 이상이 있을 때 가령, 자궁적출을 하여 자궁이 없는 경우나 자궁이 기형인 경우

② 습관성 유산 등으로 배란, 수정, 착상까지는 가능하지만 자꾸 유산이 되는 경우

③ 극심한 당뇨병이나 고혈압으로 임신을 피해야하는 경우에 건강한 대리모의 자궁을 빌려서 출산을 한다는 것이다.

완전 대리모란 부부의 정자와 난자를 채취하여 체외 수정시켜, 이 수정란을 처 이외의 제 3자의 자궁에 착상시켜 임신 및 출산하게 하는 방식을 말한다. 이 때에 임신 및 출산하는 여성도 대리모라고 할 수 있을 것이다. 이러한 대리모를 특히 출산대리모 또는 자궁대리모라 하며 특히 대리모가 출산자와는 유전적으로는 전혀 무관계하다는 점에서 완전대리모라고도 불린다. 대리모의 유전인자가 아닌 의뢰인 부부의 유전인자가 그래도 아이에게 이어진다는 점에서 의뢰인에게는 선호될 여지가 많다. 다만 의뢰인 부부의 처에게 배란이 존재하는 등의 조건이 전제된다는 점에서 첫 번째 유형의 대리모제도보다는 활용범위가 적을 수도 있다. 그러나 이와 같은 출산대리모제도는 불임을 극복하기 위한 수단을 넘어 미용상의 목적, 사회경력의 유지 목적 등 사회적으로 승인하기 어려운 목적을 위해서 악용될 여지가 매우 높다고 할 것이다. 나아가 대리모인 여성은 타인을 위한 출산도구로 사용 된다는 점에서 사회 정책적으로 바람직하지 못하다는 비판이 강하게 제기되고 있다.

또한 제 3자의 난자와 남편의 정자를 수정하여 또 다른 제 3자인 대리모에게 출산시키는 경우 처에게 난자가 생성되지 않거나 허약한 체질, 고령 등을 이유

로 출산도 불가능한 때에는 제 3자의 난자와 남편의 정자를 수정하여 또 다른 제 3자인 대리모에게 출산시키는 방법도 가능할 것이다. 대리모의 난자를 이용할 때 아이에 대한 애정이 발생하여 대리모에 의해 아이의 인도가 거부되는 것이 배제될 가능성이 많다는 점에서 이와 같은 대리모의 유형이 불가능한 것은 아니다. 또한 의뢰인 부부의 입장에서 어차피 제3자의 난자를 통하여 임신해야 하는 경우라면 우성의 난자제공자와 또한 신체적으로 건강한 대리모를 분리하여 출산하게 하려는 것도 현실적으로 있을 수 있다.

2) 대리모 계약의 내용

(1) 대리모 계약

대리모 출산이란 여성의 자궁에 있어 임신이 불가능할 경우, 타인의 자궁을 빌려 아이를 갖는 것을 말하며, 통상 체외수정을 통해 남편과 아내 양쪽의 유전자가 다 있는 수정란을 대리모의 자궁에 이식해 출산하는 것을 말한다. 남편과 성관계로 이뤄지는 씨받이와는 다른 개념이다. 바로 여기에 함정이 있는 것은 아닌지 생각할 문제이다.

대리모 계약은 여성의 인간성을 말살하며 출생한 아이를 거래의 대상인 상품으로 여긴다는 점에서 비인간적인 계약이며 출산 이후 친권 분쟁으로 인한 대리모의 법적 지위 및 아이의 복리 문제가 대두될 수 있다는 점에서 무효의 여지가 있는 계약이다. 또한 대리모 약정을 국민의 대다수가 부정적으로 바라보고 있다는 점에 비추어 보았을 때, 이를 선량한 풍속, 기타 사회질서에 반하는 계약으로 바라보아도 무방하다. 실제로 하급심 판결 중에서는 대리모 계약을 무효라고 판단한 예(대구지방법원 91가합8269)도 있다. 이러한 사회적인 합의가 부존재하며 여러 문제가 있다는 점을 차치하고서라도 대리모 계약은 법적으로도 용인될 수 없다. 민법 제927조는 친권의 사퇴를 규정하며 정당한 사유와 법원의 허가가 있을 경우에만 이를 허용하고 있다. 그러나 대리모 계약은 이러한 요건의 충족 없이 실제 산모와 출생자의 친권 관계를 부정하고 정자와 난자의 제공자에게 친권을 인정하려는 목적을 가지고 있기에 현행법상으로도 허용될 수 없음이 자명하다. 따라서 강행규정인 민법 제927조에 위반하였다는 사실은 대리모 약정이 선량한 풍속 기타 사회질서에 반하는 계약이라는점에서 강화시키고 있다. 그러나 대리모를 고려하는 경우는 다음과 같다.

① 난소의 기능은 정상적이지만 자궁이 없는 경우
② 선천적으로 자궁에 기형이 있어 임신을 유지하지 못하는 경우
③ 심한 질환 등으로 임신이 여성에게 생명의 위협을 초래할 때
④ 난소가 아예 없거나 난소의 기능이 점점 떨어지는 여성
⑤ 조기 난소 부전으로 가임 능력이 없는 난자를 생산하는 여성
⑥ 아이에게 전달 될 수 있는 유전질환이 있거나 의학적인 문제가 있는 여성

대리모의 조건으로서 이상적인 대리모는 상대적으로 젊어야 하고, 부작용이 없어 임신을 성공적으로 수행한 경력이 있어야 한다. 그리고 흡연이나 음주, 불법 마약을 하거나, 위험한 성생활, 당뇨나 Rh감작 같은 질환처럼 태아의 건강을 위협하는 요소를 가지고 있지 않아야 한다. 완벽한 병력 청취와 신체검진, 감염성 질환에 대한 검사 등도 매우 중요하다. 대리모의 자궁을 평가하고, 정신적인 평가를 하는 것도 필요하다.

(2) 법적근거

최근에 인공수정, 시험관아기 등 의학기술이 발달하면서 불임부부가 인공수정이나 입양 외에 다른 여성의 대리 임신·출산을 통하여 유전적으로 연관이 있는 출생아를 얻을 가능성이 확대된다. 이렇게 불임부부가 대리모출산으로 자녀를 얻고자 하는 경우 출생아에게 체외수정시술방법에 따라 의뢰모, 유전적모 및 대리모가 존재할 수 있다. 그럼으로써 친자관계, 친권 및 양육권, 전통적인 가족제도의 정당성과 보호, 인권침해, 출생아의 생명과 존엄성 등 복합적인 문제가 발생할 수 있으나, 우리 사회는 이에 관한 법적·사회적·윤리적 기준이 명확하게 정립되어 있지 않다. 이와 같이 대리모행위를 규제하는 법적 근거가 없는 상태하에서 국내·외 알선조직을 통하여 인터넷상으로 국경을 넘어서까지 대리모출산 거래가 암암리에 이루어지고 있어, 국민의 건강권 특히 여성인권이 침해될 위험이 높다. 따라서 누구든지 영리를 목적으로 대리모를 알선하거나 유인하는 대리모 중개 행위를 금지하여 사회적·윤리적 및 안전성측면에서 인간의 존엄성과 생명을 보호하려는 데 있다.

금전 또는 재산상의 이익, 그 밖의 반대급부를 조건으로 자녀를 원하는 혼인 중인 부부에게 대리모를 연결시켜주거나 대리모 계약체결의 기회를 알려주는 대리모 중개 행위를 하여서는 아니 된다. 그리고 금전 또는 재산상의 이익, 그 밖의 반대급부를 조건으로 대리모 중개 행위를 하거나, 대리모 중개 행위로 인한 대리모의 임신·출산을 위한 인공수태시술을 한 자에게 3년 이하의 징역에 처하는 것으로 하고 있다. 그러나 만약 이러한 대리모 약정이 사법적으로 유효하다고 하더라도 피고인에게는 아래와 같은 이유로 배임죄가 성립하지 않는다.

즉 사무의 재산관련성이다. 대법원은 배임죄에 있어서 타인의 사무라 함은 신임관계에 기초를 둔 타인의 재산의 보호 내지 관리의무가 있을 것을 그 본질적 내용으로 한다고 판시하고 있다. 이 사건의 대리모 약정의 경우 비록 피고인이 생활비 명목으로 금전을 교부받은 일이 있기는 하나 대리모 계약상 의무는 아이를 출산하는 것으로서 그 성질상 재산의 보호 내지 관리에 관한 것이라고 볼 수 없다. 또한 피해자가 물질적 피해보다는 낙태로 인한 정신적 피해에 가중을 두고 있는 점을 미루어 보았을 때 당사자 간 계약의 주목적은 재산에 관한 것이 아니었음을 알 수 있다. 결론적으로 배임죄의 행위주체가 되기 위한 요건에 있어서 사무의 재산관련성을 요구하는 대법원의 태도에 기초하자면 설령 대리모 약정이 사회질서에 반하지 않아 유효라고 하여도 피고인은 배임죄의 주체가 될 수 없다는 점이다.

대리모 계약은 여성의 인간성을 말살하며 출생한 아이를 거래의 대상인 상품으로 여긴다는 점에서 비인간적인 계약이며 출산 이후 친권 분쟁으로 인한 대리모의 법적 지위 및 아이의 복리 문제가 대두될 수 있다는 점에서 무효의 여지가 있는 계약이다. 또한 대리모 약정을 국민의 대다수가 부정적으로 바라보고 있다는 연구결과에 비추어 보았을 때, 이를 선량한 풍속, 기타 사회질서에 반하는 계약으로 바라보아도 무방하다. 실제로 하급심 판결 중에서는 대리모 계약을 무효라고 판단한 예(대구지방법원 91가합8269)도 있다. 이러한 사회적인 합의가 부존재하며 여러 문제가 있다는 점을 차치하고서라도 대리모 계약은 법적으로도 용인될 수 없다. 민법 제927조는 친권의 사퇴를 규정하며 정당한 사유와 법원의 허가가 있을 경우에만 이를 허용하고 있다. 그러나 대리모 계약은 이러한 요건의 충족 없이 실제 산모와 출생자의 친권 관계를 부정하고 정자와 난자의 제공자에게 친권을 인정하려는 목적을 가지고 있기에 현행법상으로도 허용될 수 없음이 자명하다. 따라서 강행규정인 민법 제927조에 위반하였다는 사실은 대리모 약정이 선량한 풍속 기타 사회질서에 반하는 계약이라는 점을 더욱 강화시켜주고 있다.

2. 대리모의 찬반이론

우리나라의 대리모의 현실을 조사해 보면, 우리나라의 불임 부부는 약 100만 쌍이며 그 수는 갈수록 늘어나고 있으며 그 속도 역시 빨라지고 있다. 또한 현재 신생아 출산의 10% 이상이 대리모를 통해 출산 한 것이라고드 보며, 이는 실제로 생각보다 높은 수치이다.

그렇다면 대리모가 사회에 미치는 긍정적인 측면과 부정적인 측면은 다음과 같다.

1) 긍정적인 측면

먼저 긍정적인 측면은 다음과 같다.

① 불임 부부에게 그들의 유전자를 이어 받은 아이를 가질 수 있는 유일한 방법이다.

② 저 출산율이 갈수록 심각해져가는 현재 대리모 제대가 건강하게 활성화된다면 어느 정도 도움이 될 수 있다.

③ 불임부부의 행복 추구권을 해소해 줄 수 있다.

④ 대리모 여성의 가난을 일부분 해결해 줄 수 있다.

⑤ 실제로 벌어지고 있는 아기 매매나 입양 암거래와 같이 더욱 심각한 문제들을 없애줄 수 있다.

불임여성의 입장에서 대리모는 하나의 희망일 수 있다. 부부가 자신의 유전이 깃든 아이를 갖고 싶다는 것은 어떤 부부든지 원하는 것이다. 이러한 부부를 위해 비상업적인 측의 대리모는 필요할 것이다. 상업적인 방법으로 대리모가 직업화되는 것은 현대 사회든, 미래 사회든 그것은 분명 문제가 될 것이다. 하지만 사회는 비상업적인 방법으로 불임부부와 대리모의 합의하에 이루어지는 대리모

행위는 고쳐할 여지가 있으며, 법적 제도를 갖추어야 한다. 또한 대리모를 행하는 부부는 대리모의 자유와 보호를 보장해 주어야 하고 대리모 역시 불임 부부를 위해 정성과 성의를 다하여 할 부분이기도 하다. 단지 대리모를 생명존중에 어긋난다거나 불법행위라고 보는 게 아니라 불임 부부가 자신의 아기를 갖고 싶다는 소망을 이뤄주는 수단이 대리모라고 정의 한다면 소중한 생명을 탄생시킬 수 있는 '생명 받이'로써 대리모를 다시 한 번 생각 하게 될 것이다. 소중한 생명의 탄생에 금전적 거래가 오가서는 안 될 것이다. 궁극적으로는 대리모 문제는 장기 이식의 모델을 바탕으로 그 사회적 규칙이 확립되어야 할 것이다.

대리모를 우려하는 쪽에서는 태어난 아기의 어머니가 누구인가를 비롯한 법적·윤리적 문제를 이야기한다. 사회적 합의가 없는 현재 대리모 문제는 크게 3가지 문제가 있는 것 같다. 첫 번째는 아이의 부모가 누구인지에 대해서 명확하지가 않다는 점이다. 두 번째는 임신으로 인해 대리모의 건강에 문제가 생길 수 있음에도 대리모가 보호될 수 있는 장치가 아무 것도 없다는 점이며, 세 번째는 대리모의 자궁 속의 아이나 태어난 아이가 기형아일 때 문제가 생길 수 있다는 점이다. 이 3가지 문제 중 어느 것 하나 만만하게 얘기할 수가 없다. 대리모 문제에 대해서 우려하는 입장에 대해서는 충분히 공감하나 무조건 대리모 문제를 반대하는 것도 고려해 볼 사안이 될 수 있다.

2) 부정적인 측면

부정적인 측면을 제시하면 다음과 같다.

① 생명을 사고파는 행위의 부정적인 측면을 무시할 수 없다.
② 여성의 난자와 자궁이 상업적으로 이용된다는 것 또한 부정적인 측면이다.
③ 호적, 상속법 등에서 문제가 될 가능성이 높다.
④ 대리모를 통해 얻은 아이가 추후에 그 사실을 알게 되었을 때 정체성의 혼란을 겪을 수가 있다.

3) 문제점

① 어떤 불임부부는 자신들이 아이를 가질 권리가 있다면서, 아이를 갖고자

다른 여성에게 비용을 지불할 계획을 주장하고 있다. 이에 대한 문제는 없는가하는 요지이다.

'대리모'는 보통 아내가 불임일 때 남편의 정자로 다른 여성이 인공 수정을 하는 것을 말한다. 경우에 따라 체외 수정된 부부의 배아를 대리모가 이식받기도 한다. 대리모는 아이를 낳아 주는 대가를 받고, 출산과 동시에 계약을 맺었던 부부에게 아이를 양도한다. 교황청 신앙교리청이 '생명의 선물'에서 말한 것을 정리하면 다음과 같다.

첫째, 대리모는 어머니가 가지는 모성적인 사랑의 의무를 제대로 수행할 수 없게 한다.

둘째, 비록 과학 기술로 이루어지는 것이라 해도 대리모는 부부 사이의 정절을 깨뜨린다.

셋째, 아이는 자기 어머니 자궁 속에서 임신되고 발달하며, 바로 그 부모를 통하여 세상에 나와 성장해야 하는 권리와 존엄성이 있는데 아이의 존엄성을 해친다.

불임 부부의 고통을 이해하지만, 한 생명이 그저 자신들이 바랄 때 돈과 기술과 거래로 이루어지고 만들어질 수 있는 것으로 격하시키는 대리모 시스템을 좀 더 깊이 숙고하고 그 안에 어떤 위험요소들이 있는지 살펴봐야 할 것이다.

② 대리모는 바람직한 자질들, 예를 들어, 외모, 건강, 수정 능력을 바탕으로 선택된다. 또 그들은 일정 기간 몸을 제공한 데에 대한 대가를 받고 이내 무대에서 사라진다. 이때 여성은 고유한 한 인격체가 아니라 아이를 획득하기 위한 한 수단 혹은 물건으로 취급되어 그 존엄성을 크게 떨어뜨린다.

③ 대리모 여성들은 난자 채취의 과정에서 건강에 큰 위협을 받게 된다. 한 달에 한 개씩 나오는 난자를 한 번에 8~10여 개씩 '억지로' 배출되게 '과배란 유도제'를 투여하는 것 때문인데, 이 과정에서 20~30%의 후유증과 심한 경우 불임과 난소암을 동반할 수 있다고 한다.

④ 흥미롭게도 대리모와 부부가 맺는 대부분의 계약은 유전자 검사 결과 부부가 용납할 수 없는 기형으로 나올 경우 아기를 낙태하도록 강요하고 있다는 것이다. 자궁 안에서 아이는 계약상의 단순 재산으로 취급되고 있다.

⑤ 아이는 어느 누가 그 권리를 주장할 수 있는 물건이 아니다. 또 어떤 누군

가의 소유의 대상으로 고려될 수도 없다. 부부의 고결한 사랑의 결정적 증거이다

저출산 고령화 사회에 살아가는 현대에 있어서 혼인생활을 통하여 정상적인 자녀를 출산하는 것은 매우 숭고하고 고귀한 일이라고 생각한다. 그러나 부부관계를 맺고 사는 부부들이 자녀를 갖고 싶어도 자녀출산의 욕구를 충족시키지 못하는 불임부부가 상당히 많다는 것이다. 지금까지 불임부부들의 고통을 덜어주고 종족 본능에 따른 자녀출산의 욕망을 충족시키기 위하여 양자제도를 이용하거나 또는 변칙적인 혼인 외의 출산방법도 있었으나, 전통적으로 강한 혈통중심주의를 고집하는 불임부부들은 감성적인 성적 욕망과 거의 불가분의 관계에 있는 본인의 자녀를 원하고 있다는 것이다. 따라서 첨단과학 의료기술 및 유전공학을 통하여 직접적인 성관계를 갖지 아니하고 적법한 부부 사이에 인공수정을 통한 임신으로 커다란 희망을 가지게 되었고, 윤리적·도덕적으로 뿐만 아니라 법적으로도 아무 문제가 되지 않는다. 그러나 인공수정과 체외수정으로도 자녀를 가질 수 없는 경우 불임부부들의 애타는 염원은 법은 물론이고 대부분 대리모출산에 있어서 많은 기대를 가지고 있다.

이에 새로운 방법의 창출이 불가피한 상황에서 등장하게 된 것이 바로 대리모계약이다. 이제 대리모계약에 의한 자녀 출산은 더 이상 남들이 말하는 이야기만은 아니다. 그러나 우리나라는 대리모 출산을 둘러싼 가족법이나 모성추정에 대한 법률이 없을 뿐만 아니라, 이에 대하여 많은 고민을 한 적은 없었다. 생명윤리 및 안전에 대한 법률의 제정과정에서 처음에 의논은 있었지만 이것을 바로 법률로 채택하지 못하여 일반적으로나 윤리적으로도 많은 문제가 발생되었다. 한편 법률적인 해석의 어려움은 물론 윤리적인 문제에도 있어도, 대리모에 의한 출산은 암암리에 성행하고 있으며, 현재까지 우리나라는 법이 사회질서에 반한다는 사유로 그 법률행위를 무효로 하고 있는 상태이다. 따라서 대리모계약의 문제는 미풍양속과 사회질서에 반한다고 무효로 한다는 것은 대리모들의 권리와 그 계약에 의해 탄생한 자의 복리에 있어서 상당한 사회적인 문제가 될 것으로 본다. 따라서 대리모계약의 법적인 문제에 대해서는 일반적으로 의학적인 방지책이 수립되어야 한다.

제2절 대리모 사례

우리나라의 불임 부부는 약 100만 쌍으로 그 수는 갈수록 늘어나고 있으며 그 속도 역시 빨라지고 있다. 그리고 산부인과 의사들은 현재 신생아 출산의 10% 이상이 대리모를 통해 출산 한 것이라고 하나 실제로 생각보다 높은 수치이다. 대리모라는 말에 이어서 대리부라는 말도 있다. 최근 국내에서 대리모와 대리부를 알선해 주는 불법사이트가 1년 새 무려 45% 이상 증가한 것으로 나타났다. 특히나 대리부의 수요와 공급이 대리모를 앞선 것으로 나타났다. 남편도 대리 시대이다. 합법적으로는 인공수정이라는 수술이 있다. 최근에 외국뿐만 아니라 한국 같은 경우에도 결혼하지 않은 상태에서 아이를 갖겠다는 여성들도 늘어나는 사회적인 문제가 발생하고 있다.

실제로 불임 진료 환자 현황도 최근 5년간에 무려 13.5%나 증가했다는 조사 결과도 있다. 이렇게 불임부부가 갈수록 늘어나 특히 저출산 시대에서 심각한 문제이다. 이렇게 불법 대리부, 대리모를 근절하기 위한 사회적인 대책이 요구된다.

대리모문제는 크게 4가지 유형이 있다. 기본적으로 대리모가 있는 경우, 대리부가 있는 경우, 어떤 케이스는 대리모와 대리부 둘 다 요청하는 유형, 끝으로 난자 매매를 들 수 있다. 여기에 배아에 문제가 있기 때문에 생명윤리 및 안전법이 시행이 되고 있다. 그래서 잉여 난자 같은 것을 매매를 할 경우에는 1년 이하의 징역 내지 2,000만 원 이하의 벌금에 처해지는 불법행위이다. 우리나라 같은 경우에는 초저출산시대, OECD 중 거의 출산율이 제일 낮은 국가이다. 그래서 각종 지원책으로서 현 44세 이하의 전국 평균 가구소득 150% 이하인 가정에 인공수정 3회, 체외수정 6회를 제공, 지원하고 있다. 사실 1회당 체외수정 같은 경우에는 500만원이 넘고 있어 실제로 불임부부가 30대 초반이기 때문에 경제적으로 어렵다. 그래서 이 부분에 대한 적극적인 예산지원이 필요하다.

2017년도 하반기부터 난임 치료를 위해서 1년에 3일간 무급으로 휴가를 사용할 수 있다.

공무원도 법적으로 휴가를 받을 수 있다. 임산부라면 누구나 1인당 50만원의 진료비 혜택을 받을 수 있으며, 다태아나 쌍둥이의 경우엔 20만원이 추가 지원

된다.

대리모(代理母, surrogate mother)는 언급한 바와 같이 말 그대로 대리출산(surrogate birth)을 해주는 사람으로 대리모에는 크게 두 가지 유형의 대리모가 있는데,

첫 번째 유형은 자궁에 이상이 있어 수정란이 착상하지 못하는 부인의 난자와 정상 남편의 정자를 수정시킨 수정란을 대리모의 자궁에 착상시키는 자궁을 빌려주는 역할의 대리모이다. 이런 경우는 유전적으로 완벽하게 원래 부부의 친자이다.

두 번째 유형은 자궁에도 이상이 있고 난자도 문제가 있는 아예 불임인 아내 대신 대리모의 난자에 남편의 정자를 인공수정 시키는 형태로, 난자까지 제공하는 역할의 대리모이다. 이런 경우는 유전적으로 남편의 유전자만 받은 아이로 어떻게 보면 과학 기술이 발달한 현대판 씨받이라고도 할 수 있겠다.

본래 대리모를 찾는 이유는 불임 부부가 아이를 가지기 위해서 인데 시험관 아기 착상 기술의 안정성이 높아진 요즘에는 여러 가지 다른 이유로 대리모를 찾는 경우도 많아졌다.

그 중에서 가장 대표적인 이유로 여성의 경제활동과 몸 관리 부분이 있다. 아이를 임신하면서 경력이 단절되는 것을 우려한 여성들이나 아이를 출산하고 몸을 관리하기 어렵거나 신체가 병약하여 임신이 꺼려질 경우, 부부가 합의 하에 대리모 출산을 하는 경우가 많다고 한다.

우리나라도 고연령 결혼과 출산이 보다 보편화되면서 불임 부부의 비율도 매년 높아지고 있다. 비단 우리나라뿐만이 아니라, 세계적으로 이런 현상이 두드러지게 나타나고 있는데, 특히 인도의 경우, 2002년부터 대리모가 합법화되면서 '아기공장'이라는 오명으로 불리고 있다. 이밖에 중국도 출산규제가 완화되면서 대리모 출산이 크게 늘고 있으며, 대리모가 합법인 미국의 10여개 주에서도 대리출산으로 태어나는 아기가 점점 늘고 있다고 한다.

아이를 갖고 싶다는 소망에서 출발한 대리모는 인간 생명의 윤리적인 측면에서 볼 때 어디까지 허용되고 또 규제되어야 할까?

1. 태국의 대리모 출산 현황

호주 부모에게 버림받은 대리출산 장애아기 '가미'와 대리모 파타라몬 찬부아(21)이야기다.

태국 대리모에게서 태어났다가 장애를 이유로 호주 부모에게서 버림받은 아기 '가미' 사건을 계기로 태국의 대리모 출산 사업에 국제사회의 이목이 집중된 바 있다. 특히 일본인 남성 1명이 아버지인 아기 9명이 대리 출산했거나 임신 상태라는 의혹이 제기되면서 대리 출산 파문이 확대된 사태이다. 태국은 대리모 출산을 허용하고 있으나, 이는 피를 나눈 친척 사이로 한정돼 있으며, 금전이 오가는 상업적 대리 출산은 금지하고 있다. 이 때문에 태국에서 발생하는 외국인 부부를 위한 대리모 출산은 대부분 불법이라고 할 수 있다.

불법 대리모 출산이 어느 정도 규모로 행해지고 있는지 구체적으로 집계되지 않고 있으나, 태국은 아시아에서 인도와 함께 대리모 출산 사업이 가장 성행하는 국가여서 대리 출산 규모가 작지 않을 것으로 추정된다.

언론들은 가미 사건이 발생한 직후 태국 여성에게서 대리 출산을 하는 호주인 부부들만 한 해 200쌍 정도될 것이라고 추산한 바 있다. 이처럼 태국에서 대리모 출산이 성행하는 것은, 현재 1인당 국민소득이 평균 6천 600달러인 이 나라에 가난한 여성이 많지만 의료기술은 부분적으로 선진국 못지않은 높은 수준에 도달해있기 때문이다.

태국은 동남아시아에서 싱가포르 다음으로 의료관광산업이 활성화돼 있으며, 이는 높은 의료기술 수준과 상대적으로 저렴한 의료비 때문이다.

가미의 대리모 출산을 담당했던 방콕 시내 병원은 의사 20여 명을 거느리고 대리 출산 서비스를 제공하고 있었으며, 가미 담당 의사는 대리출산 수백 건에 간여한 것으로 알려졌다.

또 상업적 대리 출산을 법으로 금지하고 있으나 법 체계와 집행이 느슨한 것도 대리 출산이 성행하는 요인이 되고 있다. 대리 출산을 해주는 태국 대리모는 1명을 출산할 때 30만 바트(약 960만 원)을 받는 것으로 알려졌다.

일본인 남성 1명이 아버지인 것으로 알려진 아기 9명 중 한 명을 임신 중인 여성은 아기 1명을 출산할 때 30만 바트, 2명을 출산할 때 40만 바트를 각각 받기로 했다고 경찰에서 밝혔다. 이에 앞서 경찰은 아버지가 동일인으로 알려진

아기 9명이 대리 출산했거나 임신 상태인 사실을 적발하고 이 사건의 경위를 조사한 바 있다.

아기들과 함께 발견된 유모 7명은 아기들을 돌보는 대가로 한 달에 1만 바트(약 32만 원)를 받고 있다고 말했다. 이 아기 8명을 출산한 대리모들과 생모의 신원은 아직 밝혀지지 않았다. 일각에서는 이 아기들의 출산이 태아 줄기세포 추출과 관련됐을 가능성이 있다는 우려를 제기하고 있으나 아직 구체적인 증거는 드러나지 않았다.

가미를 대리 출산했던 파타라몬 찬부아(21)씨는 출산 대가로 9천300 달러(약 960만원)를 받기로 했으나, 약속한 금액을 다 받지 못했다.

태국에서는 결혼한 부부만 대리 출산을 요청할 수 있으며, 과거 출산 경험이 있는 여성만 대리 출산을 할 수 있다. 또 불법 대리 출산 서비스를 제공한 병원의 운영자는 징역 1년, 벌금 2만 바트에 처할 수 있으나 그동안 처벌 사례는 많지 않았다.

태국에서는 이 사건을 계기로 대리 출산과 관련한 법 체계를 정비하고, 상업적 대리 출산을 엄격히 금지해야 한다는 여론이 높아지고 있다.

2. 중국의 아기 디자인

현재 대리모는 중국의 부자들 사이에서 성행하고 있다. 중국은 아직까지도 인구 억제 정책을 펼치고 있기에 1가구 2자녀 정책이 유지되고 있다. 그로 인해서 대리모를 통해서라도 자식을 더 얻고 싶어하는 부모들이 많다. 그런데 단순히 자식을 얻고 싶다는 것에서 그치지 않고 돈이 많은 부자들은 미국 국적을 갖고 있으며 실제로 미국에서 거주하고 있는 미국의 대리모들을 구하고 있다. 미국의 대리모를 통해 세상의 빛을 보게 되는 아이들을 통해서 가족 전체가 미국으로의 이민을 용이하게 하기 위한 목적이 있으며 그 아이를 통해서 본인의 자산을 해외로 유출시키려는 부모들도 있다. 게다가 중국의 부모들은 아이의 성별을 선택하려고 하며 여러 가지 조건들을 내세우고 그 조건에 맞춰지기를 바란다고 한다. 그로 인해 여아를 잉태한 대리모에게 낙태를 강요하기도 한다.

3. 인도의 아기공장

대리모로 인한 인간의 존엄성 무시와 자본사회의 어두운 면을 동시에 보여주는 사례인데 바로 인도의 아기공장이다. 전 세계 빈곤 인구의 큰 비중을 차지하는 인도에서는 대리모를 통하여 본인과 본인의 가족이 짊어지고 있는 가난에서 조금이나마 벗어나고자 하는 여성들이 많다. 그리고 그 대리모들을 관리해주며 대리모를 원하는 불임부부와 연결시켜주고 단체로 생활할 수 있게 해주는 숙소까지 운영하는 조직이 있다고 한다. 말 그대로 아기 공장이다. 세상에서 가장 숭고하며 고귀한 행위가 되어야할 생명의 잉태와 출산이 어지럽혀 진다고 볼 수 있다 대리모의 인권을 지켜주며 무엇보다 가장 소중하게 여겨야 할 대리모를 통해 세상으로 나올 아이를 지켜주기 위하여 대리모와 대리모 거래 그 자체를 국가적인 차원에서 관리할 수 있는 제도가 필요하다.

4. 동성애자와 대리모

레이디 가가라는 유명가수를 통하여 더욱 큰 이슈가 되고 있는 동성애와 인간의 기본적인 윤리와 연관이 큰 대리모가 복합적으로 어우러진 사례이다. 바로 동성애 부부가 본인들의 유전자를 지닌 아이를 만날 수 있는 유일한 방법이 대리모라는 것이다.

미국은 2017년 미국에서 대리모를 통해 2,000명 정도가 태어날 것이라고 추산했다. 영국에서 해외 대리모를 통해 태어났다고 등록된 아기는 지난해 기준 167명이다. 인도의 대리모 시장 규모가 한 해 10억 달러에 이른다는 보도도 있었다. 하지만 대리모 시술과 출산, 인계 과정에서 여성과 아이 인권은 대체로 소홀하게 다뤄진다는 지적이다. 인도에서는 대리모 신청자가, 영국에서는 대리모가 1차적인 법적 부모로 인정받는다. 만약 영국인의 신청으로 인도에서 태어나 버려진다면 아이는 무국적자가 될 수 있는 것이다.

시험관 시술의 특성상 쌍둥이 임신 가능성이 크기에 여성들은 유산 또는 제왕절개의 위험에 노출돼 있다. 열 달 동안 품어온 아이를 포기해야 한다는 산모의 심리적 고통도 무시할 수 없다. 법에서 금지하고 있는 난자매매와 알선까지도 그 범위가 확대될 가능성을 시사한다.

대리모제도는 많은 사회문제를 불러일으킬 가능성 또한 농후하다. 대표적인 사회적 문제들은 여성의 성 상품화 그리고 도구화이다. 대리모는 단순히 수정란을 착상시킬 자궁을 빌려주는 것뿐만 아니라 속된 말로 씨받이라고 불리는 직접성관계를 통한 자연임신 대리모까지도 나타나고 있는 실정이다. 자연임신 대리모는 대리모 그 원래의 취지뿐 아니라 매춘의 성질까지 띄고 있어 여성의 성을 상품화시키는 행위라고 볼 수 있다. 여성의 도구화도 사회문제라 볼 수 있는데, 대리모제도가 합법화되고 사회적으로 인정이 된다면, 여성을 아이 낳는 도구로 보는 사람들이 증가할 것으로 보인다. 이는 여성들이 노예로 전락하는 것과 마찬가지라고 할 수 있다.

또한 대리모를 통해 세상에 태어난 아이들도 상품의 일종으로 취급될 우려가 있다. 대리모제도는 부유한 계층에 속한 불임 부부들이 경제적으로 열약한 상황에 놓인 대부분의 대리모들을 착취하는 경향이 있다.

의학발전으로 그 기술적 한계를 극복하여 대리모에 의한 자녀의 출산이 가능하게 됨에 따라 국내외에서 대리모에 의한 출산이 빈번하게 이루어지고 있으며 앞으로는 그와 같은 추세가 더욱 늘어날 것으로 전망된다. 그런데 대리모제도를 둘러싼 법적 쟁점을 해결하기 위한 법 규정이 없는 현재의 상황에서 분쟁을 합리적으로 풀기에는 그 한계가 있다.

대리출산이 이루어진 경우, 야기될 법적 분쟁의 심각함을 고려할 때, 대리출산 후에 사후적으로 분쟁을 해결하기 보다는 사전적으로 대리모제도에 의한 출산을 규율할 입법의 필요성이 더욱 부각된다. 이러한 점을 고려할 때 관련규정의 입법 작업은 불가피하다.

대리모제도에 대한 세계의 입법태도는 대체적으로 절충적 입장을 취하여 일정한 조건을 구비한 대리모계약의 유효성을 인정하고 출생한 아이의 부성과 모성을 정하는 내용을 규율하는 방법을 취하고 있다.

대리모제도의 관련규정을 제정할 때, 고려되어야 할 기본요소들에 대해서 검토해 보았다. 대리모의 난자를 이용하는 유전적 대리모는 금지되어야 한다. 또 대리출산을 위한 반대급부가 없는 이타적 대리모만이 인정되며, 대리모를 중개하는 기관은 등록하도록 해야 한다. 나아가 대리모제도 이용을 위해서는 법원에 의한 사전적 검증이 있어야 한다.

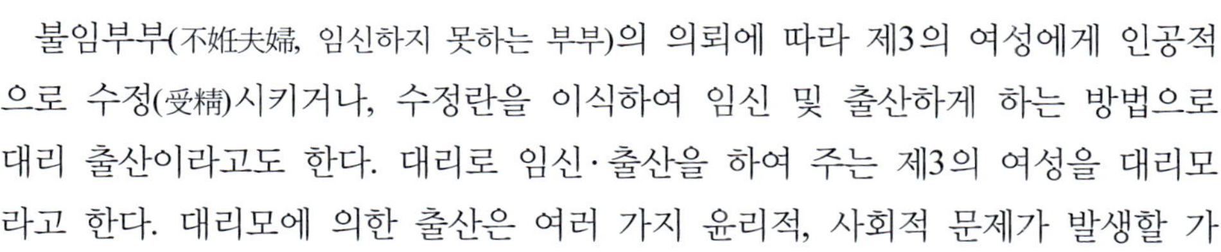

제3절 대리모에 관한 관점

불임부부(不姙夫婦, 임신하지 못하는 부부)의 의뢰에 따라 제3의 여성에게 인공적으로 수정(受精)시키거나, 수정란을 이식하여 임신 및 출산하게 하는 방법으로 대리 출산이라고도 한다. 대리로 임신·출산을 하여 주는 제3의 여성을 대리모라고 한다. 대리모에 의한 출산은 여러 가지 윤리적, 사회적 문제가 발생할 가능성이 높다.

1. 윤리적 측면에서 대리모

우리나라의 불임 부부는 약 100만 쌍이며 그 수는 갈수록 늘어나고 있으며 그 속도 역시 빨라지고 있다고 한다. 그리고 산부인과 의사 133명을 대상으로 한 설문조사 결과 67.5%의 의사들은 현재 신생아 출산의 10% 이상이 대리모를 통해 출산 한 것이라고 밝혔으며 이는 실제로 생각보다 높은 수치이다.

1) 대리모 거래의 음성화

대리모 거래가 음성화가 되면 될수록 공급과 수요를 이어주는 다리 역할인 브로커들의 힘은 강력해 질 것이다. 이는 불임부부와 대리모의 부담이 더욱 커지게 될 것이며 특히 대리모의 인권 침해가 심각하게 우려되는 상황이다. 따라서 대리모 제도는 사회윤리적 측면외에 입법화 되어 국가적으로 다뤄져야 할 문제이다.

2) 대리모의 윤리적 문제 고려사항

① 대리모란 생명을 거래하는 것으로 인간의 윤리적인 측면에서 부정적인 면을 고려하여야 한다.

② 중국의 사례와 같이 국적 취득이라는 목적을 위해서 미국과 같은 선진국의 국적을 갖는 대리모를 찾을 가능성에 대한 문제도 고려하여야 한다.

③ 중국의 또 다른 사례처럼 아기를 디자인하게 될 수도 있다. 즉 성별을 선

택할 수 있다거나 대리모의 유전자 및 건강상태, 건강한 난자와 정자들 그러나 이러한 것들이 반드시 나쁘다고만 할 수 없는 부분도 있으나 기타 성별의 선택 등에 대한 논의도 고려되어야 한다.

④ 대리모들의 인권 침해 가능성이 있다. 특히 인도와 같은 사례에서처럼 마치 대리모 제도를 통해 아기들을 생산해 내는 공장과 아기를 생산하는 기계로 전락할 수 있다.

⑤ 과도한 난자 채취로 인하여 대리모의 건강을 크게 해칠 수 있다. 또한 아기가 기형이 되었을 시에 낙태를 강요할 수 있다. 그렇게 되면 2차, 3차적 피해가 발생한다.

⑥ 동성애 부부들이 대리모 제도를 통해서 그들의 아이를 가질 수 있게 된다. 굉장히 예민한 부분이지만 동성애가 사회에 악영향을 미치는 부분이 있기 때문에 이러한 부분은 짚고 넘어가야 할 문제이다.

대리모에 있어서 우선적으로 문제가 되는 것은 상업적 이익을 위해 임신하는 윤리적인 측면이다. 도덕적으로 가장 큰 문제가 되는 것은 그것이 인간의 존엄성을 훼손한다는 점이다. 즉 인간 존재가 교환의 대상으로 전락하게 될 때 인간의 존엄성은 여지없이 무너져 버리기 때문이다. 대리모는 교육배경, 건강, 용모, 나이 등에 따라 등급이 정해지게 되는 바, 이는 사람을 등급화하고 차별하는 새로운 인종차별이다. 자식이 없는 것, 즉 불임은 당사자의 죄의 결과로 생각하는 견해는 성경적이라 할 수 없다. 성경은 자식을 낳지 못하는 인물들에 대해 다룰 때 그 사실만을 서술하고 있을 뿐 그 이유를 죄에 대한 하나님의 형벌로 말하지 않는다. 무자함이 죄에 대한 하나님의 형벌이 아님을 잘 보여준다.

2. 법적 측면에서 대리모

과거 황우석 사태 때 배아 줄기 세포 연구를 위해 필요한 여성의 난자를 확보한 방법에 대하여 논란이 많았다. 첫째로 "자원이 아닌 강제 형식이 아니었는가?"와 둘째로 "난자를 제공한 여성에 대하여 수고비 명목으로 매매 행위가 있었던 것이 아닌가?"하는 문제였다. 이미 제정된 생명윤리법에는 이러한 난자 매매가 명백한 불법으로 규정되어 있다. 대리모와 관련 논란 역시 동일한 법적 문제와 관련돼 있다. 대리모가 난자를 매매하는 것은 아니지만 자궁을 매매한다고 볼 수 있다.

현행 생명윤리법은 난자 매매를 금지하고 있다. 그래서 국내에는 불임 부부들을 겨냥한 음성화된 인터넷 포털사이트나 암시장이 많이 형성되어 있다. 최근 '해외 성매매 알선 인터넷 카페 성행'이라는 헤드라인의 신문기사는 해외 원정 성매매 카페, 난자매매, 대리모 출산을 전문으로 알선하는 인터넷 카페를 주제로 다루기도 했다. 그러나 대리모 문제는 법적 근거를 들어 간단히 처벌을 하거나 현 상태처럼 암묵함으로서 방치해선 안 되는 중대한 문제이다.

대리모 문제는 생명의 탄생을 둘러싼 윤리적 문제뿐만 아니라 개인적, 가족적 차원의 정서적, 현실적 필요성, 그러한 가족제도를 둘러싼 사회장치 제도, 그리고 개인적, 사회적 의식들이 만나는 곳에 있는 복합적 문제이기 때문이다. 그러므로 대리모 문제는 다양한 관점에서 지속적으로 논의되어야 하지만 자신의 문제가 아니기 때문에 사람들의 관심이 절대적으로 부족한 현실이다. 그들은 '대리모가 불임부부에게 최후의 희망이다'라는 목소리에 묻혀 자신들의 목소리를 내지 않는다. 또 한국사회는 유난히 혈연이 강조 되는 사회다. 해외로 입양돼 나가는 아이들은 넘쳐 나지만 국내에서 입양되는 아이들은 극히 미미하다는 실정이다.

법의 사각지대에서 상업적 대리출산이 번져가고 극단적인 생명윤리 경시 풍조가 만연하고 있다. 법규의 '사각지대'인 대리출산은 규제하지 못하고 현행 생명윤리법에 금지되어 있는 난자매매 부분을 집중적으로 단속하고 있다.

대리모의 폐해는 한 두 가지가 아니다. 아들 출산 조건의 대리모 사이트도 존재하는데 만약 여아를 임신·출산했을 경우 대리모는 계약에 의해 낙태를 하거나 출산 후 영아를 유기할 것으로 추정된다. 또한 동거를 전제로 한 대리모 계약은 임신기간 동안 대리모가 외부 활동을 사실상 포기해야 하므로 인권침해 요소도 내포되어 있다. 저렴한 비용 때문에 선호하고 있는 중국인 대리모의 경우 다수가 의뢰인과의 성관계를 통해 임신을 하는 형태의 비윤리성, 대리모가 자신의 친자를 의뢰부부에게 사실상 판매하는 인신매매, 허위 공문서 작성에 의한 출산아 인수 등 다양한 부작용이 파생되고 있다.

체외수정 등에 관한 법률 제정으로 대리출산 관행의 합리적인 대안을 마련해야 하며 상업적 대리출산은 엄금하되, 인도적 대리출산은 일정한 요건을 갖춘 불임부부에 한해 신설되는 '체외수정관리본부'의 심사를 거쳐 허용할 부분이라든

가, 대리출산아의 권리와 대리모의 안전에 관한 보호 장치의 강구가 필요하다.

만일 대리모가 아이를 출산하여 의뢰인에게 인도하여 주었으나 의뢰인이 계약에서 정한 보수지급을 이행하지 않는 때에는 계약의 내용에 따라 또는 민법상의 채무불이행에 관한 규정을 적용하여 그 이행을 청구할 수 있을 뿐만 아니라 민사소송법의 규정에 따라 강제집행도 할 수 있다.

반면에 대리모계약을 무효로 보는 입장에 의하면 대리모가 금전을 수수하는 것은 아이를 상품화하고 있을 뿐만 아니라 여자의 신체를 상업적 매개체로 하는 대가성 채권이라는 점에서 사람은 거래의 목적물이 될 수 없으며 인간은 존귀하고 만인은 법 앞에 평등하다는 헌법정신에 비추어 볼 때에 대리모계약에서 보수지급은 인정 할 수 없다고 본다. 그렇다고 해서 현실적으로 이루어지고 있는 대리모와의 보수지급약정이 법률상 무효라고 하여 이를 무시해 버린다면, 경제적 약자인 대리모 측에서는 법률적으로 전혀 보호받을 수 없게 되고 또한 원하지 않았던 출산으로 인한 고통을 겪을 수 있다는 문제이다.

대법원은 배임죄에 있어서 타인의 사무라 함은 신임관계에 기초를 둔 타인의 재산의 보호 내지 관리의무가 있을 것을 그 본질적 내용으로 한다고 판시하고 있다. 이 사건의 대리모 약정의 경우 비록 피고인이 생활비 명목으로 금전을 교부받은 일이 있기는 하나 대리모 계약상 의무는 아이를 출산하는 것으로서 그 성질상 재산의 보호 내지 관리에 관한 것이라고 볼 수 없다. 또한 피해자가 물질적 피해보다는 낙태로 인한 정신적 피해에 가중을 두고 있는 점을 미루어 보았을 때 당사자 간 계약의 주목적은 재산에 관한 것이 아니었음을 알 수 있다. 결론적으로 배임죄의 행위주체가 되기 위한 요건에 있어서 사무의 재산관련성을 요구하는 대법원의 태도에 기초하자면 설령 대리모 약정이 사회질서에 반하지 않아 유효라고 하여도 피고인은 배임죄의 주체가 될 수 없다.

사기죄란 사람을 기망하여 재물의 교부를 받거나 재산상의 이익을 취득하는 것을 의미한다. 기망한다고 함은 허위의 의사표시에 의해 타인을 착오에 빠뜨리려는 행위를 말하는데 이러한 기망의 고의가 있었는지에 대한 판단 시점은 계약 당시이기에 그 당시의 피고인의 심리 상태를 판단하여 볼 필요가 있다. 비록 피고인이 대리모 계약 당시에 신중하게 고민하지 않고 당장 큰돈을 벌 수 있다는 생각에 성급한 판단을 한 정황이 있으나, 이러한 사실만으로는 낙태에 대한 확정적인 고의를 가졌다고 말할 수 없다. 피고인이 낙태를 할 의사를 갖게 된 것은 대리모 약정 이후 입덧을 시작하는 등 임신과 출산에 대한 걱정이 몰려온 시점이라고 볼 수 있으며, 피고인이 임신 당시 산모로서는 연소한 편인 21세이었기에 임신과 그에 따르는 변화에 대한 지식과 인식이 부족하였다. 이러한 무지 속에서 신체적, 심리적 변화가 생기게 되자 낙태를 결심하게 된 것이다.

또한 2011. 2. 11. 낙태를 하였음에도 2011. 4. 10.까지 금전을 받은 사실에 대하여 부작위에 의하여 피해자를 기망한 것이라고 볼 여지도 있으나, 피고인이 낙태를 하였음을 피고인에게 고지할 의무가 발생하지 않았기에 이 또한 사기죄가 성립하지 않는다. 고지 의무의 발생근거가 되는 대리모 약정이 반사회적 무효에 해당하기에 그에 따른 계약상의 의무나 신의칙상의 의무 또한 발생할 수가 없기 때문이다. 또한 2011. 4. 10. 이후에는 피해자가 생활비를 송금해오던 계좌를 스스로 폐쇄한 점을 살펴보았을 때 악의적으로 피해자를 기망하려던 의사가 없었음을 추단할 수 있다.

현재의 우리나라의 현행법상으로는 이러한 대리모를 법적으로 처벌한 근거가 없다. 실제로 현대판 씨받이 사건이라 불리우는 대리모 사건이 무죄로 판결이 났던 사례도 존재하고 있다.

3. 종교적 측면에서 바라본 대리모

가톨릭의 생명윤리학은 교회가 규정한 '윤리적·종교적 지침을 공식적으로 따르고 있다. 이는 예수 그리스도의 치유 사역과 치유목회, 인간의 존엄성에 대한 헌신된 마음, 영·육의 전인치유, 그리고 환자와 의사와의 관계성을 중시한다.

1) 생명의 시작에 관한 견해

로마 가톨릭 교회는 임신 순간부터 인간 생명의 신성성은 보호되어야 한다는 강한 입장을 채택하여 비치료적인 임신 중절과 배아연구를 전면적으로 금지하고 있다. 결혼과 생식에 대한 가톨릭의 공식적인 입장은 질병치료를 위해 의학적으로 불가피한 경우를 제외하고는, 대부분의 출산 간섭, 산아제한, 불임시술 등을 금지하고 있다. 이에 대하여 리차드 맥코믹은 보다 개방적 견해를 가지고 있다.

2) 혁명적인 생명공학 기술이 거의 종교의 위치를 차지하고 있다.

후손에게 원하는 형질을 물려 줄 수 있는 유전자 치료에 대해서는, 이것이 인간 스스로 인간을 조작하고 디자인하는 것이므로, 피조물인 인간이 다른 인간의 삶을 결정하고 변형하는 "하나님 놀이"(playing God)에 해당하는 것이라는 비판이 일고 있다. 인간 배아 복제나 유전자 조작, 유전자 변형식품과 같은 문제에 대해 부정적인 여론과 비판이 있다 하더라도, 공리주의적 사고에 젖어 있는 사회의 분위기는 결국 이것들을 허용할 것으로 예상된다. 문제는 인간을 대상으로 하는 유전자 조작이다. 하지만 그 가운데 소위 체세포 치료, 즉 개인의 병을 치료하기 위해 개인 세포의 유전자 결함을 조작해서 치료하는 것은 하나님 놀이에 해당되는 것으로 보기가 힘들다. 과거에는 불가능했지만 지금은 가능하게 된 치료라고 보는 것이 더 정확할 것이다. 만약 체세포 치료와 같이 유전자 치료를 허용하게 되면 동일한 기술이 적용되는 개선을 위한 유전자 조작 기술을 금지하기가 쉽지 않다는 것이다. 따라서 유전자 치료와 같은 유전공학기술을 허용하는 것은 미끄러운 경삿길에 차를 세우는 것과 같고 결국 미끄러져 내릴 수밖에 없기 때문에 처음부터 엄격히 규제해야 할 필요가 있다고 주장하는 학자들이 있다.

타락한 인간이 자연과 생명을 조작하는 기술과 자본을 가지게 될 때, 인간이 그것을 자신과 타인의 운명을 바꾸는 데 사용할 가능성은 결코 가능성으로만 끝나지 않을 것이다. 이렇게 되면 자기가 원하는 모습으로 자신이나 자녀의 모습을 재형상화하고 뜯어고치려는 일이 끝없이 일어나게 될지도 모른다. 인간은 결코 조작의 대상이 아니다. 인간을 복제하거나 개선을 위해 유전자를 조작하는 것은 인간을 물화시키는 것이기에 신학적으로 뿐만 아니라 윤리적으로도 문제가 된다.

무엇을 믿을 것인가에 대한 종교의 자유는 절대적인 자유이지만 종교적 행위의 자유는 상대적 자유이기에 국가의 공동선과 안보에 해가 되면 제한할 수 있다고 병역거부 반대론자들은 주장한다.

3) 인간의 생명을 낳는 것 즉, 출산은 거룩한 축복

인간의 생명을 돈으로 가치를 부여 한다는 것은 곧 인간 스스로가 고귀한 생명의 가치를 제한함과 동시에 생명의 존엄을 인정하지 않는 것이다.

출산은 거룩한 축복이라는 말을 리프레이밍(reframing)하여 생각하여 보면 좋겠다. 다시 말하자면, 거룩한 축복은 출산이다. 유일하게 갑론을박이 많은 대리모에 관하여 그들이 갖고자 하는 것은 축복이라는 것이다. 결과만이 인정받는 세상을 살면서 과정을 얼만 만큼 중요하게 여기는지 생각해 볼 필요가 있다. 이러한 맥락에서 과정을 무시한 채 결론을 중요시하는 것으로 성형을 예로 들 수 있다. 90년대 한창 지금의 대리모처럼 갑론을박이 많았던 것이 바로 성형에 대한 사람들의 인식이었다.

이상에서 대리모제도의 도입에 있어서 고려해야 할 종합적인 관점은 다음과 같다.

첫째, 존귀한 생명을 가지고 금전적 보상을 지불하는 행위는 인정 되어서는 안 된다.

① 인간의 생명을 낳는 것 즉, 출산은 거룩한 축복이다.
② 태어나기 전부터 계약서에 의한 인위적인 출산을 인정해서는 안 된다.

둘째, 의뢰인과 대리모의 의견충돌로 태아와 대리모의 피해가 커진다.

① 임신 기간 중엔 몰랐던 기형아 출산의 경우, 친권을 포기하는 사례가 발생할 수 있다.
② 의뢰인 부부가 이혼을 하게 될 경우 대리모와 아기의 신분 보장이 불투명해 진다.
③ 아이가 사산될 경우 정해진 금액의 돈을 받을 수 없다.
④ 경제적으로 어려운 대리모의 경우 계약이나 출산 과정에서 불이익을 당할 경우 변호사의 도움을 받을 형편이 안 된다.

셋째, 대리모 출산은 사회적 약자의 희생을 강요하기 쉽다.

① 출산은 여성만 할 수 있는 고유의 능력이므로 여성의 몸이 도구가 되어 상품화로 전락될 수 있다.

② 경기가 어려워지거나 여성이 설 수 있는 일자리가 없어질 경우 대리모를 선택하는 사례가 속출 할 수 있다.

넷째, 대리모를 전면적으로 거부하는 것은 아니다.

① 대리모 제도에 대해 전면 거부하는 것은 자신의 아이를 원하는 불임 부모에게는 수용할 수 없는 문제일 것이다.

② 인간의 생명을 중개하는 브로커는 엄격히 법적으로 규제해야 한다.

③ 평등한 기회를 가질 수 있는 혜택이 주어져야 할 것이다.

대리모에 있어서 또 하나 고려해야 할 문제는 대리모와 태아 또는 아이 사이의 정서적 연대감에 관한 문제라고 할 수 있다. 아무리 계약에 의해 임신했다하더라도 임신 과정에서 대리모는 아이에 대해 엄마로서의 강력한 연대감을 형성하는 경우가 일반적이다.

이렇게 낳은 아이를 단순히 계약 때문이건, 인도적인 이유 때문이건 의뢰자에게 넘겨주는 것은 대리모에게 윤리적으로 또는 심리적으로 엄청난 상처를 입히는 것이라 할 수 있다. 그리고 만약 대리모가 태아에게 정서적인 연대감을 형성하지 않으려고 작정한다고 하면 임신 중 태아의 성장에 부정적인 영향을 미치게 된다. 아울러 그럴 경우 대리모는 단순히 아기를 숙성시키는 기계나 인간 인큐베이터에 불과하게 될 것이다.

또한 아이가 처하게 될 상황에 대한 진지한 윤리적인 고려가 있어야 한다는 것이다. 만약 임신 과정에서 아이가 장애를 지닌 것으로 판명 나거나 또는 아이가 장애아로 태어난 경우에 의뢰한 부부가 이 아이를 받아들이지 않게 된다면 이 아이는 어떻게 될 것인가, 그리고 나중에 아이가 대리모에 의해 태어난 것을 알게 되었을 때 본인에게 어떤 영향을 미칠 것인지에 대해서도 생각해 보아야 할 것이다.

대리모는 가족 관계에서 문제를 낳지 않을 수 없다. 미국에서는 딸의 부부를 위해 친정 엄마가 아기를 낳아 준 경우가 있는데 이 경우 대리모는 아이에게 할머니인가 아니면 어머니가 되는 것인가? 뉴저지 주의 법 해석에 의하면 이 할머니는 할머니일 뿐만 아니라 어머니가 되기도 하는 것이다. 이처럼 대리모 출산은 가족관계에서도 혼란을 야기한다고 할 수 있다.

대리모 제도는 여성의 인권과 관련하여 문제를 낳는다. 대리모는 교육 배경, 건강, 용모, 나이 등에 따라 등급이 정해지게 되는바, 이는 사람을 등급화하고 차별하는 새로운 인종차별이다. 또 부유하면서 시간적으로는 여유가 없는 전문 여성들이 가난하고 힘없는 여성을 대리모로 사용하는 경우도 발생할 수 있는데, 이것은 자본을 통해 가난한 자를 착취하는 일이라고 할 수 있다. 그리고 대리모의 경우에서는 자기 자신의 몸과 생식능력을 돈을 버는 수단으로 사용한다는 점에 있어서 윤리적으로 문제가 크다고 할 수 있을 것이다. 실제로 오늘날 한국에서는 불법적으로 일하고 있는 조선족 부인들이 대리모 출산을 택하는 경우가 적지 않게 일어나고 있는 실정이다. 이것은 가난한 여성이 단지 아이를 낳아주는 도구로 전락되는 것으로 인권이 심각하게 유린되는 일이라 아니할 수 없다.

불임여성의 입장에서 대리모는 하나의 희망일 수 있다. 부부가 자신의 유전이 깃든 아이를 갖고 싶다는 것은 어떤 부부든지 원하는 것이다. 이러한 부부를 위해 비상업적인 측의 대리모는 필요하다. 상업적인 방법으로 대리모가 직업화되는 것은 현대 사회든, 미래 사회가 되든 그것은 분명 문제가 될 것이다. 하지만 사회는 비상업적인 방법으로 불임부부와 대리모의 합의하에 이루어지는 대리모 행위는 인정해 주어야하며 법적 제도를 갖추어야 한다. 또한 대리모를 행하는 부부는 대리모의 자유와 보호를 보장해 주어야 하고 대리모 역시 불임 부부를 위해 정성껏 아기를 낳아주어야 한다. 단지 대리모를 생명존중에 어긋난다거나 불법행위라고 보는 게 아니라 불임 부부가 자신의 아기를 갖고 싶다는 소망을 이루어지는 수단이 대리모라고 정의 한다면 소중한 생명을 탄생시킬 수 있는 '생명 받이'로써 대리모를 다시 한 번 생각 하게 될 것이다.

기술은 결코 중립적이지 않다. 어떤 기술들은 유익하지만(감기약, 공해 없는 에너지), 어떤 것들은 명백히 유해하다(대량 파괴 무기들, 고문기술, 심리통제 기계들). 하지만 사이보그 기술을 포함한 대부분 기술은 이중적이다. 이것은 자애로운 부모가 아이를 가질 수 있게도 하지만, 끔찍한 역할(소유물로서의 아이들)을 구현하기도 한다. 그렇지만 그것이 중립적인 것은 아니다. 일반 국민이 생각하는 대리모 출산의 윤리적 문제의 종류로는 '친자 확인 등의 논란'이 가장 높고 이어 '생명에 대한 상업화', '사회 풍속 저해', '인간으로서의 존엄과 가치 침해'가 차지했다. 대리모 출산을 법적으로 금지해야 한다는 주장도 높다.

익명의 한 난임 치료 전문가는 "대리모 산업의 가장 큰 문제는 대리모 출산의

피해가 가장 약한 자들이 있는 곳, 예를 들면 인도와 같은 나라에 사는 여성들에게 주로 미친다는 점"이라고 지적했다. 그는 "가족의 형태가 꼭 생물학적으로 연결돼 있어야 하는 것은 아니라고 본다"며 "게이 부부든 불임 부부든, 입양과 같은 제도를 먼저 고려하는 것이 좋다"고 전했다.

> "키 1m 60cm, 몸무게 46kg, 잔병 없고 튼튼하며 여성스럽고 명랑하다. 미소가 예쁘다는 말을 많이 듣는다. 작고 계란형의 얼굴에 쌍꺼풀진 눈, 작은 입술, 28세이지만 20세 같다는 말을 많이 듣고 있다."

이는 난자 매매를 주관하는 인터넷 카페에 난자 공여 희망자가 띄운 글이다. 이 카페에는 이처럼 자신의 신체적인 특징과 성품 등의 장점을 내세우며 거래가 성사되기를 간절히 바라는 글들이 수 없이 실려 있다. 서울 경찰청 관계자에 따르면 난자 공여를 시도하다 적발된 사람들 중 상당수는 경제적인 이유로 난자를 팔려 했으며, 이미 인터넷 카페를 통해 난자를 판매한 사람도 있다고 한다. 현행 생명 윤리 및 안전에 관한 법률(생명 윤리법)상 난자 공여는 환자와 난자 제공자의 동의를 얻어 무상으로 기증하는 것만 가능할 뿐, 매매는 엄중히 금하고 있다. 그러나 이러한 법의 규제에도 불구하고 사회 곳곳에서 난자 불법 매매가 성행하고 있다. 더욱이 얼마 전 우리나라 전체를 뒤집어 놓았던 황우석 교수 사태의 근본적인 문제점 중 하나도 난자의 불법적인 채취에 있었다는 점을 생각한다면, 난자 불법 매매의 문제, 나아가 생명 윤리의 문제는 더 이상 간과할 수 없는 사안이라 할 수 있다.

난자 불법 매매 사건의 수사를 담당했던 서울 경찰청 사이버 범죄 수사대에 따르면, 난자를 사고 판 것으로 확인되어 처벌의 대상이 된 사람의 수는 우리의 상식을 넘어선다고 한다. 즉, 경찰 수사 결과, 난자를 거래하거나 대리모를 구하는 인터넷 사이트는 10여 곳에 달했으며, 한 사이트 당 회원이 2,000~3,000명인 것을 감안하면 수만 명이 잠재적으로 난자 매매에 관련되어 있음을 알 수 있다.

한편, 인터넷 사이트에서 난자를 제공할 의사를 밝힌 회원들은 대부분 자신을 명문대 재학생 내지는 회계사, 모델 등 높은 학력이나 출중한 외모를 지닌 사람이라고 소개하고 있으며, 간혹 생활고 때문에 난자를 팔기로 결심했다는 가정주부도 있었다. 그 뿐만 아니라, 대리모가 되어 주겠다고 인터넷 사이트에 글을 올린 여성 중 상당수는 "성관계 후 아이를 낳아주겠다."는 의사까지 밝히고 있는 것으로 알려져 수사 관계자들을 놀라게 하고 있다.

그런데 난자 불법 매매에 대한 수사가 진행될수록 드러난 진실은 더욱 놀라웠다. 경찰의 수사 결과에 따르면, 많은 수의 한국 여성의 난자가 일본인 불임 부부들에게 불법으로 매매되고 있다고 한다. 그리고 이러한 수사 결과가 발표된 지 얼마 지나지 않아 한국 여성의 난자가 일본에서 수천만 원 대의 가격으로 밀매되고 있다는 등의 구체적인 내용이 언론을 통해 보도되면서, 사건의 파장이 일파만파로 커져갔다.

이와 같이 불법 대리모와 난자 불법 매매가 성행하게 된 바탕에는 아이를 낳고 싶어 하는 불임 부부의 절박함과 돈이 필요한 난자 제공자의 이해관계가 놓여 있다. 보건 복지부에 따르면, 현재 기혼 부부 7쌍 중 1쌍에 해당하는 63만 여 쌍이 불임 부부라고 한다. 그러나 불임 부부가 시험관 시술을 4~5회 실시할 경우 소요되는 비용이 1,000만~1,500만 원에 달하는 탓에(일부 보험화 및 지원중), 불임 부부들은 이 가격의 절반 정도가 되는 가격으로 난자 불법 매매를 택한다고 한다. 또한, 대리모를 택하는 경우 1,000만 원 이상의 금액이 소요된다고 한다.

이처럼 우리 사회에서 아이를 요구하는 사람들의 절박함과 돈을 위해서라면 생명의 씨앗인 난자도 상품처럼 거래할 수 있다는 사람들의 부도덕성이 난자 불법 매매라는 사회적 문제를 야기하고 있다. 무엇보다 난자 매매와 같은 현상이 발생하는 것은 이미 우리 사회에 윤리 불감증과 생명 경시 풍조가 만연하고 있다는 사실을 여실히 보여 주는 것이라 할 수 있다.

강대석(1985). 서양 근세철학, 서광사.

강성률(1990). 칸트철학에서의 인간적 자유에 관한 연구, 전북대 대학원 박사학위 논문.

고봉진(2012). 법철학강의, 제주대학교출판부, 3쪽.

구승희(2014). '현대 사회 윤리', 인간사랑.

구인회(2004). 한국의 빈곤, 왜 감소하지 않는가?, 한국사회복지학, 제56권, 제17호.

구인회(2012). 생명윤리의 철학, 철학과 현실사.

구인회(2013). 경제적 상실과 소득수주이 청소년 교육성취에 미치는 영향, 한국사회복지학, 제53권.

권육상(1999). 사회복지실천론, 학문사.

김미곤 외(2012). 최저생계비추정 및 계측방식에 관한 연구, 한국보건사회연구원.

김미곤 외(2013). 공공부조의 가치기반과 제도적 반영, 한국보건사회연구원.

김상득(2003). 생명의료 윤리학. 철학과 현실사.

김영종(1998). 사회복지행정, 학지사.

김영종(2002). 복지행정론, 형설출판사.

김용정 역(1986). O.Do ring, 칸트철학 입문, 중원문화.

김일순 외(2012). 의료윤리의 네 원칙, 계축문화사.

김정기외 2명(2012). 사회복지의 역사, 나남출판사.

김정오 외 4인(2012). 법철학: 이론과 쟁점, 박영사.

김정헌(2012). 복지행정론, 인쇄마당.

김진 외(2001). '공학윤리-기술공학시대의 윤리적 문제', 철학과 현실사.

김태수(2012). 복지행정론, 대영문화사.

남기철(2013). "사회복지실천에서의 빈곤대책 프로그램", 한국사회복지연구회 학술대회자료집.

남세진 · 조흥식(2011). 한국사회복지론. 나남출판사.

남세진 · 조흥식(2012). "사회복지실천 교육과 사회복지사 양성", 『상황과복지』, 17호.

노대명(2003). "한국 자활지원제도 개선방향에 대한 쟁점", 『사회복지와노동』, 7호.

노대명(2005). "앵극화시기 근로빈곤층 지원정책의 당면과제", 『보건복지포럼』, 제99호.

데카르트(김봉구 역, 1981). 방법서설, 세계의 대사상 5권, 휘문출판사.

로버트 L · 애링턴(2004). '서양 윤리학사', 사광사.

류명걸(1998년). 서양철학 일반, 형설출판사.
류명걸(1999년). 인간과 윤리, 형설출판사.
류명걸(2005년). 도덕교육논의, 용성출판사.
마라모니크 로뱅·이선혜 옮김(2009). 몬산토 죽음을 생산하는 기업, 이레.
마이클 샌델·안기순 옮김(2013). 돈으로 살 수 없는 것들, 와이즈베리.
마이클 샌델·이상신 옮김(2010). 정의란 무엇인가, 김영사.
문국진(1999). 생명윤리와 안락사, 여문각.
문시영(2001). 생명복제에서 생명윤리로, 대한기독교서회.
문진영(2004). 사회적 배제의 국가간 비교연구, 『한국사회복지학』, 제56권, 제3호.
문진영(2005). 빈곤 레짐에 관한 비교연구, 『한국사회복지학』, 제57권, 제1호.
박광준(2002). 사회복지의 사상과 역사, 양서원.
박병현·최선미(2001). "사회적 배제와 하층계급의 개념 고찰과 이들 개념들의 한국 빈곤정책에의 함의", 『한국사회복지학』, 45호.
박성복(2002). 복지의 이해, 대구대학교출판부.
박인회(2008). 생명윤리기본법의 내용과 효력, 이화여대 생명의료법연구소.
박찬용·강석훈·김태완(2002), 『소득분배와 빈곤동향 및 변화요인 분석』, 한국보건사회연구원.
배석원(1988). 도덕철학 체계의 비판적 해석, 서광사.
서미경·김영란·박미은(2000). 사회복지 실천윤리, 양서원.
석재은(2004). "한국의 빈곤의 여성화에 대한 실증 분석", 『한국사회복지학』, 제56권, 제2호.
성규탁(2004). 『사회복지행정론』, 법문사.
송경호(2011). 서양철학의 산책, 선명출판사.
송근원(1996). 『복지행정 이론과 가치의 문제』, 대신대학교 복지행정연구소.
송다영(2003). "사회적 배제 집단으로서의 저소득 모자가족과 통합적 복지대책 수립을 위한 연구", 『한국사회복지학』, 54호.
송정부(1998). 『사회복지원론』, 경진사.
송정부(2000). 『사회복지학총론』, 나눔의 집.
신미자 외 8인(2008). 간호전문직과 간호 윤리, 현문사.
신옥주(2011). 생명윤리법의 분법 필요성에 대한 고찰, 한국헌법학회.
심창학(2001). "사회적 배제 개념의 의미와 정책적 함의", 『한국사회복지학』, 44호.
심헌섭(1989). 『법철학 I : 법, 도덕, 힘』, 법문사.
안성조(2002). 『신체계 생활법학』, 법률정보센타, 9쪽.
양옥경(2000). 사회복지실천과 윤리, 한울아카데미.
양옥경(2000). 사회복지실천론, 나남출판.
엄명용(2000). 사회복지실천의 이해, 학지사.

에리히 프롬(1981). 『자기를 찾는 인간』, 종로서적.

오세혁 외 1명(2007). 생명윤리에 관한 입법상의 문제점, 중앙대학교 법학연구원.

오세혁 외 1명(2008). 생명윤리법의 발전에 따른 재산법 분야의 변화, 이화여대 생명의료법연구소.

오시영(2012), 『법학개론』, 법원사.

요한네스 휠쉬베르거(강성위 역, 1987). 『서양철학사』, 하권, 이문출판사.

원석조(2002). 『사회복지역사의 이해』, 양서원.

윌리엄 슈바이커 지음·문시영 옮김(2008). 『포스트모던시대의 기독교윤리』. 살림출판사.

윤홍식(2003). "이혼 및 별거로 인한 모자가정의 빈곤화와 사회안전망의 역할", 『한국사회복지학』, 제53권.

이경환 외 2명(2010). 생명윤리관련 법률문제의 체계적 이해, 한국법학원.

이광래(2003). 『프랑스철학사』, 문예출판사.

이상돈(2003). 『법철학』, 법문사, 426쪽.

이성근 역(1998). 『도덕 및 입법의 제 원리』, 세계의 대사상 9권, 휘문출판사.

이정학(1998). 지역사회복지개념구축을 위한 고찰, 사회복지연구논문집, 제21집.

이진숙(2004). "빈곤문화실태에 대한 탐색적 연구", 『한국사회복지학』, 제56권, 제4호.

이진우 외(2004). 『인간복제에 관한 철학적 성찰』, 문예출판사.

이태진(2003), "근로빈곤계층의 빈곤요인분석", 『보건복지포럼』, 제77호.

임마누엘 칸트, 이원봉 역(2012). 도덕 형이상학을 위한 기초 놓기, 책 세상.

장도곤(2005). "배아줄기 세포의 연구와 윤리적 대안", 『제45차 한국복음주의 신학회 논문 자료집』, 한국복음주의신학회.

전헌호(2002, 겨울). 『유전자 조작 식품(GMO)의 정체와 식량 문제의 본질』 가톨릭신학과사상, 제42호.

정기혜(2011. 5월). 『유전자재조합식품』 보건복지포럼 = Health and welfare policy forum. 통권 제175호.

정문식(2007). 생명윤리법상 국가의 기본권 보호의무, 한국비교공법학회.

정인화(2003). '고뇌하는 현대인을 위한 윤리학 강의', 서광사.

정정환(2002). 인천광역시 사회복지행정의 발전방향에 관한 연구, 인천시민자원 봉사회 연구논문, 제5집.

정진호 외(2005). 『한국의 근로빈곤 연구』, 한국노동연구원.

제이홀맨 엮음, 박재형 옮김(1997). 『의료윤리의 새로운 문제들』, 예영커뮤니케이션.

조휘일(1999). 사회복지실천론, 학지사.

최종고(1990). 『현대 법학의 이해』, 서울대학교출판부, 358쪽.

칼 드 슈바이니츠 지음(남찬성 옮김, 2002). 『영국사회복지 발달사』 인간과 복지.

피터 노왁, 이은진 옮김(2012). 『섹스, 폭탄 그리고 햄버거』, 문학동네.

하영석 외(1984). 칸트철학과 현대사상, 형설출판사.

한국도시연구소(2003). 『사회적 배제의 관점에서 본 빈곤층 실태 연구』, 국가인권위원회.
한국법철학회(2002). 『응용법철학』, 아카넷.
한국복지연구회(1985). 『사회복지의 역사』, 홍익제.
한국복지연구회(1988). 『사회복지의 역사』, 이론과 실천.
한국의료윤리교육학회(2001). 『의료윤리학』, 계축문화사.
한단석·칸트와 헤겔(2001). 사회문화연구소.
한면희(2012). 『제3정치 콘서트』, 늘품플러스.
한상범(2005). 『살아있는 우리 헌법 이야기』, 삼인.
한성숙 외 8인(2001). 간호윤리학, 대한간호협회 출판부.
허구생(2002). 『빈곤의 역사』, 한울아카데미.
허구생(2006). 『빈곤의 역사』, 한울아카데미.
홍경준(2003). "근로빈곤계층의 사회보장 적용실태와 사각지대 개선방안", 『보건복지포럼』, 제77호.
홍경준(2004). "빈곤에 대한 동채적 분석", 『사회복지연구』, 제24호.
홍성찬(2009). 법학원론(제6판), 박영사.
홍여신 외 2인(1992). 간호윤리학, 신광출판사.
홍인옥(2004). 저소득층의 주거실태와 대책방안, 한국도시연구소.
황덕순 외(2000). 『생산적 복지를 위한 노동정책 연구』, 한국노동연구원.
황덕순 외(2003). 『근로연계 복지정책의 국제비교』, 한국노동연구원.
황정식(1983). 사회윤리의 제 문제, 서광사.

Abramson, M.(1990). Keeping Secrets: Social Workers and AIDS, Social Work.35, 169-173.
Allen, J. W.(1930). *"Jeremy Bentham", in F. J. C. Hearnshaw(ed), The Social & Political Ideas of Some Representative Thinkers of the Revolutionary Age*, vol, 5, Barnes & Noble, Inc., 1.
Allen-Meares, P.(1992). Prevention and Cross-Cultural Perspective : preparing School Social Workers for the 21st Century, Social Work in Education, 14, 3-5.
Anchor, Robert(1967). *The Enlightenment Tradition*, Harper & Row.
Andrews, K. & Jacobs, J.(1999). *Punishing the Poor: Poverty under Thatcher*, London: Macmillan.
Anscombe, G. E. M.(1958). Modern Moral Philosophy, *philosophy*, 33(124), 1-19.
Arrington, R. L.(1998). *Western Ethics: An Historical Introduction*, Massachusetts: Blackwell.
Axinn, J. & Levin, H.(1975). *Social Welfare: A History of the American Response to Need*, Harper and Row.

Ayer, A.(1946). Language, *Truth and Logic*, New York: Dover.

Barry, M. & Hallett, C. ed.(1998). *Social Exclusion and Social Work*, Russell House Pub.

Bentham, Jeremy(1970). *An Introduction to the Principles of Morals and Legislation*, Metheun.

Bentham, Jeremy(1988). A Fragment on Government, Cambridge U. P.

Berlin, S., & Kravetz, D.(1981). Women as Victims: A Feminist Social Work Perspective, *Social Work*, 26(6), 447-449.

Biesteck, F. P.(1979). *The Casework Relationship*, London : George Allen and Unwin.

Blownell, P.(1994). Elder Abuse: Policy and Practice, In I. Gutheil(Ed.), *Working With Older people : Challenges and Opportunities*, New York : Fordham University Press, 85-108.

Bok, S.(1983). The Limits of Confidentiality, *The Hastings Center Report*, 13(1), 24-31.

Buchanan, A.(1978). Medical Paternalism, *philosophy and Public Affairs*, 7, 370-390.

Buckle, S.(1993). Natural law, In P. Singer(Ed), A Comparative to Ethics, Oxford and Massachusetts: Blackwell, 161-174.

Carter, A.(2001). The Political Theory of Global Citizenship, London: Routledge.

Charles W.(2004). Colson and Nigel M. de S. Cameron, ed. *Human Dignity in the Biotech Century*. Inter Varsity Press.

Children's Defense Fund(1989). *A Vision for America's Future*, Washington: CDF.

Chilman, C. S.(1987). Abortion, In A. Minahan((Ed.), *Encyclopedia of Social Work*(18th ed.), Silver Spring, MD.: NASW Press, 1-7.

Cohen, R. J.(1979). *Malpractice: A Guide for Mental Health Professionals*, New York: Free Press.

Dancy, J.(1993). An Ethic of Prima Face Duties, In P. Singer(Ed.), A Companion to Ethics, Blackwell, 219-229.

Deacon, B., Hulse, M., & Stubb, P.(1997). *Global Social Policy*, London: Sage.

Dolgoff, R., Feldstein, D., & Skolnik, I.(1997), *Understanding Social Welfare*(4th Ed.), New York: Longman Publishers.

Drake, R. F.(2001). *The Principles of Social Policy*, Hampshire and New York: Palgrave.

Driver, C. H.(1928). "John Locke", in F. J. C. *Hearnshaw(ed),: The Social & Political Ideas of Some English Thinkers of the Augustan Age*, vol, 3 Barnes &

Noble, Inc.

Dworkin, G.(1968). *Taking Rights Seriously*, London: Duckworth.

Feldman, F.(1978). *Introductory Ethics*, New Jersey: Prentice-Hall.

Fitzpatrick, T.(2001). *Welfare Theory: An Introduction*, Hampshire and New York: Palgrave.

Flexner, A.(1915). *Is Social Work Profession?, Proceedings of the National Conference of Charities and Correction 42nd Annual Session*, Chicago: Hindman, 567-590.

Frankena, W. K.(1967). *"The Naturalistic Fallacy", P. Foot(ed.), Theories of Ethics*, Oxford U. P.

Fuller, I.(1969). The Morality of Law(revised ed.), Harvard University press.

Garrett, K.(1994). Caught in a Bind: Ethical Decision making in Schools, *Social Work in Education*, 16(2), 97-105.

Gauthier, D.(1969). *The Logic Leviathan*, Oxford: Oxford Press.

Germain, C. B.(1973). An Ecological Perspective in Casework Practice, *Social Case work*, 54, 323-330.

Gert, B.(1988). Morality: *A New Justification of the Moral Rules*, New York : Oxford University Press.

Gillian, C.(1982). *In a Different Voice: Psychological Theory and Women's Development*, Cambridge: Harvard University Press.

Glover, Jonathan.(1990), *Utilitarianism and Its Critics*, Macmillan.

Gould, C. C.(1992). New Paradigms in Professional Ethics: Feminism, Communitarianism, and Democratic Theory, *Professional Ethics*, 1(1/2), 143-154

Graham, A. C.(1961). *The Problems of Value*, London: Hutchinson University Library.

Greenwood, E.(1957). Attribution of a Profession, *Social Work*, 2(3), 45-55.

Hare, R. M.(1993). *Essays on Bioethics*. Clarerdon Press, Oxford.

Harris, C. E.(1986). *Applying Moral Theories*, California: Wadsworth.

Hart, H. L. A.(1970). "*Introduction*", Bentham.

Hayek, F.(1960). *The Constitution of Liberty*, London and Chicago: Routledge and Kegan Paul.

Hobbes, T.(1994). *Leviathan: With Selected variants from the Latin Edition of 1668*, Indianapolis and Cambridge: Hackett.

Huber, C.(1994). *Ethical, Legal, and Professional Issues in the Practice of Marriage and Family Therapy*, New York: Merrill.

Hume, David(1957). *An Enquiry concerning the Principles of Morals*, The liberal Arts Press.

Hume, David(1958). *A Treatise of Human Nature*, Oxford U. P.

Jayaratne, S., & Chess, W. A.(1984). Job Satisfaction Burnout, and Turnover: A National Study, *Social Work*, 29(5), 448-455.

Johnson, M.& Stone, G. L.(1986). Social Workers and Burnout, *Journal of Social Work Research*, 10, 67-80.

Jordan, B.(1996). *A Theory of Poverty and Social Exclusion*, Polity Press.

Joseph, M. V.(1987). The Religious and Spiritual Aspects of Clinical Practice, *Social Thought*, 11(4), 25-35.

Judah, E. H.(1985). A Spirituality of Professional Service, *Social Thought*, 11(4), 25-35.

Kagle, J. D.(1987). Recording in Direct Practice, *Encyclopedia of Social Work*(18th, ed.), Silver Spring, Md: NASW Press, 463-467.

Kant, Immanuel(1965). *"An Answer to the Question, What is Enlightening?", in Frank E. Manuel(ed.), The Enlightenment*, Prentice-Hall.

Kaplan, M. & Krell-Long, I.(1993). AIDS, *Affilia*, 8(20), 157-170.

Koeske, G. F., & Koeske, R. D.(1989). Work Load and Burnout: Can Social Support and perceived Accomplishment Help?, *Social Work*, 34(3), 243-248.

Kurzweil, Z.(1980). Why Heteronomous Ethics? In M. Kranzberg(Ed.), *Ethics in An Age of Pervasive Technology*, Boulder: Westview Press, 68-71.

Kutchins, H.(1991). The Fiduciary Relationship: The Legal Basis for Social Work Responsibilities to Clients, *Social Work*, 36(2), 106-113.

Levy, C.(1984). Values and Ethics, In S. Dillick(Ed.), *Value Foundations of Social Work, Detroit: school of Social Work*, Wayne State University, 17-29.

Lewis, H.(1984). Ethical Assesment, *Social casework*, 65(4), 203-211.

Linzer, N.(1999). Resolving Ethical Dilemmas in Social Practice, Massachusetts: Allyn and Bacon.

Lowenberg, F., & Dolgoff, R.(1996). Ethical Decisions for Social Work practice.(3rd ed.), Itasca, IL: Peacock Publishing.

Maclver, A.(1922). the Social Significance of Professional Ethics, *Annals*, 101, 5-11.

Marshall, T. H.(1950). *Citizenship and Social Class, Cambridge*: Cambridge University Press.

Marty, M. E.(1980). Social Service: Godly and Godless, *Social Service Review*, 54(4), 463-481.

Mill, J. S.(1962). *Utilitarianism and other writings*, New American Library.

Mill, J. S.(1965). *Priniciples of Political Economy*, Uni. of Toronto.

Moore, G. E.(1959). *Principia Ethica*, Cambridge: Cambridge University Press.

Morrison, M.(1995). *Case Workers' and Social Workers' Definition of Family in Relationships to Their Decisions To Place Children in Foster care*, Fordham University, new York.

Morse, Gary(1998). *"A review of Case Management for People Who Are Homeless : Implication for Practice, Policy*, and Research", Fosburg, L. B. & Dennis, D. L.(Eds.). *Practical Lessons : The 1998 National Symposium on Homelessness Research*, HUD & HHS.

Neumann, J. von & O. Morgenstern(1944). *Theory of Games and Economic Behavior*, Princeton U. P.

Percy-Smith, J.(2000). *Policy Responses to Social Exclusion*, Open University Press.

Perlman, H. H.(1965). Self-Determination: reality or Illusion?, Social Service Review, 39, 410-422.

Pierson, J.(2002). *Tackling Social Exclusion*, Routledge.

Pojman, L.(2002). *Ethics: Discovering Rights and Wrong*, Belmont, CA: Wadsworth.

Popper, K.(1966). *The Open Society and Its Enemies*(5th ed.), London: Route\ledhe and Kegan Paul.

Pumphrey, M. W.(1959). *The Teaching of Values and Ethics in Social Work Education*, Vol.13, New York: Council on Social Work Education.

Quinton, Anthony(1989). *Utilitarian Ethics*, 2nd ed., Duckworth.

Rachels, J.(1996). *Moral Problems*: A Collection of Philosophical Essays.

Rawls, John(1971). *A Theory of Justice*, Havard U. P.

Reeve, A.(1986). *Property*, Macmillan.

Russell, Bertrand(1945). *A History of Western Philosophy*, New York: Simon and Schuster.

Ryan, A.(1984). *Property and Political Theory*, Blackwell.

Sandel, M.(1996). *Democracy's Discontent, Cambridge*: Harvard University Press.

Schutz, M. B.(1982). *Legal Liability in Psychotherapy*, San Francisco: Jossey Bass.

Schwartz, H. I., Vingiano, W., & Perez, C. B.(1988). Autonomy and the Right to Refuse treatment, Patient's Attitudes After Involuntary Medication, *Hospital and Community Psychiatry*, 39, 1049-1054.

Sen A.(1988). 『Property and Hunger』, *Economics and Philosophy*.

Skinner, Q.(1983). Machiavelli, and the Maintenance of Liberty, *Politics*, 18, 3-15.

Smart, J. C., & Williams, B.(1973). *Utilitarianism, For and Against*, Cambridge: Cambridge University Press.

Smart, J. J. C.(1992). *"An outline of a system of utilitarian ethics"*, in J. J. C. Smart & B. Williams, Utilitarianism For & Against, C.U.P.

Sprague, Elmer(1967). "Hutcheson", *The Encyclopedia of Philosophy*, Vol. 4, Macmillan.

Sprecht, H.(1990). Social Work and the Popular Psychotherapies, *Social Service Review*, 64(3), 345-357.

Stein, T.(1991). *Child Welfare and the Law*, New York: Longman.

Strom, K. J.(1994). The Impact of Third-Party Reimbursement on Services by Social Workers in Private Practice, *Psychology in pPrivate Practice* 13(3), 1-22.

Tawney, R. H.(1931), *Equality*, London: Allen and Unwin.

Taylor, C.(1979). *Hegel and Modern Society*, Cambridge: Cambridge University Press.

Tepper, L.(1994). Family Relationshipsin Later Life, In I. A. Gutheil (ED), *Working With Older People: Challenges and Opportunities*, New York: Fordham University Press, 42-61.

Titamus, R.(1968). *Communist to Welfare*, London: Allen and Unwin.

Tom L. Beauchamp & Le Roy Walters(1994). *CONTEMPORARY ISSUES IN BIOETHICS*, Wadsworth Publishing Company Inc.

Varley, B. K.(1968). Social Work Values: Changes in Value Commitments from Admission to MSW Graduation, *Journal of Education for Social Work*, 4, 67-85.

Vigilante. J. L.(1983). Professional Values, In A. Rosenbaltt & D. Waldfogel(Eds), *Handbook of Clinical Social Work*, San Francisco: Jossey-Bass, 58-69.

Viroli, M.(2002). *Republications*, New York: Hill and Wang.

Wakefield, J.(1998). Psychotherapy, Distributive Justice, and Social Work Revisited, *Smith College Studies in Social Work*, 69, 25-57.

Walzer, M.(1983). Spheres of Justice: *A Defence of Pluralism and Equality*, New York: Basic Books.

Watson, K., seader, M., & Walsh.E.(1994). Should Adoption Records Be Open? In E. Gambril & T. Stein(Eds), *Controversial Issues in Child Welfare*, Boston: Allyn and Bacon.

Wigmore, J.(1961). *Evidence in Trials as Common Law*(Rev, ed.) Boston: Little, Brown.

Wilson, S. J.(1980). *Field Instruction*, New York : Free Press.

Wolf, R., & Pillemer, K.(1984). Working With Abused Elderly : *Assesment, Advocracy, And Intervention*, Worcester: University of Massachusettes Medical Center, Center On Aging.

Young husband, E.(1967). *Social Work and Social Values*, London: Allen and Unwin.

Young, I. M.(1990). *Justice and the Politics of Difference*, Prineton, Princeton University Press.

찾아보기

저자소개

김경우 교수

프랑스 엔티앙폴리스 사회복지정책과정 수료
국민대 대학원 사회복지정책학 박사
한국사회복지지원학회 회장
공보처 KFL 홍보조사 부장(3급)
경기도 정책자문위원
국가민주평통자문위원
교육과학기술정책자문위원
서울시 정책모니터 위원, 성남시 정보센터 센터장, 성남시사회복지협의회 회장

현) 한국사회복지연구소장 및 정책자문위원
현) 한국운동재활협회 부회장, 경기도 사회복지자문위원, 경기도 사례관리전문요원, 성남시 사회복지 정책자문위원, 위기가정사례관리심의위원, 경기도 노인학대예방센터자문위원, 사회단체 보조금지원 심의위원회, 21세기 사회복지학회 부회장
현) 을지대학교 중독재활복지학과 교수, 을지대학교 대학원 중독상담학과 학과장

이경수 교수

서울한영대학교 대학원(상담복지학 석사)
국제문화대학원 교육학 박사(사회복지 전공)
국제문화대학원 교육학 박사(평생교육학 전공)

한국사회발전공헌(교육부분: 대통령상 수상)

현) 을지대학교, 서경대학교 외래 교수
대한신학대학원대학교 사회복지학과 전임 교수(사회복지학 과장)
논문) 보호시설 노숙인의 생태체계 요인이 사회적응에 미치는 영향
다문화인의 인권과 정상화 정책에 관한 연구
아동문제 행동 수정에 관한 논문, 사회복지이념과 평등성에 관한 논문 외 다수
저서) 정신건강론, 사회복지윤리와 철학(동문사) 외 다수

이하나 교수

서울한영대학교 대학원 철학 박사(상담심리학)
명지대학교 대학원 석사(교육학 전공)
교육학 학사, 평생교육 학사, 상담학 학사, 사회복지학 학사

현) 고려 사이버대, 아동학 상담
서정대 외래 교수(아동청소년학과)
논문) 교육대학원 제도 개선방안 모색에 관한 연구, 텔레마케터의 감정노동 경험에 관한 현상학 연구, 텔레마케터의 감정노동에 대한 인식 및 연구, 우리나라교육대학원 제도개선방안 모델에 관한 연구 외 다수
저서) 사회복지윤리와 철학 등 다수

사회복지윤리와 철학

초판 1쇄 발행 / 2017년 9월 8일
초판 2쇄 발행 / 2024년 3월 2일

●

공저자 / 김경우 · 이경수 · 이하나
발행인 / 이 중 수
발행처 / **동 문 사**

●

서울특별시 서대문구 홍제원 1길 12
(홍제동 137-8)
Tel : 02)736-3718(대), 736-3710, 3720
Fax : 02)736-3719
등록번호 : 제9-17호
등록일자 : 1974년 4월 27일
가격 : 20,000원

●

ISBN : 978-89-8251-948-2(93330)
E-mail : dong736@naver.com
Homepage : www.dongmunsa.com